SCEAUX

LA CITÉ MODERNE

A TRAVERS LA VILLE

I. Le Parc. — II. L'Église. — III. Le Petit Château. — IV. La nouvelle Mairie.
V. La gare de Sceaux-Ville.

SCEAUX

DEPUIS TRENTE ANS

(1882-1912)

SES MUNICIPALITÉS SUCCESSIVES
SES ŒUVRES D'ASSISTANCE & DE PRÉVOYANCE SOCIALES
FÉLIBRES & CIGALIERS

A TRAVERS LA VILLE : Du Lycée Lakanal aux Jardins ouvriers

(Territoire — Population
Industrie — Commerce — Banques — Assurances. etc.)

Par un vieil habitant de Sceaux,

H.-L.-L. SÉRIS

Officier de l'Instruction Publique

ÉDITION DE L'IMPRIMERIE CHARAIRE
98-100, rue houdan, 98-100
SCEAUX (Seine)

Tous droits de reproduction réservés.

AVANT-PROPOS

CEAUX, depuis trente ans, 1882-1912. — Nous avions commencé par réunir sous ce titre, quelques documents, sans but bien déterminé.

Ce dossier primitif se composait de notes, de souvenirs personnels, de menus faits : concours, banquets, distributions de prix, mariages et articles nécrologiques. Il s'est augmenté successivement.

Un premier classement s'imposait, il devenait surtout nécessaire de procéder par élimination.

Ainsi passé au crible, qu'est-il resté au fond du creuset? De l'or pur mêlé à beaucoup de scories? Pas précisément, mais les éléments de chapitres très variés, comme sujets. Au cours du temps, la vie d'une Cité se manifeste par bien des transformations.

En effet, si le journal enregistre au jour le jour les manifestations de la vie publique : les fêtes, les joies, les tristesses communes, les deuils qui se produisent et auxquels toute une cité prend part, le livre seul les consacre et les fait entrer dans le domaine de l'histoire, ne serait-ce que sous la forme d'éphémérides.

L'usage des éphémérides s'est longtemps conservé dans la vieille France. Le chef de famille y notait, à leur date, les principaux événements intéressants et l'histoire de sa lignée : naissances, mariages, décès, acquisitions de propriétés, etc. Nos historiens ont trouvé, dans ces livres de raison, des sources très précieuses pour la connaissance des mœurs locales.

C'est un peu la tâche que nous nous sommes imposée et le plan que nous avons suivi dans nos recherches sur la Cité moderne de Sceaux.

On y trouvera le Livre de raison de notre grande famille scéenne : tous les actes importants d'ordre administratif et municipal, des notices sommaires sur nos principales notabilités : administrateurs, fonctionnaires, magistrats, artistes, savants, qui ont honoré, depuis trente ans, *notre Cité, comme jadis les beaux esprits faisaient cortège à la duchesse du Maine. Enfin, nous avons essayé de rendre à notre Sceaux son aspect pittoresque par la reproduction en similigravure de quelques-uns de ses sites et de ses élégantes villas.*

Il nous a semblé que ces divers éléments réunis apporteraient leur contribution à l'histoire de Sceaux pendant ces trente dernières années. En feuilletant ces pages, la génération actuelle, qui profite de la moisson accumulée, retiendra les noms des bons ouvriers, auxquels elle doit notre moderne cité.

Peut-être nous fera-t-on une objection. Que d'allocutions et de discours auraient pu être supprimés !

Nous l'avons aussi pensé, mais ces discours précisent certains faits, relatent des incidents, mieux, des actes de la vie publique à Sceaux. Ce sont des documents que l'on sera peut-être un jour heureux de retrouver, alors qu'un quart de siècle de la vie d'une population ne se résume plus, comme autrefois, dans l'histoire d'un château, fût-ce celui de Colbert et de la duchesse du Maine..

NOS GRAVURES. — Nous ne nous dissimulons pas que la plupart des documents reproduits dans ce volume ne laissent pas d'être assez arides à la lecture, — le tout sera compensé par les illustrations. N'est-ce pas Napoléon Ier qui a dit : « Pour moi, le plus court croquis m'en dit plus long qu'un rapport .»

Nous devons les dessins, croquis et photogravures qui nous ont permis d'illustrer ces quelques pages, à des artistes de mérite, que nous ne saurions trop remercier de leur précieux concours.

En première ligne se place la maison Pierre Petit, avec ses vues du Lycée Lakanal, MM. Georges et Émile Charaire, et M. Alexis Faguet, un jeune dessinateur et décorateur de talent.

Remercions également ici M. Mascré, géomètre, pour la mise au point de la carte de Sceaux, et MM. Dardonville et Dagorno, qui ont bien voulu nous autoriser à utiliser certaines cartes postales de leurs intéressantes collections.

INTRODUCTION

M. l'abbé Lebœuf nous a donné, dans son *Histoire du diocèse de Paris depuis le XIIe siècle jusqu'en 1757*, quelques détails précis sur les origines de la terre de Ceaux ou Sceaux.

Nous devons à M. Sinet une *Notice sur Sceaux*, et en dernier lieu, Michel Charaire et Victor Advielle ont publié, il y a trente ans, une Histoire très détaillée de la *Ville de Sceaux* : un volume in-8° de 550 pages avec onze vues hors texte et un plan cadastral.

Mentionnons encore la *Notice* de M. Fernand Bournon, — *État des Communes à la fin du XIXe siècle*, Sceaux — éditée sous les auspices du Conseil général de la Seine. C'est un recueil purement administratif, très précis, sur notre organisation communale.

La terre de Ceaux ou Sceaux ne comptait au XVIIe siècle que 584 habitants, pour la plupart cultivateurs ou attachés au château que Colbert, seigneur de la châtellenie de Ceaux, par lettres patentes du 12 mars 1677, venait de réédifier. Le roi Louis XIV y rendit visite à Colbert, le 14 mai 1690. Le parc et les jardins y étaient un diminutif de ceux de Versailles.

Colbert et son fils aîné, le marquis de Seignelay, conservèrent cette châtellenie de 1684 à 1699. C'est en 1700, que le duc du Maine, prince légitimé, acheta la terre de Sceaux.

La duchesse du Maine s'empressa d'appeler à elle toute la pléiade des beaux esprits du temps : Malézieu, l'abbé Genest, le duc de Nevers, Chaulieu, Voltaire, du Tillet, Fontenelle,

Mlle Delaunay, Mme Dreullet, la comtesse d'Artagnan, la duchesse de Polignac, les duchesses de Lauzun, de Rohan, de Barbézieux, la marquise d'Antin, Mme et Mlle de Croissy.

M. Caro, de l'Académie française, dans un fragment d'étude sur la fin du xviie siècle et le commencement du xviiie siècle, a parlé des relations de la marquise du Deffand avec la petite cour de Sceaux, de son intimité quelque peu orageuse avec la duchesse du Maine, qui dura néanmoins pendant dix-sept années, de son imagination curieuse d'intrigues, et il ajoute que la marquise y contracta un de ces faciles mariages d'amour ou d'inclination acceptés par l'opinion, et dont le lien léger ne pouvait jamais devenir un joug : c'est à la cour de Sceaux qu'elle connut le président Hénault, le plus grave des hommes frivoles, qui lui resta jusqu'à la mort attaché sans enthousiasme, après avoir été pendant quelques années à peu près fidèle sans illusions.

Telle était la société légère et sceptique de la cour de Sceaux. Elle fut un moment dispersée par la mort de Louis XIV, survenue le 1er septembre 1715.

On sait que le testament de Louis XIV fut cassé par le Parlement et la régence confiée au duc d'Orléans; enfin l'édit du 2 juin 1707 enleva aux princes légitimés les prérogatives qu'ils tenaient des libéralités du roi. Ces princes, ainsi éloignés de la Couronne, se jetèrent dans l'opposition, et la duchesse du Maine, en petite-fille du grand Condé, n'hésita pas à prendre part à la conjuration de l'ambassadeur d'Espagne, Antoine de Cellamare, qui avait pour but de retirer la Régence au duc d'Orléans pour la conférer à Philippe V, roi d'Espagne, pendant la minorité de Louis XV. L'affaire fut ébruitée, et le duc du Maine était arrêté à Sceaux, le 29 septembre 1718, au sortir de la messe, et la duchesse du Maine eut le même sort à Paris.

Cette conspiration n'ayant eu aucune suite fâcheuse pour le Régent, le duc d'Orléans se montra magnanime.

Les portes de la citadelle de Doullens et celles de la Bastille s'ouvrirent devant les inculpés en décembre 1720. La duchesse du Maine revint à Sceaux et reprit ses réceptions et divertissements, entourée de ses fidèles :

INTRODUCTION

Malézieu, l'abbé Genest, Fontenelle, le président de Mesmes, le marquis de Saint-Aulaire, Lamotte, le président Hénault, J.-B. Rousseau et Voltaire; la marquise de Lambert, Mme du Deffand, la duchesse d'Estrées, Mme du Châtelet, Mlle Delaunay (Mme de Staal), la présidente Dreuillet.

Un historien, un biographe connu, le baron André de Méricourt, a récemment parlé de la duchesse du Maine. Nous ne résistons pas au désir qui sera partagé par nos lecteurs de lui emprunter cette page (1).

Il est des noms qui sont évocateurs et presque symboliques. Rien qu'à les prononcer, ils font jaillir l'image de toute une société dont ils sont la personnification même. C'est ainsi, nous semble-t-il, qu'au simple énoncé de ce nom harmonieux, *la Duchesse du Maine*, notre imagination voguant à la dérive fait, pour quelques instants, revivre, dans une belle et majestueuse ordonnance, les derniers fantômes du grand siècle. Les jardins de Sceaux, dont les charmilles trop régulières forment un berceau d'ombre et de verdure aux dieux de marbre immobiles, les grands « salons de glaces », où l'on sait causer et écouter avec mesure, sous les habits de gala, les boudoirs où — pour que rien ne manque au tableau — on prépare une conspiration qui, ne touchant point au sanglant mélodrame, conservera jusque dans la trahison l'élégance et la tenue d'un siècle poli... tout cela se passe devant nos yeux attirés un moment par le charme mélancolique et discret des siècles morts.

Ces images un peu confuses, le général de Piépape vient de les préciser en un volume consacré à la mémoire d'Anne-Louise-Bénédicte de Bourbon, duchesse du Maine, petite-fille du grand Condé.

Née en 1676, la princesse, élevée sans douceur par un père colérique et ambitieux, fut destinée, dès l'enfance, à épouser M. le duc du Maine, fils légitimé du roi Louis XIV et de Mme de Montespan. Il convenait à sa famille qu'elle approchât ainsi des marches du trône — fût-ce par le côté gauche — et il va de soi qu'on ne s'arrêta point au puéril souci de lui demander son avis avant de lui faire donner son cœur.

Le roi — et surtout Mme de Maintenon — agirent de même vis-à-vis du duc du Maine, qui fut mis en demeure d'épouser Louise-Bénédicte, âgée de seize ans, ou sa sœur, Mlle de Charolais. Arrivé à Chantilly pour faire sa demande, l'infortuné pensa reculer d'effroi, se croyant « dans la cour de Lilliput ». Les nombreux petits-enfants du grand Condé étaient affligés d'une taille au-dessous du possible et, entre les deux « poupées du sang », M. du Maine ne se décida pour Bénédicte que parce qu'elle avait un pouce de plus que sa sœur.

Le mariage fut célébré en 1692. Ce fut proprement celui de l'eau et du feu. Né « pied bot par vice d'humeur de la nature », M. du Maine était un esprit calme et posé, un homme de mérite et même de valeur, au sujet duquel Mme de Maintenon avait prononcé ces paroles dignes de l'Ecclésiaste : « Il est trop ver-

---

(1) *L'Écho de Paris* du 3 février 1910.

tueux pour jamais faire de bruit. » Ce mari ne fut qu'un léger accident dans la vie de Mme du Maine, auprès de laquelle il fut le plus modeste des « princes consorts ».

Dès le mariage, Mme du Maine se révéla toute autre et elle nous apparaît assez à la manière d'une petite fée, tantôt charmeuse, fine et délicate, lorsqu'elle joue les fées bienfaisantes, tantôt autoritaire, sèche et violente, lorsque sa curieuse, active et mobile nature la tourne à la malveillance. Des Condé, elle a hérité l'ambition héréditaire. Encore que son mari soit déclaré accessible au trône, son humeur n'est point satisfaite, à Versailles, de ne le point voir sur le même pied que le dauphin. Délibérément, elle abandonne donc le roi pour aller se créer, à elle toute seule, une petite cour à Châtenay, puis à Sceaux. Et peut-être convient-il de saluer chez elle cet esprit d'indépendance manifesté en un temps de centralisation excessive.

D'ailleurs, ils sont charmants, les plaisirs de Châtenay et de Sceaux. La belle humeur y règne avec la vieille gaîté française. La princesse — nature honnête qui ne donne point dans la galanterie — y tourne bien un peu au bel esprit lorsqu'elle se passionne pour la philosophie cartésienne. Mais elle aime aussi les fêtes et les réunions plus intimes, où l'on met en pratique le précepte de Rabelais : « Le rire est le propre de l'homme ». Entourée de Fontenelle, de Malézieu, de Mlle de Launay, devenue Mme de Staal, cette infatigable Mécène régente son domaine avec une « impayable démonnerie », voulant « que la joie ait de l'esprit » et inventant des bouts-rimés, des comédies et des chansons qui se marient heureusement aux jeux d'*hombre*, de *hocca* et de *pharaon*.

Ah ! le bon temps ! serait-on tenté de s'écrier en rappelant ces jolis sourires d'antan... si toute joie n'avait son revers. Il convient, en effet, d'ajouter qu' « ausssitôt les chandelles éteintes », la duchesse oubliait les plaisirs pour rêver à ses ambitions, ce qui la conduisit aux pires entreprises.

Louis XIV mourut. La duchesse poussa son paisible mari — qui ne songeait qu'à l'Académie — à obtenir la régence au lieu et place du duc d'Orléans. Pour tout résultat, le duc du Maine obtint d'être dépouillé de ses prérogatives princières. En ces temps, l'injure était sanglante. Mme du Maine ne la pardonna point au duc d'Orléans, publiquement traité de Néron dans la petite cour de Sceaux. Elle entra — comme on sait — dans une conspiration dont le duc du Maine devait, en apparence, recueillir le fruit, mais qui, dans l'esprit d'un des conjurés, le prince de Cellamare, — dont le rôle est assez semblable à celui du juge dans la fable des *Plaideurs*, — ne devait profiter qu'à l'Espagne. La morale de l'histoire, c'est que, le complot ayant été découvert, le duc du Maine fut incarcéré à Doullens, disant avec une philosophie faite de résignation « qu'il mériterait de porter jupon pour avoir obéi à sa femme ». Moins docile, celle-ci fut conduite dans une mauvaise berline au château de Dijon, où elle ne cessait « de réclamer un tapissier et un chirurgien, et de débiter avec volubilité des tirades tragiques, empruntées à son répertoire de Sceaux ».

En 1720, le couple princier fut délivré, et, en 1736, le duc du Maine prit le parti de mourir. Cet incident ne changea point l'existence de sa veuve, qui avait repris son rôle de reine de Sceaux.

Mais, dans son royaume, la gravité de l'âge mûr avait remplacé la gaieté de la jeunesse. Quelque chose de plus solennel y planait : l'avant-coureur de la mort. La vieillesse y avait creusé ses rides sur le front des amis, qui, un à un, marchaient vers la tombe, et le rire de Malézieu et de Mme de Staal y avaient fait place au sourire désabusé de Voltaire. Et tout doucement, le vide inexorable des vieux ans s'était fait autour de la dernière belle-fille de Louis XIV lorsque, très chrétiennement, elle mourut à Paris, le 23 janvier 1753.

De sept enfants de santé chétive qu'elle avait eus, il lui restait deux fils qui moururent sans alliance. Ainsi se réalisa la parole du grand Condé qui, s'attristant au soir de sa vie devant l'amoindrissement de sa race, s'était écrié : « Si ma postérité continue ainsi, elle viendra un jour à rien ! » Parole douloureuse dans la bouche d'un héros qui sait bien que, suivant une loi fatale, les familles ont leur naissance, et puis leur apogée, et puis leur décadence, avant d'aller prendre place à jamais dans ce que Chateaubriand appelle la glaciale et poudreuse « famille des sourds ».

Le duc du Maine mourut le 16 mai 1736, et la duchesse du Maine le 23 janvier 1753. Elle fut inhumée dans l'église de Sceaux. Ils laissèrent comme héritiers de ce domaine, le prince de Dombes, qui mourut deux ans après en 1755. Son frère, Louis-Charles de Bourbon, lui succéda, sous le titre de comte d'Eu : il était gouverneur du Languedoc et habitait toutefois presque toujours à Sceaux. Il est mort dans cette résidence, le 16 juillet 1775.

Louis-Jean-Marie de Bourbon, duc de Penthièvre, né le 16 novembre 1725, fils du comte de Toulouse, petit-fils légitimé de Louis XIV et de Mme de Montespan, fut grand amiral de France et gouverneur de Bretagne. En 1775, il hérita, par la mort du comte d'Eu, de la terre de Sceaux.

Le duc de Penthièvre a donné un instant son nom à notre localité : SCEAUX-PENTHIÈVRE. Il faut lire dans l'*Histoire de Sceaux* le chapitre que MM. Michel Charaire et Victor Advielle lui ont consacré.

C'est à la recommandation de Voltaire que le jeune Florian fut admis, dès l'année 1765, au nombre des pages du duc de Penthièvre. Le petit page devait monter rapidement en grade. D'abord gentilhomme de la maison de Penthièvre, il devint successivement capitaine et lieutenant-colonel des dragons du prince.

Les années 1778 à 1789 marquent la belle période du duc de Penthièvre et de son secrétaire, Florian. Ce dernier fut élu membre de l'Académie française en 1788, à l'âge de 33 ans.

Nous voici à la veille des États Généraux de 1789, les événements vont se précipiter et les familiers du château de Sceaux seront emportés, comme le château lui-même, dans la tourmente révolutionnaire.

Cette rapide excursion dans le passé était peut-être nécessaire pour remettre en mémoire les principales périodes de notre histoire locale.

M. Victor Advielle, toujours bien documenté, a relaté dans l'*Histoire de la ville de Sceaux* la répercussion que les événements publics à Paris eurent à Sceaux de 1787 à 1799, et relevé les actes de notre municipalité de 1800 à 1880, c'est-à-dire pendant le Consulat, l'Empire, la Restauration, le règne de Louis-Philippe, le second Empire et la République de 1870 à 1880.

Le pays de prédilection des Colbert, des Seignelay, de la duchesse du Maine et de sa cour, du duc de Penthièvre et enfin, de nos jours, du duc et de la duchesse de Trévise, du marquis et de la marquise de Trévise, ce pays, disons-nous, n'est plus tributaire du château, il vit en toute indépendance de ses propres ressources, de son commerce, de son industrie, de ses cultures. Depuis trente ans surtout, il a conquis, sinon Paris, du moins les Parisiens, grâce à ses nouvelles lignes de pénétration.

La ville de Sceaux n'est-elle pas assise comme une souveraine au milieu des plus beaux sites de la pittoresque banlieue de Paris ?

L'histoire de votre commune, a dit de son côté M. de Selves, préfet de la Seine, dans la même circonstance (1), se jalonne des noms les plus connus dans tous les ordres d'idées.

Colbert, la duchesse du Maine, Mme de Staal, Florian, Voltaire n'ont pas été insensibles à ses charmes.

Aujourd'hui, si tout rayonne et aboutit à la capitale, si Versailles est délaissé, Sceaux n'a jamais complètement perdu sa colonie de savants, de professeurs, d'artistes et d'écrivains, M. de Selves en a donné la raison :

Votre commune, mon cher maire, a-t-il encore dit, s'adressant à M. Château, est gracieuse et aimable. La nature a été bienveillante pour elle; elle exerce sur chacun une attraction véritable; c'est vers elle que chaque année montent les Félibres pour commémorer les dates qui leur sont chères : Florian, Aubanel, Paul Arène. Ces attaches littéraires et historiques sont précieuses.

---

(1) Visite préfectorale à Sceaux du 9 février 1902, et Discours de M. Carmignac, conseiller général.

Cette vieille cité, qui semblait sommeiller dans la gloire de ses souvenirs, a été transformée en une ville moderne, a dit M. Carmignac, il fallait la doter d'un outillage municipal complet, afin de lui garder son rang, parmi les villes qui embellissent le département.

Nos municipalités successives de 1880 à 1910 s'y sont employées avec ardeur. Voirie, eaux, gaz, éclairage public, égouts, marché, ouverture de voies nouvelles, le pays s'est amélioré et transformé à vue d'œil. La Cité moderne est sortie toute rayonnante des multiples efforts de ses représentants autorisés.

Cette évolution n'est pas encore achevée, elle se continue. Un tramway électrique relie Châtenay, Sceaux, Fontenay-aux-Roses, Bagneux et Montrouge au Champ de Mars, à Paris.

Enfin, une nouvelle ligne partant de Paris, — Montparnasse à Chartres, — passant par Bagneux, Sceaux, Verrières, est en voie d'exécution. — Les piliers qui soutiennent les fils conducteurs de l'énergie électrique sillonnent nos rues et la plupart des immeubles de la ville seront bientôt dotés d'eau, gaz, électricité à tous les étages, sans parler du tout à l'égout.

Loin de renier son passé et sans cesser d'être la ville des félibres, des poètes, des artistes et des savants, Sceaux, relié à Paris-Montparnasse en quelques minutes, verrait s'ouvrir devant elle une nouvelle ère de prospérité, qu'elle n'a pas le droit de dédaigner.

Elle sera absorbée, objecte-t-on, par le modernisme ; soit, mais dans ce qu'il a de beau, de salubre et d'utile pour la cité.

Attendons les temps nouveaux que l'on nous prédit !

SCEAUX
LA CITÉ MODERNE

A LA MAIRIE (1866-1878)

APERÇU RÉTROSPECTIF

AU TEMPS DE M. CULLERIER (1866-1878)

M. François-Jules Cullerier fut maire de Sceaux de 1866 à 1878. A ce nom se rattache l'une des périodes les plus douloureuses de l'histoire de Sceaux et du siège de Paris, en 1870. Fuyant l'invasion avec toute la population de notre localité, la municipalité de Sceaux s'installa le 16 septembre 1870 à Paris, 20, rue du Harlay-Palais. Les membres du Conseil municipal présents furent : MM. Cullerier, maire, Meunier, chef d'institution, adjoint, Arnoult, Auboin, Baleste, Boulogne, Degas, Faguet, Maufra, Robine, Baltard, Chevillon, Cochelin, Delagroude et Favre.

Pendant toute la durée du siège, il fut pourvu par les soins de la municipalité aux besoins des plus nécessiteux parmi les émigrés de Sceaux. Après la retraite de l'armée ennemie, en février 1871, il fallut nettoyer la ville et réorganiser les services administratifs. M. Cullerier s'y dépensa sans compter. La vie publique reprit rapidement son cours normal et Sceaux répara ses ruines.

Le registre des délibérations du Conseil municipal de Sceaux avait été interrompu pendant le siège de Paris et les événements qui l'ont suivi, et remplacé par un registre qui a été conservé dans les archives de la commune, contenant quarante-quatre feuillets, coté et paraphé par M. de Champagnac, sous-préfet de Sceaux, à la date du 27 août 1870, sur lequel se trouvent diverses délibérations, la première à la date du 28 août 1870 et la dernière à la date du 16 juin 1871.

Ce registre a été repris le 15 août 1871, à Sceaux, pour la séance d'installation du Conseil municipal, élu aux scrutins des 23 et 30 juillet 1871.

L'appel nominal des conseillers municipaux nouvellement élus donnait les noms suivants :

MM. MAUFRA.
BOULOGNE.
MEUNIER, adjoint.
COCHELIN.
DEGAS.
ROBINE.
BALESTE.
AUBOIN.
FAGUET.

MM. ARNOULD.
CAPET.
FABRE.
LUCAS.
FERNIQUE.
CHEVILLON fils.
Le maire de Sceaux, M. CULLERIER, nommé par la Préfecture.

Le 12 septembre 1871, le Conseil municipal était convoqué, ainsi que les plus imposés, dont les noms suivent, pour régulariser les dépenses les plus urgentes.

MM. BERTRON.
REDDON.
TACONNET.
DE L'ESCALOPIER.
BESANCON.
PIGORNET.
HOYELLE (Auguste).
DUPONT.
MARCHANDON.
DAVRIL.
PIGEAUX (Paul).
BOISDECHENE.

MM. HIARD.
BENOIST.
CHEVILLARD.
MONENTHEUIL.
BOURCIER (Alfred).
SILVAIN.
E. GODEFROY.
LENOIR.
CARPENTIER.
LE PILEUR.
CAILLEBOTTE.

Après le départ des Bavarois, les objets mobiliers abandonnés se trouvaient confondus dans les maisons et sur les voies publiques avec les immondices laissés par les soldats allemands; on dut requérir des hommes et des tombereaux pour enlever le tout pêle-mêle, faire un triage pour chasser les immondices aux décharges publiques, transporter les meubles et débris de meubles dans les endroits où ils pouvaient être reconnus, et enfin faire garder ces derniers jusqu'au moment de la vente.

M. Trélat, architecte départemental, et M. Lequeux, architecte communal de la ville de Sceaux, présentèrent ensuite au Conseil municipal un devis de 48,080 francs pour la réparation des dégâts causés par l'occupation prussienne.

Église...................	18.000	École de garçons..........	5.148
Mairie...................	5.467	Infirmerie et Bureau de bien-	
Presbytère...............	4.000	faisance.................	4.000
École de filles. Asile et ou-		Conduites du gaz..........	1.000
vroir.................	10.465		

En 1872, MM. Michel et Émile Charaire s'installaient à Sceaux comme maîtres-imprimeurs, et y fondaient une maison qui devait devenir, en quelques années, l'une des importantes imprimeries typographiques de France.

En août 1872, les membres du Conseil municipal et les plus imposés étaient :

MM. MORTIER, marquis de Trévise.	MM. HOYELLE (Auguste).
VANDERMARQ.	BOISDECHENE.
BERTRON.	BENOIST.
REDDON (Alcide).	HIARD.
DE L'ESCALOPIER.	PIGEAUX (Paul).
PIGORNET.	DENIS.
BALTARD.	CHEVILLARD (Jean-Paul).
DUPONT.	MONENTHEUIL.
BEZANÇON.	MALPAS.
SURUGUE.	le Dr MARCHANDON.
PINEL.	BOURCIER (Alfred).
GODEFROY.	TACONNET.
LE PILEUR.	DAVRIL.
LESOBRE.	MASCRÉ (Pierre-Sébastien).
	BOUCICAUT fils.

Des noms nouveaux figurent sur cette nomenclature : Mortier, marquis de Trévise; Vandermarq, l'architecte Baltard, Surugue, Pinel, Lesobre, Denis, Malpas, Mascré (Sébastien).

Trois ans plus tard, en 1874, MM. Michel Charaire, Lognon, Lenoir, Lesobre, Coulaux et Brun entrent au Conseil municipal.

Le 9 août 1875, un membre du Conseil municipal propose d'inscrire au registre des délibérations du Conseil municipal la vive satisfaction qu'il doit éprouver de la nomination au grade de chevalier de la Légion d'honneur, de M. Cullerier, maire de Sceaux, pour les services signalés qu'il a rendus à la commune depuis neuf ans qu'il l'administre. Cette proposition est adoptée par acclamation.

M. Troufillot est nommé agent voyer communal en 1876.

28 juillet 1876. — Réorganisation du service des sapeurs-pompiers. — L'effectif est fixé à trente hommes. Afin de stimuler le recrutement desdits sapeurs, il leur est alloué pour chaque convocation en tenue un jeton de présence d'une valeur de un franc; ils sont équipés aux frais de la commune.

Réorganisation de l'enseignement primaire. — Dans sa séance du 28 juillet 1876, le Conseil municipal disait déjà à ce propos qu'il serait désirable de faire disparaître le voisinage regrettable de l'Infirmerie, appartenant au Bureau de bienfaisance et qui est contiguë aux bâtiments de l'école des filles.

Janvier 1876. — Élection sénatoriale du 16 janvier 1876. En vertu de la loi constitutionnelle du 24 janvier 1876 sur l'organisation du Sénat, MM. Baleste et Boulogne, conseillers municipaux, sont désignés pour être délégués de la commission de la commune à l'élection sénatoriale.

Juin 1876. — Une exposition horticole a lieu dans le parc de Sceaux en juin 1876, par les soins des principaux pépiniéristes de Sceaux; le Conseil municipal vote une somme de 500 francs, tant pour frais de ladite exposition, que pour l'acquisition d'une médaille d'or et de deux médailles de vermeil.

6 novembre 1876. — Installation de quatre nouveaux conseillers municipaux : MM. Thibaut, Le Pileur, Montagne et Dumont.

11 mars 1877. — Première enquête de la Préfecture pour la suppression des sous-préfectures de Sceaux et de Saint-Denis.

A LA MAIRIE (1878-1879)

AU TEMPS DE M. MICHEL CHARAIRE (1878-1879)

PREMIÈRE PÉRIODE

M. Michel Charaire s'était présenté aux élections municipales de 1874, afin d'avoir voix délibérative dans la direction de la commune. Jusqu'en 1900, il n'a pas cessé de faire partie du Conseil municipal, c'est-à-dire pendant vingt-six ans.

Le 1er mars 1878, il est donné lecture au Conseil municipal d'une lettre de M. le sous-préfet de Sceaux, adressant au maire copie du décret en date du 15 février 1878, portant nomination de M. Michel Charaire et de M. Peautonnier, en qualité de maire et d'adjoint de la ville de Sceaux, en le priant de vouloir bien procéder à l'installation de ces deux magistrats.

Les membres du Conseil municipal de Sceaux, proclamés par le bureau électoral, à la suite des opérations des 6 et 13 janvier 1878, se sont réunis sur la convocation du maire, en vertu de l'arrêté préfectoral du 14 janvier 1878.

Après l'appel nominal, M. Boulogne, conseiller municipal, a donné lecture des résultats constatés aux procès-verbaux des élections, a déclaré installés :

MM. BOULOGNE.	MM. BERTRON.
LE PILEUR.	CHARAIRE.
GUILLOUX.	GRONDARD.
NEL.	COCHELIN.
MONENTHEUIL.	NIQUET.
AUGUSTE (Léopold).	ROGER.
RENAUD.	SAUGON.

Le mouvement radical s'accentue à ces élections ; M. Cullerier, le maire de 1870-71, a démissionné, ses fidèles collaborateurs ont disparu ou sont restés sur le carreau. Le candidat humain, M. Bertron, est nommé conseiller ; il donnera à la commune une rue, — la rue La Flèche, — c'est autant de gagné pour le pays, — et M. Michel Charaire prend pour la première fois possession de la mairie.

11 *juin* 1878. — Le Conseil municipal, considérant que les dernières élections municipales de Sceaux ont, entre autres buts, celui de substituer l'enseignement laïque à l'enseignement congréganiste dans les écoles primaires de la commune, émet le vœu que les frères et les sœurs qui sont chargés des écoles primaires de Sceaux soient remplacés dans le plus bref délai, et au plus tard pour la rentrée d'octobre 1878, par des instituteurs et des institutrices laïques, à la majorité de onze voix contre une et un bulletin blanc.

Ce vœu a été renouvelé dans la séance du 15 mars 1879, sur les instances de M. Léopold Auguste, conseiller d'arrondissement.

***

Le 16 juin 1878, les délégués de l'*Union scolaire* se réunissaient à Sceaux, sous la présidence de M. Bardoux, ministre de l'Instruction publique. M. Jules Simon avait présidé la même réunion à Sceaux en juin 1874. Le ministre fut reçu par M. Henri Delmas, sous-préfet de l'arrondissement, et par le Conseil municipal, à la tête duquel se trouvait M. Michel Charaire, en qualité de maire.

Après les compliments et les félicitations d'usage, la suite de l'entretien de M. Charaire avec M. Bardoux les amena à constater qu'ils étaient tous les deux enfants du Puy-de-Dôme, mais le piquant de l'incident est peut-être dans cette *présentation officielle* du maire au ministre, se retrouvant l'un et l'autre dans cette grande France, compatriotes de la petite patrie, l'Auvergne.

Première démission de M. Michel Charaire.

Peu de temps après cette fête, M. Charaire reconnut que les fonctions de maire l'absorbaient beaucoup trop ; ne pouvant y consacrer le temps voulu, sans nuire à ses affaires personnelles, il démissionna en 1879. Sans cesser de faire partie du Conseil municipal, il se réservait pour l'avenir.

Il ne reprendra l'écharpe municipale qu'en 1887. Cet interrègne de sept années est rempli par M. Charles Grondard et par M. Lesobre.

C'est alors la lutte entre le mouvement radical représenté par M. Charles Grondard et l'élément progressiste, dont M. Lesobre était le candidat. Il s'agissait surtout à ce moment de la laïcisation des écoles et de désigner les délégués sénatoriaux, une réelle importance politique s'attachant à ce choix.

La démission de M. Michel Charaire était motivée à cette époque par l'obligation dans laquelle il se trouvait de s'occuper plus activement de son imprimerie ; puis, maire nommé par la Préfecture, il ne se sentait pas en complète communion d'idées avec le Conseil municipal sur la direction à donner aux affaires communales. Dès 1879, il songeait aux transformations qu'il devait réaliser à Sceaux, douze ans plus tard.

Les années 1879 à 1882 furent en partie consacrées par M. Michel Charaire, avec le concours de M. Victor Advielle, dernier secrétaire de la sous-préfecture de Sceaux, à réunir et à classer les documents relatifs à l'histoire de notre ville, depuis ses origines jusqu'à nos jours. De leur accord constant est né ce beau livre, qu'ils ont pu dédier en toute sérénité, comme expression de leur dévouement, à la municipalité et aux habitants de la ville de Sceaux.

Novembre 1878. — Le Conseil municipal émet les vœux suivants :

Que le ministre des Travaux publics veuille bien faire réviser par la Compagnie d'Orléans ses tarifs pour les voyages simples, pour les billets d'aller et retour et pour les cartes d'abonnement de la ligne de Paris à Sceaux.

Que la Compagnie d'Orléans se raccorde avec la Ceinture.

Que la Compagnie d'Orléans accorde des cartes d'abonnements à prix réduits pour les voyageurs de 3e classe, ainsi que pour les élèves faisant leur instruction dans les lycées et institutions de Paris.

A LA MAIRIE (1879-1882)

AU TEMPS DE M. CHARLES GRONDARD (1879-1882)

24 *février* 1879. — Le Conseil municipal procède à l'installation de quatre nouveaux conseillers municipaux élus le 12 janvier 1879.

En conséquence, MM. Chrestien du Souchay, Chapeyron, France et Mathon sont présentés et admis au Conseil municipal.

Il est également notifié au Conseil un décret du 17 février 1879 par lequel M. CHARLES GRONDARD est nommé maire de Sceaux.

M. Michel Charaire, maire démissionnaire, par quelques mots pleins de cordialité et de courtoisie, félicite le nouveau maire.

M. Peautonnier conserve ses fonctions d'adjoint.

Éphémérides municipales.

A cette période, Sceaux doit ses premiers travaux de voirie et d'assainissement, après la guerre de 1870-71.

1878-1879. Élargissement de la rue de la Petite-Croix, aujourd'hui rue Florian.

Agrandissement de l'École des filles.

Acquisition de terrains pour l'élargissement du chemin vicinal de Bagneux.

Établissement de fontaines publiques et de bouches d'eau.

Juin 1879. — Mise en état de viabilité du chemin des Glaises.
Entretien du cimetière.
Entretien de l'Église.

28 *août* 1879. — Une ligne de tramways est projetée de Bourg-la-Reine au carrefour de la Croix-Rouge à Paris. Le Conseil munici-

pal émet le vœu que ce tramway soit continué jusqu'à Sceaux-Robinson et Châtenay.

29 *février* 1880. — Alignement du chemin vicinal dit des Champs-Girard.

17 *mai* 1880. — Considérant que la Fanfare municipale reçoit de la commune une subvention pour le traitement de son directeur, qu'une salle de la mairie, chauffée et éclairée, est mise à sa disposition gratuitement deux fois par semaine ;

Qu'en échange de ces avantages, il est juste que le Conseil municipal et le maire, comptables des deniers de la commune, aient un droit de contrôle sérieux et efficace ;

Décrète : La Fanfare municipale adjoindra à son bureau deux conseillers municipaux nommés par leurs collègues ;

Que le maire de Sceaux sera de droit président honoraire de la société, qu'il aura le droit d'assister aux réunions et qu'il sera informé de toutes les décisions prises par le bureau ;

Que la présente délibération sera notifiée à la société de la Fanfare, et que celle-ci devra modifier son règlement dans ce sens.

Ont signé : Hipp. BOULOGNE, GRONDARD, CHAPEYRON, PEAUTONNIER, FRANCE, ROYER, NIQUET, L. AUGUSTE, COCHELIN.

23 *mai* 1880. — Travaux de construction d'un préau couvert et d'un gymnase à l'École communale de garçons.

VICINALITÉ. — Trois centimes additionnels extraordinaires au principal des quatre contributions directes et applicables à l'achèvement des chemins vicinaux de la commune sont votés pour deux ans, à partir de 1880.

**

15 *août* 1880. — M. Léopold Auguste présente au Conseil municipal le vœu suivant :

Vu l'éloignement du centre de Paris et de la gare de Sceaux-Limours, éloignement très préjudiciable à toutes les communes desservies par la ligne, mais principalement à la ville de Sceaux, le Conseil municipal émet le vœu que la gare des voyageurs des chemins de fer de Sceaux et Limours, soit avancée dans Paris, à un point qui pourrait être pris dans les environs du Luxembourg et de la place Saint-Sulpice.

15 *août* 1880. — Une lettre du préfet de la Seine invite le Conseil municipal de Sceaux à examiner s'il ne serait pas possible d'utiliser les bâtiments de la sous-préfecture pour écoles, orphelinats, hospices, etc.

En fait, on a installé à cette époque dans l'hôtel de la sous-préfecture une école normale de jeunes filles qui a été transférée à Versailles, quelques années plus tard, pour laisser la place à la nouvelle mairie de Sceaux.

Élections municipales des 9 et 16 janvier 1881.

Ont été élus et installés le 22 janvier 1881.

MM. FERNIQUE.	MM. REDDON (Henry-Alcide).
COURTOIS.	BOISDECHENE.
AUGUSTE (Léopold).	BENOIST.
VERDIN.	DUMONT (Charles).
ROSSY (Jean-Auguste).	GUILLOUX (Charles).
BOULOGNE.	NIQUET (Pierre-Michel).
LESOBRE.	BENGEL (Louis).
FAGUET (Pierre).	

22 *février* 1881. — Par décret du président de la République, en date du 9 février 1881, M. Charles Grondard est renommé maire de Sceaux et M. Bengel (Louis-Alphonse), adjoint.

3 *novembre* 1881. — Établissement d'un branchement d'égouts rue Voltaire et réfection du pavage.

27 *novembre* 1881. — Scrutin pour l'élection de deux conseillers délégués pour l'élection sénatoriale : MM. Fernique et Courtois sont élus.

A LA MAIRIE (1882-1884)

AU TEMPS DE M. CHARLES LESOBRE (1882-1884)

Les conseillers élus à la suite des scrutins des 9 et 11 janvier 1881 se sont réunis le 30 mars 1882, en vertu de la circulaire préfectorale du 11 avril 1882, pour procéder, conformément à la loi du 28 mars 1882, à l'élection du maire.

M. Lesobre (Charles-Nicolas-Athanase) a été proclamé maire et M. Reddon, adjoint.

C'est la première fois que les conseils municipaux des chefs-lieux de cantons étaient appelés à nommer directement leurs maires.

30 *juillet* 1882. — Prolongement des chemins vicinaux : les Champs-Girard, le boulevard Desgranges. Établissement d'égouts sous plaques rue des Imbergères.

***

19 *août* 1882. — Le Conseil, sur un rapport de M. Lesobre, maire, vote un emprunt de 150,000 francs.

La première richesse d'un pays, était-il dit dans ce rapport, ce sont ses voies de communication. Sur le territoire de Sceaux, la viabilité laisse à désirer, malgré les améliorations qui se sont produites en ces dernières années. Un fait, ajoute-t-il, qui aura une influence considérable, décisive, sur le développement et la prospérité de la ville de Sceaux, c'est la construction du Lycée Lakanal.

Autour de cet établissement viendront bientôt se grouper et se fixer, non seulement les fonctionnaires de tous ordres, qui y seront attachés à un titre quelconque, mais encore beaucoup de familles qui y enverront leurs enfants.

Si l'on considère la situation topographique de Sceaux, il faut reconnaître que sur le versant méridional, il n'y a place nulle part pour des percements de rues et la construction de maisons, puisque ce versant est exclusivement occupé par plusieurs grandes propriétés, notamment par celles de M. le marquis de Trévise ou de M. Beni-Barde. Ce n'est donc que vers le Nord-Est, c'est-à-dire du côté des Coudraies, que l'on peut créer des chemins et tâcher d'y attirer une population nouvelle.

Cet emprunt, dans la pensée de son promoteur, devait servir : 1º à la rectification du chemin vicinal des Coudraies, en le dirigeant en droite ligne sur le chemin de Bagneux, pour aboutir sur la rue Houdan.

2º Au nivellement du chemin vicinal des Sablons; 3º à l'élargissement de la rue de la Lune; 4º à l'élargissement de la rue Sainte-Geneviève; 5º à l'établissement d'une rue perpendiculaire à la voie des Chéneaux et aboutissant à la voie des Champs-Girard prolongée (aujourd'hui boulevard Desgranges).

Membres de la Commission administrative du Bureau de bienfaisance en 1882.

MM. LESOBRE, maire, président, rue Bertron, 12.
REDDON, adjoint, rue Penthièvre, 7.
BRUN, rue Houdan, 38.
COURTOIS, rue du Four, 1.
FAGUET, rue de la Tour, 2.
ROSSY, voie des Sablons, 1.
THIBAUT, rue Houdan, 107.

Ancienne Mairie de Sceaux.
Elle est aujourd'hui le siège de la Justice de Paix.

A LA MAIRIE (1884-1887)

AU TEMPS DE M. CHARLES GRONDARD (1884-1887)

17 *mai* 1884. — Installation du Conseil municipal et élection d'un maire et de deux adjoints.

MM. AUGUSTE (Léopold).
THIBAUT (Louis).
BOULOGNE (Pierre-Hippolyte).
PEAUTONNIER.
CHARAIRE.
BOUTTEMOTTE (Jean-Baptiste).
GRONDARD (Charles).
LUCAS (Jean-André).
NIQUET (Pierre-Michel).
MASCRÉ (Félix-Adolphe).
BRUN (Pierre-Alphonse).

MM. WISSEMANS (Paul-Louis-Félix).
BENGEL (Louis).
FRANCE (Jacques).
JARRY (Louis-Gabriel).
MÉDOR (Frédéric-Auguste).
BERTRAND (Charles-Léopold).
ROSSIGNOL (Jean-Pierre).
MATHON (André-Eugène).
DREYFUS (Narcisse).
MICHAUT (Louis-Michel).

M. Charles Grondard était proclamé maire, M. Bengel (Louis-Alphonse) premier adjoint et M. Jacques France deuxième adjoint.

7 *juin* 1884. — Un décret du président de la République en date du 12 novembre 1883 autorisait un prêt de 150,000 francs à contracter par la ville de Sceaux à la caisse des chemins vicinaux.

Cette somme se retrouve en recettes extraordinaires au budget de 1884.

Le budget de 1883, — gestion de M. Lesobre, — ne se soldait que par un excédent de 3,884 fr. 68 sur un chiffre de 228,773 fr. 93 de recettes supplémentaires.

« Nous ne trouvons pas une seule administration municipale à Sceaux qui n'ait laissé un excédent d'au moins 20,000 francs, a dit

M. Léopold Auguste, rapporteur du budget, et cependant aucune municipalité n'avait eu les ressources extraordinaires touchées par la municipalité que nous venons de remplacer.

« Vous jugerez facilement combien de dépenses ont été engagées par l'administration précédente, sans économie, sans réflexion, et en dépassant presque toujours les sommes votées par le Conseil; vous voyez où ce gaspillage menait les finances de la commune. Maintenant, il faut régulariser nos budgets avec ordre et parcimonie, sans cesser de nous maintenir dans la voie du progrès si nécessaire à notre commune. »

Et, comme sanction, l'emprunt de 150.000 francs, précédemment autorisé, était annulé.

2 *septembre* 1884. — M. Lucas (Jean-André) est nommé deuxième adjoint et M. Wissemans (Paul-Louis-Victor) est nommé premier adjoint (loi du 5 avril 1884).

La nouvelle Mairie.

11 *octobre* 1884. — M. le maire soumet au Conseil différents projets relatifs à l'acquisition au département de la Seine, de l'ancien hôtel de la sous-préfecture, pour y installer la Mairie.

Le Conseil vote cette acquisition, moyennant la somme de 60,000 francs payable en dix annuités, et 30.000 francs pour appropriation et réparation de l'hôtel, plus 47.000 francs pour l'élargissement de la rue de la Lune, aujourd'hui dénommée rue des Imbergères prolongée, et sollicite de la Préfecture une subvention de 60,000 francs.

13 *novembre* 1884. — Sont nommés membres de la Commission d'hygiène :

MM. MARCHANDON, docteur en médecine.
BOISSON, docteur en médecine.
MOUSNIER, pharmacien.
PRÉVOST, pharmacien.
BOULOGNE, constructeur de voitures.
CHARAIRE, maître-imprimeur.

MM. BENGEL, propriétaire.
BENOIST, architecte.
BERTRAND, cultivateur.
BOUTTEMOTTE, propriétaire.
FRANCE, ancien pharmacien.
NIQUET, propriétaire.
PEAUTONNIER, propriétaire.
LE PILEUR, docteur en médecine.

13 *juin* 1885. — Le Conseil vote une somme de 39,700 francs pour l'acquisition de divers immeubles, en vue de l'élargissement de la rue de la Lune (aujourd'hui dénommée rue des Imbergères prolongée).

26 *juin* 1885. — Acquisition de terrain pour relier la rue Houdan à la rue des Chéneaux, par le chemin vicinal de la Tour (rue Aubanel), en face le cimetière (à raison de 4 fr. 50 le mètre).

8 *juillet* 1885. — Élections sénatoriales. Élections des délégués : sont nommés : MM. Wissemans, Lucas, Mathon, Rossignol, Charaire et Grondard.

26 *août* 1885. — Une pétition est adressée par la municipalité au ministère des Travaux publics demandant la prompte exécution des travaux relatifs au remaniement de la ligne de Sceaux à Paris, et le maintien de la gare de Sceaux à l'endroit où elle est actuellement.

28 *septembre* 1885. — Agrandissement de l'École maternelle. La Préfecture accorde une subvention de 15,000 francs. Les plans de M. Jacques Lequeux, architecte de la commune, sont approuvés.

Première enquête pour la transformation de la ligne de Paris à Sceaux.

21 *octobre* 1885. — M. Peautonnier, adjoint au maire, expose qu'il a l'intention de déposer à l'enquête actuellement ouverte dans les bureaux de la Préfecture de la Seine, le projet d'un nouveau tracé en opposition avec celui que la Compagnie d'Orléans propose d'exécuter. D'après ce nouveau tracé, la voie, en quittant Bourg-la-Reine, se dirigerait directement sur le territoire de Sceaux où se trouverait une première station, située à mi-côte dans l'axe de la rue de Penthièvre; de là elle franchirait l'avenue de Sceaux à Fontenay, et se dirigerait vers sa station située aussi à mi-côte. Ensuite, la voie, traversant de nouveau la vallée, viendrait aboutir au lieudit les Quatre-Chemins, où se trouverait la seconde station de Sceaux, avec la gare des marchandises.

Ce contre-projet, vivement combattu par le maire, MM. Grondard, Charaire et Brun, présenté par M. Paillet père, horticulteur à Sceaux, et soutenu pour Fontenay-aux-Roses par le maire, M. Blanchet, et par M. Béquet, conseiller d'État, en vue de desservir la nouvelle École normale de jeunes filles et le Collège Sainte-Barbe, est celui qui a prévalu et en fin de compte a été exécuté.

Éphémérides scéennes.

20 *novembre* 1885. — M. Vaury, secrétaire de la Mairie, devant prendre sa retraite à partir du 1er janvier 1886, le Conseil municipal, en considération des longs et honorables services de M. Vaury, tant comme instituteur que comme secrétaire de mairie, est invité à lui donner un témoignage de satisfaction.

M. Wissemans, adjoint, appuie cette motion; il rappelle le dévouement dont M. Vaury fit preuve lors de l'entrée des Prussiens à Sceaux (septempre 1870) en sauvant les registres, les papiers importants et la plupart des objets précieux qui se trouvaient à la Mairie.

Le Conseil décide, en outre, qu'une lettre collective de remerciements sera adressée à M. Vaury.

28 *novembre* 1885. — Enquête sur le projet d'alignement du chemin vicinal ordinaire n° 48, dit de Sainte-Geneviève.

9 *février* 1886. — Ouverture d'une crèche municipale rue Picpus n° 1, contiguë aux bâtiments de l'Infirmerie.

23 *février* 1886. — Organisation d'un service municipal de pompes funèbres.

15 *juin* 1886. — M. Jean-Baptiste-Eugène-Joseph vicomte Maison lègue au Bureau de bienfaisance de Sceaux une somme de 10,000 francs, par testament en date du 18 mai 1885.

26 *juin* 1886. — Vote d'un tarif des droits de voirie.

9 *juillet* 1886. — M. le maire expose que la ville est inquiète et troublée, toutes transactions, améliorations, constructions de maisons et chemins se trouvant interrompues.

La municipalité demande au ministre des Travaux publics le maintien de la gare de Sceaux à la place qu'elle occupe depuis la création de la ligne, contrairement à la délibération du Conseil, en date du 21 octobre 1885 :

« Le Conseil, considérant que la gare actuelle est à proximité du Lycée Lakanal, de la Justice de Paix du canton de Sceaux, du Marché, du Parc de Sceaux, du groupement de toutes les industries, de tout le commerce et de tous les intérêts de la population ;

« Que des projets d'ouverture de chemins sont en ce moment à l'étude en vue de dégager la rue du Lycée et la nouvelle Voie de Bagneux,

« Vote l'annulation de la délibération du Conseil municipal du 24 octobre 1885 (motion Peautonnier). »

*
* *

9 *février* 1886. — Le Conseil procède à l'installation de six nouveaux conseillers municipaux élus le 21 janvier 1886, savoir :

MM. CHAPEYRON.	MM. GUILBERT-PÉNARD.
REDDON.	MIZERY.
MOUSNIER.	MEINJOU.

et à la nomination d'un second adjoint :

M. Jules Mousnier est élu.

14 *novembre* 1886. — Mort de M. Léopold Auguste, conseiller général, conseiller municipal et délégué cantonal de Sceaux. Son influence dans le Conseil était prépondérante. Esprit juste, très libéral, il a disparu trop tôt de la scène politique.

A LA MAIRIE (1887-1888)

AU TEMPS DE M. MICHEL CHARAIRE (1887-1888)

DEUXIÈME PÉRIODE

30 avril 1887. — Elections municipales des 17 et 24 avril 1887, de trois conseillers municipaux, de l'élection du maire et du second adjoint :

MM. THIBAUD.	MM. MICHAUT.
BOULOGNE.	CHAPEYRON.
CHARAIRE.	REDDON.
BOUTTEMOTTE.	GUILBERT-PÉNARD.
MASCRÉ.	MIZÉRY.
BRUN.	MEINJOU.
WISSEMANS.	SINET.
BENGEL.	AULARD.
FRANCE.	IMBAUD.
BERTRAND.	MOUSNIER.
MATHON.	

La séance est ouverte sous la présidence de M. Wissemans. MM. Sinet, Aulard et Imbaut sont installés dans leurs fonctions de conseillers municipaux. Il est procédé ensuite à l'élection du maire. M. Michel Charaire, ayant obtenu la majorité absolue des voix, est nommé maire.

Aux élections d'avril 1887, M. Michel Charaire se présenta avec le programme ci-après ; il est intéressant en ce qu'il marque l'état des esprits à cette époque.

Mon passé, disait M. Michel Charaire, me met à l'abri de toute suspicion au point de vue politique; il vous donne la mesure de mon attachement à notre cher pays et à la République.

Par trois fois, depuis 1873, j'ai eu l'honneur de faire partie du Conseil municipal et, en 1878, j'ai été désigné comme maire par le choix du gouvernement de la République; mais j'ai hâte, après la crise que nous venons de traverser, de vous exposer quelle ligne de conduite j'entendrais suivre, si vous m'accordiez aujourd'hui vos suffrages.

Je m'appuierais très franchement sur le Conseil municipal; nous travaillerons en commun à l'élaboration des projets à l'étude au moyen de commissions, dont chaque membre ferait partie suivant ses aptitudes.

Bien que la loi confère aux maires des droits et des prérogatives très étendues, dont ils peuvent abuser trop souvent — nous en avons eu le triste exemple dans notre commune, — je prends l'engagement de ne jamais tomber dans cette exagération, mais au contraire de partager avec le Conseil toutes les responsabilités.

De même si, entre nos sessions, il se produisait des faits importants, des mesures graves à prendre, mon devoir serait de vous en informer, en provoquant la réunion du Conseil.

Quant aux écoles communales laïques, ma ferme volonté est de les faire prospérer. Aidé de vos conseils et des deux délégués communaux, nous pourrons leur donner une nouvelle impulsion qui est devenue des plus nécessaires après leur abandon calculé. Nous réunirons nos efforts pour faire disparaître cette division qui existe dans beaucoup de familles du pays, et fait éloigner de nos écoles une trop grande partie des enfants des deux sexes.

Nous ferions en sorte que ces derniers soient tous sous la protection de la nouvelle municipalité.

Mais, pour atteindre ce résultat, vous avez déjà signalé une réforme à réaliser : s'entourer d'instituteurs et d'institutrices capables et habiles, à la hauteur de leur mission, et suivre nous-mêmes et constamment les progrès qu'ils feront faire aux enfants de notre commune.

M. Michel Charaire était le seul homme, à cette époque, qui inspirât confiance à la population. M. Wissemans était nommé premier adjoint.

6 mars 1887. — Le Conseil adopte les alignements, redressements et largeurs assignés à la rue du Clos-Saint-Marcel.
Et au chemin des Heulins (22 février 1888).

20 mars 1887. — Mise en état de viabilité de l'ancien chemin de la Tour, qui prendra la dénomination de rue Aubanel.

Août 1887. — La ville de Sceaux transporte son Hôtel de Ville dans les anciens bâtiments de la sous-préfecture, devenus inutiles au département de la Seine, depuis la suppression, en 1881, des sous-préfets de Saint-Denis et de Sceaux.

M. Michel Charaire a présidé, comme maire, à cette nouvelle installation.

L'Hôtel de la Mairie de Sceaux date de 1863, les plans en avaient été dressés par M. Naissant, architecte.

Cliché Dagorno.

La **Nouvelle** Mairie de Sceaux.

LES FÊTES A SCEAUX EN 1887

L'année 1887 a été pour la ville de Sceaux l'année des fêtes et des concours.

Le 12 juin, grand concours régional d'orphéons, d'harmonies et de fanfares, sous la présidence de M. Mousnier.

Puis, à partir du 30 juin, les trois dimanches de la fête patronale de Sceaux :

Le 3 juillet, réception solennelle des Félibres.

Le 27 juillet, soirée pour les enfants des écoles.

Le 14 août, fête du Premier Million des Prévoyants de l'Avenir

Le 4 novembre, la Sainte-Cécile, fête et banquet.

Le 2 décembre, la Sainte-Barbe, banquet des sapeurs-pompiers

Nous croyons devoir reproduire ici les comptes rendus de ces fêtes, tels qu'ils ont été publiés par la presse locale, pour en préciser la nature et le caractère familial. Relisons ensemble ces Annales de nos fêtes, et pensons aux amis qui ne sont plus.

Le Concours d'orphéons de 1887.

Le 12 juin 1887, grand concours régional d'orphéons, d'harmonies et de fanfares. Sceaux était prêt à recevoir ses hôtes et pour que rien ne manquât à la réussite de cette belle fête, un soleil resplendissant répandait ses plus gais rayons sur les drapeaux, les verdures, le superbe arc de triomphe établi au carrefour des rues Houdan, de la Petite-Croix et de Penthièvre, toutes décorations dues à l'initiative des habitants. Le coup d'œil de la grand'rue était charmant.

C'est à 1 heure que le défilé part de la place de la Mairie, a dit la *Rive Gauche*, en rendant compte de cette fête. Magnifique, le défilé ! Cinq gendarmes à cheval ouvrent la marche avec notre compagnie de sapeurs-pompiers. Puis, voici notre maire, M. Charaire, qui n'a pas marchandé son appui au comité dans cette circonstance; M. Wissemans, adjoint; nos conseillers municipaux; M. Dhionnet, secrétaire général du concours. Les fanfares, harmonies et orphéons suivent. Les airs de marche des cuivres ajoutent à l'éclat de la fête. Le défilé n'oublie aucune de nos rues. — 2 heures, concours d'exécution. On a pour ce concours réparti encore en trois salles toutes les sociétés concurrentes. La salle des Fêtes de la Mairie reçoit les orphéons. Sous la rotonde du Parc et dans la salle Boulogne se rendent les fanfares.

MM. Mousnier et Tony Révillon, qui présidaient la distribution des couronnes, des palmes et des médailles aux victorieux, ont ouvert cette solennelle séance par des discours chaleureusement applaudis.

La fête officielle est terminée. Il est temps de réparer ses forces et de prendre quelque repos.

Cliché Dardonville.

Au Parc de Sceaux.

Jury et commission d'organisation se réunissent à la table de M. Guet, restaurateur. Tout le monde se félicite du succès de la fête, succès magnifique vraiment, et dont on est redevable aux efforts dévoués des membres de la commission d'organisation. C'est ce que fait ressortir M. Charaire dans un toast acclamé.

M. Tony Révillon se lève à son tour. En des paroles élevées, comme toujours, il glorifie l'art et félicite les artistes.

M. Jallon, conseiller général, porte un toast au jury, à l'impartialité duquel il rend hommage.

C'est M. Mousnier, président du concours, qui lui succède : il adresse ses remerciements aux membres de la commission, particulièrement au secrétaire général, M. Dhionnet, de l'aide qu'ils lui ont prêtée et qui a fait le succès de la fête. M. Mousnier annonce qu'une médaille est décernée à MM. Muller et Dhionnet, comme témoignage de reconnaissance.

C'est à une bonne pensée qu'obéit M. Lesueur en portant un toast à la mémoire de M. Clodomir, ancien chef de musique de la Fanfare. L'accueil qui est fait à cette motion prouve que personne n'a oublié celui qui nous mena souvent à la victoire.

Enfin, M. Dhionnet remercie les membres du jury, notre municipalité, M. Charaire, de tout ce qu'ils ont fait pour que le concours du 12 juin fût digne de la ville de Sceaux. Il remercie aussi les sociétés qui ont accepté notre invitation, sûr qu'elles garderont un bon souvenir de notre hospitalité.

Et le soir, Sceaux resplendit; les monuments publics et les maisons particulières sont illuminés, les rues sont pleines d'animation. Jamais, qu'il nous en souvienne, notre ville n'a vu tant de visiteurs.

La Fête du Premier Million des Prévoyants de l'Avenir.

Le 14 août 1887, la société des *Prévoyants de l'Avenir*, fondée en 1880 par Frédéric Chatelus, fêtait à Sceaux, sept ans après, la réalisation de son premier million de cotisations.

Ce fait eut un retentissement considérable, et M. Henri Rochefort a pu écrire, non sans raison :

Mieux que personne peut-être nous pouvons parler des *Prévoyants de l'Avenir*, car cette société, aujourd'hui si florissante, est née, pour ainsi dire, dans l'atelier de composition de l'*Intransigeant*. L'homme intelligent, persévérant et dévoué qui l'a fondée est un ouvrier typographe, notre ami Frédéric Chatelus, attaché à ce journal depuis sa fondation.

. . . .

En contribuant à faire connaître les Prévoyants de l'Avenir, nous avons conscience d'avoir rendu un réel service à ceux de nos lecteurs qui ne font pas encore partie de cette association, dans les rangs de laquelle se mêlent et s'unissent étroitement des ouvriers, des artistes, des employés, des hommes de lettres, des députés.

Le maire de Sceaux ne pouvait à son tour qu'accueillir à bras ouverts Frédéric Chatelus, cet ouvrier typographe, sorti aussi du rang.

Depuis cette époque, les questions de mutualité se sont singulièrement développées. Les *Prévoyants de l'Avenir* ont dû mettre leurs statuts en harmonie avec la loi de septembre 1898 — dite Loi Waldeck-Rousseau — sur les sociétés de secours mutuels.

Il n'en est pas moins intéressant de remonter à l'origine de ce mouvement avec les Prévoyants de l'Avenir.

Ils naissent à peine, disaient-ils en 1887, et voici qu'ils sont 40,000 — 40,000, ce qui serait beaucoup pour d'autres, ce qui n'est rien pour eux !

Ils iront, ils iront, portés par la simplicité grandiose de leurs statuts, par la perfection de leur mécanisme, par la puissance de leur honnêteté, par l'égalité absolue de tous leurs membres, par l'enthousiasme de tous leurs adeptes. Ils iront ! Les voici 40,000 : ils seront 50,000 demain, 100,000 dans un an et, dans peu d'années, ils se compteront par millions. La fête de Sceaux n'est qu'une aurore, mais c'est l'aurore que suit le soleil ! Et ce soleil qui monte illuminera la France entière.

Ce lyrisme du journal des *Prévoyants de l'Avenir* était justifié. Il y eut ce 14 août 1887 : concert et jeux dans le Parc, banquet, toasts et discours qui succédèrent aux discours. MM. G. Martin, sénateur de la Seine, Brialou, député, Dugas, Lalanne et Chatelus prirent successivement la parole pour préconiser cette œuvre de prévoyance.

L'adhésion de Michel Charaire à la société des Prévoyants de l'Avenir date de cette époque. Il s'était fait inscrire avec son fils Émile et les deux aînés de ses petits-fils. Pendant dix-huit ans, il a payé régulièrement ses cotisations et sa pension viagère devait être liquidée en 1907.

Elle est arrivée trop tard. Les pensionnaires de 89 ans ne doivent pas être nombreux. Ceci nous rappelle un illustre imprimeur, Ambroise Firmin-Didot, qui ne cessait d'acheter dans les ventes de vieux manuscrits. Comme on lui demandait s'il aurait jamais le temps de les lire, il répondit : « J'amasse des trésors de lecture pour ma vieillesse. » Il avait à ce moment plus de 80 ans.

Ambroise Firmin-Didot était un prévoyant à sa manière. Il est toujours bon d'assurer le repos et la sécurité de ses vieux jours. C'est d'un salutaire exemple.

La Sainte-Barbe en 1887.

Après la Sainte-Cécile, la Sainte-Barbe. Nos pompiers n'auraient garde d'oublier la fête de cette vierge et martyre, qui, on ne sait pourquoi, patronne et patronnera longtemps encore les manœuvriers des pompes à incendie et des canons.

Le banquet annuel du 11 décembre a satisfait les convives. Le plus superbe entrain n'a cessé de régner.

M. Charaire, maire de Sceaux, présidait la fête. Au dessert, il a rendu hommage au dévouement des pompiers :

Je bois à la santé de tous nos braves pompiers présents et absents, ainsi qu'à leur digne chef. Notre pays, Messieurs, compte toujours sur votre dévouement et votre concours. Si, ce qu'à Dieu ne plaise, un sinistre, un malheur public venait atteindre notre commune, nous en sommes certains, nous vous verrions tous au premier rang, fidèles à votre généreuse et souvent dangereuse mission, rivalisant d'ardeur, déployant la même activité avec la même abnégation, pour conjurer le fléau.

Aussi, Messieurs, notre petite cité se repose-t-elle sur vous du soin de sa propre sécurité, et a-t-elle mis sous votre sauvegarde ses plus chers intérêts.

Comme représentant de notre municipalité, je suis heureux, Messieurs, d'être l'interprète de toute la population en vous adressant un témoignage de sincère reconnaissance et en vous assurant de la profonde sympathie de tous.

M. Wissemans a pris ensuite la parole et, dans une improvisation fort goûtée, a également rendu hommage aux services rendus par les sapeurs-pompiers.

Le lieutenant Landreau a répondu en remerciant au nom de toute la compagnie.

Au milieu de ce banquet, une dépêche apportait à M. Charaire la nouvelle de l'élection de M. Sadi-Carnot à la présidence de la République. L'annonce de cet événement heureux, dénouement désiré d'une crise qui commençait à fatiguer le pays tout entier, n'a pas peu contribué à l'entrain de la fête.

A LA MAIRIE (1888-1892)

AU TEMPS DE M. MICHEL CHARAIRE (1888-1892)

TROISIÈME PÉRIODE

20 *mai* 1888. — Installation du Conseil municipal.

MM. WISSEMANS.	MM. MIZÉRY.
BERTRAND.	AVIAT.
SINET.	MATHON.
BOULOGNE.	THIBAUT.
AULARD.	IMBAUD.
MOUSNIER.	MEINJOU.
BRUN.	JACQUEMOT.
CHARAIRE.	FRANCE.
GUILBERT.	MICHAUT.
HALLÉ.	BENGEL.

M. MICHEL CHARAIRE est élu maire par 13 voix sur 19 suffrages exprimés. M. Wissemans premier adjoint et M. Reddon (Alcide) deuxième adjoint.

Année 1888. — Une réélection.

Ces dernières années de magistrature municipale, disait M. Charaire, ont passé trop rapidement. Les questions se posent au Conseil municipal, à peine si on a le temps de les étudier, que déjà on se retrouve en pleine période électorale.

A la veille des élections de 1888, un journal local, la *Rive Gauche*, a publié le portrait suivant du maire de Sceaux :

M. Charaire était encore jeune à cette époque, — de sa seconde jeunesse, — il n'avait que 70 ans.

M. Michel CHARAIRE
Maire de Sceaux,
Chevalier de la Légion d'honneur,
Officier d'Académie.

M. Charaire, né à Clermont-Ferrand (Puy-de-Dôme), est âgé de 70 ans, qu'il porte gaillardement. Droit, bien pris dans sa taille, chevelure blanche mais fournie, d'aspect un peu sévère.

Le maire de Sceaux a derrière lui toute une vie de travail ; plus heureux que bien d'autres qui tombent en chemin, ou que la peine terrasse avant l'âge, il est aujourd'hui dans une position on ne peut plus belle : patron d'une imprimerie connue, riche, chevalier de la Légion d'honneur, honoré d'une médaille d'or à Anvers, délégué cantonal, maire.

Son goût pour les fêtes brillantes n'a pas été nuisible au commerce, surtout celles, qu'il faut reconnaître splendides, qui ont eu lieu, l'année dernière, sous son inspiration et avec son aide.

Les électeurs de 1888 lui ont renouvelé son mandat et le Conseil municipal l'a replacé pour la troisième fois à la tête de la municipalité de Sceaux.

24 *décembre* 1888. — Grosses réparations à exécuter à l'église (29,250 fr. 25).

Le Chemin de fer de Sceaux et la Municipalité.

Cette période de 1888 à 1892 fut pour la municipalité une époque de transition et d'hésitation. Les terrassements pour la transformation de la ligne de Bourg-la-Reine à Sceaux étaient commencés, les expropriations pour le compte de la Compagnie d'Orléans venaient d'avoir lieu.

Le tracé définitif donnait satisfaction aux horticulteurs de la vallée d'Aulnay et de Fontenay-aux-Roses, mais le déplacement de la gare devait achever la ruine du pays, en permettant le dimanche aux Parisiens en promenade, de se rendre directement à Robinson, sans avoir à suivre la rue Houdan, dans toute sa longueur.

Notre ville avait dû longtemps sa suprématie sur les chefs-lieux de cantons de l'arrondissement, non à l'importance de sa population, mais à son rôle administratif de sous-préfecture.

Déchue de ce rang en 1881, Sceaux paraissait devoir rester plongé dans le marasme, la rue Houdan était déserte, ses magasins ne se louaient plus. On désespérait alors du présent et de l'avenir.

Ces doléances s'expliquaient à l'époque où elles se produisirent, il y a vingt-cinq ans.

La municipalité mit tout en œuvre pour donner satisfaction à ces légitimes revendications. Il s'agissait de transformer le pays, en mettant à profit l'appoint que les nouvelles gares lui apportaient, et de renouveler tout l'outillage municipal. M. Michel Charaire se mit à l'œuvre, mais il arrivait de nouveau au terme de son mandat. Le moment était critique pour élaborer de vastes projets.

*
* *

En 1891, M. Michel Charaire était maire de la ville de Sceaux ;
Président de la Société de secours mutuels des Jardiniers (Saint-Fiacre) ;
Président de la Société des Sapeurs-Pompiers de Sceaux ;
Président d'honneur du Tennis-Club ;
Président d'honneur de la Fanfare ;
Président d'honneur de l'Orphéon ;
Président d'honneur de la Société des Vétérans ;
Président d'honneur de la société La Patriote ;
Président honoraire de la Société de secours mutuels de l'Imprimerie de Sceaux ;
Membre de la Société fraternelle des Protes des Imprimeries de Paris.

Aussi, lors du renouvellement des conseillers municipaux, en avril 1892, fut-il vivement sollicité par ses collègues du Conseil de ne pas renoncer à ses fonctions.

Il se laissa convaincre par ces amicales sollicitations et il fut réélu en tête de liste.

A LA MAIRIE (1892-1897)

AU TEMPS DE M. MICHEL CHARAIRE (1892-1897)

QUATRIÈME PÉRIODE

En exécution de la loi du 5 avril 1884 (art. 48 et 77) ont été élus :

MM. CHARAIRE.	MM. MATHIEU.
SINET.	COURTOIS.
REDDON.	MARSIGNY.
BOULOGNE.	MAILLEFERT.
AULARD.	SAUNIER.
AVIAT.	BARBREL.
MOUSNIER.	IMBAUT.
WISSEMANS.	MICHAUT.
HALLÉ.	GUILBERT.
FRANCE.	FAGUET.

M. CHARAIRE est élu maire par 18 voix sur 20 votants.

A la suite de cette troisième réélection, plusieurs notabilités et les représentants des sociétés chorales et autres de Sceaux, se réunirent chez M. Michel Charaire, le dimanche 15 mai 1892 à 3 heures, pour le féliciter de cette constante fidélité du corps électoral.

A ces félicitations, il répondit :

Je suis très heureux de l'accueil sympathique qui a été fait à ma nomination de maire.

J'en remercie sincèrement tous les électeurs. Je remercie également tous les membres du Conseil municipal, mes chers collègues, de l'honneur qu'ils m'ont fait en me replaçant à leur tête.

Je suis également très sensible et très touché de la manifestation qui se produit aujourd'hui, et à laquelle mes deux adjoints, MM. Reddon et Mousnier, ont bien voulu se joindre.

C'est avec le plus grand plaisir que je vois ici tant d'amis : en première ligne, notre cher et éminent député, M. Tony Révillon, dont la présence donne encore plus d'éclat à cette réunion; notre honorable juge de paix, M. Vincent; M. Landel, notre vigilant commissaire de police, notre capitaine de gendarmerie qui, en s'excusant de ne pouvoir être des vôtres, m'a exprimé ses sentiments affectueux.

Je suis bien reconnaissant de l'initiative qui a été prise par les présidents et chefs des sociétés : la *Fanfare*, les *Sapeurs-Pompiers*, la *Patriote* et l'*Orphéon* de Sceaux; je les remercie de tout cœur de leur excellente intention, dont la nouvelle municipalité leur tiendra certainement compte.

En terminant, Messieurs, je porte un toast aux électeurs de la ville de Sceaux et je bois à la République française.

La Patriote de Sceaux. — 23 janvier 1892.

La Patriote est une société de jeunes gymnastes présidée alors par M. Mousnier; les membres du bureau étaient venus offrir à

Cliché Al. Faguet.
La *Patriote* de Sceaux.

M. Charaire la présidence de ce banquet. Il accepta avec empressement, heureux de donner un témoignage de l'intérêt que lui inspirait leur société.

A l'heure des toasts, il prit la parole en ces termes :

Mes chers amis,

J'ai voulu témoigner à nouveau par ma présence au milieu de vous, en ma qualité de représentant de notre municipalité, l'intérêt que je porte à la *Patriote* de Sceaux et lui exprimer toute ma sympathie, qui est aussi partagée par l'unanimité du Conseil municipal.

Et comme je le disais à votre honorable président, M. Mousnier, en le remerciant de m'avoir offert la présidence de cette réunion, où règne toujours tant de cordialité : « J'aime, lui ai-je dit, à me retrouver au milieu de tous ces braves jeunes gens, pour lesquels je n'ai cessé d'avoir la plus sincère estime. »

Ce que j'aime, c'est leur bonne tenue, sous leur charmant costume, qui est l'ornement de nos fêtes; c'est cet air martial et dégagé dans leurs mouvements et exercices d'ensemble. Aussi, avons-nous constaté avec le plus grand plaisir leur succès dans différents grands concours, et tout spécialement dans celui de 1892, à l'Hippodrome : la *Patriote* de Sceaux y a conquis une bonne place parmi les sociétés de gymnastique du département de la Seine.

Nous sommes tous d'accord, Messieurs, pour féliciter le gouvernement de sa très grande sollicitude en faveur de cette si importante institution des sociétés de gymnastique de France, dont les membres, de tout âge, travaillent avec dévouement et une grande ardeur patriotique, pour devenir des hommes vaillants sur lesquels la France aura le droit de compter. Ils seront l'égide et la sauvegarde de la République.

Je bois, Messieurs, à la *Patriote* de Sceaux et à ses nouveaux succès.

Les Précurseurs de l'Enseignement populaire à Sceaux.

Octobre 1892. — M. Andrieu, conseiller à la Cour d'appel de Paris, avait demandé, en octobre 1892, l'autorisation de faire une conférence sur ce sujet. Avant de donner la parole à l'éminent conférencier, M. Michel Charaire dut expliquer aux assistants quel était le but de cette réunion.

Je tiens, disait-il, à adresser en mon nom et au nom de tous les membres de notre municipalité mes plus sincères remerciements aux hommes dévoués qui ont pris l'initiative de fonder dans notre commune un cours public et gratuit d'enseignement populaire. Ces remerciements s'adressent également aux collaborateurs désintéressés qui prêteront leur concours pour la réussite de cette fondation qui est appelée à rendre les plus grands services aux jeunes gens et aux jeunes filles du canton, désireux d'acquérir plus de connaissances et de compléter leur instruction dans les diverses parties de l'enseignement.

Aussi, le Conseil municipal a-t-il été unanime pour approuver la proposition qui lui a été faite, en faveur de nos administrés, et pour assurer à cette nouvelle et intéressante société son bienveillant concours et sa plus grande sollicitude.

Je n'ai plus qu'à former un souhait, ajoutait-il, pour le succès et la réussite complète de cette institution dans notre localité, et à renouveler nos remerciements anticipés, au nom de toute la population de la ville de Sceaux, aux dévoués professeurs qui vont consacrer et donner leur temps le plus précieux dans l'intérêt des familles et de la nouvelle génération qui nous succédera.

M. Morel, professeur au Lycée Lakanal, reprit l'idée et fondait, en 1898, la *Société d'éducation et d'instruction populaires* du canton de Sceaux.

Éphémerides municipales.

1888. — Construction d'un préau couvert à l'École des filles. Acquisition d'un immeuble pour l'agrandissement de la même école.

1889-1890. — Élargissement de la rue de Penthièvre et pose d'une grille sur cette partie du Parc.

1891. — Consolidation de l'Église et restauration de l'ancienne Mairie.

Travaux de grosses réparations à l'École de garçons et construction d'un préau couvert.

1892-1893. — Construction de deux égouts :

I. — Du Lycée à la rue Voltaire, par la rue Houdan;

II. — Rue des Écoles et rue du Marché.

LES NOUVELLES GARES DE SCEAUX (1893)

Nouvelle Gare de Sceaux-Ville.
Elle aboutit au bas de la rue de Penthièvre et de la rue du Lycée.

Le 17 mai 1893, la Compagnie d'Orléans inaugurait officiellement la ligne transformée de Paris à Sceaux pour l'embranchement de Bourg-la-Reine à Sceaux-Robinson, et deux ans après, le

30 mars 1895, nous avions la mise en service du prolongement de la ligne de Sceaux vers le Luxembourg.

Cette rectification de la ligne Sceaux-Ville et Sceaux-Robinson allait avoir comme conséquence une plus-value considérable sur les terrains ; dès 1895, les constructions élégantes de la rue du Lycée, du boulevard Colbert et rues adjacentes s'étaient multipliées rapidement.

La gare de Sceaux-Robinson était appelée à profiter également de ce mouvement. L'impulsion était donnée. On construisit autour de cette dernière gare, puis rue des Chéneaux, rue Aubanel, rue Eugène-Maison, rue Quesnay, rue Pasteur, etc.

Enfin, les jardins ouvriers de la fondation de M. Auguste Renaudin, notaire, ont utilisé les terrains de la voie de Bourg-la-Reine à l'ancienne gare de Fontenay-aux-Roses.

Sceaux, hier encore pays de culture, n'eut bientôt plus que des terrains à construire et déjà les cultivateurs de profession se rejettent sur Aulnay, Châtenay, le Plessis-Robinson, etc.

L'ancienne ligne circulaire de Sceaux.
Elle aboutissait rue Houdan et place de l'Église. — Vue intérieure de la Gare.

L'EMPRUNT MUNICIPAL
de 1894

LES GRANDS TRAVAUX

Comme conséquence de la transformation de cette ligne de Bourg-la-Reine à Sceaux-Robinson et de la gare Paris-Denfert jusqu'à Paris-Luxembourg, la municipalité avait fait mettre à l'étude depuis deux ou trois ans un projet de classement et d'élargissement des voies primitives et de l'ouverture de voies nouvelles. Ce projet prévoyait l'exécution immédiate de voies de communication aux abords ou à proximité des stations du chemin de fer, ainsi que la construction d'un marché couvert. L'ensemble de ces travaux fut approuvé par le Conseil municipal dans sa *séance ordinaire du 3 septembre* 1894.

Vote d'un emprunt de 265,000 francs, pour la réalisation de divers projets de travaux, et demande d'un secours départemental de 92,000 francs.

L'an mil huit cent quatre-vingt-quatorze, le trois septembre à huit heures du soir, les membres en exercice, composant le Conseil municipal de la commune de Sceaux, ayant été régulièrement convoqués, se sont réunis au nombre de douze, au lieu ordinaire de leurs séances, sous la présidence de M. Charaire, maire, pour la session ordinaire d'août. Étaient présents : MM. Charaire, maire; Reddon, adjoint; Saunier, Faguet, Courtois, Hallé, France, Maillefert, Mathon, Guilbert, Barbrel et Michaut, formant la majorité des membres en exercice; absents : MM. Mousnier, Boulogne, Marsigny, Aulard, Aviat, Imbaut et Sinet, qui se sont fait excuser, en adressant leur adhésion. Décédés : MM. Meinjou et Wissemans. M. Reddon a été élu secrétaire pour cette séance. M. le maire fait connaître au Conseil que le traité passé avec M. Nouveau pour l'exploitation du marché aux comestibles prend fin le 31 mars 1895.

Depuis longtemps, les habitants de la ville demandent l'établissement d'une halle pour y installer le marché, dont l'emplacement actuel est incommode et insuffisant.

SCEAUX — LA CITÉ MODERNE

Dans sa séance du 4 juin dernier (1894), le Conseil a voté l'acquisition d'une partie des bâtiments et cour provenant de l'ancienne gare de Sceaux, pour l'emplacement du Marché à construire et en a fixé le prix à 25,000 francs.

A cet effet, il a fait dresser par l'architecte communal les plans, devis et cahiers de charges dudit projet de marché, qu'il dépose sur le bureau du Conseil, ainsi que la soumission des maisons importantes de Paris, spéciales pour ces sortes de travaux, qui ont été mises en concurrence, une tentative d'adjudication faisant craindre un résultat désavantageux pour la Commune, tant au point de vue de la bonne et prompte exécution des travaux qu'au point de vue des rabais à obtenir. Ces travaux, tout à fait spéciaux, ne peuvent être confiés qu'à des maisons de premier ordre, pourvues de tout l'agencement qu'ils comportent. En outre, la division par lots entraînerait inévitablement de grands retards dans son exécution et pourrait occasionner un préjudice des plus graves, attendu que l'exploitation dudit marché doit courir à compter du 1er avril 1895.

M. le maire expose, en outre, que, sur le territoire de Sceaux, la viabilité laisse encore beaucoup à désirer, malgré les améliorations qui y ont été apportées depuis quelques années.

Que, par suite de la transformation de la ligne, l'urgence se fait sentir de l'acquisition des terrains nécessaires, soit à l'élargissement, soit à l'ouverture des voies dont le Conseil a voté le classement dans de précédentes séances.

L'ajournement de ces acquisitions causerait certainement à la ville de Sceaux un préjudice des plus graves et à jamais irréparable, étant donné les nombreuses constructions qui s'élèvent depuis près de deux ans, lesquelles font prévoir une augmentation imminente sur le prix des terrains principalement pour ceux qui se trouvent en bordure des voies publiques.

Ces mesures doivent consister, surtout, dans l'exécution immédiate des voies de communication, aux abords ou à proximité des stations du chemin de fer, et à donner la largeur qui leur est assignée à toutes les voies classées dans la voirie urbaine, afin d'offrir aux spéculateurs et aux familles des terrains propres à l'édification de nombreuses demeures.

Elles auront pour effet le développement et la prospérité de la ville de Sceaux.

Il dépose ensuite sur le bureau tous les dossiers relatifs aux divers projets de travaux ci-après énumérés, dressés, soit par M. Chaudesaygue, architecte communal, en ce qui concerne le Marché couvert; soit par M. Mascré, agent voyer communal, pour la viabilité des chemins et rues projetées.

De pareils travaux ne peuvent évidemment pas se décider ni s'entreprendre avec les seules ressources provenant des revenus ordinaires. Il faut des ressources importantes et immédiates. C'est pourquoi il propose au Conseil de voter un emprunt de 265,000 francs remboursable en 30 annuités.

Cet emprunt ne serait certainement pas onéreux pour la commune, il suffirait de voter la prorogation des vingt centimes extraordinaires pendant trente ans, à courir du 1er janvier 1897, ainsi que le renouvellement des taxes additionnelles d'octroi par période quinquennale.

Évidemment, l'emprunt de 265,000 francs serait insuffisant pour l'achèvement de ce vaste ensemble de travaux, mais il y a lieu d'espérer du département une subvention proportionnée aux efforts et aux sacrifices faits par la commune pour doter définitivement la ville de Sceaux d'un réseau complet de voies de circulation et d'un marché confortable, si longtemps réclamés par les habitants, ainsi que par les marchands.

Le Conseil :

Ouï l'exposé de M. le maire ;

Vu les dossiers y relatifs ;

Considérant que les constructions du Marché en fer et couvert ne peuvent être confiées qu'à des maisons ayant la spécialité de ces sortes de travaux, et présentant toutes les garanties nécessaires pour en assurer la bonne et prompte exécution ;

Que la maison Milinaire frères est une des plus importantes de Paris, et qu'elle offre à la commune toutes les garanties désirables pour la bonne exécution du Marché ;

Après en avoir délibéré :

A l'unanimité des membres présents,

Vote :

1º L'approbation de tous les projets ci-dessus détaillés, et en fixe la dépense totale à la somme de 358,711 fr. 45 c. ;

2º L'acceptation de la soumission de MM. Milinaire frères, pour la construction du Marché aux comestibles, laquelle présente un rabais tout à fait avantageux pour la commune et dont le montant est fixé à la somme de 61,500 fr. ;

3º La mise en adjudication des travaux de viabilité de la rue latérale au marché à construire et de la rue de Penthièvre, ainsi que les travaux de nivellement de la place du Marché et de la place du Four, s'élevant ensemble à 15,645 fr. 15. De même que les travaux de mise en état de viabilité des énumérés ci-dessus, évalués à 118,201 fr. 92 c. ;

4º La déclaration d'utilité publique des divers projets d'ouverture et d'élargissement des voies publiques ci-dessus énumérées et, en conséquence, l'acquisition, soit à l'amiable, soit par voie d'expropriation, des terrains nécessaires pour l'élargissement immédiat desdites voies ;

5º Pour faire face à ces dépenses, la réalisation au Crédit Foncier, ou tout autre établissement, d'un emprunt de deux cent soixante-cinq mille francs (265,000) remboursable en trente annuités de 14,971 fr. 42 au taux de 3 fr. 85 0/0, à compter du 1er janvier 1897, au moyen des ressources suivantes :

1° Du vote de la prorogation de l'imposition extrordinaire de vingt centimes pendant trente ans, à partir de 1897, produisant annuellement... 7.600

2° Du prélèvement annuel de la somme de 4,500 francs sur les taxes spéciales d'octroi votées pour 5 ans, le Conseil prenant l'engagement de les renouveler de 5 ans en 5 ans, jusqu'à l'expiration des trente années, ci... 4.500

Ces deux ressources réunies produisent une somme de 12.000 fr.

3° Le complément de l'annuité, soit 3,000 francs, sera gagé au moyen d'un prélèvement de pareille somme sur le prix de l'affermage des taxes des marchés, ci.. 3.000

TOTAL............. 15.100

4° Pour faire face au surplus de la dépense, le Conseil sollicite de la bienveillance de M. le Préfet de la Seine un secours de 92,000 francs.

Le département voudra bien prendre en considération les désavantages que la commune de Sceaux éprouve depuis un certain temps, savoir : le retrait du marché aux bestiaux, soit la perte d'une redevance annuelle de 10,000 francs; la suppression de la sous-préfecture; la division des cantons, et le déplacement de la gare de Sceaux. Toutes ces modifications, réalisées dans l'intérêt général, n'en sont pas moins une perte considérable pour le commerce, et par conséquent pour la ville de Sceaux.

5° Les annuités pour l'amortissement de l'emprunt précité ne devant partir qu'à dater du 1er semestre de 1899, les intérêts à courir sur les sommes qui seront réalisées avant cette époque seront prélevés sur les taxes spéciales d'octroi devenues disponibles par suite du remboursement anticipé des deux annuités à échoir résultant de l'emprunt de 20,000 francs à la Caisse des Dépôts et Consignations, contracté le 5 novembre 1891.

Fait et délibéré à Sceaux, les jours, mois et an susdits. Ont signé les membres présents à la séance.

Pour extrait conforme :

LE MAIRE DE SCEAUX,

CHARAIRE,
Chevalier de la Légion d honneur.

Cet emprunt était justifié à plusieurs titres. Il a permis d'ouvrir quatorze voies nouvelles, tant autour du Lycée Lakanal que des nouvelles gares de la ligne transformée de Bourg-la-Reine à Sceaux-Robinson, sans compter l'installation du Marché couvert de Sceaux.

8 *août* 1895. — Inauguration du nouveau Marché. — L'ancien marché de la ville se tenait sur la place de l'Église. Marchands et clients étaient exposés au vent, à la pluie, à la boue, au froid l'hiver, comme l'été aux chaleurs excessives.

Ce marché était par suite maigrement approvisionné. Il a fait place à un superbe hall, presque monumental, qui rappelle, par sa

Cliché Dardenville.

Le Marché couvert.

forme élancée et l'emploi bien compris du fer et de la brique, certains pavillons des Halles centrales de Paris.

Il a été inauguré par la municipalité, avec le concours de la Fanfare, de l'Orphéon et de toute la population, le 8 août 1895. A cette occasion, M. Michel Charaire prononça une allocution assez caractéristique, en ce sens qu'elle expliquait la genèse de cette construction et faisait justice de l'opposition qui faillit la compromettre.

Mesdames, Messieurs,

Je me félicite de voir une aussi grande affluence se presser ici ce soir, répondant à l'appel de la municipalité, pour venir assister à cette fête de l'inauguration de notre nouveau et beau Marché.

Bien des doutes cependant touchant l'utilité de l'entreprise, bien des craintes s'étaient manifestées dès le début de sa construction; la malveillance avait même fait courir de méchants bruits. Toutes ces misères devaient disparaître devant le résultat final qui donne satisfaction à tous. Ne vous semble-t-il pas ce soir, bien mieux que dans un marché, être dans un magnifique palais?

La ville de Sceaux s'est donc enrichie, je dirai presque d'un monument du plus bel effet, à l'extérieur comme à l'intérieur. Notre Marché avantage la partie du Parc sur lequel il s'appuie et qui lui fournit un cadre admirable; la grâce de sa façade, aux teintes harmonieuses et tendres, complète de la plus délicate façon la décoration de la place.

Puisque nous parlons d'un marché aux comestibles, n'oublions pas que la question artistique ne doit être que l'accessoire de celle d'utilité pratique.

Je suis bien certain à cet égard de l'unanimité de nos aimables et charmantes administrées. Toutes, sans distinction de position et de fortune, se plaisent à venir, aux jours fixés, y faire leurs emplettes, sûres de s'y approvisionner dans les meilleures conditions, et, en cas de pluie, d'y trouver un abri contre le mauvais temps.

Ne retardons pas le juste tribut d'éloges à ceux auxquels nous sommes redevables de ces avantages. Je suis heureux de le faire publiquement si je puis ainsi procurer quelques satisfactions morales et même matérielles à ceux qui en sont dignes.

Merci d'abord à l'administration préfectorale, dont la bienveillance a été pour beaucoup dans la réalisation d'embellissement de notre cité et d'extension de nos voies communales.

Merci au jeune et intelligent architecte de la commune de Sceaux, M. Chaudesaygues, qui a montré tout le zèle dont il est susceptible et a consacré tous ses soins à l'exécution parfaite de ses plans et à la surveillance de ses constructions.

Félicitons ensuite MM. Milinaire frères, deux constructeurs émérites, fils de leurs œuvres, eux aussi, ce qui rehausse leur valeur, et auxquels la municipalité et la population entière adressent, par ma voix, l'expression de la plus vive et de la plus sincère reconnaissance pour avoir mené à bien leur œuvre commune.

Félicitons-nous enfin d'avoir pour adjudicataire M. Franc, dont l'honorabilité et la compétence sont bien connues. Plusieurs municipalités de la banlieue, dont il tient à bail les marchés, n'ont qu'à se louer de la cordialité de ses relations et de sa fidélité dans l'exécution des contrats. Nous souhaitons à M. Franc le succès qu'il a partout rencontré. Il lui est assuré.

Mais je termine, Mesdames et Messieurs, pour ne pas lasser la patience de la jeunesse et ne pas retarder le moment où devront se faire entendre les artistes les plus distingués, la Fanfare, l'Orphéon de Sceaux, qui prêtent leur concours à cette fête, et le brillant et savant orchestre de M. Martin-Odin.

Nous espérons que cette splendide soirée laissera dans les esprits un souvenir inoubliable, et qu'elle marquera une date de progrès et de prospérité pour l'édilité de notre commune, à laquelle tient à attacher son nom la municipalité actuelle de la ville de Sceaux.

Inauguration de la Fondation Sainte-Marguerite.

8 décembre 1895. — Le dimanche 8 décembre 1895, par un temps admirablement beau, et en présence d'une nombreuse et sympathique assistance, a été inaugurée et bénie la *Fondation Sainte-Marguerite*, destinée à servir de maison de retraite pour les vieillards indigents des deux sexes de la ville de Sceaux, et occasionnellement à recevoir des malades.

La bénédiction de la chapelle et des salles de cet établissement hospitalier a été donnée par M. l'abbé Celles, curé de Sceaux, chevalier de la Légion d'honneur, assisté de M. l'abbé Loyson, aumônier du Lycée Lakanal, officier de l'Instruction publique, et du Père Morel, supérieur des prêtres de l'Oratoire à l'Hay.

Après la bénédiction de l'établissement, M. l'abbé Celles, curé de Sceaux, a prononcé un discours qui est une vraie page de littérature, et qui a fortement impressionné tous les assistants. Ce sera un hommage rendu à sa mémoire que de reproduire la péroraison de cette allocution.

La Bienfaisance est ici-bas le plus grand de tous les bonheurs : la joie est au cœur de qui donne beaucoup plus que de qui reçoit.

Pénétrée jusqu'au fond de l'âme de cette vérité éternelle, Mme MARGUERITE RENAUDIN avait conçu la généreuse pensée de fonder une maison de retraite pour les *vieillards pauvres* de la petite ville où elle avait pris la noble et touchante habitude de faire le bien. Ce vœu, qu'une mort aussi soudaine que cruelle ne lui permit pas d'accomplir elle-même, est pieusement réalisé par les soins de celui qui, frappé dans ses affections les plus intimes, et conservant à sa femme bien-aimée un impérissable souvenir, résolut de demander à Dieu et au travail l'appui qui lui manquait.

L'antiquité n'avait pas connu ces fondations pieuses. Celle que nous inaugurons aujourd'hui doit son origine à l'inspiration chrétienne.

Voilà pourquoi on l'a faite si belle. Vous l'avez, il y a un moment, parcourue à l'intérieur et visitée dans ses détails. Vous vous êtes rendu compte avec quelle intelligence tout a été prévu et ordonné ; comme tous les services sont à leur place, l'air et la lumière partout, la distribution parfaite. Chaque chose y est bien, de bon goût et confortable. Le luxe seul a été écarté. L'art, dans ce qu'il a de délicat, s'y est réservé cependant un domaine restreint, vous l'avez vu, la petite chapelle, presque aérienne, une merveille. On a voulu que les hôtes de la maison y fussent attirés par l'enchantement des belles choses et la douceur de l'air qu'on y respire, afin que là, dans le calme et la paix, ils apprennent à refaire ces pèlerinages au pays de Dieu, comme disait le Père Lacordaire, et y réchauffent leurs derniers soleils.....

« Où la femme est absente, le pauvre gémit, » c'est une parole de l'Écriture. Mais si celle que nous pleurons ne sera plus, de sa personne terrestre, au milieu de ceux qu'elle eût été si heureuse d'aimer et de secourir, sa pensée et son cœur y seront du moins tout entiers.

C'est ici, dans cette demeure hospitalière, à l'abri des besoins et des misères de l'existence, que les pauvres vieillards de Sceaux achèveront doucement de vivre, sous la protection tutélaire de leur bienfaitrice, en chérissant sa mémoire et en bénissant son nom.

Cl A. Faguet.
Façade principale de l'Hospice-Hôpital Sainte-Marguerite.

Enfin, M. Charaire, maire de Sceaux, a prononcé, au nom de la commune, ces paroles de remerciement :

Mesdames, Messieurs,

Comme maire de la ville de Sceaux, je suis heureux d'être l'interprète du Conseil municipal et de la population tout entière, pour rendre hommage à la bienfaitrice qui, par ses désirs souvent exprimés, a voulu témoigner de sa grande bonté et de sa constante sollicitude pour les malheureux, en dotant notre commune d'une maison de retraite, où seront recueillis les vieillards incapables de suffire par eux-mêmes aux besoins de la vie, et les personnes de tout âge auxquelles, par suite d'infirmités, le travail est devenu impossible.

Paris possède des maisons de refuge pour la vieillesse. Le seul titre d'habitant de la grande ville en ouvre facilement les portes aux malheureux. A ce point de vue, la banlieue se trouve tout à fait déshéritée. Trop souvent, les municipalités sont dans le plus grand embarras pour procurer un appui à leurs vieillards indigents.

Aujourd'hui, Mme Marguerite Renaudin a comblé, chez nous, cette lacune, en fondant une œuvre importante et durable: nous lui en conserverons un souvenir profondément reconnaissant.

Ce 8 décembre 1895, jour où nous inaugurons ce bel asile Sainte-Marguerite, marque une grande date pour notre cité. C'est en présence d'une très nombreuse et très sympathique assistance, dont une bonne partie est même venue de loin se joindre aux habitants de Sceaux, que se célèbre cette fête intime de la bienfaisance. Tous les cœurs s'unissent pour rendre un éclatant hommage à la mémoire de Mme Marguerite Renaudin, trop tôt ravie, hélas! à l'affection de son digne époux, de celui à qui nous devons aujourd'hui la réalisation d'une grande et généreuse pensée.

Notre municipalité, les habitants de notre ville, tous les gens de cœur, conserveront précieusement la mémoire de Mme Renaudin, qui n'aura passé parmi nous que pour faire le bien.

Et comme on ne saurait parler de cette belle maison sans évoquer le nom de l'architecte habile qui l'a exécutée, nous adressons à M. Jacques LEQUEUX nos plus sincères félicitations.

La cérémonie fut vraiment magnifique et touchante. Plus de mille personnes, répandues dans les vastes salles, dans les corridors et dans les jardins, ont assisté à cette inauguration inoubliable, et les autorités ont signé l'acte de cette généreuse initiative.

Donnons ici une description de l'Hôpital-Hospice Sainte-Marguerite, à Sceaux, d'après M. le Dr G. Dauzats.

Jusque dans ces dernières années (1895), nous dit-il, la ville de Sceaux ne possédait, en fait d'hôpital, que deux chambres voisines de la Crèche, rue Picpus, et contenant ensemble six lits. Un certain nombre de malades y avaient été soignés, autrefois, mais peu à peu, pour des raisons d'économie, on les dirigea sur les hôpitaux de Paris. En fait, ce petit hôpital ne servait plus que pour des cas très urgents, et c'est à peine si, dans le courant d'une année, on y recevait un ou deux malades.

C'est alors que Mme Marguerite Renaudin, née Piatier, eut la charitable pensée de fonder à Sceaux un établissement destiné à recevoir les pauvres vieillards, et occasionnellement les malades de la localité et des environs. Mais cette bienfaitrice généreuse étant décédée le 18 juillet 1893, à l'âge de trente-quatre ans, pleurée et regrettée par tous et en particulier par ceux auxquels de son vivant elle avait déjà fait tant de bien, M. Renaudin, notaire à Sceaux, animé des mêmes sentiments, entreprit noblement de réaliser ce vœu.

Il pria M. Jacques Lequeux, architecte, de préparer un plan et des devis, réunit une petite commission consultative, composée de MM. Charaire, maire de Sceaux, Rozan, homme de lettres, des docteurs Boisson, Dauzats et Reddon, et sans se laisser arrêter par les difficultés inhérentes à la réalisation d'un semblable projet, il poursuivit sans relâche son but.

Cliché Alexis Faguet.

Le 4 avril 1895, la première pierre de l'Hôpital-Hospice fut posée et, le 8 décembre de la même année, cet établissement, construit sous la direction de M. Lequeux, architecte, fut inauguré solennellement par M. l'abbé Celles, curé de Sceaux, assisté de M. Charaire, maire, en présence d'une nombreuse et très sympathique assistance.

L'Hôpital-Hospice Sainte-Marguerite est situé au centre de la ville de Sceaux, dans l'ancienne rue Picpus, dont le Conseil municipal, par reconnaissance, a changé le nom en celui de Marguerite-Renaudin. Il a été bâti sur l'un des côtés d'une magnifique propriété, plantée de beaux arbres, et qui occupe tout l'espace compris entre les rues Houdan, Voltaire, Marguerite-Renaudin et la ruelle des Écoles, le tout d'une contenance de 7,500 mètres. Cette disposition pourra permettre, plus tard, de construire des annexes et, dans tous les cas, assure pour le moment, en même temps qu'un air salubre et des promenades ombragées pour les pensionnaires de l'établissement, une vue charmante sur le parc.

Le bâtiment occupe une surface de 250 mètres carrés, et a la forme d'un rectangle, dont les deux faces principales regardent le levant et le couchant. Construit en briques et en pierres, sa façade principale présente un bel aspect architectural et porte en fronton la mention : *Fondation Sainte-Marguerite*. Il se compose d'un sous-sol, d'un rez-de-chaussée et de deux étages.

Dans le sous-sol se trouvent : une grande cuisine, avec office, une petite cuisine, une cave à vins, une cave à bois, deux calorifères servant à chauffer tout l'édifice, et une petite salle pouvant servir à divers usages.

Au rez-de-chaussée sont deux grandes salles de malades, contenant chacune huit lits, l'une pour les femmes, l'autre pour les hommes. Entre ces deux salles on a placé le réfectoire, le bureau de l'administrateur, des lavabos et une salle de bains. Notons en outre, sur la façade principale, de chaque côté du vestibule, le cabinet médical, parfaitement installé pour les pansements et contenant une petite pharmacie, et un petit salon de réception.

Au premier étage, une disposition analogue à celle du rez-de-chaussée nous montre deux grandes salles de huit lits chacune, pour les hommes et les femmes. C'est entre ces deux salles, du côté du parc, que se trouve la chapelle, petite merveille dans son genre, et dont les magnifiques vitraux laissent passer une douce lumière aux tons indécis, qui invite au recueillement. Il existe encore à cet étage trois chambres, des lavabos et un petit réfectoire.

Enfin, au deuxième étage, nous trouvons une pièce qui peut servir de chambre d'isolement, une salle d'opérations parfaitement éclairée et agencée, une lingerie, une grande salle de jeux avec billard, pour hommes, et une salle de travail pour les femmes.

Dans le jardin faisant face à la rue Marguerite-Renaudin, se trouve la loge du concierge et, sur l'un des côtés, un petit bâtiment annexe, construit récemment, et contenant une buanderie, une salle de bains, la salle des morts et une petite chambre contenant une étuve à désinfection. Au-dessus se trouvent un vaste séchoir et une petite chambre qui pourrait servir, au besoin, de chambre d'isolement pour des aliénés.

On le voit, M. Renaudin a fait les choses grandement, et rien ne manque dans cet établissement qui, outre les trente-deux lits des quatre grandes salles, pourrait encore recevoir des malades dans plusieurs chambres séparées. Si l'on songe à la pureté réputée de l'air de Sceaux, au voisinage des magnifiques promenades de la propriété et au confortable qui règne dans tous les détails, on serait tenté d'appeler cet hôpital-hospice, une maison de plaisance destinée à recevoir en villégiature les vieillards et les malades des environs.

Le personnel de l'établissement se compose actuellement de M. Lemarquis, administrateur, des docteurs Boisson, Reddon et Dauzats, chargés à tour de rôle du service médical, et de deux excellentes sœurs de charité de l'ordre de Saint-André, dont le dévouement est au-dessus de tout éloge, indépendamment des employés auxiliaires.

Enfin, n'oublions pas le créateur de l'établissement, le généreux et sympathique M. Renaudin, qui vient de temps en temps faire sa visite, en rêvant à de nouveaux projets d'amélioration ou d'agrandissement de son œuvre.

Ce rêve, M. Renaudin n'a pas tardé à le réaliser. Nous voulons parler du transfert de l'ancienne Infirmerie de Sceaux à l'Hospice Sainte-Marguerite, auquel nous consacrons un chapitre spécial.

C'est encore à M. le Dr G. Dauzats que nous empruntons les renseignements qui suivent :

De l'examen des divers cas de maladies qui ont été observés et soignés à l'Hôpital-Hospice Sainte-Marguerite, depuis 1901 jusqu'en 1906, M. le Dr Dauzats tire ces tristes conclusions, à savoir qu'il faut combattre l'alcoolisme sous toutes ses formes, les mêmes causes produisant les mêmes effets.

L'alcoolisme, pour les hommes, par exemple, ne sonne-t-il pas comme un glas funèbre? Aussi, notre bon docteur condamne-t-il sans pitié la goutte du matin sur le comptoir et tous les apéritifs qui amènent la perte de l'appétit et des forces, les nuits sans sommeil, la tuberculose et le *delirium tremens*, dès la première grande maladie.

Quant au désordre matériel dans les ménages, le docteur constate qu'il engendre également le désordre dans les idées. Celui qui, en rentrant de son travail, ne trouve rien de prêt ou tout en désarroi, se dégoûte de son intérieur et court au cabaret.

A ces causes multiples de la misère, lorsque l'âge ou les maladies s'y joignent, les hôpitaux et les hospices rendent d'immenses services, — surtout les hospices suburbains, comme celui de Sceaux, où, sans quitter le voisinage de leur famille et de leurs amis, les malades et les vieillards sans ressources peuvent venir terminer leurs jours en paix.

M. le Dr G. Dauzats, entraîné par son sujet, remercie les philanthropes qui consacrent leur vie et leur fortune à la création d'œuvres de bienfaisance, à fonder des hospices et des hôpitaux, pour recueillir les déshérités de ce monde. Ils remplissent ainsi un des plus beaux rôles qu'il soit donné à l'homme d'accomplir sur cette terre.

Associons-nous sans réserve à cet hommage indirect rendu par un homme de science, un praticien justement estimé, au fondateur de l'Hôpital-Hospice Sainte-Marguerite.

18 *juillet* 1910. — Anniversaire. — Le dix-septième anniversaire de la mort de Mme Marguerite Renaudin, dont le souvenir est toujours si vivace à Sceaux, revenait le 17 juillet 1910. Une messe annuelle est célébrée, à cette intention, dans la chapelle de l'Hospice. Elle réunit, à cette date, tous ceux qui se souviennent. Une même pensée se reportait également sur Mme Renaudin mère, si dévouée jusqu'à sa dernière heure aux œuvres multiples de la Fondation Marguerite Renaudin.

Citons, parmi les assistants de 1910 : M. le commandant Pilate, maire; M. et Mme Château, Mme la marquise de Trévise, Mme Maillard, M. et Mme Paul Hordé, M. et Mme Lemarquis, M. Chauveau, Mme de Faure, Mme Carré, etc.

La présence de M. Château, le prédécesseur de M. le commandant Pilate à la mairie, n'était pas sans signification. Divisés par la politique, ils rendaient un mutuel hommage aux deux défuntes, ainsi qu'au grand philanthrope dont Sceaux s'honore.

On s'est séparé après une visite à l'orphelinat annexe de l'Hospice. Huit jeunes filles, de dix à douze ans, y sont élevées avec soin et suivent les cours des écoles. Elles ont présenté à M. Renaudin des fleurs, surtout des marguerites dont elles ont célébré les mérites.

A LA MAIRIE (de 1896 à 1900)

AU TEMPS DE M. MICHEL CHARAIRE (1896-1900)

CINQUIÈME PÉRIODE

Les Grands Travaux de voirie de 1895-1896

Les grands travaux se poursuivirent pendant les années 1895 et 1896, non sans donner lieu à quelques difficultés et même à des désaccords entre les membres de la municipalité. M. Michel Charaire avait songé un instant à rentrer dans la vie privée.

Il avait même adressé à M. le Préfet de la Seine sa démission de maire de Sceaux.

Le Préfet répondit aussitôt par la lettre suivante :

Paris, 23 mars 1896.

Monsieur le Maire,

Vous m'avez adressé votre démission de maire de la ville de Sceaux et vous me demandez de l'accepter.

En raison des nombreux services que vous avez rendus à cette ville et du dévouement que vous avez mis dans la gestion des affaires communales, je vous verrais avec regret résigner vos fonctions en ce moment, sans attendre l'époque si prochaine du renouvellement général des Conseils municipaux.

J'espère donc que votre résolution n'est pas définitive et que vous resterez à la tête de la municipalité.

Veuillez agréer, Monsieur le Maire, l'assurance de ma considération la plus distinguée.

Le préfet de la Seine,
POUBELLE.

En présence de cette lettre, très bienveillante pour le maire de Sceaux, il dut se résigner à attendre les élections municipales prochaines, décidé, si les électeurs lui renouvelaient leur confiance, à continuer et à mener à bonne fin les quatorze voies qu'il s'agissait d'ouvrir à la circulation, comme conséquence du grand emprunt au Crédit Foncier, enfin réalisé.

Élections du 3 et 10 mai 1896. — Sont nommés :

MM. MARSIGNY.	MM. FAGUET.
BERTRAND.	REDDON.
SINET.	BOULOGNE.
AULARD.	MICHAUT.
CHARAIRE.	GUILLIOUX.
SAUNIER.	HALLÉ.
MATHON.	COULAUX.
COURTOIS.	BERNARD.
MOUSNIER.	LAURIN.
AVIAT.	CHATEAU.

M. Michel Charaire est réélu maire par 15 voix sur 20 votants. M. Château obtient 4 voix.

Premier adjoint : M. Reddon (Henry). Second adjoint : M. Bertrand.

Les élections d'avril 1896 dépassèrent les espérances des nombreux amis du maire. Réélu au premier tour de scrutin, le Conseil municipal reconstitué le renommait maire pour la quatrième fois.

Voici le texte de son allocution au Conseil municipal :

Comme il y a quatre ans, en pareille circonstance, j'adresse mes remerciements aux électeurs qui m'ont fait l'honneur de m'élire pour la sixième fois au Conseil municipal.

De même aujourd'hui, j'adresse à tous mes chers collègues l'assurance de ma plus sincère reconnaissance pour le nouveau témoignage d'estime qu'ils viennent de me donner, ratifiant ainsi les suffrages des électeurs, en me replaçant pour la quatrième fois à la tête de notre municipalité.

Mon âge avancé, la vie active que j'ai menée, le besoin de repos, tout me commandait la retraite. Mais d'aussi éclatantes marques d'une sympathie s flatteuse pour moi, la crainte du désœuvrement m'ont décidé à mettre à profit la force et l'activité qui me restent. J'ai cédé, avec la pensée que je pourrais encore rendre quelques services à notre commune, ce qui a toujours été mon unique but.

Une autre raison, Messieurs, qui a sa valeur : j'ai tenu à assister à la grande transformation du pays qui, sur tous les points, est en train de se réaliser pour son plus grand avantage, transformation à laquelle nous serons tous fiers d'avoir attaché notre nom.

Avec l'adjonction de nouveaux et très honorables collègues, que nous déclarons être ici les bienvenus, nous reprendrons sous peu le cours de nos travaux, en commençant par le budget communal; ils seront à même de constater que la situation financière est relativement bonne.

Les grands travaux pour nos quatorze voies nouvelles sont très avancés; déjà des constructions s'élèvent sur tous les points.

Le nouveau Conseil municipal aura à pourvoir, pour ces différents chemins : à l'établissement de becs de gaz et à les doter de conduites d'eau potable; les ressources d'octroi, qui augmentent chaque jour, en faciliteront l'exécution suivant les besoins.

L'administration préfectorale vient de nous donner un nouveau témoignage de sa sollicitude pour notre commune, en nous accordant 15,000 francs applicables à la viabilité du chemin vicinal du Clos-Saint-Marcel, ce qui porte les subventions obtenues, pendant les quatre années écoulées, à l'importante somme de 159,400 francs.

C'est bien aussi sur sa bienveillance que je compte pour nous aider à la transformation et à l'agrandissement de notre École maternelle, où les 130 enfants ont de la peine à se mouvoir. Ce sera l'objet d'une étude approfondie par la Commission des bâtiments.

Aidé de vos lumières, Messieurs, nous accomplirons la tâche qui nous incombe, au mieux des intérêts de la commune, et avec la satisfaction du devoir accompli.

Pour la réalisation des progrès dont dépend l'avenir de notre pays, je compte être aidé, Messieurs, par le concours devoué des deux honorables adjoints qu'il vous plaira de placer à mes côtés.

Ces deux adjoints étaient alors M. le Dr Reddon et M. Bertrand.

Nouvelles voies publiques

Le décret de déclaration d'expropriation pour cause d'utilité publique dans la commune de Sceaux pour travaux de voirie et l'ouverture de quatorze voies nouvelles publiques, en date du 11 août 1896, a été inséré dans le *Bulletin Municipal* officiel de la Ville de Paris, le 2 septembre 1896. En voici le texte :

Le président de la République française :

Sur le rapport du ministre de l'Intérieur, vu les délibérations du Conseil municipal de Sceaux, en date des 3 septembre 1894 et 20 juillet 1895 ;

Les arrêtés préfectoraux des 26 août 1892, 28 juin et 23 septembre 1895, ayant fixé les alignements des rues à ouvrir ou à rectifier à Sceaux;

Les plans parcellaires des lieux;

Le procès-verbal de l'enquête à laquelle il a été procédé les 17, 18 et 19 juillet 1895, ensemble l'avis du commissaire enquêteur;

Les propositions du préfet de la Seine et les autres pièces de l'affaire ;

La loi du 3 mai 1841 ;

L'ordonnance du 23 août 1835,

Décrète :

ARTICLE PREMIER

Sont déclarés d'utilité publique dans la commune de Sceaux les travaux de voirie ci-après indiqués :

1° Élargissement de l'ancien sentier de Paris, avec prolongement du boulevard Colbert ;

2° Ouverture et élargissement du sentier de Paris ;

3° Élargissement du sentier des Hauts-Coudrais (1re et 2e parties) ;

4° Élargissement du sentier des Bas-Coudrais (1re et 2e parties) ;

5° Prolongement de la rue du Lycée jusqu'au chemin vicinal n° 1 de Bagneux à Sceaux ;

6° Élargissement du chemin des Bas-Coudrais ;

7° Prolongement et élargissement du sentier des Chéneaux ;

8° Élargissement du sentier du Regard ;

9° Élargissement et prolongement du sentier des Hauts-Sablons ;

10° Élargissement et redressement du sentier des Bas-Sablons ;

11° Élargissement et redressement du chemin des Heulins ;

12° Élargissement et redressement du sentier Fortin, en prolongement du boulevard Desgranges ;

13° Ouverture d'un chemin entre le chemin du Clos-Saint-Marcel et le sentier Fortin ;

14° Élargissement du chemin latéral au chemin de fer (sur Bourg-la-Reine) ;

15° Établissement d'une fosse pour l'écoulement des eaux du sentier Fortin au ruisseau de la fontaine des Moulins.

ARTICLE 2.

Le maire de Sceaux, agissant au nom de la commune, est autorisé à acquérir, soit à l'amiable, soit, s'il y a lieu, par voie d'expropriation, en vertu de la loi du 3 mai 1841, les immeubles et portions d'immeubles compris dans les alignements approuvés par les trois arrêtés préfectoraux susvisés et figurés par des *traits* rouges sur les 17 plans parcellaires ci-annexés, tels, au surplus, lesdits immeubles et portions d'immeubles qu'ils sont indiqués par une *teinte jaune* sur les mêmes plans.

ARTICLE 3.

La présente déclaration d'utilité publique sera considérée *ccomme nulle et non avenue*, si les expropriations à effectuer pour l'exécution des travaux ne sont pas accomplies *dans le délai de deux ans* à compter de ce jour.

SCEAUX — LA CITÉ MODERNE

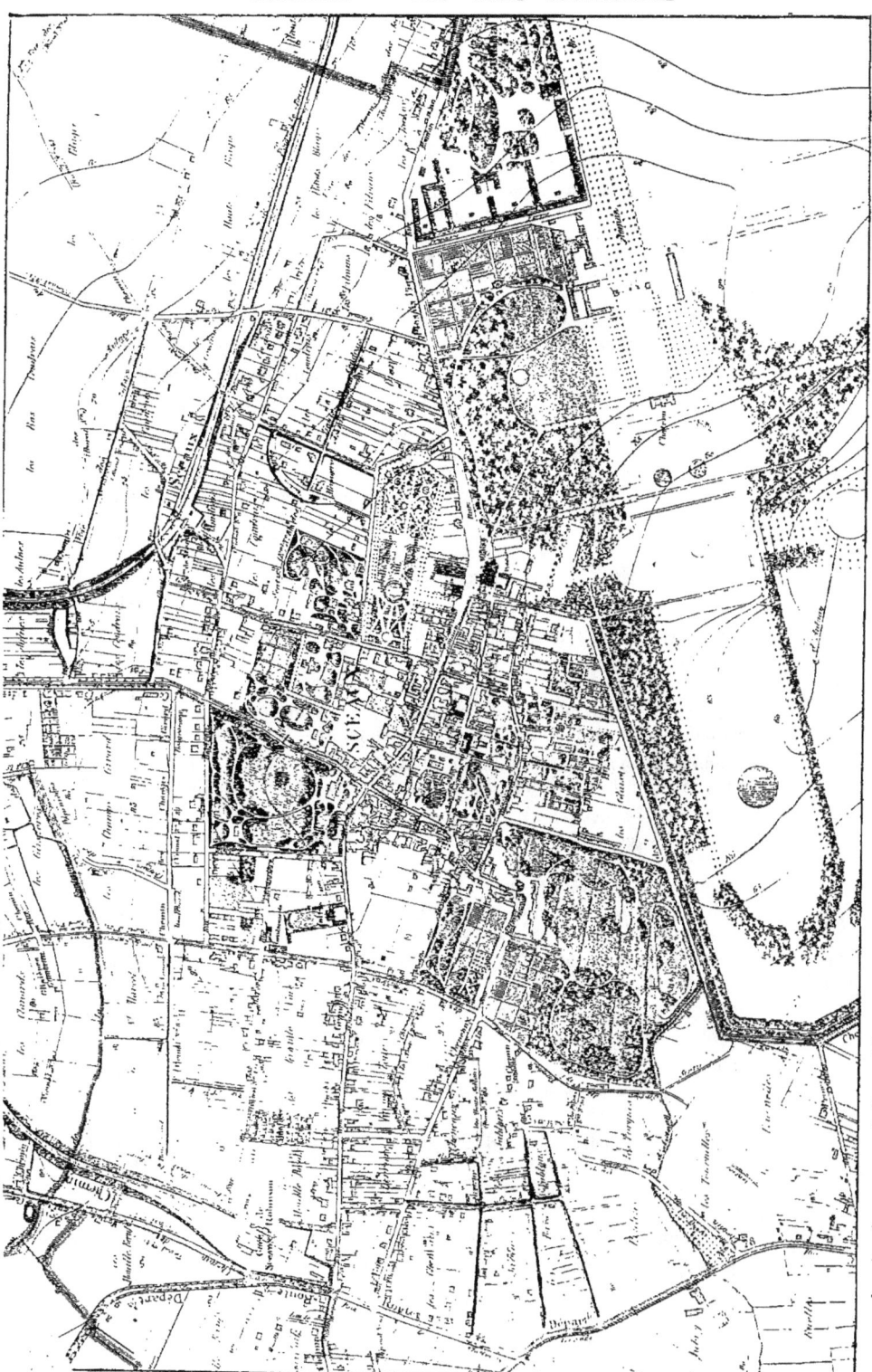

Les tracés en rouge indiquent les nouvelles voies publiques ouvertes sous l'administration de M. Michel Charaire de 1894 à 1900.

ARTICLE 4.

Il sera pourvu aux frais des entreprises projetées, prévus pour 227,623 fr., au moyen des prélèvements à opérer tant sur un emprunt de 265,000 francs autorisé par arrêté préfectoral du 4 avril 1895 que sur une subvention de 92,000 francs allouée sur les fonds de l'octroi de banlieue par décision de M. le préfet de la Seine en date du même jour.

ARTICLE 5.

Le ministre de l'Intérieur est chargé de l'exécution du présent décret.

Fait à Saint-Brieuc, le 11 août 1896.

FÉLIX FAURE.

Pour le président de la République :

Le Garde des Sceaux, ministre de la Justice, chargé par intérim du ministère de l'Intérieur,

J. DARLAN.

25 *avril* 1897. — Un décret du 26 mars 1897 approuve la délibération en date du 23 novembre 1896, par laquelle le Conseil municipal de Sceaux a attribué à des voies publiques de cette commune les dénominations de rues :

Marguerite-Renaudin (ancienne rue Picpus), que la ville a donnée par reconnaissance à la fondatrice de l'Hospice Sainte-Marguerite.

Achille-Garnon (ancien sentier des Hauts-Coudrais). — Fut notaire et maire de Sceaux et député de 1848 à 1851. Il est mort en 1869.

Jean-Louis-Sinet (ancien sentier des Bas-Coudrais). — A publié en 1843 un *Précis de l'histoire de Sceaux*. Sinet père, de Châtenay, et Sinet fils sont ses descendants.

Palloy. — Célèbre révolutionnaire. Ce fut lui qui eut l'entreprise de la démolition de la Bastille et qui envoya à tous les départements de petites bastilles sculptées dans des pierres provenant des ruines.

Docteur Thore (ancien sentier des Bas-Sablons). — Rue Pasteur (ancien sentier des Hauts-Sablons).

Eugène-Maison. — Habitant de Sceaux, a légué 10,000 francs au Bureau de bienfaisance.

Quesney. — Bienfaiteur de la commune.

Champin. — Notaire de Sceaux, 1718-1744, et Champin (A.-B.-J.), de 1744 à 1763.

Desgranges (ancien chemin des Champs-Girard et sentier Fortin). — Notaire à Sceaux, de 1778 à 1808, et maire de Sceaux de 1792 à 1812. Son fils lui succéda dans son étude, fut colonel de la Garde nationale et commandeur de la Légion d'honneur.

Mademoiselle Mars. — La célèbre tragédienne a habité les Imbergères.

Rue Lakanal (ancienne rue de Bagneux, pour partie).

LE TSAR EN FRANCE

OCTOBRE 1896.

L'alliance franco-russe a eu sa répercussion à Sceaux.

Le 6 octobre 1896, le maire faisait afficher sur les murs de notre ville la proclamation suivante :

Chers concitoyens,

Sans distinction d'opinions politiques, unissons-nous tous aujourd'hui dans un même sentiment patriotique.

Après le sympathique accueil fait à la députation française par le peuple russe, lors du couronnement du tsar à Moscou, l'empereur et l'impératrice ont décidé de venir saluer la France.

Cette visite officielle témoigne des sentiments de nos augustes hôtes, proclame et consacre l'alliance indissoluble des deux grandes nations sœurs : la Russie et la France.

C'est la manifestation du pays tout entier qui salue cet événement historique.

Paris se prépare à recevoir ses illustres visiteurs. Toutes les communes de France, les plus grandes comme les plus modestes, ont à cœur de fêter cet événement, gage de la paix du monde.

Nous ne resterons pas en arrière.

Nos chers concitoyens montreront, en pavoisant et illuminant leurs maisons, la part qu'ils prennent à l'allégresse générale.

Toujours à propos de l'alliance franco-russe, la municipalité faisait afficher cet appel aux habitants de Sceaux :

Chers concitoyens,

Le grand événement qui vient de s'accomplir entre les deux grandes nations amies a provoqué l'enthousiasme et la joie dans toute la France, devant la déclaration du tsar proclamant :

L'ALLIANCE FRANCO-RUSSE

Comme sanction patriotique à donner à ce grand acte international, une manifestation des plus sympathiques sera faite mardi soir au Président de la République, à son retour à Paris.

Nous engageons tous nos concitoyens, sans distinction d'opinions, à pavoiser et à illuminer leurs demeures, pour témoigner tout l'intérêt qu'ils portent à cet heureux événement.

Vive la Russie ! Vive la France !

Les adjoints :
REDDON, BERTRAND.

Le maire de Sceaux,
CHARAIRE,
Chevalier de la Légion d'honneur.

Éphémérides municipales.

1894. — Installation de bouches d'incendie.

Construction d'un bureau d'octroi aux Quatre-Chemins.

Acquisition d'un terrain en vue de l'agrandissement du cimetière.

1895-1896. — Élargissement, redressement et ouverture de QUATORZE voies nouvelles.

Construction d'un marché couvert.

Réfection de la place du Four.

1897. — Alignement de la rue Lakanal (ancien sentier de Paris), partie comprise entre la rue du Lycée et la voie ferrée, dont la largeur est de 4 mètres.

1897-1898. — Installation du gaz rue du Lycée; pose de plaques indicatrices des voies nouvelles; travaux de grosses réparations à l'Église.

1898. — Viabilisation de la rue de Bagneux, depuis la rue Achille-Garnon jusqu'au passage à niveau, et amélioration de la partie de cette voie qui remonte vers la rue Houdan, réfection de la chaussée avec construction de deux petits trottoirs de cinquante centimètres de largeur.

7 février 1897. — L'Union chorale de Sceaux célèbre sa fête annuelle, avec le concours de M. Louis, des Concerts Colonne; la réunion était présidée par M. Legrip, assisté de M. Courtois, conseiller municipal.

14 février 1897. — Tirage au sort. Nous relevons sur la liste les noms de MM. Gaston Maillard, Mauperrin, Aviat, Jean Mousnier, Patour, Sellier, enfants de Sceaux.

21 février 1897. — MM. Bernard et Château, conseillers muni-

cipaux, sont désignés pour faire partie du syndicat, organisé par le maire de Vanves, en vue de revendiquer les droits des communes de la banlieue à l'égard de la Compagnie des eaux.

31 *mars* 1897. — Le Conseil municipal donne un avis favorable à l'enquête sur l'avant-projet d'établissement d'une ligne de tramways à traction électrique de la Porte d'Orléans à Châtenay.

20 *juin* 1897. — La Société nationale d'Encouragement au bien, au cours de la distribution solennelle des récompenses, le 6 juin 1897, a attribué la médaille d'or de la fondation Renaudin à Mme veuve Marie Maillard, née Reddon de la Grandière.

8 *juillet* 1897. — Concours de musique à Sceaux. Le Dr Henry Reddon, président de la Fanfare, M. Louis, directeur de l'Union chorale, MM. Martin-Odin, Despois de Folleville ; les principaux chefs de service de l'Imprimerie Charaire : MM. Labiche, Dhionnet, Pérot, Degenne, Vilquin, lieutenant des sapeurs-pompiers, prennent part à cette fête.

7 *novembre* 1897. — Fête donnée par les Vétérans, avec le concours de l'Égyptien Sanua Abou-Nadara, de MM. Michel Charaire, maire de Sceaux, et André Theuriet, maire de Bourg-la-Reine.

14 *novembre* 1897. — Soirée intime donnée par le Cercle de l'Union, avec le concours d'artistes de l'Opéra et de l'Odéon.

25 *novembre* 1897. — La Fanfare municipale fête la Sainte-Cécile avec un éclat inaccoutumé. Grand banquet, auquel assistaient MM. Charaire, Dhionnet, président et trésorier de cette fanfare, Pérot, secrétaire ; le célèbre Égyptien Abou-Nadara, MM. Mousnier, Reddon, Louis Gibart, de la *Rive Gauche ;* Plantier, des Postes ; Vilquin, Lesueur, Louis, directeur de l'Orphéon ; Émile Charaire, Hallé, etc.

30 *janvier* 1898. — Fête de gymnastique de la société *La Patriote*.

5 *mars* 1899. — Fête de la *Patriote*, sous la direction de M. Marchand.

27 juillet 1898. — Mariage de M. Maurice Marchandon de la Faye, architecte, fils du regretté docteur, qui a laissé de si sympathiques souvenirs parmi notre population, avec Mlle Anna Nérot, fille de M. Albert Nérot, de la Compagnie du Canal de Suez.

Juillet 1898. — Mort de M. Degas. Né à Sceaux en 1837, conseiller municipal de 1871 à 1878, administrateur de la Société du Parc, chef de division à la Préfecture de la Seine.

2 octobre 1898. — Fête de la Boule de Neige. Matinée artistique. Fête de nuit. Plus de 5,000 personnes y assistaient.

30 juillet 1899. — M. France, alors conseiller municipal, fait don aux écoles communales de filles et de garçons d'une rente annuelle de 200 francs, à répartir par livrets de 25 francs entre les lauréats des prix d'honneur.

RETRAITE DE M. MICHEL CHARAIRE
EN 1900

Lettre de M. Michel Charaire à ses administrés :

Mes chers concitoyens,

L'heure est venue pour moi de prendre ma retraite; mon grand âge m'oblige à décliner, aux élections du 6 mai 1900, toute candidature, soit comme conseiller municipal, soit comme maire.

Un grand nombre de mes concitoyens m'ont engagé à me reporter pour le renouvellement du Conseil municipal. J'ai été très sensible à cette bonne intention; mais, je l'ai dit, mon âge et le besoin de repos me font un devoir de renoncer aux fonctions publiques.

En prenant cette détermination, il me reste un devoir à remplir : remercier mes chers électeurs, ainsi que la population tout entière, de la sympathie qui ne m'a jamais fait défaut, ce qui m'a soutenu et donné la force morale nécessaire pour accomplir cette très honorable, mais aussi très délicate fonction, pendant la longue période de quinze années : 1878-79 et 1887 jusqu'à ce jour.

Depuis que le Conseil m'a confié la direction des affaires de la commune, il n'est personne qui puisse dire qu'aucune des propositions touchant à ses intérêts n'ait été l'objet de toute ma sollicitude.

Pour en témoigner, il suffirait de citer la série des grands travaux qui ont été exécutés pendant ce long laps de temps, et auxquels pour la plupart je suis heureux d'avoir attaché mon nom.

L'importante transformation du pays, qui a été la conséquence de la suppression de notre gare intérieure, et du prolongement de la voie jusqu'aux *Quatre-Chemins*, semblait sacrifier la partie la plus intéressante de la commune. Cette alarme a été de courte durée : notre grande rue Houdan est redevenue plus florissante que jamais par suite de l'extension du quartier, que l'on a dénommé le nouveau Sceaux, sur le versant nord qui regarde Paris.

J'ai assisté, j'ai présidé à cette transformation, il me sera bien permis de revendiquer l'honneur d'y avoir coopéré.

Je laisse la commune, même après la réalisation d'importantes et très utiles améliorations, dans une très bonne situation financière, qui n'a pas engagé l'avenir; je souhaite à mes successeurs de faire mieux dans l'intérêt et pour la prospérité de la ville de Sceaux.

Mes adversaires ont caractérisé ma prévoyance de résistance sénile; mon indulgence pour les personnes de laisser-aller administratif. A l'œuvre, mon successeur appréciera les difficultés de la tâche.

CHARAIRE,
Maire de Sceaux,
Chevalier de la Légion d'honneur.

A LA MAIRIE (1900-1904)

AU TEMPS DE M. CHATEAU (1900-1904)

Mai 1900. — L'année 1900 aura été le terme de la vie publique de M. Michel Charaire. Les élections municipales ramenèrent au Conseil municipal la plupart de ses anciens collègues et collaborateurs, y compris M. Château, qui allait être son successeur comme maire et *connaître à son tour les difficultés de la tâche.*

Sont nommés :

MM. CHATEAU.	MM. MONTAGNE.
AULARD.	BOISOT (colonel).
SAUNIER.	CHAPSAL.
MOUSNIER.	BLATIER.
BERTRAND.	COMMANDEUR.
COURTOIS.	REDDON.
GUILLOUX.	BOITEL.
MICHAUT.	TROUFILLOT.
BERNARD.	SINET.
LAURIN.	DIDIER.
BOISSON.	BOTTOREL.
COULAUX.	

M. Château est nommé maire par 20 voix sur 23 votants. *Premier adjoint :* M. Reddon (Henry). *Deuxième adjoint :* M. Bertrand.

La retraite définitive de M. Michel Charaire provoqua à Sceaux de multiples témoignages de regrets, de sympathie et de reconnaissance pour l'œuvre accomplie.

Ces lettres, ces attestations spontanées que notre vénérable maire s'honorait d'avoir méritées, il les a transmises à ses petits-enfants, comme des titres de famille.

Paris, 30 *avril* 1900.

Cher Monsieur Charaire,

Je tiens à vous exprimer les regrets bien sincères que me cause votre détermination de décliner toute candidature aux nouvelles élections municipales.

Ces regrets, j'en suis bien sûr, seront partagés par tous vos administrés, qui ne peuvent oublier l'entier dévouement que vous avez apporté à remplir pendant de longues années les fonctions si délicates de maire, et que nous aurions été très heureux de vous voir continuer à exercer longtemps encore.

Mon hommage pour les grands services que vous avez rendus à la ville de Sceaux, et ma profonde estime restent les mêmes, et vous accompagnent dans la retraite que vous croyez devoir prendre.

Veuillez agréer, cher Monsieur Charaire, l'assurance de mes sentiments les meilleurs et les plus dévoués.

CHATEAU.

Paris, 19 *mai* 1900.

Monsieur le Maire,

Vous avez pris la décision de ne pas vous représenter aux élections municipales générales du 6 mai 1900.

Je tiens à vous en exprimer tous mes regrets et à vous remercier vivement pour les services que vous avez rendus à la commune de Sceaux, comme maire en 1878 et 1879, et pendant ces treize dernières années.

Veuillez agréer, Monsieur le Maire, l'assurance de ma considération la plus distinguée.

Le *Préfet de la Seine*,
J. DE SELVES.

19 *mai* 1900. — Allocution de M. le Dr REDDON, premier adjoint, à l'occasion de la retraite de M. MICHEL CHARAIRE, après quinze années d'exercice comme maire de la ville de Sceaux.

MESSIEURS,

Avant de céder le fauteuil à notre doyen d'âge qui, au terme de la loi, doit procéder à l'installation du maire, permettez-moi, au nom du Conseil défunt, dont plusieurs membres font d'ailleurs partie de la nouvelle municipalité, d'adresser à M. Charaire l'hommage de notre respect.

M. Charaire a dirigé, pendant treize années consécutives, l'administration de notre commune; il a présidé à l'évolution survenue par la transformation de nos moyens de communication avec la capitale. Son passage aux affaires sera marqué par d'importantes et heureuses améliorations; en tous cas, personne ne peut contester qu'il n'y ait mis tous ses soins et tout son dévouement.

Maintenant que, fatigué par les années, il a quitté ce poste où l'avaient si justement porté la confiance et l'estime de ses concitoyens, laissant, comme il l'a si bien dit, à son successeur, le soin de mesurer les difficultés de la tâche, il est juste, il est digne de nous tous de lui apporter, dans sa retraite volontaire, nos hommages et l'expression de notre reconnaissance.

Ce sera pour lui une satisfaction qui lui est bien due, et pour nous l'occasion de lui prouver notre estime.

Les jeunes ne doivent pas oublier les anciens.

Dr H. REDDON,
Premier adjoint au maire de Sceaux.

Parmi les témoignagnes de sympathie et de regrets motivés par cette retraite, nous devons encore mentionner ceux de M. Le Corbeiller, ancien maire de Meudon, — de M. A. Renaudin, notaire, — de M. Félix de l'Escalopier, propriétaire à Sceaux, — de M. E. Fourcade-Cancellé, — de M. Martin-Lorrette, — de M. Victor Henry, professeur à la Sorbonne, — de M. Émile Morel, professeur au Lycée Lakanal, — de M. Paul Hordé, etc., etc.

Un des premiers actes du Conseil municipal de 1900 fut de rendre hommage au maire sortant, en nommant M. Michel Charaire maire honoraire.

Sceaux, le 20 mai 1900.

Monsieur le Maire,

Je suis heureux de vous annoncer que le Conseil municipal, dans sa séance d'hier (19 mai), par 22 voix sur 23 votants, vous a nommé :

MAIRE HONORAIRE

Ce vote a produit sur les assistants une touchante et digne impression. La nouvelle municipalité a été élue comme suit :

Maire : M. Château par 20 voix sur 23.
Premier adjoint : M. Reddon par 15 voix sur 23.
Second adjoint : M. Bertrand par 16 voix sur 23.

Recevez...

Le secrétaire de la mairie,
MARTIN.

25 *mai* 1900. — HOMMAGE A M. MICHEL CHARAIRE. — Vendredi 25 mai, à 5 heures du soir, le nouveau Conseil municipal de Sceaux a été reçu par M. Michel Charaire, à qui M. Château, maire, a remis le texte officiel de la délibération par laquelle l'assemblée communale a décerné à l'estimé vieillard le titre de *maire honoraire* de la ville de Sceaux.

M. Château s'est fait l'interprète des sympathies et de la reconnaissance des habitants pour les services rendus au pays par l'ancien maire.

M. Michel Charaire a répondu :

Je remercie, M. le maire, M. Château, mon honorable successeur, de l'initiative qu'il a prise, en convoquant le nouveau Conseil municipal pour rendre à votre ancien maire cette sympathique visite, au début même de l'exercice de vos nouvelles fonctions : cette démarche m'est bien sensible et je m'en trouve très honoré.

Mais, Messieurs, ce qui me touche plus encore, c'est que vous ayez bien voulu, sur l'initiative d'un de vos collègues, M. Mousnier, me donner, par un vote que je considère comme unanime, le titre de maire honoraire de la ville de Sceaux. C'est pour moi, Messieurs, une très grande marque d'estime dont je vous suis on ne peut plus reconnaissant.

Si, comme on l'a dit, je m'en étais rendu digne, par les services que j'ai pu rendre à notre commune pendant les quinze années d'exercice de mes fonctions de maire, je m'en trouve aujourd'hui bien récompensé. Je vous adresse, Messieurs, mes plus sincères et bien affectueux remerciements.

Dans ma retraite, je suivrai toujours avec le même intérêt tout ce qui peut contribuer au progrès de notre commune. Je lui ai consacré tout le dévouement dont j'étais capable; et permettez-moi, en ce moment, Messieurs, où je ne veux me souvenir que du bien que j'ai pu accomplir avec la collaboration de plusieurs d'entre vous, d'exprimer le vœu qu'une entente parfaite entre les membres du nouveau Conseil assure la prospérité de Sceaux.

Je lève mon verre au bon accord des membres du Conseil pour le bien du pays !

Un lunch a terminé cette cordiale réception.

Le diplôme de *maire honoraire* de la ville de Sceaux a été remis officiellement à M. Michel Charaire, le 26 octobre suivant. M. Château, dans une cordiale et sympathique allocution, a exprimé de nouveau à son prédécesseur, M. Michel Charaire, combien il était heureux que le Conseil municipal, se faisant l'interprète de la population, lui eût décerné le titre de maire honoraire, en motivant son vote comme suit :

Considérant que M. Michel Charaire, ancien maire, a administré la commune de Sceaux de 1878-1879 et de 1887 à ce jour, c'est-à-dire pendant près de quinze années;

Considérant qu'en sa gestion M. Michel Charaire a eu constamment en vue la prospérité de la commune et qu'il a dirigé celle-ci à la satisfaction générale;

Considérant que, pendant cette longue période, de nombreuses et importantes améliorations ont été provoquées par M. Michel Charaire, et qu'il en a poursuivi la réalisation dans l'intérêt de la population;

Décerne à M. Michel Charaire le titre de maire honoraire de la ville de Sceaux.

M. Charaire, très ému, très touché par cette démarche, a remercié M. Château et les membres présents du Conseil municipal.

Nous avons entendu discuter ce titre de maire honoraire.

Pourquoi ne pas l'accepter et l'admettre dans la jurisprudence administrative? N'avons-nous pas des directeurs, des chefs de bureaux honoraires?

Dans tous les cas, pour ne nous en tenir qu'à ce précédent, nous pensons que le diplôme remis à M. Michel Charaire honore également le nouveau maire et le Conseil municipal, qui ont voulu ainsi reconnaître les services rendus à la commune.

Mai 1900. — Enfin un grand journal parisien, *Le Gaulois*, dans son numéro du 30 mai 1900, a publié cet entrefilet :

Le Conseil municipal de Sceaux, en témoignage des services rendus par M. Charaire, qui a été pendant de longues années à la tête de la municipalité de cette ville, vient de le nommer maire honoraire.

Tous les amis de M. Charaire — et ils sont nombreux — salueront cette distinction avec joie, car c'est un hommage mérité à toute une vie de dévouement, de probité et de désintéressement. M. Charaire, qui a quatre-vingt-deux ans, a cette satisfaction, précieuse à tant de titres, de se voir continuer dans sa descendance. Il est le père de l'imprimeur si honorablement connu.

LA MUNICIPALITÉ DE 1900

SES PREMIERS ACTES

Dès leur entrée en fonctions, le Conseil municipal et M. Château

M. S. CHATEAU
Maire de Sceaux, de 1900 à 1908.

reprirent les affaires que la précédente administration n'avait pas eu le temps de terminer.

M. Château, très accessible à tous, commença par étudier les divers rouages de l'administration dont il devait assurer à son tour le fonctionnement. Si son prédécesseur était un peu autoritaire, M. Château se montra conciliant sans faiblesse et la majorité dans le Conseil lui resta fidèle.

Un nouveau traité avec la Compagnie des Eaux.

Un procès avait failli être engagé par la commune contre la Compagnie générale des Eaux. Une transaction mit fin à ce litige, c'est-à-dire qu'un nouveau traité est intervenu entre les intéressés sur des bases plus larges.

Ce traité était signé le 26 août 1900, pour être mis en vigueur le 1er janvier 1901. Les avantages obtenus et la rapidité des négociations firent honneur à l'initiative prise par M. Château pour en finir et à l'activité déployée par la Commission spéciale du Conseil municipal qui s'occupait du service des Eaux.

Les particuliers ont obtenu des concessions de 125 litres par 24 heures, au prix de 20 francs par an, plus les frais de location et d'entretien du compteur.

Et la Compagnie est tenue de canaliser dans toutes les voies communales classées, ouvertes ou à ouvrir, et d'y prolonger les conduites existantes toutes les fois que les abonnements préalablement souscrits lui assureront une recette égale à 10 0/0 de la dépense nécessitée par l'exécution de la canalisation.

Au point de vue de la salubrité, cette solution était importante pour l'assainissement de la ville de Sceaux.

Le traité est consenti pour une durée de trente années.

Dès le mois de décembre 1900, M. Château faisait prendre par la Commission administrative du Bureau de bienfaisance, puis par le Conseil municipal, une importante délibération pour le transfert du service de l'Infirmerie à l'Hospice Marguerite-Renaudin.

D'un autre côté, la question des écoles restait à l'ordre du jour et devait à brève échéance recevoir une première solution.

Le Conseil municipal n'en avait pas fini non plus avec les quatorze nouvelles voies ouvertes sur les ressources du grand emprunt. Elles étaient inachevées. Trottoirs, caniveaux, éclairage public, tout était à compléter.

Le prix du gaz était encore trop élevé pour pouvoir multiplier les appareils sur la voie publique. Puis, la Compagnie parisienne du gaz arrivait à l'expiration de son mandat avec la ville et le département ; on ne savait quelle combinaison prévaudrait. Il fallait attendre et poursuivre les études en cours.

On travaillait à la mairie. Mais procédons avec méthode. Comme pour la période précédente, ayons recours à notre memento, aux éphémérides de notre *livre de raison*.

Éphémérides.

24 juin 1900. — Grand festival-concert organisé par la municipalité, avec le concours de l'*Amicale* de Bourg-la-Reine, la Fanfare de Wissous, la Fanfare de l'Hay, *Les Amis réunis*, les Trompettes de Fontenay et la Fanfare de Sceaux.

28 juillet 1900. — Concert de la Fanfare de Sceaux, au rond-point du Parc.

Fête des Écoles laïques, avec le concours de Mlle Moreno, de la Comédie-Française ; de M. Gervais, député ; de M. Haidos, avocat ; de MM. Reddon, Boisson, Plantier, Lesueur, directeur de la Fanfare.

Août 1900. — Nouveau concert de la Fanfare, toujours au rond-point du Parc.

Août 1901. — Société de secours mutuels Saint-Jean-Baptiste : ont été élus vice-présidents d'honneur : MM. Château, maire de Sceaux, et Renaudin, membres honoraires et bienfaiteurs de la société ; 52 membres participants et 5 membres honoraires.

Septembre 1901. — Mort tragique de M. Bottorel, conseiller municipal, décédé à la suite d'un accident, en vérifiant des travaux de construction. Cette mort inattendue a causé une très vive émotion à Sceaux, où le défunt était universellement connu et considéré.

Septembre 1901. — Une société tente vainement de se constituer pour organiser, tant dans le Parc que dans la salle des Fêtes de l'ancienne Mairie ou sous le hall du Marché, une série de fêtes. Elle a donné toutefois deux ou trois fêtes, notamment celle du 29 septembre 1901. Un festival-concours de gymnastique réunissait la *Patriote* de Sceaux, la *Vedette* de Malakoff, les *Amis réunis* de Choisy-le-Roi. Le soir, représentation théâtrale, avec une partie de concert. Les entrées étaient payantes.

Cette société avait pour président d'honneur M. Château; comme vice-présidents : MM. Guilloux et Reddon, Bertrand, adjoint; Hordé, greffier de la justice de paix; M. Maurice Ferrant, président effectif.

Novembre 1901. — Mort de M. Dhionnet, prote de l'imprimerie Charaire, trésorier de la Fanfare.

Ephémerides scéennes.

4 *novembre* 1900. — Mise en exploitation du tramway électrique entre Châtenay et le Champ-de-Mars, par Sceaux, Fontenay, Bagneux, Montrouge, etc.

Rue de Fontenay.

SCEAUX — LA CITÉ MODERNE 83

9 FÉVRIER 1902

Première Visite Préfectorale.

(INAUGURATION DES ÉCOLES MUNICIPALES
ET DE L'HOPITAL-HOSPICE SAINTE-MARGUERITE)

9 *février* 1902. — Visite de l'Hôpital-Hospice Sainte-Marguerite. Nous avons vu que l'Hôpital-Hospice Sainte-Marguerite avait été inauguré le 8 décembre 1895. Le dimanche 9 février 1902, M. de Selves, préfet de la Seine, faisait une visite officielle à la municipalité de Sceaux. Il a été reçu par M. Château, maire, accompagné de ses deux adjoints : MM. Reddon et Bertrand et du Conseil municipal.

Le cortège, précédé de la Fanfare municipale, s'est d'abord rendu aux Écoles de garçons récemment agrandies, puis à l'École des filles, à l'École maternelle et à la Crèche municipale. A une faible distance, se trouve situé l'Hôpital-Hospice Marguerite-Renaudin. Le fondateur de cette œuvre philanthropique, M. Renaudin, notaire à Sceaux, a tout d'abord présenté ses souhaits de bienvenue à M. le Préfet. M. Lemarquis, parlant ensuite au nom de la direction de l'Hôpital-Hospice, a salué M. le Préfet et lui a témoigné sa reconnaissance pour l'intérêt qu'il veut bien porter à l'établissement charitable en l'honorant de sa présence.

Après quelques mots de remerciements, M. le Préfet a félicité M. Renaudin de son initiative généreuse et du noble emploi qu'il sait faire de sa fortune, puis il a visité les locaux construits sous la direction de M. Lequeux, ancien architecte du département, et en a loué les heureuses dispositions.

Avant de se retirer M. le Préfet a remis au nom de M. le président du Conseil, ministre de l'Intérieur et des Cultes, la médaille d'honneur en argent de l'Assistance publique à Mme Baribaud, en religion sœur Anne-Louise, directrice de l'Hôpital-Hospice Marguerite-Renaudin.

Puis le cortège s'est reformé pour se rendre au Marché couvert, où la population a fait une ovation au préfet. M. Gervais, député de la Seine, M. Adrien Weber, président du Conseil général, M. Carmignac, conseiller général, M. Bassinet, sénateur de la Seine, ont pris successivement la parole, et M. Château a ensuite présenté sa requête aux représentants des pouvoirs publics.

On trouvera dans l'allocution de M. Château les *desiderata* de notre municipalité en 1902.

— LES ÉCOLES.

Monsieur le Préfet, vous venez de visiter nos écoles.

En outre de ce que les municipalités qui se sont succédé à Sceaux ont déjà réalisé, il nous resterait beaucoup à faire, si nous pouvions mettre les résultats en rapport avec nos besoins.

Nous avons conscience de n'avoir pas donné aux Écoles de garçons tout ce que réclamait la situation, mais nous avons notre excuse dans le peu de temps (le laps très court des vacances) dont nous disposions, et qui nous a permis de ne procéder seulement qu'aux réfections de toute urgence, pour ne pas laisser nos enfants sans abri, à la reprise des classes.

A l'École des filles et à l'École maternelle, vous avez pu constater, Monsieur le Préfet, l'absence de tout préau, lacune d'autant plus regrettable que les cours de récréation sont beaucoup trop exiguës, pour la quantité d'élèves qui les fréquentent.

Ces déplorables dispositions pourraient être heureusement modifiées et sans frais exagérés. Il suffirait de prendre une partie des locaux de l'Infirmerie voisine, dont le jardin viendrait agrandir la cour de récréation.

On transférerait la Crèche du local si pauvre dans lequel elle se trouve, pour l'installer plus confortablement dans les bâtiments de l'Infirmerie, aménagés à cette intention. Dans ceux actuels de la Crèche pourraient être établis un fourneau populaire et une cantine scolaire, et l'on finirait ainsi par avoir à Sceaux, aussi bien au point de vue des améliorations si utiles de nos écoles, qu'au point de vue des soins à donner à nos enfants pauvres, à peu près le strict nécessaire.

II. — L'ANCIENNE INFIRMERIE ET L'HOSPICE SAINTE-MARGUERITE.

L'exécution de ce plan repose uniquement sur une désaffectation de l'Infirmerie et un transfert de ses services.

Ce transfert, qui peut paraître, à première vue, une grosse opération, est au contraire d'une exécution d'autant plus aisée que notre infirmerie est une infirmerie... sans malades !

On ne peut s'approprier, purement et simplement, lesdits locaux, parce que, à cette œuvre, est attachée, par dotation, une rente qui, jusqu'à ce jour est restée, en partie, sans emploi.

Or, accaparer les locaux, c'est supprimer l'infirmerie et, par conséquent, contrevenir aux intentions des donateurs.

Et nous sommes trop respectueux de leurs volontés pour agir ainsi...

Nous étions donc fort embarrassés lorsque, heureusement, un de nos concitoyens est venu à notre secours.

Cet homme que les pauvres de Sceaux et des environs bénissent comme un bienfaiteur, ce philanthrope, que vous connaissez déjà, Monsieur le Préfet, car vous venez de visiter une de ses œuvres les plus importantes, l'Hospice Sainte-Marguerite, ce grand charitable, cet intelligent humanitaire, vous l'avez déjà nommé, j'en suis bien sûr, c'est M. Renaudin.

L'Hospice Sainte-Marguerite, situé, comme vous avez vu, au centre de la ville, est aménagé dans tous ses détails avec le plus grand confortable et les soins les plus minutieux.

Fondé par M. Renaudin, il a été construit sous la direction de l'éminent architecte, M. Jacques Lequeux.

Cette œuvre de haute bienfaisance a comblé, de la façon la plus heureuse, une lacune dont souffraient depuis longtemps nos pauvres; car, j'y insiste une fois de plus, nos ressources communales sont si faibles, que la ville de Sceaux, jusqu'à ces dernières années, ne possédait, en fait d'hôpital, que deux simples chambres contenant en tout six lits.

Animé par une noble et généreuse pensée, M. Renaudin a réalisé, de ses deniers, ce que nous étions impuissants à faire, et, dans son désintéressement, il s'est même refusé à accepter la modeste subvention que le Conseil municipal lui avait offert de voter en faveur de son hôpital.

Malgré cette magnifique libéralité, M. Renaudin, qui a, de plus, créé, l'an dernier, l'œuvre des Jardins de Sceaux que vous devez également visiter, Monsieur le Préfet, M. Renaudin ne croit pas avoir assez fait, pour nos malades et pour nos vieillards, en leur assurant un asile pour le restant de leurs jours.

Il est venu nous proposer, ainsi que vous avez pu vous en rendre compte, Monsieur le Préfet, en consultant le dossier de l'affaire qui est actuellement entre vos mains; il est venu, dis-je, nous proposer de transférer, avec leurs charges, à l'Hospice Sainte-Marguerite, les services de l'Infirmerie.

Il y a mis, toutefois, une condition qui est un nouveau bienfait pour la commune, c'est que la rente de quatre mille neuf cents francs attachée à la dotation serait reversée, par lui, au Bureau de bienfaisance pour les pauvres, ainsi qu'en fait foi la lettre suivante en date du 15 janvier 1902 :

« Monsieur le Maire,

« Par suite du transfert des services de l'Infirmerie communale de Sceaux dans les bâtiments de la Fondation Marguerite-Renaudin, j'ai l'honneur de vous informer que désormais je prendrai à ma charge personnelle toutes les obligations résultant des soins à donner aux malades indigents de la commune, qui seraient admis à l'hospice, et ce, en raison des personnes charitables qui ont donné à l'Infirmerie ou testé en sa faveur; volontés que je désire faire respecter scrupuleusement, de façon à assurer entièrement le service de cette infirmerie.

« Agréez, etc. »

Cette belle lettre dépeint, mieux que je ne saurais le faire, l'homme admirable qui ne se lasse pas de combler nos pauvres de ses bienfaits.

Qu'il veuille bien me permettre devant vous, Monsieur le Préfet, de lui adresser, au nom des habitants de Sceaux, la nouvelle expression de notre respectueuse et vive reconnaissance et de notre profonde gratitude.

L'aménagement nouveau des bâtiments de l'Infirmerie dont je parlais tout à l'heure, Monsieur le Préfet, n'exigerait qu'une dépense des plus minimes, mais cette dépense, qui serait insignifiante pour la caisse départementale, est hors de proportion avec nos ressources.

Je passe sans insister, Monsieur le Préfet, car j'ai tant de *desiderata* à formuler !

E. M. Château de conclure ainsi sa persuasive allocution :

J'ai terminé, Monsieur le Préfet.

Je dois reconnaître que j'ai été long, très long, mais est-ce bien ma faute?

Vous connaissez le dicton populaire : « Quand on se voit trop souvent, on n'a rien à se dire. »

Or, vous le voyez, j'avais beaucoup, beaucoup de choses à vous dire.

Et j'ai parlé en toute abondance, mais aussi en toute franchise, parce que le maire de Sceaux, qui n'a plus qu'un souci, à l'automne de sa vie déjà longue, le seul souci de consacrer ses forces au bien et à la prospérité de sa commune, le maire de Sceaux n'ignorait pas qu'il s'adressait à un préfet très préoccupé du bien-être de sa grande famille suburbaine.

Il a ouvert son cœur, sans arrière-pensée, persuadé qu'on l'écoutait avec bienveillance, et c'est à cette bienveillance qu'il fait appel en terminant, en vous remerciant une fois de plus, Monsieur le Préfet, au nom du Conseil municipal et des habitants, de la haute marque d'intérêt que votre visite, plusieurs fois ajournée par suite de circonstances indépendantes de votre volonté, vient de donner à la ville et à la population de Sceaux.

M. de Selves, préfet de la Seine, a répondu à M. Château :

A provoquer ma visite, votre commune avait plus d'un titre. Elle possède des œuvres faites pour attirer la sollicitude du préfet et son désir de les mieux connaître. Celles que grâce à vous nous avons visitées tout à l'heure en sont l'éloquent témoignage. Ici elles se différencient parfois de celles que j'ai coutume de rencontrer. Je veux dire que, à côté des œuvres que le souci intelligent de la municipalité a mises au jour, ils s'en rencontre d'autres que de nobles pensées et l'initiative d'une âme délicate ont créées à leur tour pour le bien de tous et le soulagement de ceux qui souffrent.

J'indique ainsi les œuvres de M. Renaudin.

Il est des hommes que le malheur irrite et aigrit ; souffrir les indispose à l'égard de tout et de tous et les pénètre d'un souffle de scepticisme, sinon parfois de révolte.

Mais il en est d'autres heureusement (natures plus élevées, destinées à servir de modèle), pour lesquelles le malheur est le creuset où s'affinent et se fortifient la généreuse bonté, la compatissante pitié.

M. Renaudin a été de celles-là, puisque grâce à lui des vieillards qui se seraient peut-être trouvés sans asile, finiront dans le calme que donne la sécurité du lendemain, leur laborieuse existence.

Je serais tenté de le remercier si je ne craignais que ces remerciements ne portent une atteinte, si légère soit-elle, au sentiment tout fait de bonté et de pieux souvenir qui a dicté son acte et si je ne préférais dès lors laisser aux malheureux le soin de faire descendre comme une rosée bénie l'expression de leur reconnaissance sur les deux noms de Renaudin et de Marguerite qu'ils lisent au fronton de l'établissement qui les a recueillis.

Au cours de cette visite, ce que nous avons particulièrement remarqué à l'Hospice Marguerite-Renaudin, c'est la parfaite tenue de la maison. On y apprécie le bien-être, la joie de vivre chez les hospitalisés, comme chez les convalescents, qui circulent librement dans les avenues ou sont assis devant des parterres de fleurs. Nous avons serré la main de deux ou trois pensionnaires de notre connaissance, heureux de cette rencontre, et qui n'ont pu que nous exprimer combien était grande leur satisfaction d'avoir trouvé un pareil asile pour abriter leurs vieux ans.

L'Hospice Marguerite-Renaudin compte trente-six lits de vieillards des deux sexes, y compris le legs de Mme veuve Harpignies, qui consiste en la fondation de deux nouveaux lits. Que cet exemple soit suivi, et il faudra bientôt agrandir les bâtiments de l'Hospice Sainte-Marguerite.

9 février 1902. — La section de Sceaux des Vétérans des armées de terre et de mer, sous la présidence de M. Marcilly, inaugure le monument élevé à la mémoire des combattants de 1870-1871 au cimetière de Sceaux, en présence de M. de Selves, préfet de la Seine, et de M. Château, maire.

AVRIL 1902

LE MOUVEMENT COLLECTIVISTE
DANS LE CANTON DE SCEAUX

Avril 1902. — M. Nectoux, candidat. Le Comité républicain progressiste avait convoqué les électeurs de la circonscription de Sceaux pour le dimanche 12 avril 1902 en réunion privée, en vue d'assister à la conférence de M. E.-O. Lami, candidat progressiste.

Il s'agissait d'une élection législative, M. Gervais, député sortant, fut réélu.

Au cours de cette conférence, M. Nectoux, candidat collectiviste révolutionnaire, prit la parole pour répondre au candidat progressiste, en réalité, pour exposer son programme.

La physionomie physique, morale et intellectuelle de M. Nectoux est intéressante. Il s'exprime avec mesure. Il fait la critique de l'organisation sociale et croit trouver le remède à tous les maux dont souffre la collectivité ouvrière dans le triomphe de ses doctrines.

Le collectivisme c'est, d'après lui, la panacée universelle! Est-ce que la mise en valeur des chemins de fer, des grandes banques, des grandes industries, de la rente elle-même, n'est pas déjà l'œuvre de la collectivité? s'est écrié M. Nectoux; c'est indiscutable, ajoute-t-il aussitôt, mais de la collectivité riche, tout au moins aisée, qui n'a que ses coupons à détacher à la fin du semestre ou du trimestre pour vivre largement aux dépens de la collectivité travailleuse.

En est-il réellement ainsi? est-ce que la rente française, les actions et obligations des chemins de fer, des usines, des banques, du Crédit Foncier, de la Ville de Paris, ne sont pas entre toutes les mains?

Est-ce que nos économies ne tendent pas toutes vers les Caisses d'épargne, vers la possession d'une action ou d'une obligation de valeurs à lots?

Continuons : la vie est dure pour certaines familles et vous repoussez la mutualité comme insuffisante dans ses résultats ; vous ne croyez ni à l'ordre, ni à l'économie, vous dédaignez ces deux facteurs comme retardant trop l'âge d'or que vous préconisez. N'insistons pas.

Certes, nous demandons tous une meilleure organisation du travail industriel, avec les retraites ouvrières comme couronnement de l'édifice.

Nous avons déjà les retraites individuelles des chemins de fer, des postes, des instituteurs, des banques, des fonctionnaires de tous ordres.

Résoudre le problème des retraites ouvrières, c'est une tâche à laquelle les bonnes volontés ne font pas défaut.

Avec l'aide des *syndicats corporatifs*, elle doit aboutir sans bouleversement social.

Reste le collectivisme de la terre. Le fermier, le cultivateur, l'ouvrier des champs consentira-t-il jamais à l'exploitation en commun de son lopin de terre ?

Cet essai a été fait dans certains cantons de la Suisse, par exemple, pour des produits spéciaux comme le lait et les fromages, mais nous ne croyons pas que ce procédé puisse jamais se généraliser beaucoup en France.

Au surplus, nous n'avons pas à discuter ici la doctrine collectiviste ; d'abord, nous ne la connaissons qu'imparfaitement. Nous avons voulu relater ici uniquement ce qui s'est dit dans une réunion privée à Sceaux.

Si personne n'a relevé de telles doctrines, c'est que chacun en a senti l'inanité, et s'est trouvé désarmé par la placidité de M. Nectoux, nivelant d'un trait de plume tout ce qui n'appartient pas à la collectivité, — supprimant toutes les guerres, toutes les convoitises, toutes les passions humaines, et appelant sur terre le règne d'une idéale république universelle, où les races, se tendant la main, échangeraient leurs produits sans entraves, après avoir vaincu le grand ennemi de l'humanité : la misère !...

Beau rêve d'un généreux esprit, dont nos économistes et nos gouvernants feront difficilement une réalité.

Six ans après cette conférence, M. Nectoux était nommé député de la circonscription de Sceaux, en 1908.

Ephémérides scéennes.

6 juin 1902. — Avis favorable est donné par le Conseil municipal pour l'agrandissement du cimetière. M. Courtois est nommé commissaire enquêteur.

Le Conseil donne un avis favorable à l'installation des becs Auer aux lanternes de la ville.

Juin 1902. — Fête organisée par les Dames françaises, sous la présidence de Mme Lepage, et avec le concours de Mmes Hordé, Wehrlin, Soulié, Reige, Chapeyron, Hollebecque, Salerne, aidées d'une charmante pléiade de jeunes filles.

Novembre 1902. — Mort de M. Léo Trézenick, connu à Sceaux sous le pseudonyme de Louis Gibart, correspondant actif de la *Rive Gauche*. Dans le monde des lettres, il avait acquis la réputation d'un consciencieux observateur et d'un bon écrivain.

Les anciens établissements de bienfaisance et d'humanité de Sceaux, Fondation Colbert. — Désaffectation des bâtiments de l'Infirmerie communale. — Le décret du 14 mai 1903.

Nous étions en 1902, et déjà, malgré les premières transformations dont les locaux de nos écoles de garçons venaient d'être l'objet, M. Château reconnaissait et faisait remarquer au préfet de la Seine, qu'il avait conscience de n'avoir pas donné auxdites écoles tout ce que réclamait la situation.

Dès cette époque, il songeait à réunir, à grouper, à former un ensemble complet — depuis la Crèche jusqu'aux grandes classes primaires — de tous ces bâtiments scolaires épars. Cette idée sera réalisée cinq ans plus tard par le groupe scolaire, que le préfet de la Seine a inauguré le 21 octobre 1907.

Il fallait pour compléter ce programme avoir la libre disposition des bâtiments et terrains de l'Infirmerie de Sceaux. Il ne sera pas sans intérêt de rechercher dans quelles conditions cette ancienne fondation de Colbert était devenue la propriété conditionnelle de notre commune et du Bureau de bienfaisance.

Suivant acte passé devant Me de Beauvais, notaire à Paris, le 12 janvier 1689, Messieurs Jacques-Nicolas Colbert et Louis Colbert, légataires universels de la veuve Colbert, pour assurer le service des malades et l'instruction des jeunes filles de Sceaux, ont fait cession à la Congrégation des Filles de la Charité, d'une maison, cour et jardin, situés à Sceaux, acquise par eux de M. Fauguier, procureur au Parlement.

Cette propriété affectée spécialement à un établissement *de bienfaisance et d'humanité* dans la ville de Sceaux, a été conservée comme telle et exclue de la vente des biens nationaux, par arrêté du Directoire exécutif du 8 vendémiaire an VII.

A la suite de délibérations successives, dûment approuvées par l'autorité supérieure, cette propriété a été morcelée et est devenue en partie propriété communale, servant à l'École de filles et à l'École maternelle.

Sa destination primitive (instruction des jeunes filles et service des malades) lui a donc été conservée jusqu'à nos jours, le Bureau de bienfaisance ayant gardé, de son côté, la propriété et la gestion de l'Infirmerie.

Cette Infirmerie communale a fonctionné pendant plus de deux siècles, grâce aux dons et legs de personnes charitables, mais comme ses ressources étaient insuffisantes en revenus, il n'avait pas été possible d'y organiser, d'une façon complète, les services nécessaires, ni d'y accueillir les malades de la localité.

Cette situation s'est profondément modifiée depuis l'inauguration de l'Hospice Sainte-Marguerite. M. Renaudin, notaire à Sceaux, offrit en 1902 à la municipalité de prendre à sa charge personnelle les obligations résultant de soins de toute nature à donner aux malades indigents de la commune, de façon à assurer entièrement les services de l'Infirmerie communale.

Depuis lors, nos vieillards d'abord, nos malades ensuite, sont reçus dans ce nouvel *établissement de bienfaisance et d'humanité*, suivant l'heureuse expression de l'arrêté de l'an VII.

Il restait à régler administrativement le transfert du service de l'Infirmerie communale dans les bâtiments de l'Hospice Sainte-Marguerite, jusqu'à concurrence de six lits, à décider de l'emploi des arrérages de rentes précédemment consacrées aux dépenses de l'Infirmerie, à autoriser la vente des terrains occupés par ladite Infirmerie, au profit du Bureau de bienfaisance.

Il fallut poursuivre ces négociations, engager une volumineuse correspondance, entamer de longs et patients pourparlers avec la Préfecture de la Seine, le Conseil d'État, etc.

Le procès-verbal de la délibération du Conseil municipal du 7 décembre 1900 retrace les phases successives de cette fondation de Colbert, il énumère les dons et legs dont elle a bénéficié jusqu'à nos jours. Comme ce procès-verbal a pour notre ville la valeur et l'importance d'un document historique, nous le reproduisons *in extenso*.

SCEAUX — LA CITÉ MODERNE

VOTE DU TRANSFERT DE L'INFIRMERIE A L'HOSPICE SAINTE-MARGUERITE

L'an mil neuf cent, le vendredi 7 décembre à neuf heures du matin, les membres composant la commission d'administration du Bureau de bienfaisance se sont réunis à la mairie sous la présidence de M. Château, maire. Présents : MM. Château, Bertrand, Coulaux, Courtois et Michaut.

Absent : M. Guilbert.

M. le Maire, président, expose ce qui suit :

Le Bureau de bienfaisance de Sceaux possédait, de par la fondation faite par les enfants de Colbert par acte authentique du 12 janvier 1689, maintenue et continuée par arrêt du Directoire exécutif du 8 vendémiaire an VII, une propriété à Sceaux, rue des Ecoles, affectée à l'usage des malades de la ville, l'école des sœurs et l'asile maternel.

A la suite des délibérations successives du Conseil municipal de Sceaux et de la commission administrative du Bureau de bienfaisance, notamment les 14 novembre 1859, 14 avril et 16 juin 1861, l'ensemble de la propriété du Bureau de bienfaisance, telle qu'elle avait été constituée par les enfants de Colbert, a été morcelée et est devenue propriété communale, à la suite d'acquisitions régulières dûment autorisées par l'autorité supérieure.

C'est ainsi qu'aujourd'hui se trouvent installées dans cette propriété, l'École des filles et l'École maternelle avec toutes les dépendances de ces établissements.

Le Bureau de bienfaisance ne se trouve plus propriétaire que d'une partie de la contenance de 206 mètres se trouvant au fond de cette propriété et tenant à la rue Marguerite-Renaudin à droite, M. Troufillot à gauche, les bâtiments appartenant maintenant à la commune École des filles, École maternelle. Sur l'ensemble de cette propriété existe un petit bâtiment en façade sur la rue, à usage de la Crèche, un second bâtiment entre cour et jardin, à la suite, comportant l'Infirmerie du Bureau de bienfaisance, petit pavillon d'un rez-de-chaussée de trois pièces et d'un étage carré, jardin à la suite.

C'est cette Infirmerie qui, depuis plus de deux siècles, a joué un rôle important dans les annales de l'histoire du Bureau de bienfaisance de notre commune.

N'étant pas reconnue comme hospice communal, l'Infirmerie a successivement fonctionné par les soins des religieuses de la congrégation des Filles de la Charité, puis par celle de Saint-André, et aujourd'hui par l'administration elle-même du Bureau de bienfaisance.

En raison de sa destination spéciale, infirmerie pour les malades de la ville, des personnes charitables songèrent à doter cet établissement de rentes et revenus suffisants pour l'alimenter et lui permettre de secourir le plus grand nombre possible de malades, et c'est ainsi que de nombreuses fondations ont été créées, soit par acte entre vifs, soit sous forme de legs et dispositions testamentaires.

Pour ne parler que des fondations les plus importantes, il suffit de rappeler celle de la famille de Trévise, suivant acte devant Mᵉ Maufra, notaire à Sceaux, a 17 octobre 1867 : 500 francs de rente 3 0/0 sur l'Etat français, destinés à l'achat, au blanchissage et à l'entretien du linge prêté aux indigents secourus à domicile.

Celle de M. Jean-Antoine-Noël Molinier, ancien receveur de l'enregistrement et des domaines qui, par son testament olographe du 16 mars 1858, déposé à Me Maufra par ordonnance du 10 septembre 1859, a institué l'hospice de Sceaux légataire universel de ses biens et valeurs.

Enfin, d'autres fondations charitables qui, avec l'accroissement des revenus et arrérages, ont permis au Bureau de bienfaisance de Sceaux de présenter pour l'exercice 1869, pour les besoins de l'hospice communal, un budget de 3,099 francs de rentes 3 0/0 sur l'État français.

Et pour l'exercice 1899, un budget de 4,900 francs de rente 3 0/0 sur l'État français, alors que le budget du Bureau de bienfaisance proprement dit, destiné à secourir les pauvres, arrive à peine à la somme de 6,000 francs par an.

Or, l'Infirmerie communale dénommée par les bienfaiteurs et donateurs : Hospice de Sceaux, par suite de ses ressources insuffisantes en revenus, qui ne lui permettraient pas d'organiser un établissement spécial avec les services qu'il peut comporter, n'a jamais fonctionné que d'une façon imparfaite et elle a dû se résigner à établir et installer seulement quelques lits confiés à la garde d'un surveillante.

Aussi, le plus souvent, nos malades étaient dirigés sur les hôpitaux de Paris, l'exiguïté de nos bâtiments et leur organisation incomplète, ne permettant malheureusement pas de leur donner tous les soins nécessaires.

Depuis cinq ans, il a été créé à Sceaux, sous le nom de Fondation Sainte-Marguerite, un établissement hospitalier comportant trente-deux lits de vieillards et de malades, pour la ville de Sceaux et communes voisines.

Dès sa création, 5 décembre 1895, cet établissement a reçu à titre purement gratuit, nos vieillards d'abord, nos malades ensuite, dans les différentes salles affectées au service dont l'organisation est régulièrement établie.

La récente statistique établit pour l'année 1899 un nombre d'entrées des 50 personnes, vieillards ou malades.

Il paraît donc utile, pour répondre au but que j'ai l'honneur de vous proposer, de transporter ladite Infirmerie dans les bâtiments nouveaux de la Fondation Sainte-Marguerite, ce à quoi consent bien volontiers le fondateur de cet établissement.

A cet effet, il serait établi et mis à la disposition du Bureau de bienfaisance de Sceaux, 6 lits hommes et femmes, dans la salle de l'Hospice Sainte-Marguerite. Ces 6 lits alternativement occupés par nos malades, suivant les besoins de la population, permettraient de satisfaire à ces besoins et de remplir ainsi les vœux et la pensée des personnes charitables qui ont bien voulu doter le Bureau de bienfaisance d'une source de revenus pour les malades.

Et comme, suivant son désir exprimé, le fondateur de l'Hospice Sainte-Marguerite ne conservera pas les sommes affectées aux dépenses des malades, ces sommes, s'élevant à 4,900 francs, reviendront à nos pauvres du Bureau de bienfaisance et augmenteront ainsi notre budget trop restreint pour les misères que nous avons à soulager.

Nous trouverons donc dans cette opération un double résultat :

1º Le bon fonctionnement de l'Infirmerie communale au Bureau de bienfaisance, répondant aussi aux vœux des donateurs ;

2º Un accroissement sensible de nos ressources pour les pauvres de notre Bureau avec une répartition plus large des secours que nous leur donnons.

C'est sur ce point que je propose à la Commission administrative de prendre une délibération qui sera soumise à l'avis du Conseil municipal, et à l'approbation de l'autorité supérieure.

Considérant qu'il y a un très grand avantage pour les pauvres du Bureau de bienfaisance à accepter et augmenter les ressources du Bureau, qui ne dépassent pas actuellement 6,000 francs par an,

Délibéré :

Article premier. — La Commission administrative du Bureau de bienfaisance accepte à l'unanimité des membres présents le transfert du service de l'Infirmerie communale dans les bâtiments de l'Hospice Sainte-Marguerite, à Sceaux, rue Marguerite-Renaudin, nº 4, pour occuper six lits de malades, hommes et femmes, qui seront admis comme ils le sont déjà, suivant les besoins de la population.

Art. 2. — Accepte également à l'unanimité des membres présents l'accroissement des ressources du Bureau de bienfaisance pour les pauvres de la commune, par le versement des arrérages des rentes actuellement employées aux besoins de l'Infirmerie jusqu'à concurrence des sommes nécessitées par l'entretien de nos malades dans l'Hospice Sainte-Marguerite.

Ont signé les membres présents à la séance : Coulaux, M. Château, Courtois, Michaut, Bertrand.

Délibérations, négociations, pourparlers, aboutirent le 4 mai 1903 au décret présidentiel suivant, qui sanctionne et consacre définitivement cette désaffectation :

Le Président de la République française,

Sur le rapport du ministre de l'Intérieur et des Cultes ;

Vu les délibérations de la Commission administrative du Bureau de bienfaisance de Sceaux des 7 décembre 1900 et 28 mai 1902 ;

La délibération du Conseil municipal de Sceaux en date du 6 juin 1902 et celle du 6 mars 1903, par laquelle le Conseil municipal s'engage à affecter un local pour assurer le service des maladies dans le cas où les engagements pris par M. Renaudin ne seraient pas tenus ;

La lettre et le rapport de M. Renaudin au maire de Sceaux, en date du 25 janvier 1902 ;

L'arrêté du Directoire exécutif du département de la Seine du 8 vendémiaire an VII ;

Le décret du 7 janvier 1865, statuant sur les dispositions testamentaires de M. Molinier ;

Ensemble les autres pièces du dossier ;

Les avis du préfet de la Seine des 15 avril, 7 juillet et 31 octobre 1902 ;

L'article 910 du Code civil et l'article 120 de la loi du 5 avril 1884 ;

La section de l'Intérieur, des Cultes, de l'Instruction publique et des Beaux-Arts du Conseil d'État entendue,

Décrète :

ARTICLE PREMIER. — Sont approuvées les délibérations susvisées de la Commission administrative du Bureau de bienfaisance de Sceaux, du 7 décembre 1900 et du 28 mai 1902, en tant qu'elles ont pour objet la désaffectation des terrains et bâtiments affectés à l'Infirmerie dite « hospice de Sceaux » et la vente à la ville de Sceaux desdits bâtiments et terrains.

ART. 4. — Le ministre de l'Intérieur et des Cultes est chargé de l'exécution du présent décret.

Fait à Paris, le 4 mai 1903.

EMILE LOUBET.

Juin 1903. — Le transfert des services de l'Infirmerie communale à l'Hospice Marguerite-Renaudin est adopté sur rapport et décret du 4 mai 1903.

A l'unanimité, le Conseil municipal adresse ses plus vifs et chaleureux remerciements à M. de Selves, préfet de la Seine, à M. Renaudin, notaire à Sceaux, à M. Château, maire, et à M. Defrance, directeur des affaires départementales à la Préfecture, pour leurs dévoués concours en la circonstance, et il décide, en outre, que le Conseil municipal se rendra auprès de M. Renaudin pour lui présenter de vive voix ses remerciements personnels et ceux de la population scéenne et lui remettre un extrait de la délibération précitée.

Cette entrevue eut lieu quelques jours après. Le Conseil municipal, au grand complet, M. Château en tête, fut reçu officiellement par M. Renaudin. Le maire, au nom de tous, l'a remercié une fois de plus de son inépuisable bonté pour les déshérités, en acceptant de recevoir les malades indigents de la commune dans son hôpital-hospice de la rue Marguerite-Renaudin.

Éphémérides scéennes.

Janvier 1903. — Deux bouches d'incendie seront placées, l'une rue Houdan, à la hauteur de la rue Marguerite-Renaudin; l'autre, à la hauteur de la rue Florian, protégeant ainsi l'imprimerie Charaire, les ateliers Boulogne-Gobert et tout le pâté de maisons voisines.

6 mars 1903. — Classement de la voie des Aulnes et du chemin des Pépinières.
Construction d'un égout départemental rue Houdan.
Classement de parties de terrains dans le cimetière pour concessions.
Emplacement de divers becs de gaz.
Mise à l'alignement de l'avenue de Paris.
Mise en viabilité du chemin du Clos-Saint-Marcel.
Installation de deux bouches d'incendie.
Élargissement à huit mètres de la voie du Clos-Saint-Marcel. Cette voie aboutit à la gare de Sceaux-Robinson et prolonge son autre extrémité jusqu'à la rue Laveissière, derrière la Mairie.
Installation d'un égout au bas des Sablons pour l'écoulement des eaux pluviales qui, les jours d'orage, transformaient cette voie et le sentier auquel elle aboutit en véritable lac.

Avril 1903. — Mort de M. Émile Baudot, ingénieur des télégraphes, officier de la Légion d'honneur et de plusieurs ordres étrangers, décédé à Sceaux, à l'âge de 57 ans. Ses inventions et perfectionnements apportés à la télégraphie électrique ont été appréciés et mis en pratique par l'Europe entière.

Juin 1903. — Le Conseil municipal renouvelle le vœu émis dans la séance du 14 novembre 1902 sur le projet de raccordement de la ligne de Sceaux-Limours avec la Ceinture, station de Sceaux-Ceinture.

Novembre 1903. — Enquête pour l'alignement du chemin des Aulnes.

Novembre 1903. — La Sainte-Cécile. Le banquet de la Fanfare,

sous la présidence de M. Château, avec le concours de MM. Plantier, Montagne, Chapsal, Bertrand, Vilquin, Lesueur, directeur de la Fanfare, le capitaine Paoli, Labiche, le député Gervais, etc.

Janvier 1904. — Mort de M. Victor Advielle à l'âge de 70 ans. Il avait été secrétaire de la sous-préfecture de Sceaux, sous M. Pallain, il a terminé sa carrière administrative au ministère des Finances. C'était un archiviste distingué. Il a publié une *Histoire de Sceaux*, en collaboration avec M. Michel Charaire. Victor Advielle, né bourgois d'Arras, comme il se désignait lui-même, fit renaître, en 1892, avec René Le Cholleux, l'association des Rosati (fête des Roses), qui prit naissance sur les bords de la Scarpe le 12 juin 1778, à Blangy, à la porte d'Arras, sous les auspices de Chapelle, de La Fontaine et de Chaulieu. Cette société de littérateurs et de beaux esprits du Nord de la France, dont firent partie Robespierre et Lazare Carnot, fut dispersée sous les flots de la tourmente révolutionnaire. En 1894, les Rosati reconstitués ont fait ériger un buste à La Fontaine, sur la place de l'église de Fontenay-aux-Roses.

Depuis cette date, ils viennent chaque année à Fontenay-aux-Roses, dans le courant de juin, célébrer la fête des Rosati, et concurrencer leurs confrères, félibres et cigaliers du Midi. Cette rivalité poétique entre la Provence et l'Artois, enfants de la même France, est des plus cordiales.

Éphémérides scéennes.

Mars 1904. — Mise en état de viabilité de la rue de Bourg-la-Reine, qui longe la voie du chemin de fer, et du passage à niveau de Sceaux-Ville à Bourg-la-Reine.

Enquête sur le prolongement du chemin vicinal d'Antony à Sceaux, le long du parc de Trévise.

Établissement de cavineaux rue Achille-Garnon.

Pose de deux grands réservoirs de chasse, place de l'Église et au coin de la rue de Fontenay, devant servir au nettoyage des egouts.

Tout a l'égout entre la rue de Fontenay et Robinson. La part de la commune dans la dépense est de 5,000 francs, le département de la Seine lui vient en aide.

Mars 1904. — Le Conseil municipal adopte le rapport de M. Château, maire, sur le projet de raccordement de la ligne de Paris-Sceaux-Limours avec la Petite-Ceinture.

3 *avril* 1904. — M. Vilquin, lieutenant commandant la subdivision de Sceaux, reçoit la médaille de première classe des sapeurs-pompiers.

A LA MAIRIE (1904-1908)

AU TEMPS DE M. CHATEAU

Les élections municipales de 1904. — Ces élections se sont faites sur le programme de la liste de M. Château, de l'Union des républicains progressistes et libéraux anticollectivistes.

De programme politique, il ne saurait être question dans des élections municipales, est-il dit dans cette déclaration ; cependant il ne faut pas perdre de vue que ce sont vos édiles qui doivent désigner les délégués sénatoriaux et si vous tenez à enrayer la marche de ces dangereuses théories qui s'appellent le collectivisme et l'internationalisme, il faut que vos élus soient les ennemis résolus de ces utopies.

De notre programme municipal de 1900 la plus grande partie a déjà été accomplie. Mais il reste beaucoup à faire dans notre commune et c'est en renvoyant au Conseil cette même majorité, renforcée des éléments nouveaux qui vous sont présentés, que vous êtes certains de voir par la sage administration des deniers communaux s'opérer peu à peu toutes les réformes susceptibles d'améliorer le sort des habitants sans augmenter leurs charges.

Voici, aussi brièvement que possible, les principales améliorations que vos candidats se proposent de réaliser si vous leur accordez vos suffrages :

1º Achever la viabilité des voies nouvelles en y établissant les caniveaux et bordures indispensables, comme il a été procédé par les moyens économiques qui ont été employés pour la rue Achille-Garnon ;

2º Etablir les canalisations d'eau et de gaz dans lesdites voies, ainsi que nous le permettent les nouveaux traités signés par le Conseil sortant ;

3º Faire les réparations indispensables aux bâtiments de l'ancienne Mairie, agrandir les locaux occupés par la justice de paix et le commissariat de police, transformer la salle des Fêtes et dans ce but solliciter le concours pécuniaire du département et de l'État ;

4º Demander le prolongement de la ligne de Sceaux jusqu'à la place Saint-Michel ; obtenir la création de trains plus rapides entre Paris et Sceaux, et améliorer tous les moyens de transport ;

5º Poursuivre les pourparlers engagés pour obtenir le raccordement de la ligne de Sceaux à la Petite-Ceinture (au parc Montsouris) ;

6° Continuer à encourager les œuvres communales de prévoyance, d'assistance et de mutualité ;

7° Étudier le meilleur mode de réglementation de la perception des droits d'octroi sans augmentation du tarif.

En résumé, agir avec les seules ressources de la commune sans création d'impôts nouveaux, tout au moins du fait du Conseil municipal. Faire le plus de réformes possible avec le moins de dépenses possible. Telle est la base de notre programme.

Et nous montrerons ainsi que sans nous parer de l'étiquette, nous savons appliquer un socialisme de bon aloi, parfaitement compatible avec l'organisation démocratique d'une République vraiment digne de ce nom.

Vive la République libérale !

Les Conseillers sortants :

MM. CHAPSAL.	MM. BOITEL.
CHATEAU.	COMMANDEUR.
BERNARD.	COURTOIS.
COULAUX.	MONTAGNE.
LAURIN.	SINET.
SAUNIER.	TROUFILLOT.
AULARD.	

Un journal local, la *Paris-Banlieue*, appréciait ce programme dans ces termes :

Trois listes sont en présence. La liste du maire (incomplète) comprenant les conseillers sortants encore en fonction, sans distinction d'opinion. On paraît vouloir plaisanter ce procédé auquel nous n'hésitons pas à trouver une grande correction. La municipalité scéenne a travaillé de son mieux pour le bien de la commune, elle demande pour elle et pour ses collaborateurs, sans distinction de parti, le renouvellement de son mandat, en laissant à chacun le soin de compléter le Conseil municipal sortant, selon ses aspirations et ses sympathies. C'est un vote de confiance que la municipalité demande pour elle et ses collaborateurs, et cette façon d'agir donne raison à ceux qui considèrent M. Château comme un excellent administrateur, plus passionné pour la bonne administration de la cité scéenne et le bien de son pays, que pour la politique.

Ce vote de confiance a été donné à une importante majorité à la liste présentée par M. Château.

Conseillers municipaux élus au premier tour :

MM. AULARD.	MM. COMMANDEUR.
BERNARD.	GUILLIOUX.
BLATIER.	LAURIN.
BOITEL.	MICHAUT.
BOISSON.	MONTAGNE.
CHATEAU.	SAUNIER.
MOUSNIER.	

Au second tour :

MM. TROUFILLOT.	MM. FONTAINE.
COURTOIS.	SELLIER.
COULAUX.	HOLLEBEQUE.
NECTOUX.	HABAY.
MOREL.	

Après l'installation du nouveau Conseil municipal par le maire sortant, M. Château, M. Bernard, doyen d'âge, prit la présidence, et on procéda à l'élection du maire. M. Château était réélu dès le premier tour de scrutin. M. Chapsal a été ensuite nommé premier adjoint et M. Charles Fontaine, second adjoint.

Ephémérides scéennes.

Juillet 1904. — La fête patronale de Sceaux a été particulièrement réussie en cette année 1904. Les attractions y étaient aussi nombreuses que variées. Les exercices des jeunes gens de la *Patriote*, le répertoire de la Fanfare sous la direction de M. Lesueur, les exercices de barre fixe et les pyramides de nos jeunes gymnastes ont été très applaudis; mais le clou de la fête était le lancement d'un ballon, emportant dans les airs sa nacelle avec son jeune pilote. L'aérostat finit par atterrir dans le parc de la marquise de Trévise, du côté de Berny.

Le soir, bal très animé dans le grand hall du Marché couvert et soirée théâtrale pour les amateurs par les artistes de l'Odéon.

Cliché Alexis Faguet.

La *Patriote*

Éphémérides scéennes.

Septembre 1904. — Les difficultés budgétaires rendent difficile l'équilibre du budget communal.

Les dépenses *obligatoires* suivent une marche sans cesse croissante, alors que les ressources restent pour ainsi dire stationnaires. En l'espace de cinq ans (1900-1904), les diverses charges imposées à notre ville, sous le nom de *contingents communaux*, se sont multipliées. Elles portent sur l'instruction primaire, la police, les enfants assistés, les aliénés, les malades dans les hôpitaux de Paris, etc.

Donc, l'augmentation progressive de nos impôts est imputable au département et non à la commune.

Décembre 1904. — Le Conseil municipal approuve le plan relatif à la reconnaissance et à la fixation des alignements de la voie des Aulnes.

Le Conseil donne un avis favorable à la deuxième enquête sur le prolongement du chemin vicinal n° 67, d'Antony à Sceaux.

Décembre 1904. — Banquet de la Sainte-Barbe, sous la présidence d'honneur de M. Château. Près de cent convives étaient réunis chez le restaurateur Thomassini. A la table d'honneur, MM. Chapsal, président, Hordé, Fontaine, Vilquin, le capitaine Paoli, le commandant Pilate, Montagne, Commandeur, Habay, Sellier, Mousnier, Blatier, Guillioux, le Dr Boisson, etc.

Décembre 1904. — Mort de M. Jules Loiseau, décédé à l'âge de 42 ans. Le défunt était l'un des grands entrepreneurs de charpente de la contrée. Une bonne partie de la population, M. Château, maire, en tête, M. Fontaine, adjoint, assistaient aux obsèques.

Janvier 1905. — M. Hugues Renaudin, l'honorable notaire de Sceaux, membre fondateur de l'Union française pour le sauvetage de l'enfance et bienfaiteur de tant d'autres œuvres, que le *Journal Officiel* a passées sous silence, est promu, par décret du 3 janvier 1905, officier de la Légion d'honneur. Il était chevalier depuis le 29 décembre 1898.

Janvier 1905. — Mort de M. Auguste Voru, membre de toutes les sociétés de Sceaux, vétéran des armées de terre et de mer, enfant du pays. Tous ceux qui le connaissaient avaient appris à l'estimer.

Mai 1905. — La municipalité fait restaurer et consolider le plafond de la salle des Fêtes de l'ancienne Mairie.

Septembre 1905. — Création d'un office d'huissier à Sceaux.
Cimetière communal. Réfection des murs de clôture sur la rue du Clos-Saint-Marcel.

Août 1905. — *Pompes funèbres*. Le Conseil municipal autorise le maire à traiter avec la Société des pompes funèbres générales pour une durée de douze années et lui donne tout pouvoir à l'effet de reviser les tarifs, étant entendu en principe que les prix actuels ne seront pas majorés.

14 mai 1905. — La municipalité contracte un emprunt de 100,000 francs, dont 70,000 francs à consacrer aux futures écoles et 30,000 francs pour l'acquisition d'une maison d'habitation et dépendances de plus de 1,800 mètres de terrain. Ce groupe scolaire aura ainsi une superficie totale de près de 4,000 mètres.

21 mai 1905. — Obsèques de M. Jacquemard, ancien sous-chef au cabinet du ministre de l'Instruction publique. Il habitait notre commune depuis de longues années, où il avait su se concilier toutes les sympathies de ses concitoyens.

Octobre 1905. — Réouverture de la cantine scolaire.

Novembre 1905. — M. Château, maire, soumet au Conseil municipal les plans du nouveau groupe scolaire qui doit être édifié sur le terrain récemment acquis par la commune et situé à l'angle des rues Marguerite-Renaudin et des Imbergères.

Novembre 1905. — Mort, à l'âge de quatre-vingt-sept ans, de M. Jacques France, ancien conseiller municipal. Il était très apprécié et très écouté de ses collègues. Il a laissé une rente de deux cents francs aux écoles municipales, pour un prix de morale à décerner chaque année à quatre jeunes élèves, garçons et filles, désignés par les suffrages de leurs camarades.

NOUVELLE FÊTE
DES PRÉVOYANTS DE L'AVENIR

Juillet 1905. — La grande société des Prévoyants de l'Avenir, qui compte cinq cent mille membres, deux mille sections en France, et même dans les colonies, et qui possède un capital de plus de 54 millions, célébrait, à Sceaux, ses noces d'argent, car elle a maintenant vingt-cinq années d'existence. Son développement tient du prodige et son rayonnement s'étend à tout le pays. C'est l'organisation la plus formidable et la plus compacte de la prévoyance libre.

Dès le samedi 15 juillet, le siège social, situé boulevard de Sébastopol, était envahi par les délégués accourus de tous les départements. M. Chatelus, le président fondateur des Prévoyants de l'Avenir, est le père de cette grande famille mutualiste; M. C. Dugas, vice-président, son très distingué et dévoué collaborateur, est un conférencier éloquent. Les archives, en particulier, sont admirablement tenues. Chaque adhérent y a son casier et son dossier, et grâce à un classement ingénieux, les recherches sont très simplifiées.

La société des Prévoyants de l'Avenir a eu une marche constamment ascendante. Elle a payé à ses rentiers 2,325,574 francs. Cette seule année, de janvier à juin, elle a recueilli 53,038 adhérents nouveaux. Il y a quatre ans, après des polémiques retentissantes, elle fut mise en demeure de faire choix d'un régime légal. Et, comme elle tenait à son originalité, à la conception de ses fondateurs, elle ne voulut se soumettre à aucun, et une loi fut faite pour elle sur l'initiative de M. Waldeck-Rousseau, la loi du 5 février 1902. L'œuvre tient en quatre mots : *Vingt sous, vingt ans.*

Les adhérents versent douze francs par an. La dernière répartition a donné 180 francs de pension pour un versement de 240 francs. Le capital est resté jusqu'à présent intangible. La répartition donnera-t-elle toujours des résultats aussi importants? Les Prévoyants de l'Avenir ont confiance dans leur œuvre et ils sont dominés par une préoccupation plus haute, celle de former au sein des travailleurs une armée de prévoyance, maîtresse de ses destinées et capable de réaliser sans l'aide de l'État un grand service de solidarité sociale.

C'est à Sceaux qu'en 1887 fut célébrée la fête du Premier Million. C'est à Sceaux, considérée désormais comme le berceau de la société, que les Prévoyants ont voulu revenir pour fêter les noces d'argent.

Rendez-vous avait été pris dans la matinée au siège social. Le cortège, musique et bannière en tête, composé de cinq mille Prévoyants, se rendit à la gare du Luxembourg, salué par les acclamations de la foule.

Les Prévoyants furent reçus, à la descente du train, par la municipalité et la Fanfare de Sceaux.

Une réception eut lieu à la Mairie de Sceaux. M. Château, l'honorable maire de Sceaux, souhaita en termes chaleureux la bienvenue aux Prévoyants, et M. Chatelus le remercia en leur nom.

Puis les Prévoyants se répandirent sous les frais ombrages du Parc et dans les établissements de Sceaux, pour le déjeuner.

A deux heures, les membres du comité central, MM. Chatelus, Dugas, May, Morpin, Paquot, Puey, Merlier, Ramulet, Quenot, Tapin, Vallé, reçurent les délégués de la province, et ce fut un défilé très touchant de tous les Prévoyants de France, serrant les mains de M. Chatelus, « leur père », comme ils l'appellent. Bretons, Normands, Gascons, tous communiaient dans un même élan de fraternité et de pacifique enthousiasme : 1,200 villes de France étaient représentées, les colonies elles-mêmes avaient envoyé des délégués et l'on se montrait celui de la Guyane, venu expressément pour cette fête.

Les fanfares et les orphéons s'étaient mis de la partie et rien ne saurait donner l'idée de l'animation et de la gaieté de cette fête. Surtout, on imaginerait difficilement une telle discipline, une telle cohésion, une telle solidarité entre tous les membres de cette grande famille. Le fondateur Chatelus y jouit d'une popularité et d'une autorité extraordinaires. C'est un véritable chef dont la voix est obéie toujours et qui cache sous une grande modestie une volonté de fer. Il a la foi et il la communique à tous.

Pendant une éclaircie, on procède à la cérémonie symbolique de la plantation de l'arbre de la Mutualité, un cèdre déjà florissant.

Les Prévoyants se rendirent au Parc de Sceaux en cortège, précédés de l'excellente fanfare de Champagne.

Ils chantèrent en chœur leur hymne et la *Marseillaise*, puis successivement, MM. Chatelus et Degas, jetant autour de l'arbre de la Mutualité une pelletée de terre, donnèrent rendez-vous aux Prévoyants pour les noces d'or, dans vingt-cinq ans, autour de cet arbre, qui aura grandi avec la société.

La farandole autour du rond-point de la Colonne, au Parc de Sceaux.
(16 juillet 1905.)

« Ce jour-là, s'écrie avec émotion M. Dugas, toutes les communes de France seront représentées, et ce sera alors la fête de la fraternité universelle. »

Ainsi les Prévoyants se sont-ils conformés à une tradition qui tend à se généraliser, et dont la première manifestation eut lieu à Montbrison, le 31 mai 1903, où fut planté par M. Peillon, président de l'Union des Sociétés de secours mutuels de la Loire, le premier arbre de la Mutualité. Depuis, Saint-Rambert et Pont-de-Veyle, dans l'Ain, et Granville ont eu aussi leur arbre de la Mutualité.

Le banquet, très animé, avait réuni, dans le Marché couvert et ses annexes, plus de 2,000 convives, tous de la province.

Il fut présidé par M. Magnin, délégué de M. Dubief, ministre du Commerce, assisté de M. Steinilber, délégué de M. Bienvenu-Martin. On remarquait à la table d'honneur M. Chatelus, président; M. Courrégelongue, sénateur de la Gironde, président d'une section de Prévoyants; MM. Gervais, Failliot, Congy, députés; M. Charaire, maire honoraire de Sceaux; MM. Château, maire, Chapsal et Fontaine, adjoints de Sceaux; M. Jean Hébrard, secrétaire général de la Fédération nationale de la mutualité; MM. Tapin, Fix, May, Dugas, vice-président, Ernst, Morpain, Quenot, Pannellier, conseiller municipal de Paris, Merlier, Commandeur, Barras, Troufillot, etc., etc.

Au dessert, de nombreux toasts furent prononcés.

M. Château, maire de la commune de Sceaux, gardienne des tableaux commémoratifs de la première fête du Million, dit son admiration pour les fondateurs de cette œuvre colossale et leva son verre en l'honneur du Président de la République.

Après une allocution de M. Paquot, secrétaire général, M. Chatelus remercia les représentants des pouvoirs publics, de la presse et tous ses dévoués collaborateurs.

M. Gervais, député, salua ces hardis pionniers de l'idée sociale, qui sont une des gloires de la République, et M. Congy, député, dans une belle harangue, salua le représentant du gouvernement, le chargea d'apporter au ministre du Commerce et à tous ses collaborateurs l'expression de l'attachement des Prévoyants à la République, dont ils sont les plus ardents défenseurs.

Enfin, après les discours de MM. Pannelier, Dugas, Philippe, délégué d'Angers, au nom de la province, M. Magnin présenta les excuses de M. Dubief, assurant les Prévoyants que le ministre du Commerce était de cœur avec eux dans cette inoubliable fête de leur vingt-cinquième anniversaire.

Pour finir, l'*Hymne des Prévoyants* et la *Marseillaise* furent chantés une seconde fois par les Prévoyants, et une longue ovation fut faite au fondateur, dont ce fut la journée, et au représentant du gouvernement.

La fête reprit ensuite son cours dans le Parc de Sceaux, brillamment illuminé, et se clôtura par un grand bal de nuit.

Souhaitons aux vaillants soldats de cette grande armée de nouvelles conquêtes dans le domaine pacifique de la prévoyance sociale !

SCEAUX — LA CITÉ MODERNE

DISCOURS DE M. CHATEAU

Mesdames, Messieurs,

Dans l'éclat de cette fête, dans l'envolée de ce triomphe, je ne sais ce que je dois admirer le plus, ou de l'habileté ou de l'audace des organisateurs, ou de la force de cette association qui a permis de produire un tel effort.

Honneur à ceux qui ont su mener à bien une telle entreprise ! Honneur à ceux pour lesquels elle a été tentée ! De tous les coins de la France vous êtes accourus pour répondre à l'appel de votre comité central, témoignant ainsi de votre fidélité à la devise : *Tout par tous et pour tous.*

Et vous voici dans cette ville qui fut pour ainsi dire votre berceau ; vous êtes venus, en un magnifique pèlerinage, défiler devant ces tableaux dont nous nous sommes faits les gardiens fidèles ; et moi, premier magistrat de cette commune, parlant au nom du Conseil municipal tout entier, je suis heureux, en vous souhaitant la bienvenue, de pouvoir vous dire notre profonde admiration pour les fondateurs de cette œuvre colossale, œuvre qui personnifie à nos yeux cette imposante manifestation morale : *La mutualité libre.*

Il ne m'appartient pas de vous dire les progrès incessants accomplis ; une voix plus autorisée que la mienne vous retracera la montée vers la centaine de millions de francs, la marche en avant vers le million d'adhérents.

Aussi, devant cette poussée merveilleuse, ce n'est plus votre lien héraldique qui vous symbolise ; c'est le soleil levant qui devrait être votre emblème avec a fière devise : *Quo non ascendam ?* Où ne monterons-nous pas ?

Certes, Monsieur Chatelus, quelle que fût votre foi dans l'œuvre entreprise, lorsque, en 1887, fut célébrée cette fête du Premier Million, vous ne vous attendiez pas à l'éclatante apothéose de ce jour, et, cependant, combien admirable cette première preuve de votre vitalité ! Ne vous semble-t-il pas que cette fête date d'hier ? que dis-je, ne devrait-on pas plutôt dire qu'aujourd'hui est la suite de ce hier si lointain et cependant si proche ?

Jetez les yeux autour de vous. Ce sont vos mêmes et précieux collaborateurs : MM. Ernst, Dugas. Tout à l'heure, vous avez salué notre excellent ami, notre vénéré maire honoraire, M. Michel Charaire, qui a tenu à vous apporter par sa présence comme un renouveau du passé, si bien que vous pouvez dire qu'il n'y a rien de changé à Sceaux, si ce n'est que vous avez quelques sociétaires de plus.

Je me trompe, il y a encore quelque chose de plus : c'est qu'aujourd'hui vous avez un délégué du gouvernement pour vous représenter, et qu'en venant au milieu de vous, M. le représentant du ministre du Commerce, outre l'honneur de sa présence, vous donne la consécration officielle que vous avez si bien méritée.

Tout à l'heure vous dénombrerez cette nombreuse milice, faible délégation de vos deux mille sections, et vous nous direz le chemin parcouru, vous nous direz la somme d'efforts dépensés pour réunir cette formidable armée de 500,000 sociétaires.

Tous, Messieurs, vous avez collaboré à l'œuvre commune. Par votre dévouement, vous l'avez faite, ce qu'elle est, et votre formule : *Vingt sous, vingt ans*, dans sa forme laconique, n'est pas un vain mot.

C'est bien l'intégralité des versements qui constitue votre capital, et pas une obole, pas un centime n'est absorbé, tant est grand votre désintéressement, par les frais d'administration. Vous avez, il y a quelques instants, synthétisé votre œuvre en plantant cet arbre, dont chaque jour les branches au soleil vont s'étendre comme l'œuvre elle-même.

J'eusse désiré, si notre ciel plus hospitalier l'eût permis, que ce fût l'oranger qui eût été choisi. Ses ramures couvertes de leurs fruits représenteraient cette sublime récolte que vous déversez chaque année sur vos fidèles sociétaires

Ainsi se trouverait complété votre blason aux armes parlantes s'il en fut : « Dans un champ d'azur au soleil couchant, l'oranger aux fruits d'or... »

Et maintenant, allez et rénovez le monde. Vous avez trouvé la formule cherchée. Désormais, le travailleur économe peut être assuré du lendemain. Il peut envisager l'avenir sans effroi ; il sait que lui-même disparu, ses enfants sont certains de trouver, dans votre admirable association, l'appui moral et maternel qui réunit tous vos sociétaires en une seule famille.

C'est pourquoi, au nom de la municipalité, je vous remercie d'avoir bien voulu nous convier à être des vôtres. Je vous en exprime toute ma gratitude, et vous confondant tous dans la personne de votre dévoué fondateur, M. Chatelus, je lui adresse mes vœux en buvant à la prospérité de votre admirable association.

Au Parc de Sceaux.

Ephémérides municipales.

Octobre 1905. — Les travaux de construction du grand égout sont très activement menés entre les rues Voltaire et de la Gendarmerie. Les premières fouilles s'arrêtent à la Mairie, rue Houdan, pour être continuées jusqu'aux Quatre-Chemins.

Par suite, ainsi que l'exigent les lois et le récent règlement sur la salubrité et l'hygiène, les propriétaires ou locataires des immeubles situés sur le parcours du nouvel égout ont été invités à faire établir les branchements pour l'écoulement des eaux ménagères ou autres. Déjà, les riverains des égouts de la rue Houdan (entre la rue Voltaire et le Lycée Lakanal), des rues des Écoles et du Marché, ont été soumis à cette prescription pour le tout à l'égout.

**

Décembre 1905. — La loi du 14 juillet 1905 rend obligatoire par les municipalités, à dater du 1er janvier 1907, l'assistance à tout Français privé de ressources, incapable par son travail de subvenir aux nécessités de l'existence, soit âgé de plus de soixante-dix ans, soit atteint d'une infirmité ou d'une maladie incurable.

M. le maire, après avoir exposé au Conseil les grandes lignes de cette loi, lui fait savoir qu'il s'est tout d'abord inquiété de connaître dans quelles mesures le Bureau de bienfaisance pourrait venir en aide à la commune, sans diminuer pour cela les allocations consacrées aux familles nécessiteuses.

Une commission a été chargée de résoudre cette question. Elle était composée de MM. Château, Chapsal, Fontaine, Blatier, Saunier, conseillers municipaux, et de MM. Charles Guilloux et L. Séris membres du Bureau de bienfaisance.

RÈGLEMENT SANITAIRE

Décembre 1905. — Le Comité central d'hygiène de France ayant établi deux règlements sanitaires, le règlement A pour les villes, le règlement B à l'usage des communes rurales,

La Commission des Travaux de Sceaux se rallie au règlement A par suite, les boîtes à ordures, dites poubelles, deviennent obligatoires, à Sceaux.

Ce règlement vise :

Article premier. — Les règles générales de salubrité des habitations.
Art. 2. — Les caves.
Art. 3. — Les pièces destinées à l'habitation (surface, hauteur par étage, etc.).
Art. 9. — Hauteur des maisons.
Art. 12. — Cours et courettes.
Art. 17. — Escaliers.
Art. 18. — Chauffage (prise d'air, tuyaux de fumée, fourneaux de cuisine, etc.).
Art. 23. - Alimentation d'eau (réservoirs, puits, citernes, etc.).
Art. 34. — Évacuation des eaux fluviales.
Art. 37 à 50. — Évacuation des eaux et matières usées (cabinets d'aisances, etc.).
Art. 52. — Vacheries, étables, fosses à drèches, laiteries.
Art. 53. — Permis de construction.
Art. 54. — Entretien des habitations.
Art. 55. — Salubrité du sol naturel et de la chaussée.
Art. 60. — Marché (leur bon entretien).
Art. 61. — Salubrité des voies privées.
Art. 62. — Maladies transmissibles.
Art. 64. — Déclaration.
Art. 65. — Isolement des malades.
Art. 66. — Transport des malades.
Art. 67. — Désinfection des locaux et objets contaminés.
Art. 71. — Sortie des malades.
Art. 76. — Vaccination et revaccination.
Art. 77. — Voyageurs venant de pays contaminés.
Art. 78. — Désinfection des voitures publiques, bateaux, etc.
Art. 79. — Surveillance spéciale, au point de vue de la qualité de l'eau et de la glace, sur les cafés, restaurants ou débits.
Art. 80. — Les lavoirs publics et particuliers.
Art. 83 à 87. — Locaux destinés à la vente ou à la conservation des denrées alimentaires.

A propos de l'Hôpital-Hospice Marguerite-Renaudin.

Décembre 1905. — Le 8 décembre 1895, on inaugurait à Sceaux l'Hôpital-Hospice Marguerite-Renaudin. Pour consacrer cet anniversaire, la Commission administrative de l'hospice s'est réunie le 8 décembre 1905 dans le salon de son président d'honneur, M. Michel Charaire, maire honoraire de notre ville, et a présenté un rapport détaillé sur les améliorations et sur les extensions successives de cette fondation et les modifications qu'il serait nécessaire d'apporter au règlement intérieur de l'Hôpital.

M. le docteur Dauzats a fait un exposé des plus précis sur la situation de l'Hospice, qui ne compte pas moins de trente-six lits, tant pour les hospitalisés que pour les malades.

M. Michel Charaire a dit combien il était heureux de pouvoir s'associer à cette œuvre si appréciable par ses résultats, et a félicité son fondateur, M. Renaudin.

La vénérable Mme Renaudin mère assistait à cette réunion. A ses côtés, M. Château, maire; M. Lemarquis, administrateur, puis la sœur Anne-Louise, directrice de l'hospice, que chacun à Sceaux aime et respecte, M. Jacques Lequeux, l'architecte de cette maison hospitalière, et enfin MM. Chauveau, Dauzats fils et Charles Fontaine, adjoint au maire.

M. Renaudin a vivement remercié les membres de la Commission, M. Michel Charaire en particulier, en souhaitant que ses quatre-vingt-huit ans lui permettent de continuer à s'intéresser, comme il l'a toujours fait, à cette chère fondation qui perpétue le souvenir de l'absente.

M. Château, maire, a ensuite pris la parole; il s'est fait l'interprète autorisé des services que la Fondation Marguerite-Renaudin rend à la population de Sceaux, en recevant ses malades, en hospitalisant ses vieillards et ses incurables.

En effet, cette fondation, émanée de l'initiative privée, a devancé de longues années la loi du 14 juillet 1905 sur l'assistance obligatoire aux vieillards, qui a été mise en vigueur le 1er janvier 1907, et dont l'application a épuisé les ressources des communes et des bureaux de bienfaisance, sans assurer aux intéressés le bien-être et le confortable que l'on trouve à l'Hospice Marguerite-Renaudin.

La Nouvelle Compagnie du Gaz.

Janvier 1906. — La Société d'Éclairage, Chauffage et Force motrice, concessionnaire à partir de 1906, est entièrement substituée à la Compagnie parisienne du gaz.

Dans tous les cas prévus aux alinéas 1ᵉʳ et 2ᵉ du cahier des charges, le prix du gaz consommé est fixé à 0 FR. 16 LE MÈTRE CUBE. Les plans des nouvelles canalisations pour la ville de Sceaux, sur lesquelles pourront se brancher les installations privées, donnent satisfaction à tous les intérêts.

Le prix de revient du mètre cube s'étant trouvé fortement abaissé par suite de ce nouveau traité, la municipalité décide aussitôt d'affecter à l'éclairage public les économies que la commune réalisera de ce côté.

M. le maire informe le Conseil municipal que, par application de l'article 4 du traité passé avec la nouvelle Compagnie du gaz, la commune peut demander l'installation de nouveaux appareils dans toutes les voies urbaines où ils seront jugés nécessaires, à charge par elle d'assurer un revenu minimum annuel de soixante francs par cent mètres de canalisation, et cela pendant cinq ans, les frais d'installation et les fournitures devant rester à la charge de la Compagnie.

La Commission des travaux, après une étude approfondie de la question, propose des installations dans les voies suivantes :

Rue Lakanal, 2 appareils.
Rue de Bagneux, 2 appareils.
Rue du Chemin-de-Fer, 3 appareils.
Boulevard Desgranges, 3 appareils.
Rue du Clos-Saint-Marcel, 2 app.
Rue Pasteur, 3 appareils.
Rue Quesnay, 1 appareil.
Rue des Coudrais, 2 appareils.
Rue J.-L.-Sinet, 3 appareils.

Au total, 24 appareils et une canalisation de 2,105 m. 25.

Éphémérides scéennes.

1er janvier 1906. — Le président du tribunal civil, sur les démarches de M. Château, décide qu'un huissier, dont la résidence sera fixée à Sceaux, sera chargé à l'avenir d'opérer dans les communes de notre canton, conformément à la loi. Le nouvel huissier, M. Fernand Perdrigé, est installé à Sceaux, rue Michel-Charaire.

Mai 1906. — Arrêté de M. Château, réglementant sur le territoire de la commune la circulation des marchands ambulants. La municipalité a cherché par cette mesure à protéger les commerçants contre la concurrence des non patentés, tout en laissant au public la faculté de s'approvisionner à son gré.

26 mai 1906. — Agrandissement du cimetière de près d'un tiers par l'incorporation du côté ouest d'un grand terrain, acquis par la commune de M. Benoist, notaire à Paris, et l'adjonction de quelques autres parcelles. Reconstruction des murs, construction d'un ossuaire. La porte d'entrée sur la rue Houdan a été refaite et élargie à cette même époque.

Octobre 1906. — La Caisse des Écoles organise des promenades scolaires. Les élèves reçus au certificat d'études ou admis au concours des diverses écoles y participent de droit.

Une caravane composée de quinze garçons et de quinze fillettes, placée sous la surveillance de leurs professeurs et dirigée par MM. Rivière, membre de la Caisse des Écoles, et Fontaine, adjoint, s'est rendue à Versailles, par la ligne de Ceinture. Elle a visité le château, le parc et les jardins. A midi, déjeuner dans un restaurant de la place d'Armes. L'après-midi a été consacré à la visite des deux Trianons. A cinq heures, dîner, puis retour à Sceaux, où les jeunes excursionnistes sont arrivés à 7 heures.

Si nous rappelons ces promenades scolaires, c'est que la tradition en semble perdue.

17 janvier 1907. — M. Michel Charaire, fondateur de l'imprimerie de Sceaux, maire honoraire de notre commune, chevalier de la Légion d'honneur, est mort le jeudi 17 janvier 1907, à l'âge de quatre-vingt-neuf ans.

Éphémérides scéennes.

Janvier 1907. — Le résultat complet du recensement de 1906 donne pour la ville de Sceaux une population de 4,857 habitants, en augmentation de 316 habitants sur le recensement de 1901.

Janvier 1907. — La Commission d'hygiène de Sceaux approuve les termes du nouvel arrêté municipal, pris en application du règlement sanitaire A, adopté par le Conseil municipal. Il s'agit en l'espèce du service de l'enlèvement des ordures ménagères, boues et immondices. La fourniture et l'entretien des boîtes à ordures incombent au propriétaire de l'immeuble.

L'article 23 du règlement sanitaire A oblige les propriétaires à pourvoir d'eau leurs immeubles. Il est interdit d'employer l'eau des fontaines communales soit à un usage industriel, soit à l'arrosage des jardins, etc.

21 *mars* 1907. — C'est à cette date qu'expirait le délai imposé aux propriétaires riverains des rues de Sceaux traversées par un égout (en particulier les rues Houdan et des Écoles) pour faire procéder à l'installation qui doit conduire directement à cet égout leurs eaux pluviales et ménagères.

Février 1907. — La Société d'Éclairage, Chauffage et de Force motrice termine ses travaux d'installation du gaz dans les rues de Sceaux. Les particuliers obtiennent satisfaction également pour la pose des colonnes montantes.

Avril 1907. — Un caniveau est installé en bordure des propriétés de la rue de La Flèche, en allant de la rue Houdan à la rue Bertron.

Avril 1907. — Mise en état de viabilité de la voie longeant la ligne du chemin de fer, entre la gare de Sceaux-Robinson et le boulevard Desgranges, avec installation de caniveaux et trottoirs.

Les mêmes travaux doivent être exécutés sur le boulevard Desgranges, dans la partie comprise entre la rue de la Gendarmerie et la ligne du chemin de fer.

Le réseau de nos voies communales se complète ainsi peu à peu.

Avril 1907. — L'administration des Ponts et Chaussées fait repaver à neuf une partie de la rue Houdan, près de la rue Voltaire. Ce travail sera poursuivi jusqu'à la gare de Sceaux-Robinson, c'est-à-dire jusqu'au pavé de Châtenay.

L'Avant-Projet pour relier les Blagis, Bourg-la-Reine et Sceaux

Avril 1907. — Une enquête est ouverte à la Préfecture de la Seine en vue de la déviation des chemins vicinaux ordinaires n°s 6 et 10 de la commune de Bourg-la-Reine, pour l'établissement au lieu dit *Les Blagis*, d'un passage souterrain accessible aux voitures à travers les lignes de Paris à Sceaux et Limours, ce qui aurait comme conséquence la suppression de la grande passerelle qui traverse la gare de Bourg-la-Reine et relie l'avenue Lakanal à la rue de l'Yvette.

M. Château, maire de Sceaux, dépose une importante modification à ce projet. Il s'agit dans ce contre-projet de relier directement Bourg-la-Reine au Lycée Lakanal et à Sceaux, au moyen d'un pont métallique jeté en biais sur la voie d'Orsay-Limours et allant aboutir sur la place même de la gare.

M. le maire de Bourg-la-Reine, après avoir protesté tout d'abord contre l'intervention du maire de Sceaux dans une question absolument de son ressort, a dû se rallier au tracé proposé par M. Château, tracé qui a été renvoyé à l'examen de la Commission d'enquête.

C'est en présence des ingénieurs de la Compagnie d'Orléans et des ingénieurs de la ville de Paris, du conseiller général, du conseiller d'arrondissement et du président de la Chambre de Commerce réunis sous la présidence de M. Magny, directeur des Affaires départementales, que la modification proposée par M. Château a été discutée et approuvée à l'unanimité avec l'ensemble du projet.

L'accès de la gare de Bourg-la-Reine sera facilité aux habitants de ce côté de la rue Houdan par le pont qui traversera en biais la voie d'Orsay et de Limours, et d'un autre côté le quartier des Blagis aboutira par un souterrain directement à la gare de Bourg-la-Reine.

Ces travaux, évalués à 270,000 francs, ont été exécutés partie aux frais de la Compagnie d'Orléans, partie au moyen d'une subvention de 100,000 francs à prélever sur l'emprunt départemental de 1906 et le surplus versé par la commune de Bourg-la-Reine, 4,000 francs par le Lycée Lakanal et une somme de 1,000 francs par la ville de Sceaux.

Les trains supplémentaires express.

Juillet 1907. — Des express sur la ligne de Sceaux sont mis en circulation au nombre de six trains supplémentaires par jour (trois dans chaque sens), le matin, à midi et le soir. On gagne environ dix minutes sur le trajet total.

Le Conseil municipal adresse ses remerciements à la Compagnie d'Orléans, ainsi qu'à M. Château, dont l'activité et les nombreuses démarches sont pour beaucoup dans l'obtention de cet heureux résultat.

Une Distribution de Prix aux Écoles communales en 1907

1907. — La distribution des prix aux élèves des Écoles communales était présidée, le 28 juillet 1907, par M. Georges Ferté, proviseur à ce moment du Lycée Lakanal, assisté de M. Château, maire de Sceaux.

A une époque où les utopies sociales s'emparent des meilleurs esprits d'une façon si inquiétante, le discours de M. G. Ferté sur le *Devoir et la Liberté* mérite d'être médité par tous. On nous saura gré de reproduire ici ces éloquentes et fortes paroles.

Discours de M. Georges Ferté.

Mesdames, Messieurs, mes chers Enfants,

Lorsque M. le Maire de Sceaux est venu me demander de présider la distribution des prix de sa commune, je n'ai pas hésité à accepter cette charge si honorable. Je savais cependant qu'elle m'incomberait au moment même de l'année où mes occupations sont le plus absorbantes, où j'ai le moins de temps de penser et d'écrire; — je crains d'ailleurs que vous n'ayez trop souvent l'occasion de vous en apercevoir tout à l'heure.

Mais comment résister à M. Château, à la séduction de son bon sourire, à la chaleur de sa voix, si douce dans son apparente rudesse, à l'ardeur de son affection pour vous et pour le Lycée Lakanal? Comment résister au plaisir d'être agréable à un magistrat municipal si soucieux du bien de ses administrés — dont je suis, — à un membre du Conseil d'administration de mon lycée, si attaché à sa prospérité, si préoccupé de la sauvegarder et de l'étendre, enfin et surtout, à un homme, seul ouvrier de son bonheur et aujourd'hui du vôtre, dont la vie, faite d'énergie tenace, de labeur ininterrompu, de dévouement à la chose publique, reste un modèle pour tous ceux qu'une plus humble origine destine à une plus haute fortune et que leur modestie grandit?

M. Château vient de me remercier d'avoir pris ce plaisir, et il l'a fait dans des termes dont s'alarmerait ma modestie si je ne faisais la part de son indulgence amicale; c'est à mon tour de le remercier de tout ce qu'il fait, de tout ce qu'il a fait, de tout ce qu'il fera pour le magnifique lycée que je dirige, de le remercier, au nom de mes élèves, de sa sollicitude pour leur maison, de le remercier enfin en votre nom à tous, mes chers enfants, puisqu'il a voulu que je sois aujourd'hui votre interprète en même temps que votre conseiller, du soin qu'il prend de vous faire instruire par les meilleurs maîtres et d'abriter votre jeunesse studieuse dans de belles écoles, dans de petits « Lakanal ». J'associe, dans votre gratitude et dans la mienne, le Conseil municipal à son excellent maire, et je salue, en votre nom et au mien, du plus cordial merci, les notabilités et les amis qui honorent aujourd'hui de leur présence cette fête de famille.

Nous sommes en effet en famille, mes chers enfants, et je me sens tout aise de me retrouver au milieu de vous. « Me retrouver », je dis bien, puisque je suis né à quelques kilomètres d'ici, à Meudon, un « banlieusard » comme vous, par conséquent, presque au milieu des petits pois de Clamart, qui ne valent pas cependant les roses de Fontenay. J'ai fait à Paris toutes mes études, j'y ai été dix ans professeur; je reviens en pays parisien comme si je ne l'avais jamais quitté et il me semble que je vous ai toujours connus. Aussi, je ne vais pas vous faire un discours, malgré la promesse du programme : j'en ai fait et j'en ai fait faire assez dans ma vie de professeur de rhétorique. Je vais négliger tout ce que pourrait me permettre d'allusions heureuses — et flatteuses pour vous — le voisinage de votre parc, évocateur de Florian et asile chéri des félibres, le souvenir de la cour de Sceaux avec ses élégances, tout cela, thème littéraire fort tentant. Je vais vous donner des conseils d'ami, comme j'en donne à mes élèves, dont seront, je l'espère, beaucoup d'entre vous.

En pareil jour, où l'allégresse des récompenses et la promesse de la liberté enivrent un peu vos jeunes esprits, je voudrais faire avec vous un retour sur vous-mêmes et je demande franchement, brutalement même, à ceux qui vont recevoir ici des couronnes : « Avez-vous, pendant l'année écoulée, fait toujours et partout votre devoir? » Vos devoirs d'écoliers, sans doute, vous les avez faits et ils vous valent des prix, des livres, mais votre devoir de petits hommes, de petites femmes, de petits Français, de petites Françaises, dont le prix est d'autant plus beau que les prix ne peuvent le récompenser — devoir et prix sans pluriel — l'avez-vous fait? Je ne vous offenserai certes pas, non plus que vos maîtres et vos maîtresses, si appliqués à vous enseigner la morale, en supposant que vous y avez souvent failli. Et vous n'en êtes pas si coupables, mes chers enfants. La notion du devoir est celle qui s'obscurcit le plus facilement peut-être, parce qu'elle est celle que ruinent le plus vite les passions, ou, pour vous, les vilains défauts. Dans les époques de transition comme la nôtre, où l'évolution des esprits est aussi rapide que la transformation de la vie économique et de la vie sociale, elle apparaît à de certaines âmes plus resplendissante peut-être qu'aux siècles de paix endormie, mais cet éclat se voile souvent derrière les nuages sombres qu'emporte le tourbillon de notre vie moderne, toujours haletante et enfiévrée. Il faut donc la faire briller en vous, cette notion du devoir, que vos maîtres développent à l'école dans votre esprit, à l'état de théorie que vos parents développent à la maison dans votre cœur, par l'exemple du travail quotidien. C'est la lumière intérieure qui doit vous guider aux heures noires où votre conscience, déjà éveillée, proteste contre votre désir, déjà impérieux. C'est la petite flamme, souvent vacillante, qu'il faut faire grandir, si vous voulez illuminer votre vie, et qu'il suffirait de souffler pour vous plonger dans les ténèbres où l'on se heurte à la misère et à la honte. Je vais vous enseigner, mes enfants, — après ou avant nos maîtres, peu importe, — un moyen bien simple pour ranimer cette notion du devoir et pour l'enraciner si profondément en vous-mêmes qu'aucun vent d'orage ne saurait l'ébranler : soyez de bons écoliers, voués tout entiers à votre tâche et, plus tard, soyez dans la vie ce que vous deviez être à l'école, ce qu'y sont les meilleurs d'entre vous. L'école est le vrai, le seul apprentissage de la vie. Vous y pratiquez, vous y voyez pratiquer — et là peut-être le mieux — les grandes vertus civiques dont le nom s'inscrit au fronton de nos monuments : Liberté, Égalité, Fraternité.

L'esprit de Fraternité, qu'est-ce autre chose que la vertu des écoliers avant d'être celle des citoyens? Les amitiés solides, où se forment-elles, sinon à l'ombre de vos classes? Où donc apprendrez-vous, sinon à l'école, à ceux qui sont moins fortunés, à partager aussi leurs peines, à sécher leurs larmes? N'est-ce pas à cette fraternité de l'école que nous devons cette magnifique floraison des œuvres de mutualité, gloire de la troisième République? Et la solidarité sociale, qui semble présager une éblouissante aurore, n'a-t-elle pas à sa base la fraternité des enfants issus de la modeste école communale, source vive et fraîche de notre démocratie éprise de justice et de bonté?

L'Égalité, sœur jumelle de la Fraternité, où donc fleurit-elle à son tour, si ce n'est à l'école? Le spectacle de nos classes ne nous en donne-t-il pas le plus parfait exemple? A l'école, on ne vous demande pas d'où ni de qui vous sortez, mais ce que vous êtes; on ne vous juge pas d'après le nom de vos ancêtres ou la fortune de vos parents, mais d'après ce que vous valez vous-mêmes; il n'y a à l'école d'autre noblesse que celle du mérite : dans les compositions et devant les récompenses, vous vous présenterez tous de front et ceux qui triomphent sont vraiment les plus dignes, et souvent les plus pauvres. Ceux-là s'élèveront à leur tour, aux dépens parfois de ceux qu'a favorisés la génération antérieure et une saine et vivifiante égalité, née dans l'école et de l'école, circule ainsi de génération en génération, nivelant les classes, haussant les humbles, abaissant les fats et organisant le travail comme règle et mesure commune, l'établissant comme loi suprême de l'humanité.

La Liberté, enfin, est-ce aussi dans l'école que vous l'apprenez? A vous entendre, ce serait plutôt en dehors d'elle. Eh bien non ! C'est justement là un de ces préjugés qui obscurcissent la notion du devoir. La vraie liberté n'est ni la licence, ni l'oisiveté; la liberté n'est pas le droit de tout faire, vous le comprenez bien, ni même de faire tout ce qu'on veut, mais le droit de faire ce qu'on a le droit de vouloir. La vraie liberté ne va pas sans contrainte et sans discipline, cette discipline scolaire qui vous fait maugréer et qui, au lieu d'être la négation de votre liberté, en est la plus précieuse auxiliaire. Que deviendrait à l'école votre liberté si le fort pouvait impunément opprimer le faible, si le bavard et le tapageur pouvait troubler le travail de l'élève assidu et courageux, en un mot si, pour vous laisser libres, on vous abandonnait à vos caprices et à vos mauvais instincts? Le respect de la discipline à l'école ce sera plus tard pour vous le respect de la loi, qui n'est que la discipline des citoyens.

Vous êtes donc déjà, mes chers amis, en pleine possession des principales vertus civiques; vous pouvez, vous devez les cultiver, vous devez surtout les faire plus tard épanouir en vous. Mais vous vieillirez, et elles avec vous, et comme vous, elles risqueront de se flétrir. Ah ! comme je suis tenté de vous dire : ne vieillissez pas ! que la fleur de vos jeunes vertus soit du moins si bien gardée qu'elle ne puisse ni se faner en souillant à terre ses pétales, ni périr languissante avant d'avoir donné ses fruits. Songez, mes enfants, que ces vertus sont votre arme la plus sûre dans la lutte pour la vie, qui n'est qu'une des formes de la lutte par le devoir, car ne vivent que les êtres sains et robustes, de cette lutte pour la vie dont vous entendez tant parler et qui n'est souvent que la lutte pour la mort — pour la mort des autres. Songez aussi que la conservation de ces vertus, comme le souci de votre dignité morale, peut seule vous donner cette jouissance profonde que vont goûter quelques-uns d'entre vous, la satisfaction du devoir accompli, cette virile et joyeuse fierté qui dilate la poitrine comme l'air pur des cimes où vous a porté une rude escalade, un persévérant effort.

Comprenez-vous maintenant pourquoi je vous demandais tout à l'heure si vous aviez toujours fait votre devoir? C'est que je voulais vous inspirer le désir de le faire par l'appât de cette légitime fierté. Mais vous ne vous contenteriez pas — heureusement — d'être fiers pour vous : vous voudrez l'être bientôt pour la France et pour la République. Vous voudrez que la France, si fidèle jusqu'ici à son devoir, continue à le remplir; qu'elle soit la plus juste, la plus libre, la plus généreuse des nations; qu'après avoir été, dans le vieux monde, la protectrice des opprimés, la libératrice et l'initiatrice de deux continents, et pour ainsi dire le cerveau de l'Europe, elle reste la dépositaire des traditions les plus nobles de la civilisation; qu'elle garde le privilège d'éclairer la marche de l'humanité; que, dans le combat entrevu des peuples et des races, elle rayonne au-dessus de la mêlée confuse comme l'asile du droit écrasé par la force; qu'elle reste, en un mot, en même temps que votre patrie, la patrie de la pensée.

Me voilà bien ambitieux pour vous, mes chers enfants, mais point trop, puisque M. le Maire a eu l'imprudence de vous faire mes élèves pour une heure. Je vous veux l'ambition que je veux à mes « Lakanal » et puisque c'est sur votre commune que s'élève le lycée qui semblerait à nos aînés, s'ils ressuscitaient, le lycée de leurs rêves, je vous ai traités comme si vous y étiez déjà. Si la ville de Sceaux est heureuse de comprendre dans son territoire le plus séduisant des lycées de la Seine, dont je suis fier d'être le proviseur, le Lycée Lakanal, à son tour, sera particulièrement heureux d'ouvrir ses portes à de jeunes concitoyens dont les parents seront venus peut-être s'installer pour eux dans son voisinage, si bien que la prospérité de Sceaux et celle du Lycée Lakanal, intimement liées l'une à l'autre, feront de ce coin de l'Ile-de-France le plus studieux, le plus universitaire, en même temps que le plus fleuri et le plus vert des jardins de la capitale, de Paris, héritière d'Athènes, où la science et la philosophie s'élaboraient dans des jardins, à l'ombre des oliviers et au murmure des fontaines.

Georges Ferté.

OCTOBRE 1907

Le Groupe scolaire de Sceaux

Le Groupe scolaire de Sceaux. — Ce groupe scolaire comprend sur la rue des Écoles : l'École de filles, la Cantine scolaire, l'École maternelle, à l'angle de la rue des Écoles et de la rue Marguerite-Renaudin.

Il a été complété par l'École des garçons, construite sur les terrains désaffectés de l'Infirmerie communale et de la propriété de M. Troufillot, faisant retour sur la rue des Imbergères, dont la commune a dû faire l'acquisition.

La propriété de Colbert, cédée pour la charité et l'éducation des filles, a donc été transformée, mais sa destination primitive, nous le répétons, a été conservée.

M. Château, à deux siècles de distance, par son groupe scolaire, a réalisé les intentions des héritiers de Colbert, auxquels on doit historiquement les premières écoles de Sceaux.

Aujourd'hui, comme au xviie siècle, le centre de la vie de Sceaux est resté le même. Nous avons des quartiers neufs à proximité des gares de Sceaux-Ville et de Sceaux-Robinson, mais le vieux Sceaux (la rue des Écoles, la rue des Imbergères, la rue Voltaire, etc.) est toujours intact, avec sa population agglomérée, qui réclamait depuis longtemps pour ses enfants des écoles plus vastes, mieux aérées, mieux chauffées.

Soyez bien installé, vous travaillerez avec plus de goût, de soin et d'entrain. Il en est de même pour nos enfants.

Le nouveau Groupe scolaire de Sceaux commence à l'angle formé par la rue des Écoles et la rue Marguerite-Renaudin et s'étend jusqu'à la rue des Imbergères.

En longeant la rue des Imbergères, vous trouvez à votre gauche la rue Marguerite-Renaudin. Cette rue a été réparée, sablée, et rendue d'un accès facile pour le public et les enfants qui fréquentent l'École communale de garçons. Cette rue leur appartient, c'est le siège du Groupe scolaire de Sceaux.

Entrons avec ces derniers à l'École communale de garçons, dont les bâtiments neufs font suite à la Cantine scolaire, à l'École communale des filles et qui communiquent ensemble.

Nous pénétrons dans un grand vestibule, à peu près de niveau avec la rue. Il donne accès sur une immense cour de récréation, où les élèves prennent leurs ébats et se livrent aux exercices sportifs de leur âge.

A gauche du vestibule, occupant tout un panneau, une bibliothèque contenant 400 volumes. C'est une bibliothèque pédagogique à l'usage des seuls instituteurs du canton de Sceaux. Les volumes empruntés sont inscrits et doivent être rapportés dans la quinzaine.

A droite du vestibule, se trouve le cabinet du directeur, formé de deux belles pièces. Plus loin, le logement du concierge.

On a utilisé à cet effet le rez-de-chaussée de l'ancienne propriété Trouffillot. De même, le premier et le second étage de ce bâtiment ont été disposés, le premier étage pour l'appartement du directeur de l'école et le second étage pour le logement de deux instituteurs adjoints.

L'école communale loge son personnel.

Revenons au vestibule. L'escalier qui conduit aux classes est bien compris; il est très clair, d'une largeur suffisante pour permettre à cent cinquante ou deux cents gamins de s'y engager avec la turbulence de leur âge, sans la crainte de se heurter aux angles ou de trébucher dans l'obscurité, et la turbulente cohorte, à la sortie, rompt les rangs dans le vestibule, dont les belles proportions s'expliquent, puisqu'à certaines heures, il doit être traversé par la foule de nos écoliers.

Quant au rez-de-chaussée, surélevé, il est divisé en trois belles salles de classe, pouvant contenir chacune de quarante à cinquante élèves, et même soixante.

Au premier étage, également trois grandes classes, de belles dimensions, 12 mètres de longueur sur 9 mètres de profondeur; elles sont desservies par un couloir de dégagement, avec porte-manteaux pour recevoir les capuchons et les chapeaux des enfants.

Ces classes prennent jour par les hautes fenêtres des deux façades de la rue Marguerite-Renaudin et de la grande cour de récréation.

Elles sont chauffées par d'excellents appareils. Quant à l'éclairage, c'est le gaz, avec les derniers perfectionnements du bec Auer.

En descendant, la grande cour de récréation est devant nous. Par ses dimensions, elle répond à sa destination; une fontaine-lavabo attire notre attention, les water-closets sont installés avec le tout à l'égout, en haut d'une rampe de quelques marches, et nous gagnons la Cantine scolaire.

Au surplus, n'est-ce pas l'heure du déjeuner? Comme la pluie nous menace, nous quittons la cour pour nous abriter sous le préau couvert. Au-dessus de ce préau, nous trouvons le réfectoire des garçons, qui est contigu avec le réfectoire des filles.

Ce bâtiment annexe est entièrement nouveau, il manquait à l'agencement primitif de la Cantine scolaire, dont l'entrée est sur la rue des Écoles.

Les bâtiments des classes de l'École communale des filles et de l'École maternelle complètent cet ensemble, qui fait honneur à l'architecte communal de Sceaux, M. Collin.

Il a fallu pour mener à bonne fin cette transformation de nos écoles une persévérance, une ténacité, une confiance dans l'utilité du but à atteindre que l'on ne saurait trop reconnaître. Sans doute, les pouvoirs publics ont facilité cette tâche par des allocations et des subventions, mais sans l'initiative prise par M. Château, sans le concours du Conseil municipal, la population de Sceaux aurait pu attendre encore de longues années avant d'être dotée d'un groupe scolaire aussi complet et aussi confortable dans ses moindres détails.

27 OCTOBRE 1907.

Deuxième Visite préfectorale

Inauguration du Groupe scolaire et des Maisons et Jardins ouvriers de la Fondation Marguerite-Renaudin.

La ville de Sceaux, ce dimanche 27 octobre 1907, était en fête pour l'inauguration de ses écoles. M. Maurice Habay, alors conseiller municipal et secrétaire de la rédaction de la *Rive Gauche*, a rendu compte de cette visite préfectorale en termes excellents, il a su conserver à cette réception sa physionomie propre, avec le relief et le mouvement de la foule des invités et des spectateurs. On relira ici, non sans plaisir, cette relation, ainsi que les discours de M. Château, maire de Sceaux, et de M. de Selves, préfet de la Seine :

M. de Selves est un homme heureux : il est méridional et, en cette qualité, il semble jouir de l'enviable privilège de pouvoir se faire escorter dans ses déplacements offiicels, non seulement par les gendarmes, mais encore par son beau soleil du Midi. La journée de dimanche fut parfaite en tous points.

A une heure, les membres de la municipalité et du Conseil municipal s'assemblent à la Mairie et, quelques instants après, précédés de la subdivision de sapeurs-pompiers, se dirigent, par la rue de Fontenay jusqu'à la rue des Coudrais, au-devant du préfet de la Seine et des personnages officiels. Sur le parcours, de nombreuses notabilités viennent rejoindre nos élus.

A une heure et demie précises, une bombe éclate, annonçant l'arrivée du Préfet. Sabres au clair, un peloton de gendarmes, ayant à sa tête M. Seignobosc, capitaine, escorte le coupé préfectoral et les landaus dans lesquels ont pris place les fonctionnaires de la Préfecture. L'Harmonie, dirigée par notre concitoyen, M. Michelitz, joue la *Marseillaise*. M. Château, maire, s'avance au-devant de M. de Selves et lui souhaite la bienvenue.

Le cortège se forme aussitôt. Nous jetons un coup d'œil sur la foule qui nous entoure et, parmi les centaines de personnes qui se pressent de toutes parts, nous reconnaissons au hasard — c'est le cas ou jamais de le dire — MM. Félix Roussel, président du Conseil général; Ranson, Bassinet, sénateurs; Carmignac, conseiller général; Commandeur, conseiller d'arrondissement; Magny, directeur des Affaires départementales; Piette, directeur du cabinet du Préfet; de la Bédollière, le nouveau chef du Bureau des communes; Félix, chef du secrétariat du directeur des Affaires départementales; Lainé, attaché au cabinet du directeur des Affaires départementales; Le Roux, directeur honoraire des Affaires départementales; Bédorez, directeur de l'Enseignement primaire; Chapsal et Fontaine, adjoints; Courtois, Sellier, Hollebecque, Montagne, Habay, Laurin, Blatier, Coulaux, Morel, Bernard, Troufillot, Saunier, Michaut, Boisson, Aulard, Guillioux, conseillers municipaux; Renaudin, fondateur des Jardins ouvriers; Philippon, commissaire de police, et Monneyrat, son secrétaire; Feydit, ancien secrétaire du commissariat; Collin, architecte communal; Mascré, agent voyer communal; Giraud, secrétaire de la mairie; le docteur Dauzats; Vilquin, lieutenant commandant la subdivision de sapeurs-pompiers; Lacau, inspecteur de la Compagnie des Eaux; Launay, agent voyer cantonal; Cicardier, receveur des Contributions indirectes; Plantier, receveur des postes; Desforges, maire de Fontenay, Barbaut, adjoint, et Spengler, secrétaire de la mairie; Champeaud, maire de Montrouge, Boyer, adjoint, et Casella, secrétaire de la mairie; Vic, adjoint au maire de Châtenay; Croux, conseiller municipal; Rapp, secrétaire de la mairie; Hervé, secrétaire de la mairie de Malakoff; Louis Rivière, vice-président de la Société d'économie sociale et représentant du Coin de terre et du Foyer, dont l'abbé Lemire est le fondateur; le docteur Petit, représentant également la Ligue du Coin de terre; Pérot, président des Vétérans; Buisson, président de la Société Saint-Jean-Baptiste; Jobey, président de la Société de Secours mutuels de l'imprimerie Charaire; Ferté, proviseur du Lycée Lakanal; Curé, directeur des Jardins ouvriers; Besdel, architecte départemental et architecte des Maisons ouvrières; Séjourné, professeur d'arboriculture; Hordé, greffier de la justice de paix; Toutey, le nouvel inspecteur primaire; Tissier, maire de Bagneux; le docteur Reddon, Lepage, Château fils, Fauchille, Lemarquis, Séris, Coudry, Jarnoux, Moullier, Chapsal fils, Chauveau, Guilloux; les commandants Franck et Pilate; Prévost, etc.

Par la rue des Coudrais, le cortège, précédé des agents, des sapeurs-pompiers et de l'Harmonie, se rend dans la voie des Aulnes où sont situés les jardins ouvriers et les maisons ouvrières. Partout de fort jolies décorations. Outre une banderolle sur laquelle on peut lire le traditionnel : « Soyez les bienvenus », nous remarquons deux autres inscriptions constituant les devises des maisons et des jardins ouvriers : « La maison ouvrière est le meilleur sanatorium », puis plus loin : « Le jardin ouvrier doit contenir les plantes nourrissantes, les plantes réjouissantes, les plantes guérissantes. »

Le Préfet commence par examiner le jardin modèle, jardin-type, ainsi que son nom l'indique. MM. Curé et Séjourné donnent quelques explications à M. de Selves et lui indiquent que des cours, auxquels tout le monde peut assister, ont lieu sur place le dernier dimanche de chaque mois.

— Voyons maintenant les maisons ! déclare le Préfet qui, comme M. Curé, pense qu'on rencontrerait peut-être trop de boue en faisant le tour des jardins.

Tandis que M. de Selves et une partie de sa suite visitent la maison occupée par M. et Mme Maubert et leurs sept enfants, où un superbe bouquet lui est offert, les autres personnes se rendent dans les trois autres maisonnettes situées tout à côté, concédées aux familles Séjourné, Baujard et Drumain, et chacun admire la propreté, le parfait aménagement, l'hygiène de ces charmantes et saines demeures.

Le Préfet s'écrie, en parlant du fondateur de l'œuvre : « Ce n'est pas l'homme qui veut bien faire, c'est l'homme qui sait bien faire ! »

Le cortège se reforme et quitte la voie des Aulnes. Par les rues des Coudrais, de Fontenay, du Lycée, de Penthièvre, Florian, des Écoles et Marguerite-Renaudin, il se rend, musique en tête, à la nouvelle école de garçons. La foule est nombreuse sur le parcours, partout des drapeaux aux fenêtres et, aux carrefours, des mâts avec des oriflammes, reliés par des guirlandes de lierre.

A l'École de garçons, M. de Selves est reçu dans le grand vestibule par le personnel enseignant. Au premier rang se trouvent M. Toutey, inspecteur primaire; M. Martin, directeur de l'École de garçons; Mmes Devillepoix et Gramet, directrices de l'École de filles et de l'École maternelle. Le jeune Jarnoux et la petite Gabrielle Mousset se détachent du groupe des élèves et s'approchent du Préfet. Le premier récite un compliment, tandis que la seconde remet à

M. de Selves un bouquet noué d'un ruban tricolore. M. de Selves remercie en souriant, embrasse les deux enfants et la promenade commence, très longue, à travers les classes. Notons simplement que la nouvelle école est aménagée de façon parfaite. La cour est vaste et les classes, contrairement à ce qu'on aurait pu croire, étant donné le peu de largeur de la rue Marguerite-Renaudin, sont très claires et admirablement aérées. Toutes les règles de l'hygiène moderne ont été respectées. Le Préfet se déclare enchanté. Tour à tour, il visite l'École maternelle, l'École de filles, la Cantine scolaire, la Crèche, où il félicite la directrice, Mme Marie.

Des écoles, on se rend sous le hall du Marché, par les rues Marguerite-Renaudin et Houdan. Là encore, la décoration a été particulièrement soignée et il convient de féliciter les frères Collet qui se sont chargés de dresser l'estrade et d'orner la salle. L'immense hall est archi-comble, lorsque commencent les discours.

M. Château prend le premier la parole. Voici en quels termes il s'exprime :

Monsieur le Préfet, Mesdames, Messieurs,

Le 9 février de l'année 1902, le maire de Sceaux a eu le très grand honneur en même temps que la très grande joie, de vous recevoir ici même, acclamé par la population tout entière. J'avais alors profité de votre honorée présence, Monsieur le Préfet, pour vous mettre sous les yeux nos misères locales et les besoins de notre petite cité, implorant de votre haute et si généreuse bienveillance appui moral et financier.

Avec toute la bonne grâce et l'aménité dont vous avez le merveilleux secret, vous avez écouté ma requête; bien plus, nous avons pu, grâce à vous, réaliser une partie de nos vœux. Malheureusement, sollicité de toutes parts, vous n'avez pu, à votre grand regret, j'en suis sûr, accorder à nos désirs une entière satisfaction.

Vous êtes, en effet, si vivement sollicité par tous mes collègues, qui, eux aussi, réclament leur part du gâteau départemental, que l'on pourrait aisément, à votre sujet, métamorphoser le mot du bonhomme La Fontaine :

« On ne peut contenter tout le monde et... ses maires. »

Et ils sont soixante-dix-sept ! ! !

Mais, avant d'aborder le chapitre des réclamations, je m'empresse, Monsieur le Préfet, de vous dire au nom de la municipalité, du Conseil municipal et de notre ville tout entière, combien nous vous sommes reconnaissants d'avoir bien voulu honorer de votre présence la cérémonie d'inauguration de notre Groupe scolaire, de notre Crèche, de notre Cantine scolaire et des *Jardins ouvriers* de Sceaux.

Permettez-moi, Monsieur le Préfet, de remercier tous ceux qui, en répondant à notre appel, ont bien voulu donner à notre commune un précieux témoignage de sympathie : MM. Bassinet et Ranson, sénateurs de la Seine ; M. Gervais, député ; M. Félix Roussel, le distingué président du Conseil général ; nos représentants au Conseil général et au Conseil d'arrondissement, MM. Carmignac et Commandeur.

Je manquerais à tous mes devoirs, si je ne saisissais aussi l'occasion qui m'est offerte aujourd'hui d'adresser nos remerciements les plus sincères aux chefs de service de votre administration, auprès desquels j'ai toujours trouvé l'accueil le plus cordial et les conseils les plus éclairés.

Je me félicite d'avoir retrouvé auprès de M. Magny, appelé par vous à la direction des Affaires départementales, le généreux appui dont m'honorait son prédécesseur, M. Defrance, le chef si bienveillant dont nous garderons toujours ici le plus reconnaissant souvenir. Je salue également M. Piette, directeur du cabinet ; M. Le Roux, directeur honoraire, dont la présence parmi nous est un nouveau témoignage de la sympathie qu'il a toujours manifestée envers notre commune ; M. Bédorez, directeur de l'Enseignement primaire.

Je m'empresse de souhaiter la bienvenue à M. de la Bédollière, que je suis heureux de voir à la direction du Bureau des communes. Enfin, je ne saurais oublier M. Simonet, chef de service honoraire, à qui j'adresse l'expression de mes meilleurs sentiments en souvenir de nos si cordiales relations.

Merci à MM. les maires, à MM. les adjoints des communes voisines qui nous ont fait le très grand plaisir d'être des nôtres en ce jour de fête.

Vous venez d'inaugurer, Monsieur le Préfet, notre Ecole de garçons et notre Ecole maternelle, édifiées d'après les plans et devis de M. Collin, notre si dévoué architecte communal. Quoique ces constructions, hélas ! soient sans aucun luxe, étant données nos modestes ressources, vous avez pu néanmoins constater que les nouvelles salles d'études y sont spacieuses, vastes et bien aérées, et que rien n'y a été négligé pour assurer à nos jeunes élèves le maximum du confort et de l'hygiène modernes. Nous avons voulu que ces écoles, où entrent à profusion l'air et la lumière, leur soient à la fois un séjour accueillant et agréable. Puissent nos chers enfants se rappeler plus tard les lourds sacrifices qui ont été faits ici pour leur instruction ! Qu'ils gardent en leurs jeunes cœurs une inaltérable reconnaissance envers le gouvernement de la République, dispensateur de ces admirables bienfaits !

C'est toujours dans le but de faciliter l'accès de nos écoles que nous avons créé notre Cantine scolaire, organisée par les soins et sous la surveillance de notre conseiller d'arrondissement, auquel je suis heureux d'adresser, au nom de tous, mes bien sincères remerciements.

Pour nos tout petits enfants, vous avez pu visiter, Monsieur le Préfet, notre nouvelle Crèche, qui, par sa proximité de nos écoles et par sa situation même au centre du pays, rend les plus grands services à la classe ouvrière. Ces deux établissements ont été construits sur l'emplacement même de notre ancienne Infirmerie, désaffectée grâce à l'inépuisable générosité de M. Renaudin, le philantrophe, le sociologue, que tous ici nous admirons.

C'est encore grâce à lui que, depuis 1900, soixante-dix familles de notre commune ont, sans aucune redevance, la libre jouissance des superbes jardins ouvriers que nous venons de visiter. On ne saurait trop louer cette œuvre qui procure à l'ouvrier un certain bien-être à la fois moral et physique.

Quel spectacle plus réconfortant que de voir le père de famille, dans ses heures de liberté, travaillant avec ardeur pour faire fructifier son petit coin de terre, entouré de ses jeunes enfants bourdonnant et butinant tout autour de lui !

De plus, M. Renaudin, dans un noble sentiment d'encouragement, a créé, pour les plus beaux jardins, de somptueuses récompenses. Dès 1905, il faisait, en effet, construire plusieurs maisons ouvrières et les donnait, pour leur vie durant, aux ouvriers les plus chargés de famille ayant obtenu les meilleurs résultats dans la culture de leurs jardins. En présence des œuvres si précieuses créées par M. Renaudin, nous tenons à lui donner ici un public témoignage de notre infinie reconnaissance.

Heureux et fiers d'avoir pu vous montrer tous les bienfaits apportés aux œuvres sociales d'assistance et, tout particulièrement, les progrès accomplis en ces cinq dernières années pour l'instruction dans notre commune, nous ne saurions oublier, Monsieur le Préfet, que c'est grâce à vous, grâce aux subventions que vous nous avez si généreusement accordées, que nous avons pu atteindre ce résultat, et nous tenons à vous en exprimer de grand cœur notre bien sincère et bien respectueuse reconnaissance.

Malheureusement, il nous reste encore beaucoup à faire. Il nous faut compléter notre École de jeunes filles, et ces travaux seront pour nous l'occasion de grosses dépenses.

Notre Justice de Paix, dont la construction remonte à 1843, est devenue tout à fait insuffisante.

Quant à notre place publique, dont j'ai eu l'honneur de vous entretenir, lors de votre dernière visite, elle est de la plus absolue nécessité pour une ville de l'importance de Sceaux. Elle ne serait, d'ailleurs, que la très agréable et très utile continuation de notre Parc magnifique, qui fait, à tant de titres, partie de notre histoire locale.

J'aurai l'honneur, Monsieur le Président du Conseil général, de vous parler de ce projet et de solliciter votre bienveillance et votre appui, afin d'obtenir une subvention qui nous permettra de mener à bien ces travaux, si essentiellement utiles à la prospérité de la ville de Sceaux.

J'en appelle aussi à notre dévoué conseiller général, M. Carmignac, qui voudra bien à nouveau nous accorder son généreux concours, afin d'obtenir que les cordons de la grosse bourse départementale se délient en notre faveur.

Je suis confondu, Monsieur le Préfet, d'avoir osé encore une fois vous tendre la main, mais je suis sûr d'avance que vous me pardonnerez, car tous ici, non seulement nous connaissons depuis longtemps votre inépuisable dévouement, mais nous savons aussi combien vous tient au cœur tout ce qui peut contribuer à la grandeur de la France et de la République.

M. Carmignac, qui succède au maire, se joint à lui pour remercier les personnes présentes. Il fait l'éloge de notre coquette cité et dit tout le bien qu'il pense de M. Château, qui préfère les actes aux paroles. Il assure qu'en ce qui le concerne, il fera tout son possible au Conseil général pour que notre commune conserve le rang qu'elle occupe. En particulier, il s'emploiera à lui faire obtenir, dans la plus large mesure, les subventions indispensables pour mener à bien les diverses opérations qui restent à effectuer.

En quelques mots, M. Curé, directeur des Jardins ouvriers, fait l'historique de l'œuvre et rend compte des merveilleux résultats obtenus. Puis M. Bassinet dit tout son plaisir de se trouver à Sceaux, dans cette banlieue qu'il aime, et sa joie de constater les progrès accomplis qui, tous, concernent des œuvres populaires. M. Félix Roussel fait à son tour une charmante allocution qui est accueillie par de vifs applaudissements.

Enfin, M. de Selves prononce ce fin et spirituel discours que l'auditoire attend avec impatience :

Mon cher Maire,

Je clôture, par la visite que je fais à votre commune et à sa voisine Antony, mes tournées d'automne dans cette banlieue parisienne si attirante et avec laquelle il m'est tout particulièrement agréable de me tenir en contact. Ce n'est point banal compliment, je vous le jure, que de vous dire à vous-même la satisfaction que j'éprouve à me trouver chez vous, dans ce centre de votre administration, où vous êtes si justement apprécié et où vous dépensez avec tant de dévouement les trésors de votre activité souriante et aimable.

Il n'y a pas loin de six ans que je suis venu ici, et je n'ai rien oublié des cérémonies patriotiques ou d'administration locale auxquelles il me fut donné d'assister. Je n'ai point oublié davantage ma visite à cet Hôpital-Hospice Marguerite-Renaudin, qui me permit de saisir, dans l'une de ses réalisations pratiques les plus dignes d'être applaudies, ce qu'il y avait de délicate philanthropie et de pieux souvenir dans l'âme généreuse de votre concitoyen.

Je vous reviens, aujourd'hui, pour constater (ce que je pressentais bien à ma première visite) que votre inlassable vigilance a su pourvoir aux besoins qui se sont depuis manifestés, et aussi que le cœur de M. Renaudin, toujours en éveil, s'est ingénié pour donner des formes nouvelles à l'œuvre de bien dont il ne cesse de marquer chaque étape de sa vie.

La population de la commune de Sceaux s'est accrue, les besoins scolaires ont augmenté; vous y avez pourvu par la construction de la belle école que vous nous avez fait visiter; une Ecole maternelle, une Crèche municipale ont complété l'ensemble des constructions que réclamaient les besoins de la population enfantine. C'est tout cela que nous inaugurons, très heureux d'y trouver l'occasion de rendre une fois de plus justice à vos efforts et de constater les bienfaits que vos concitoyens en retirent.

Vous m'en voudriez, mon cher Maire, après avoir dit tout ce que je ressens d'affectueuse sympathie pour votre personne, de ne pas rendre — en présence du président du Conseil général, de votre député, des sénateurs de la Seine, toujours si attentifs et si dévoués — un juste hommage au concours éclairé que vous apportent les adjoints qui vous secondent et le Conseil municipal qui vous soutient. Je sais, en effet, combien précieuse vous est leur collaboration, et combien aussi il leur doit revenir de reconnaissance pour tout ce qui s'accomplit dans votre commune.

Votre commune, mon cher Maire, est gracieuse et aimable. La nature a été bienveillante pour elle : elle exerce sur chacun une attraction véritable; c'est vers elle que chaque année montent les Félibres pour commémorer les dates qui leur sont chères. Aussi est-il impossible que, dans les âmes de ceux qui l'habitent, ne germent pas et ne se développent pas toutes les grandes et nobles idées qui agitent les esprits et les cœurs. La générosité des sentiments, la noblesse du cœur, l'esprit de solidarité humaine, où les ressent-on mieux? Où l'idéal du bien et de l'amour de l'humanité s'affirme-t-il davantage? Et pourtant cet idéal si bon et si grand ne dégénère jamais en rêves funestes, vous entraînant dans le pays des chimères aux conceptions les plus dangereuses et les plus fausses.

Vous êtes, en effet, aussi des citoyens au sens pratique, vivant dans leur temps, et qui savent que les idées généreuses ne se peuvent appliquer que dans un cadre de paix et d'ordre public assurés par les moyens efficaces dont l'autorité dispose. Il ne vous vient jamais à la pensée, sous couvert de généreux sentimentalisme, de demander à M. le Préfet de police de licencier, chez vous, gendarmes et gardiens de la paix. En sorte que, dans votre sphère, vous réalisez la définition heureuse que, dans un merveilleux discours, M. le Président du Conseil des ministres donnait récemment de ce que devait être le bon, le vrai Français : « Idéaliste, mais soldat ».

N'est-ce point là, en effet, Messieurs, la conception qui répond bien au tempérament généreux, mais raisonnable et de sain entendement, de notre race? N'est-ce point la conception qui répond aux traditions nationales de toutes les grandes époques de notre histoire? Non, chez nous, la force ne primera jamais le droit. Mais nous savons que, pour être obéi, pour être respecté, le droit a besoin d'avoir la force à son service et de s'appuyer sur elle.

Lorsque nos pères ont voulu, sous une forme tangible, marquer que le droit, la loi, devaient être respectés, ils lui ont donné les traits d'une femme, l'idéalisant ainsi; mais la main de cette femme, ils ont voulu qu'elle s'appuyât sur les faisceaux des licteurs.

C'est parce que, Messieurs, dans votre domaine et dans votre sphère d'action, vous comprenez ainsi le rôle social de chacun, que j'ai un plaisir plus grand à être venu parmi vous et que je vous dis : merci de votre accueil.

L'heure est venue de fleurir les boutonnières. Sont nommés :
Officiers de l'Instruction publique : MM. Hordé, greffier de la justice de paix, et le docteur Reddon, ancien conseiller municipal et adjoint.

Officiers d'académie : MM. Chapsal, adjoint au maire; Commandeur, conseiller d'arrondissement; Giraud, secrétaire de la mairie; Plantier, receveur des postes; Deheurles, directeur d'école à Montrouge, trésorier de la Mutualité scolaire du canton de Sceaux ; le docteur Roussy, inspecteur du service de la Protection des enfants du premier âge.

Chevaliers du Mérite agricole : MM. Saunier, conseiller municipal ; Séjourné, arboriculteur ; Guillioux, architecte paysagiste.

Médaille d'honneur en argent : M. Feydit, ancien secrétaire du commissariat de Sceaux.

M. de Selves remet ensuite diverses autres récompenses.

Si les visites préfectorales sont rares, elles sont souvent fécondes en résultats. L'administration supérieure agit un peu comme ces propriétaires qui évitent de rencontrer leurs locataires, dans la crainte d'avoir à consentir ou à refuser des réparations devenues nécessaires. La visite du 12 août 1902 devait avoir comme corollaire celle du 27 octobre 1907.

LES ELECTIONS de 1908

Année 1908. — La municipalité de 1904 avait donné le 27 octobre 1907 tout son effort. Sa tâche était remplie. Six mois après, elle arrivait au terme de son mandat. De nouvelles élections municipales eurent lieu en mai 1908, et la liste de M. Château fut battue.

Le maire venait de glisser sur une pelure d'orange, sur un désaccord trop longtemps entretenu avec la Fanfare municipale, qui acceptait une subvention de la municipalité, mais n'admettait pas qu'on ait à lui imposer en retour certaines obligations. Ce mécontentement, propagé dans les ateliers, devait avoir sa répercussion au jour des élections.

Une sourde opposition se fit sentir; M. Château n'était pas en cause, mais son entourage était visé directement, et l'on vota sur un programme plus avancé, signé de quelques notabilités du pays et aussi sur une liste incomplète de candidats, dits indépendants, qui réunit une centaine de voix et contribua à achever la déroute.

L'échec de M. Château surprit même ses adversaires.

Celui qui s'en va !... a écrit M. de Laëre, dans une page qui restera comme un jugement définitif sur l'administration de M. Château, était en même temps, pour tous ses administrés, à quelque parti qu'ils appartiennent, l'homme le plus accueillant, le plus affable et le plus serviable qui se puisse rencontrer. Écoutant avec intérêt et bienveillance les doléances de chacun, il s'efforçait, en toutes circonstances, d'accorder satisfaction à tous et surtout à ceux qu'il savait être des humbles et des déshérités. Philanthrope dans la plus large acception du mot, sa bonté et sa charité étaient inépuisables. C'est pourquoi, en disparaissant de la vie publique, il emporte avec lui, et il peut en être légitimement fier, l'estime et les regrets unanimes.

Son successeur, que l'on dit intelligent, aura bien du mal à le remplacer : il ne le fera jamais oublier. Estimé et apprécié à sa juste valeur à la Préfecture de la Seine, où il avait la plus grande influence, M. Château a pu, grâce à son activité, réaliser rapidement, au cours des huit années pendant lesquelles il fut à la tête de notre commune, les améliorations les plus utiles, mener à bien les réformes les plus urgentes. Combien auraient échoué là où il a réussi, grâce à sa volonté, à sa ténacité et à son indiscutable autorité !

Les hommes passent, mais les œuvres restent. Celle de M. Château marquera une date dans l'histoire de notre commune, qui connut sous son édilité une ère de bien-être et de prospérité.

A LA MAIRIE (1908-1912)

AU TEMPS DE M. LE COMMANDANT PILATE

Conseillers municipaux élus aux élections de mai 1908.

MM. COULAUX.	MM. IMBAUD.]
SELLIER.	RICHER.
MOUSNIER.	COMMANDEUR.
MOREL.	GLATINY.
PILATE (le commandant).	Dr REDON.
Dr HERR.	GUILBERT-PENARD.
CAPET.	QUENAULT.
MICHAUT.	SAVIER.
GUILLIOUX.	JOBERT.
BLATIER.	SAUNIER.
HENTGEN.	PRIVÉ.
CHAPSAL.	

Cette fois, la liste radicale et radicale-socialiste triomphait avec dix-sept nominations sur vingt-trois conseillers à élire.

M. le commandant Pilate, officier de la Légion d'honneur, était nommé maire, M. Mousnier premier adjoint, et M. Eugène Capet, deuxième adjoint.

Sceaux est entré, avec l'année 1908, dans une nouvelle période de son histoire. Des hommes nouveaux ont remplacé au Conseil municipal et à la municipalité leurs aînés. A leur tour, ils ont la responsabilité de sérieux intérêts à défendre.

L'électeur rural, écrivait Taine à propos d'élections municipales en 1872, ce cultivateur, souvent si peu renseigné quand il s'agit de personnages lointains et d'affaires générales, est très bien informé quand il s'agit de ses voisins et de ses intérêts locaux.

Il n'y a pas un ménage, ajoutait-il, une fortune, une conduite dans la commune, qu'il n'ait percé à jour; car il a le bon sens, il est souvent fin, il a eu le temps et les moyens de se faire une opinion; il a vu à l'œuvre le juge de paix, le médecin, le notaire, le curé, le maire, le gros fermier, l'usinier, le propriétaire; il sait si le curé est ambitieux et tracassier, si le médecin exploite trop ses clients, si le maire prend à cœur les intérêts de la commune, si le manufacturier est dur pour son personnel, si le propriétaire ou le fermier sont gens laborieux et entendus, si tel ou tel est un homme capable, actif et sûr en affaires. Bien mieux, il connaît le plus souvent les familles, les parentés, les tenants et les aboutissants, et c'est là-dessus qu'il juge... et qu'il vote. La politique proprement dite lui est la plupart du temps absolument étrangère.

Cet état d'esprit n'a guère changé depuis lors. Les nuances du libéralisme des candidats échappent trop souvent à ceux qui les nomment.

De même, des fluctuations se produisent parfois dans les votes de l'électeur suburbain; il se crée ainsi des courants d'opinion qui ramènent au pouvoir tantôt les progressistes ou les radicaux, mais les intérêts locaux à Sceaux n'ont guère eu à souffrir dans le passé de ces mouvements contraires. Il en sera de même dans l'avenir.

Ce qui a manqué jusqu'ici à la banlieue sud pour atteindre tout son développement, ce sont des communications rapides. La ligne du Luxembourg-Robinson met quarante minutes pour faire un trajet de onze kilomètres. C'est beaucoup de temps perdu. D'un autre côté, maintes pétitions ont été vainement adressées aux autorités compétentes pour obtenir le prolongement du tronçon Paris-Luxembourg jusqu'à la place Saint-Michel.

La ligne projetée Montparnasse-Bagneux-Sceaux-Châtenay-Chartres, reste donc la grosse affaire à l'ordre du jour.

Nos Conseillers municipaux

depuis 1870

Nous avons déjà dit que le Conseil municipal de Sceaux, après la retraite de M. Cullerier (1867-1877) se trouva presque entièrement renouvelé.

Aux élections de 1878-79, nous voyons apparaître des hommes nouveaux : Auguste (Léopold), le docteur Le Pileur, Michel Charaire, Charles Grondard, Chapeyron, Jacques France, Bertron, le candidat humain, etc.

Aux élections de 1881, M. Charles Grondard prend possession de la mairie, avec M. Louis Bengel, comme adjoint; nous retrouvons comme conseillers municipaux : M. Auguste (Léopold), Lesobre, Reddon (Alcide), Boulogne, Benoist, Fernique, Auguste Rossy, etc.

En avril 1882, M. Lesobre est élu maire, et M. Reddon (Alcide) premier adjoint. Léopold Auguste, Charles Grondard, Boulogne, Wissemans, Jacques France, Michaut sont au nombre des élus.

Nous avons vu que M. Charles Grondard eut à procéder à la laïcisation des écoles; le succès de la liste de M. Ch. Lesobre fut un vote de réaction contre cette mesure, mais la gestion de M. Lesobre, incohérente, dépensière et tracassière, s'agitant dans le vide, ne tarda pas à donner raison à ses adversaires et à ramener à la mairie M. Charles Grondard (1884-1887).

En 1884, une nouvelle loi municipale était votée par les Chambres. Elle donnait le droit aux conseillers élus des chefs-lieux de canton de nommer directement les maires et les adjoints.

Aux élections de 1887 apparaissent pour la première fois les noms de MM. Jules Mousnier, Aulard, Guilbert-Pénard, Sinet, Bertrand, que nous retrouverons pendant de longues années à la tête des affaires municipales.

En 1892, MM. Michel Charaire, Sinet, Reddon, Boulogne, Aulard, Aviat, Mousnier, Wissemans arrivent en tête de liste.

En 1896, MM. S. Château et Bernard, géomètre honoraire en chef de la ville de Paris, font partie du Conseil municipal. Pendant douze ans, de 1896 à 1908, ils y auront un rôle prépondérant par leur expérience et leurs connaissances techniques.

Aux élections de 1900, M. Michel Charaire venait de se retirer. M. S. Château est élu maire de Sceaux.

Nous retrouvons parmi les élus à peu près les mêmes noms qu'en 1896 : MM. Château, Aulard, Saunier, Mousnier, Bertrand, Bernard, Commandeur, Reddon, Sinet, Michaut, etc.

M. Reddon (Henry) est nommé premier adjoint et M. Bertrand deuxième adjoint.

Les élections de 1904 amenèrent au Conseil municipal quelques éléments d'opposition plus accentuée, mais en minorité.

M. Château arrivait en tête de liste, avec MM. Mousnier, Michaut, Chapsal, Guillioux, Boisson, Saunier, Aulard, Bernard, Commandeur, Boitel, Troufillot, Nectoux, Morel, Fontaine, Sellier, Hollebecque, Habay.

M. Château (S.) est renommé maire, M. Chapsal premier adjoint et M. Fontaine deuxième adjoint.

Quant aux élections de 1908, elles marquent un revirement absolu. La majorité appartient cette fois au parti radical et radical-socialiste, avec MM. Mousnier, le professeur Émile Morel, le commandant Pilate, le Dr Herr, E. Capet, Michaut, Guillioux, Blatier, Hentgen, etc. L'évolution est complète.

M. le commandant d'artillerie en retraite Pilate est nommé maire, M. Jules Mousnier premier adjoint, et M. E. Capet deuxième adjoint.

Maintenant, si nous examinons en détail ces listes des élus de la ville de Sceaux depuis 1870, de ces représentants accrédités de la population sédentaire du pays, nous constaterons de nouveau que :

La génération dont fit partie M. Cullerier, maire de Sceaux de 1867 à 1877, — celle de l'Empire, — disparut complètement du Conseil municipal avec les élections municipales de 1878-1879.

Puis viennent, pour ne citer que les principaux noms, par ordre chronologique :

Boulogne (Pierre-Hippolyte), le fondateur de l'industrie des voitures et omnibus à Sceaux, conseiller municipal de 1867 à 1892.
Le D^r Le Pileur, de 1877 à 1882.
Auguste (Léopold), de 1878 à 1887.
Charaire (Michel), de 1878 à 1900 (réélu quatre fois maire).
Grondard (Charles), de 1878 à 1884, deux fois maire, en 1881-1882 et de 1884 à 1887.
France (Jacques), de 1878 à 1892, adjoint au maire de 1884 à 1889.
Bertron, le candidat humain, de 1878 à 1881.
Guilloux (Ch.), de 1878 à 1884.
Bengel (Louis), adjoint au maire de 1881 à 1892.
Rossy (Auguste), de 1881 à 1884.
Lucas (Jean-André), deuxième adjoint au maire de 1884 à 1888.
Courtois, de 1881 à 1908, soit vingt-sept ans.
Fernique, de 1871 à 1884.
Reddon (Henry-Alcide), de 1881 à 1892, adjoint de 1882 à 1886.
Reddon (Henry), premier adjoint de 1896 à 1900, réélu en 1908 conseiller.
Faguet (Pierre), de 1871 à 1900.
Benoist, architecte, de 1881 à 1884.
Lesobre (Charles), maire de 1882 à 1884.
Thibaut (Louis), conseiller de 1884 à 1892.
Peautonnier, ancien adjoint de 1878 à 1882.
Bouttemotte, de 1884 à 1887.
Mascré (Félix), de 1884 à 1887.
Wissemans (Paul-Louis-Victor), conseiller et premier adjoint de 1884 à 1892.
Jarry (Louis-Gabriel), de 1884 à 1887.
Bertrand, conseiller de 1884 à 1900, premier adjoint de 1896 à 1900.
Michaut, de 1884 à 1909, soit vingt-cinq années.
Brun (Pierre), de 1884 à 1892.
Chapeyron, de 1878 à 1892.
Guilbert-Pénard, de 1884 à 1896 et de 1908 à 1912.
Sinet, de 1884 à 1892-1896.
Aulard, de 1884 à 1908, soit vingt-quatre ans.

Mousnier (Jules), de 1884 à 1909, deuxième adjoint de 1886 à 1896 et premier adjoint de 1908 à 1912.
Hallé, conseiller de 1888 à 1900.
Aviat, conseiller de 1888 à 1900.
Marsigny, conseiller de 1892 à 1896.
Cochelin, conseiller de 1867 à 1878.
Degas, conseiller de 1867 à 1878.
Maufra, conseiller de 1867 à 1871.
Robine, conseiller de 1867 à 1871.
Baleste, conseiller de 1871 à 1874.
Capet, conseiller de 1871 à 1874.
Lucas, conseiller de 1871 à 1884.
Chevillon fils, conseiller de 1871 à 1874.
Saunier, père de 1892 à 1912, conseiller depuis vingt ans.
Coulaux, de 1896 à 1912, administrateur du Bureau de bienfaisance.
Bernard, géomètre honoraire de la ville de Paris, conseiller municipal de 1896 à 1908.
Laurin, conseiller de 1896 à 1908.
Chateau (S.), conseiller de 1896 à 1908, deux fois maire de 1900 à 1908.
Chapsal, conseiller de 1900 à 1912, adjoint au maire de 1900 à 1908.
Commandeur, conseiller de 1900 à 1908, conseiller d'arrondissement.
Boitel, agrégé des sciences, conseiller de 1900 à 1908.
Troufillot, conseiller de 1900 à 1908.
Montagne, conseiller de 1900 à 1908.
Boisson (Dr), conseiller de 1900 à 1908.
Nectoux, conseiller de 1900 à 1908, député de la Seine.
Morel, agrégé des lettres, conseiller de 1900 à 1912.
Fontaine, conseiller de 1900 à 1908, adjoint au maire de 1904 à 1908.
Sellier, conseiller de 1904 à 1912.
Hollebeke, conseiller de 1904 à 1908.
Habay (de la *Rive Gauche*), conseiller de 1904 à 1908.
Commandant Pilate, conseiller et maire de Sceaux, de 1908 à 1912.
Capet (Eugène), conseiller et deuxième adjoint, de 1908 à 1912.
Dr Herr, conseiller de 1908 à 1912.
Guillioux, conseiller de 1900 à 1912.
Hentgen, agrégé d'histoire, conseiller de 1908 à 1912.

Le rôle des conseillers municipaux n'est pas toujours assez apprécié. Les Commissions dont ils font partie (budget, voirie, salubrité, écoles, eaux, gaz, etc.), les obligent à étudier de très près certaines affaires, qu'ils auront ensuite à soutenir en séance publique. Le maire, pouvoir exécutif, a l'initiative des mesures à prendre pour assurer l'amélioration des divers services publics de la cité, mais c'est le Conseil municipal qui, par son vote, statue en dernier ressort sur l'opportunité des mesures à prendre.

Retenons donc les noms de nos conseillers municipaux.

Les hommes passent, les œuvres restent. — La cité moderne de Sceaux est l'œuvre de MM. Cullerier, Michel Charaire, S. Château et de Me Hugues Renaudin. Souvenons-nous de ces bons ouvriers de la première heure.

Maintenant, redisons après M. Eugène Capet, notre nouvel adjoint : si les finances de notre ville sont en ordre, — si les travaux de réparation de nos bâtiments communaux s'effectuent convenablement, — si les chemins sont entretenus, — nos rues balayées, — si les intérêts de la commune sont défendus, — si la correspondance est à jour, — si les services municipaux fonctionnent correctement, — si la gestion municipale en un mot est à l'abri de toute critique sérieuse, — laissons les mouvements d'opinion se manifester, et que chacun, à tour de rôle, donne la mesure de ses forces et de ses capacités.

Le transfert du Commissariat de police à la nouvelle Mairie, l'agrandissement de la Justice de Paix (le prétoire, le greffe et le cabinet du juge transformés), l'aménagement de la Mairie (nouveau cabinet pour le maire, nouvelle salle des séances pour le Conseil municipal, nouvelle salle des Commissions), sont l'œuvre de la municipalité de 1908-1912, ainsi que la mise en état de viabilité et l'éclairage public des rues Bertron, Laveyssière et La Flèche (1).

Les Écoles, avec lesquelles on n'en a jamais fini, ont été également l'objet de sa sollicitude : la Crèche municipale a été réinstallée sur de nouvelles bases et l'ancienne chapelle de l'École des filles a été transformée en classe.

---

(1) *Classement des rues Bertron, Laveyssière et La Flèche.* — Par acte reçu par Me Renaudin, notaire, le 11 décembre 1911, la situation relative à ces trois rues a été régularisée définitivement.

A ce sujet, rappelons que M. Château, ancien maire de Sceaux, à la suite d'une enquête, avait offert à la ville de lui abandonner gratuitement la totalité du sol des dites rues, dont la superficie est d'environ 6,160 mètres.

Par suite de la signature de cet acte, intervenu entre les parties intéressées et qui consacre l'abandon gratuit fait par M. Château, la ville de Sceaux se trouve substituée purement et simplement dans les droits et obligations du cédant.

9 juillet 1911

Une nouvelle Visite préfectorale

Le Préfet de la Seine a voulu donner sa sanction à ces dernières transformations. Le président du Conseil général, M. Laurent-Cély, le directeur des Affaires départementales, M. de Magny, représentant le Préfet, MM. les sénateurs Gervais, le Dr Strauss, Bassinet; notre député, M. Nectoux; M. Carmignac, conseiller général, sont venus officiellement à Sceaux féliciter la municipalité, le 9 juillet 1911, de sa bonne entente des intérêts communaux. De nombreux discours ont été prononcés. M. le commandant Pilate a parlé avec une émotion réelle de l'œuvre sociale réalisée à Sceaux par M. Hugues Renaudin, et dont la Crèche municipale n'est pas la moins pratique. Une forte parole, vigoureusement applaudie, a été prononcée à ce propos : *La Crèche municipale doit être dans les communes le premier des services publics.*

ŒUVRES
d'assistance et de prévoyance sociales de la Ville de Sceaux

Assistance aux vieillards. — La Mutualité à Sceaux. — Bureau de bienfaisance. — L'Hospice-Hôpital Sainte-Marguerite. — L'Orphelinat Marguerite-Renaudin. — La Caisse municipale des écoles. — Retraites ouvrières, fondation H. Boulogne. — La Cantine scolaire. — La Crèche municipale. — L'Œuvre des layettes. — Conférence Saint-Vincent-de-Paul. — L'Œuvre des Pauvres Malades. — Les Caisses d'épargne et l'Épargne scolaire. — Les Sociétés de secours mutuels. — L'Association des Dames françaises. — Société d'Instruction et d'Éducation populaires du canton de Sceaux. — L'Enseignement libre. — Les Patronages.

Les questions sociales ont toujours été au premier rang des préoccupations de nos édiles. La loi du 14 juillet 1905 sur l'assistance aux vieillards infirmes et incurables ne les a pas pris au dépourvu, en juillet 1907, date de sa mise en vigueur.

Assistance aux vieillards, infirmes et incurables indigents âgés de 70 ans, en exécution de la loi du 14 juillet 1905.

L'assistance à domicile consiste dans le paiement d'une allocation mensuelle, dont le taux est arrêté, pour chaque commune, par le Conseil municipal. A Sceaux, l'allocation est fixée en principe à 15 francs par mois, sans préjudice des ressources que l'assisté peut encore obtenir par son travail. — De plus, il est à remarquer que si le vieillard, l'infirme ou l'incurable vient à tomber malade, les soins médicaux et pharmaceutiques lui sont donnés gratuitement, en vertu de la loi du 15 juillet 1893 dont il bénéficiera en tant que malade privé de ressources.

Toutefois, cette loi prescrit, si l'assisté dispose de certaines ressources — de l'habitation, par exemple — que la quotité de l'allocation soit diminuée proportionnellement auxdites ressources.

L'allocation est incessible et insaisissable, en raison de son caractère alimentaire.

Cette loi du 14 juillet 1905, mise en vigueur depuis 1907, est d'une importance capitale. Elle solutionne l'un des problèmes les plus troublants de la question sociale.

Elle donne aux vieillards privés de ressources, incapables de subvenir aux nécessités de l'existence, comme aux infirmes et aux incurables, l'assurance de trouver un minimum d'aide et d'assistance suffisant pour les mettre à l'abri de l'extrême dénûment.

Les générations qui nous suivront auront été élevées à meilleure école, à l'école de la mutualité. Elles verront passer les années sans trop d'inquiétude, sachant qu'à l'heure du repos, elles pourront compter, non sur l'assistance obligatoire, mais sur des retraites légalement acquises par leur prévoyance.

Délégué des bureaux d'assistance du canton de Sceaux : M. LE PAGE.

Délégué des sociétés de secours mutuels du canton de Sceaux : M. RENAUDIN, O. ✳.

* *

Janvier 1904. — La Mutualité à Sceaux. — M. Cavé, le vénérable fondateur de la mutualité scolaire en France, a donné, le 10 janvier 1904, à Sceaux, une conférence sur les bienfaits de la mutualité. Les sociétés de secours mutuels de la région avaient été convoquées. M. le capitaine Paoli, pour Fontenay-aux-Roses, M. Renaudin et le président de la Société Saint-Jean-Baptiste de Sceaux avaient répondu à cet appel.

M. Cavé a dit d'excellentes choses dans cette réunion. Il a demandé l'union des sociétés de secours mutuels approuvées du canton ; — que les pupilles de la mutualité, en quittant l'école, soient rattachés aux sociétés de secours mutuels locales ; — la création d'une société de mutualité pour les femmes.

Il a parlé aussi de la capitalisation des versements annuels, dont les résultats sont inappréciables. Saviez-vous, par exemple, qu'un versement de 3 francs par mois, depuis l'âge de trois ans jusqu'à l'âge de vingt et un ans, assurerait à l'âge de soixante ans une rente viagère de 564 francs ?

M. Nectoux, socialiste militant, depuis député de notre arrondissement, a répondu que, partisan de la mutualité, il était opposé à la capitalisation du versement, dont les intérêts ne produisent, assure-t-il, que des retraites insuffisantes et trop tardives. Il a préconisé pour chaque société distincte le système de la répartition annuelle des cotisations entre les sociétaires ayant droit à la retraite.

Nous pensons avec M. Cavé que le versement annuel, à partir de l'âge de trois ans, est seul capable de solutionner le problème ; seulement, au lieu de 3 francs par mois, doublez ce versement, par exemple, et à cinquante ans et non à soixante-cinq ans, les travailleurs obtiendront une retraite beaucoup plus élevée, et qu'ils ne devront qu'à eux-mêmes. Les fonds provenant de l'épargne scolaire ne devraient pas avoir d'autre destination.

M. Chevannes, président de la Société de secours mutuels de Sceaux, réunissait, quelques jours après la conférence de M. Cavé, les membres participants de cette société, en assemblée générale, à la Mairie. Il a été décidé qu'il serait créé une section de pupilles, comprenant : 1º les enfants des sociétaires ; 2º les enfants des écoles communales faisant partie de la mutualité scolaire depuis un an au moins. Les enfants ne remplissant pas ces conditions devront payer un droit d'entrée de 2 francs. La cotisation des pupilles a été fixée à 0 fr. 75 par mois. A seize ans, ils peuvent se faire inscrire comme sociétaires adultes. La société s'engage envers les pupilles à leur fournir, en cas de maladie, les soins du médecin de la société et les médicaments.

Caisse des familles de Sceaux, fondée en 1893, placée sous le patronage de Notre-Dame du Travail, dans le but d'assister ses adhérents en cas de maladie. Les membres participants versent une cotisation de 0 fr. 50 par mois ; en cas de maladie, ils ont droit aux visites du médecin et aux médicaments gratuits. Cette association existe à Sceaux depuis dix-huit ans et y a rendu de réels services.

Octobre 1904. — La société de secours mutuels : *l'Amicale féminine*, tient sa première assemblée générale dans la salle des Fêtes de l'ancienne Mairie. Mme A. Hentgen retrace, dans un rapport très précis, la courte histoire de la société et rend aux fondatrices un légitime hommage : Mmes E. Morel, Renaudin, Mousnier, Boisson. La trésorière, Mme E. Fix, expose la situation financière : la société, avec ses quatre-vingt cinq premières adhérentes, a déjà pu mettre 400 francs à la Caisse d'épargne. Ce premier succès est un encouragement à développer l'*Amicale féminine*.

**

Novembre 1906. — Une fête de la mutualité, organisée sous les auspices de la Société d'Instruction et d'Éducation populaires, par la Société Saint-Jean-Baptiste, pour célébrer son cinquantenaire, et par l'*Amicale féminine*, à l'occasion de sa fondation, a eu lieu le premier dimanche de novembre, en matinée, dans la salle des Fêtes de l'ancienne Mairie. A deux heures et demie, MM. Château, maire ; Renaudin, notaire; Morel, président de la Société d'Instruction et d'Éducation populaires; les membres du bureau des deux sociétés : MM. Buisson, Fouillot, Ramillon, Pérot, Perrain, Faye et Mmes Morel, Hentgen, Fix et Ill, ont reçu à la gare M. Barberet, directeur de la Mutualité, venu pour présider la fête.

La salle de l'ancienne Mairie était comble; plus de six cents personnes s'y pressaient, ainsi que dans les escaliers, et c'est par centaines que se chiffre le nombre des entrées qu'il a fallu refuser.

Sur l'estrade, aux côtés des personnes déjà citées, nous reconnaissons : MM. Chapsal, adjoint; Habay, conseiller municipal; Paoli, président de la mutuelle *Le Gendarme*, etc. M. Château, maire, prend le premier la parole et prononce l'allocution suivante :

Mesdames, Messieurs,

Maire de cette ville, qui fut le berceau de ces mutualités dont nous fêtons aujourd'hui et le cinquantenaire et l'anniversaire, je me devais de vous dire l'intérêt profond que porte le Conseil municipal tout entier à ces œuvres de solidarité humaine.

Membre honoraire de la Saint-Jean-Baptiste depuis de longues années, je suis fier de constater la prospérité de cette société et de proclamer les éminents services qu'elle n'a cessé de rendre à la population laborieuse de notre commune. Elle a vu le jour à une époque où le mutualisme n'était encore qu'à l'état d'embryon, et si elle est parvenue à traverser le demi-siècle qui vient de s'écouler, ce n'est que grâce au dévouement de ses fondateurs qui ont réussi à la sauver pendant les heures troublées de notre histoire.

SCEAUX — LA CITÉ MODERNE

Sa jeune sœur qui, elle, ne s'adresse qu'à l'élément féminin, a soulagé déjà bien des souffrances. Elle donne la tranquillité de l'esprit aux mères de famille, en leur assurant l'appui d'une solidarité bien comprise. Sans oublier ses dévouées collaboratrices, je suis très heureux de féliciter du succès de son œuvre le distingué fondateur de l'*Amicale féminine*, mon collègue, M. Morel, qui a su grouper les bonnes volontés éparses et les réunir dans l'œuvre commune. J'ajouterai que je le remercie d'avoir eu la délicate pensée de faire coïncider l'ouverture des conférences de la Société d'Instruction et d'Éducation populaires avec la solennité de ce jour.

Ainsi donc, avec les fondations de haute philanthropie dues à la générosité de mon excellent ami Renaudin, avec la Société d'aide mutuelle qu'il a tenu à constituer entre les tenanciers de ses jardins, notre bonne ville de Sceaux possède tout un faisceau d'œuvres humanitaires, et le travailleur est assuré de trouver quelques adoucissements dans les difficultés de l'existence.

En terminant, permettez-moi d'adresser mes souhaits de bienvenue à M. Barberet, cet éminent mutualiste qui a tenu à vous donner un témoignage de l'intérêt qu'il porte aux œuvres sociales. Sa présence constitue pour vous le plus précieux des encouragements.

Après M. Château, M. Barberet, en une conférence très intéressante, mais peut-être aussi trop savante pour le public qui attend avec impatience la partie concert, fait l'historique des sociétés de secours mutuels. Puis il parle des mutualités maternelle, scolaire et militaire.

Avril 1907. — M. Richier (Henri-Georges-Léon), administrateur de la Société de secours mutuels des sapeurs-pompiers, à Sceaux, obtient une médaille de bronze pour services rendus à la mutualité.

Avril 1907. — Une médaille d'argent est décernée à M. Renaudin, notaire à Sceaux, pour services exceptionnels rendus à l'assistance publique par la fondation de l'Hospice Marguerite-Renaudin.

Avril 1907. — M. Auricoste (Noël), directeur à cette époque de l'Office colonial, président de la Société de secours mutuels des employés des administrations départementales et communales de France, obtient une médaille d'argent pour services rendus à la mutualité. M. Auricoste habitait Sceaux.

Mme Fix (Estelle), née Travers, trésorière fondatrice de l'*Amicale féminine* de Sceaux, obtient une médaille de bronze pour services rendus à la mutualité.

M. Laporte (Eugène), administrateur de la Société de secours mutuels dite de Saint-Jean-Baptiste, à Sceaux, obtient une médaille de bronze pour services rendus à la mutualité.

BUREAU DE BIENFAISANCE

Il n'y avait autrefois qu'un bureau de charité, dont les faibles ressources étaient impuissantes à soulager efficacement les malheureux, mais le duc de Penthièvre leur faisait d'abondantes aumônes.

En 1899, le budget du Bureau de bienfaisance ne dépassait pas 6,000 francs.

« Cet établissement charitable, nous dit M. Fernand Bournon, dans sa *Notice sur Sceaux* (état des communes à la fin du xixe siècle, publié sous les auspices du Conseil général), distribue tous les dimanches aux indigents des secours en nature : pain, viande et combustible, et leur fait donner, en cas de maladie, les soins nécessaires.

« Les médecins sont chargés indistinctement de soigner les malades inscrits au Bureau de bienfaisance; une sage-femme assermentée donne ses soins aux accouchées indigentes.

« Cinquante-deux familles, représentant 208 personnes, sont inscrites au Bureau de bienfaisance.

« En outre, le Bureau distribue, chaque hiver, des secours à des indigents non inscrits.

« D'après une assez récente situation financière (1906), les recettes se sont élevées à 18,569 fr. 39 et les dépenses à 14,202 fr. 06, d'où un excédent de recettes de 4,367 fr. 33, provenant de la suppression des dépenses de l'Infirmerie municipale grâce aux libéralités de M. H. Renaudin.

« Parmi les recettes, il faut signaler 1,000 francs provenant du legs Trévise, 200 francs du legs Sinet, et 325 francs du legs Reddon de la Grandière.

« Par testament du 18 mai 1884, M. Jean-Baptiste-Eugène-Joseph, vicomte Maison, a légué au Bureau de bienfaisance une somme de 10,000 francs sans condition (arrêté préfectoral du 19 août 1886).

« Par testament du 5 mars 1894, Mme Annette-Marguerite Dorange, veuve de M. Jean-Louis Davril, a légué au Bureau de bienfaisance une somme de 1,000 francs (arrêté préfectoral du 10 novembre 1897).

« Enfin, par testament olographe de 1907, M. Michel Charaire, ancien maire, fondateur de la grande imprimerie de Sceaux, a légué au Bureau de bienfaisance une somme de 10,000 francs. »

L'HOSPICE-HOPITAL SAINTE-MARGUERITE

Cet asile fonctionne sous nos yeux depuis 1895. Les services qu'il rend aux vieillards hospitalisés et aux malades sont inestimables.

Toutes les dépenses d'entretien : chauffage, alimentation, médicaments, médecins, sont à la charge de M. Renaudin; il paye tout, le budget de notre ville ne pourrait y suffire.

Nous avons vu précédemment l'accueil que les pouvoirs publics et notre population ont fait à cette fondation, qui perpétuera le souvenir de Mme Marguerite Renaudin et de Mme Renaudin, la mère de notre grand philanthrope.

Orphelinat Marguerite-Renaudin. — Ce n'était pas assez d'avoir fondé l'Hôpital-Hospice de la Fondation Marguerite Renaudin, les Jardins ouvriers et les Maisons ouvrières, dont la construction se poursuit dans la vallée des Aulnes; ce n'était pas assez, répétons-le, pour satisfaire un esprit constamment tourmenté par le désir de soulager les infortunes qui lui sont signalées. M. Renaudin s'est inquiété du sort des jeunes orphelines de Sceaux, que la mort d'un père, d'une mère laissent trop souvent sans asile et sans ressources.

L'asile, le refuge, l'orphelinat libre pour ces déshérités existe aujourd'hui à Sceaux. Il est installé rue Voltaire, et est attenant à la magnifique propriété qui abrite l'Hôpital-Hospice Marguerite-Renaudin.

Au rez-de-chaussée, un grand vestibule, un parloir très clair, puis un vaste réfectoire; à droite, la cuisine et ses dépendances. Au premier étage, un grand dortoir contenant six lits en fer, d'un modèle parfait, réunissant toutes les conditions d'hygiène requises aujourd'hui par nos médecins; une seconde pièce avec deux lits, plus une autre pièce pour le personnel. C'est donc, au total, huit lits pour recevoir huit pensionnaires orphelines de sept à treize ans.

Ces jeunes pensionnaires suivent dans la journée le cours des classes primaires, conformément aux lois et règlements sur la matière. Les leçons de couture, de cuisine, complètent leur instruction. A treize ans, elles quittent l'orphelinat, pour commencer leur apprentissage, sous le contrôle et par les soins de leur directrice.

M. Renaudin a donc créé à Sceaux l'orphelinat libre, en ce sens que ses pensionnaires participent à la vie extérieure par les sorties qu'elles font et par le contact quotidien avec leurs compagnes des classes élémentaires.

LE SANATORIUM DE FRESNES-LES-RUNGIS

On inaugurait, le dimanche 11 juin 1910, à Fresnes, une salle des fêtes, sous la présidence de M. de Selves, sénateur, préfet de la Seine, et on faisait une visite officielle au Sanatorium (Fondation Renaudin).

C'est ainsi que nous avons appris que M. Renaudin venait de fonder, à Fresnes, un sanatorium. Les limites du territoire de Sceaux ne lui suffisaient plus : il fallait à sa philanthropie un champ plus vaste, c'est-à-dire qu'après l'hospice de Sceaux pour les vieillards, les jardins ouvriers pour les adultes, l'orphelinat pour les enfants, il a songé, en mémoire de sa mère, à soulager d'autres infortunes en accueillant au sanatorium de Fresnes les jeunes filles convalescentes, les exténuées de la vie, celles que la phtisie guette au passage, et qui ont besoin de soins, de repos et de grand air, pour échapper à son étreinte.

M. de Selves a constaté la parfaite organisation de ce sanatorium. Si, par son altitude, il ne paraît pas réaliser toutes les conditions exigées par la Faculté qui envoie ses riches malades dans les sanatoriums de la Suisse, celui de Fresnes est situé dans un pays sain, aux larges et vivifiants horizons, et réunit le confort, l'hygiène et les conditions désirables pour rendre la santé aux jeunes filles qui y seront admises.

Le Préfet de la Seine, en remerciant M. Renaudin de cette nouvelle création, a été l'interprète de tous ceux qui ont assisté à cette visite. La population de Sceaux y était largement représentée et chacun a emporté un bon souvenir de cette touchante cérémonie.

La Caisse municipale des Écoles. — Obligatoirement établie, en vertu de la loi du 28 mars 1882 (art. 7), elle est administrée par un Comité composé de la Commission scolaire et de membres bienfaiteurs. Elle possède la personnalité civile et peut être autorisée à recevoir des dons et legs. Ses revenus se composent de cotisations volontaires et de subventions de la commune et du département. La Caisse des Écoles fonctionne à Sceaux depuis le 17 octobre 1884.

Elle a pour but de favoriser la fréquentation de l'école au moyen de récompenses aux élèves assidus et de secours aux élèves indigents.

Cette Caisse, avec le concours du Bureau de bienfaisance, contribue au bon fonctionnement de la Cantine scolaire créée par la commune. Cette cantine assure pendant cinq mois d'hiver la distribution d'aliments chauds aux enfants pauvres qui fréquentent les écoles.

La Caisse des Écoles distribue également chaque année à ces mêmes enfants des vêtements et des chaussures.

Au surplus, on jugera de l'importance de ces secours par le relevé ci-après des dépenses de l'année 1907.

La situation de cette Caisse donnera une idée exacte de son fonctionnement.

RECETTES

Cotisations volontaires	340	»
Rentes sur l'État ou autres	30	»
Subvention de la commune	500	»
Dons volontaires, quêtes	159	10
Intérêts de fonds placés	19	08
Excédent de recettes sur le précédent exercice	278	17
Subvention pour classes de gardes	208	»
Subvention départementale	500	»
Total	2,034	35

DÉPENSES

Vêtements	383	20
Chaussures	467	50
Fournitures scolaires	52	55
Récompenses aux élèves assidus	40	»
Bons d'épargne scolaire	175	»
Frais de déplacement	5	80
Livrets de Caisse d'épargne	125	»
Remboursement à la commune d'une subvention départementale pour classes de garde	208	»
Total	1,437	05
D'où un excédent de recettes de	577	30

Il ressort ainsi de cette énumération que la Caisse des Écoles distribue chaque année aux enfants des vêtements, chaussures, fournitures scolaires, des bons d'épargne scolaire, des livrets de Caisse d'épargne, etc.

Cantine scolaire. — La Cantine scolaire est due à l'initiative de M. Château et du Conseil municipal. Elle a été inaugurée le 1er novembre 1904. Elle a longtemps fonctionné sous la haute direction de M. Commandeur, conseiller municipal de notre ville et conseiller de l'arrondissement de Sceaux; elle est aujourd'hui administrée par M. Coulaux, conseiller municipal, et M. Buisson, administrateur du Bureau de bienfaisance.

Des bons, moyennant vingt centimes, sont mis à la disposition des familles et donnent droit pour les enfants à un repas composé en général de 200 grammes de soupe, de 70 grammes de viande sans os et de 230 grammes de légume.

Le Bureau de bienfaisance lui alloue une subvention annuelle, pour l'admission gratuite à la Cantine des élèves indigents. La Cantine scolaire est ouverte du 1er novembre au 1er avril.

LA NOUVELLE CRÈCHE MUNICIPALE

Les bâtiments de l'ancienne école de garçons de la rue des Écoles étant devenus disponibles dès 1908, par suite de l'ouverture du nouveau groupe scolaire, la nouvelle municipalité a eu l'heureuse pensée de les utiliser en y transférant la Crèche municipale qui était à l'étroit dans son installation primitive. Cette mesure a permis d'ailleurs d'agrandir l'École maternelle.

Nous avons eu la curiosité de visiter cette nouvelle crèche, avant son inauguration officielle le 9 juillet 1911, pour nous rendre compte de son fonctionnement.

La surveillante nous reçut avec empressement dans le bureau médical, qui relève, par parenthèse, du docteur Edouard Dauzats, et où nous examinons une curieuse balance pour peser les nourrissons. Nous poursuivons notre visite par la pouponnière, vaste salle claire, avec chauffage par radiateurs à eau chaude. Les murs sont peints en blanc, au ripolin. Une vingtaine de bébés de deux à trois ans regardent d'un air étonné et semblent attendre de menues friandises de la part du visiteur, mais ses poches sont vides : il le regrette. La perception pour cette garderie de bébés est de 0 fr. 25 par jour. Ils sont admis à la Crèche de un mois à trois ans.

Puis, voici le dortoir avec dix-huit bercelonnettes ; on pourrait en mettre trente au besoin.

C'est ensuite la salle d'isolement pour les enfants indisposés et la pièce réservée à l'allaitement. Les mères y viennent plusieurs fois dans la journée nourrir leurs enfants.

Le lavabo est à citer pour son installation : baignoire centrale en porcelaine blanche, avec eau chaude et eau froide. Chaque bébé a, en outre, son peigne et sa brosse.

Terminons par où nous aurions dû commencer : par le vestiaire, où chaque enfant, à son entrée à la Crèche, quitte manteau, chapeau, cache-nez, etc., qu'il retrouve à la sortie. Quant à la cuisine, elle ferait envie à plus d'une maîtresse de maison, surtout avec son chauffe-bain instantané.

Cette crèche réunit les meilleures conditions d'hygiène, de confort, de bien-être. Pendant la saison d'été, une belle pelouse permet aux bébés de s'ébattre sur le gazon tout à leur aise.

La buanderie est installée dans un angle de ce préau, et des anciens bâtiments de l'école des garçons, il ne reste que le gymnase municipal.

Une inscription sur une plaque de marbre, à l'entrée de la Crèche, rue des Ecoles, rappelle « qu'en l'an 1910, le commandant Pilate étant maire, la Crèche municipale a été transférée dans cette maison. M. Auguste Renaudin, notaire, en mémoire de Mme Renaudin, a généreusement fait les frais de cette installation, acquérant ainsi de nouveaux titres à la reconnaissance des habitants de Sceaux. »

Vestiaire. — S'il n'existe pas de vestiaire proprement dit à Sceaux, nous savons que deux personnes de notre localité, connues par leur esprit de charité, achètent chaque année à l'administration du Lycée Lakanal les vêtements hors d'usage, et qui peuvent être utilisés et remis en bon état.

D'un autre côté, les enfants nécessiteux connaissent bien l'Arbre de Noël de Mme Maillard, née Reddon de la Grandière. Il y est fait tous les ans une large distribution de vêtements chauds, de lainages, de jupons et de tricots, sans compter les jouets qui font la joie des bébés.

Enfin, le Bureau de bienfaisance prélève tous les ans sur un des legs de la famille de Trévise, la somme nécessaire pour remettre aux indigents des deux sexes, une cinquantaine de bons de chaussures.

Œuvre des layettes. — Cette œuvre, due à l'initiative de la municipalité, est placée sous la direction de Mme Lemarquis et de Mme Pilate.

Une subvention de 250 francs est mise à la disposition de cette œuvre par le Bureau de bienfaisance pour acheter des draps et le linge nécessaire, à répartir suivant les besoins, entre les accouchées.

Conférence de Saint-Vincent-de-Paul. — A Sceaux, comme à Clamart, cette conférence est un rameau de la grande société de Paris. Elle n'est composée que d'hommes qui vont visiter les malheureux chez eux, leur apportent personnellement des bons d'aliments ou de chauffage.

Cette œuvre a pour corollaire, à Sceaux, l'*Œuvre des Pauvres Malades*, qui n'est composée que de dames patronesses.

Œuvre des Pauvres Malades. — C'est une des créations les plus anciennes de Sceaux. Un comité de dames se réunit chaque mois au presbytère. On y examine les nouvelles demandes de secours temporaires ou permanents, justifiés soit par incapacité de travail du mari, soit par l'état de santé de la mère ou des enfants.

L'œuvre est soutenue par des quêtes mensuelles entre les dames patronesses et par une quête annuelle à l'église. Concurremment avec le Bureau de bienfaisance, l'*Œuvre des Pauvres Malades* soulage à Sceaux bien des misères.

Les Caisses d'épargne et l'Épargne scolaire. — Nous avons à Sceaux deux bureaux de Caisse d'épargne :

1° La *Caisse d'épargne postale*, ouverte tous les jours, rue de Penthièvre. Minimum des versements : 1 franc ; maximum : 1,500 francs. Intérêt servi aux déposants : 2 fr. 50 0/0.

2° La *Caisse d'épargne et de prévoyance de Paris*. — Succursale à la Mairie, ouverte au public tous les dimanches, de 9 heures à midi. Minimum des versements : 1 franc ; maximum : 1,500 francs. Intérêt servi aux déposants : 2 fr. 75 0/0.

« Il existe en France 550 Caisses d'épargne privées, en dehors de la Caisse d'épargne postale, qui sont la plus solide et la plus durable des institutions sociales, a dit l'un des membres les plus écoutés de la Commission supérieure des Caisses d'épargne, M. Rostand. On invente tous les jours, ajoutait-il aussitôt, des formes nouvelles du dévouement social, on n'en a pas trouvé de plus féconde. »

Le développement que continue à prendre, chaque année, dans les établissements d'instruction primaire, la *Caisse d'épargne scolaire* en est une preuve éclatante.

Les trois écoles publiques de Sceaux (école de garçons, école de filles, école maternelle) ont remis à la Caisse d'épargne scolaire, en 258 versements, une somme de 740 francs, rien que pour l'année 1906.

L'enfant acquiert ainsi, en se jouant, les premières notions de l'ordre et de la prévoyance ; non, il ne joue pas, il sait qu'il abandonne ses petits sous pour les mettre à la Caisse d'épargne. Quel salutaire exemple pour la famille ! Cet enfant, plus tard, sera ménager de son argent de poche, cette cause de ruine ou tout au moins d'appauvrissement quotidien pour les travailleurs de toutes classes.

RETRAITES OUVRIÈRES. — *Fondation H. Boulogne.*

La nouvelle loi sur les retraites ouvrières impose aux grands comme aux petits patrons, l'obligation d'un versement mensuel, au moyen de timbres de retraites pour la vieillesse, pour chacun des membres du personnel qu'ils occupent. M. H. Boulogne a devancé l'heure en léguant à la Ville de Sceaux 250,000 francs, à charge de constituer sur le revenu de cette somme, des bourses annuelles de 500 francs chacune, en faveur d'anciens ouvriers et ouvrières, âgés d'au moins soixante-cinq ans, et spécialement de ceux ayant appartenu à la carrosserie de Sceaux.

M. Boulogne, on ne l'a pas oublié, est le fondateur de cette industrie à Sceaux. Ancien conseiller municipal, il a secondé, dès 1875, le mouvement économique et syndicaliste qui s'accentue de jour en jour, et le geste qu'il vient de faire lui sera compté par la classe ouvrière.

Sceaux est décidément privilégié à cet égard. Ses œuvres d'assistance se multiplient.

C'est une heureuse et féconde émulation, à laquelle on ne saurait trop applaudir.

Les Sociétés de secours mutuels. — La Société de secours mutuels de Sceaux, dite de *Saint-Jean-Baptiste*, a été créée en 1855, avec le concours de M. C. Guyon, alors maire, et autorisée par décret du 26 avril 1856.

La société a pour but :

1º De donner les soins du médecin et les médicaments aux associés participants malades ;

2º De leur payer une indemnité pendant le temps de leur maladie ;

3º De pourvoir à leurs frais funéraires ;

4º De venir en aide à la veuve et aux enfants.

Le nombre des membres sociétaires, dont la cotisation est fixée à 2 francs par mois, ne peut dépasser cinq cents.

Le nombre des membres honoraires est illimité. Ils versent une cotisation de 1 franc par mois.

Une autre société de secours mutuels, dite *Confrérie de Saint-Fiacre*, a été autorisée par arrêté du préfet de police du 29 décembre 1868, pour venir en aide aux jardiniers.

Cette société se compose de soixante-dix membres titulaires, appartenant à l'industrie du jardinage, et de trente-huit membres honoraires.

La cotisation mensuelle des membres titulaires est de 0 fr. 75, plus un droit d'admission de 15 francs.

Les membres honoraires versent 10 francs par an.

La société a organisé des expositions et pris part avec succès à des concours régionaux.

La Société de secours mutuels des Sapeurs-Pompiers de Sceaux a été autorisée par arrêté du 17 octobre 1887. Elle a pour but de donner à ses membres les soins du médecin et les médicaments et de leur payer une indemnité en cas de maladie et de blessures, de subvenir aux frais de leurs funérailles.

Les ressources disponibles doivent être consacrées à une caisse de retraite, s'il est possible, et aux frais nécessités par les concours, les fêtes locales, les réceptions, fêtes et enterrements.

L'indemnité allouée aux malades part du jour désigné par le médecin. Si la maladie se prolonge plus de deux mois, le Bureau décide, s'il y a lieu, de continuer les secours et en fixe les conditions.

Chaque pompier est assuré par la commune.

Toute indemnité pour blessures pendant un incendie est payée par la Compagnie d'assurances. Si les blessures entraînent la mort, la veuve et les enfants reçoivent une somme de *deux mille francs*.

En cas d'incapacité permanente et absolue de travail, résultant d'une blessure accidentelle, contractée pendant le service, une rente viagère, dont le maximum est de cent cinquante francs, est servie, suivant la gravité des cas, au sapeur-pompier qui en a été victime.

La Société de secours mutuels des Sapeurs-Pompiers de Sceaux fonctionne régulièrement depuis vingt ans. Elle a pour président d'honneur le maire de Sceaux, comme président effectif, M. Paul Hordé, plus deux vices-présidents : MM. le Dr Meuvret et le lieutenant commandant la subdivision de Sceaux.

L'Union du personnel de l'imprimerie Charaire, à Sceaux, est inscrite sous le n° 2,133 des sociétés de secours mutuels du département de la Seine, sous la présidence d'honneur de Mme Ve E. Charaire. Les vice-présidents d'honneur sont MM. Georges et Paul Charaire, la présidence effective est exercée par M. G. Jobey.

La Société assure à ses membres participants, en cas de maladie, les soins médicaux et les médicaments pendant 180 jours, plus une indemnité quotidienne de 1 franc par jour, pendant les 60 premiers jours, 1 fr. 50 du 61e au 120e jour, et 2 francs du 121e au 180e jour. Ensuite le malade reçoit 0 fr. 50 par jour. Cette indemnité de 0 fr. 50 par jour peut se continuer si les ressources de la caisse sont suffisantes.

Pour les membres participants des deux sexes au-dessous de 16 ans, les secours sont réduits de moitié.

La Société ne donne aucun secours en cas d'accouchement. Pour tout sociétaire ayant été malade plus de 180 jours, les secours ne peuvent être accordés que pour une maladie distante de 30 jours de la première.

La Société pourvoit aux frais funéraires des membres participants décédés.

Un droit d'entrée est dû par tout sociétaire déclaré admissible sur l'avis favorable d'un des médecins de la Société.

Enfin, les membres participants s'engagent à payer une cotisation mensuelle de 2 francs par mois pour les hommes et les dames âgés de plus de 16 ans, et 1 franc par mois pour les jeunes gens des deux sexes au-dessous de 16 ans.

Cette société, par ses ressources propres, est très prospère, elle s'augmente des libéralités de la famille Charaire et de ses membres honoraires.

Association des Dames françaises. — C'est en septembre 1907 que Mme Eugène Capet a accepté la présidence de la section de Sceaux de la Société de secours aux blessés militaires, dite des Dames françaises.

Cette section est importante par les ressources dont elle dispose, et par l'ambulance du Lycée Lakanal, dont elle aurait la direction en cas de guerre.

Mme E. Capet succède à Mme Le Page, qui fut aussi très dévouée à cette œuvre. Les notables de Sceaux n'ont pas perdu le souvenir de certaine kermesse donnée en juillet 1897 au profit de nos blessés militaires, dans le Parc de Sceaux. Les comptoirs y étaient nombreux, les vendeuses charmantes, les commissaires empressés. La recette s'en ressentit, les adhésions se multiplièrent et les *Dames françaises* de Sceaux se réunirent régulièrement à la Mairie pour confectionner ceintures, gilets et chemises de flanelle, suivre des cours de pansement et subir des examens d'infirmières.

Si ce zèle s'était depuis un peu ralenti, Mme E. Capet a su le réveiller. Les inondés de 1910 ont trouvé pour les secourir le plus complet dévouement de la part des Dames françaises de Sceaux et de Bourg-la-Reine.

Ajoutons que l'*Association des Dames françaises*, étant reconnue d'utilité publique, est une personne civile; elle peut recevoir des dons et des legs, en argent, en objets mobiliers, en propriétés. Il importe, pour que la volonté des donateurs et des testateurs ne puisse donner lieu à aucune contestation, de bien spécifier, dans l'acte de donation ou dans le testament, l'*Association des Dames françaises*, dont le siège social est *rue Gaillon*, 10, *à Paris*.

Comité de Sceaux : *Présidente :* Mme Eugène Capet; *vice-présidente :* Mme Marmin.

Société d'Instruction et d'Éducation populaires du canton de Sceaux. *Fondée en octobre 1898. — Siège social : au chef-lieu de canton à Sceaux (ancienne Mairie), rue Houdan, 68.*

Les conférences de la *Société d'Instruction et d'Education populaires du canton de Sceaux*, publiques et gratuites, dues à l'initiative de M. Morel, professeur au Lycée Lakanal, sont ouvertes à tous, chaque année, de novembre à fin mars.

Elles ont pour but de compléter l'instruction et l'éducation des auditeurs en rapprochant — sans distinction de rang et d'opinion — toutes les classes de la société devant la science, la littérature et l'art.

La Société s'efforce de rendre ses conférences aussi attrayantes que ses ressources le lui permettent.

Elle donne chaque année des récompenses aux adultes des deux sexes qui ont suivi le plus régulièrement ses conférences et remis les meilleures rédactions à ses délégués.

La Société prête son appui, dans la région, à des œuvres d'intérêt général, comme :

1º *Lutte contre l'alcoolisme.* — Secrétaire : M. MESNAGER, 3, rue du Chemin-de-Fer, à Bourg-la-Reine ;

2º *Défense des récoltes contre la grêle.* — M. CURÉ, 72, route de Châtillon, Malakoff ;

3º *Œuvre des Maisons et Jardins ouvriers « Marguerite-Renaudin ».* — M. CURÉ, directeur ;

4º *Société populaire des Beaux-Arts.* — Délégué : M. E. FIX, 31, rue Achille-Garnon, Sceaux ;

5º *Sociétés de secours mutuels, Amicale Féminine et Saint-Jean-Baptiste de Sceaux;*

6º *Horticulture ouvrière et Avenir horticole;*

7º *Patronages laïques et Œuvres post-scolaires; Enseignement professionnel, ménager, etc.;*

8º *Universités populaires de Sceaux et de Montrouge;*

9º *Cours de sténographie;*

10º *Œuvres de coopération et d'association, Crédit mutuel agricole,* etc...

L'Enseignement libre à Sceaux — L'enseignement libre est représenté à Sceaux par : 1° un pensionnat de jeunes filles : *Institution Maintenon*, rue des Imbergères, directrice : Mᵐᵉ Quicandon ; 2° l'école gratuite Jeanne-d'Arc, également pour les jeunes filles ; 3° l'école primaire gratuite Saint-Jean-Baptiste, pour les garçons, directeur : M. Laurens.

Les écoles publiques et les écoles libres se partagent à peu près par moitié la clientèle des enfants de Sceaux.

Association amicale Scéenne. — Au n° 16, rue des Écoles, est le siège social de l'Association amicale Scéenne, fondée en août 1909.

Cette société a pour but de réunir des membres de mêmes idées, susceptibles de défendre et de soutenir leurs droits et leurs intérêts, moraux, religieux, matériels et sociaux. Chaque semaine, une conférence réunit les membres de l'Association et les invités de ceux-ci. Chaque mois, une matinée familiale et récréative où la plus franche cordialité ne cesse de régner, rassemble les familles des sociétaires.

L'Association amicale Scéenne est administrée par un Comité qui a à sa tête, depuis sa fondation, M. J. Camme, comme président.

Tel est l'ensemble des œuvres de solidarité constituées à Sceaux pendant ces trente dernières années.

La préservation de l'enfance est assurée par les crèches, l'École maternelle, l'OEuvre des layettes, l'Orphelinat libre.

Puis, ce sont les écoles à leurs divers degrés, les patronages de garçons et de filles, la Cantine scolaire, etc.

Voici venir l'hiver et les calamités qui le suivent. Pour le combattre, les sociétés d'assistance se multiplient. C'est tout d'abord le Bureau de bienfaisance, ensuite l'OEuvre des Pauvres Malades, la Conférence de Saint-Vincent-de-Paul, les distributions de chauds vêtements pour les mères et les enfants, à la Noël.

Avec le printemps, les Jardins ouvriers sont en fleurs, les fruits et légumes se multiplient et les enfants peuvent se griser de soleil, de grand air et de liberté autour des Maisons ouvrières.

Aux jours sombres de la vie, alors que la maladie abat les plus forts, les plus vaillants, l'Hôpital Marguerite-Renaudin les recueille, les soigne, à moins qu'ils n'appartiennent à l'une de nos sociétés de secours mutuels, qui offrent cet avantage de permettre, avec l'indemnité de maladie, d'éviter l'hospice, si confortable qu'il puisse être.

L'heure de la retraite vient-elle à sonner ? Le travailleur, le prévoyant de l'avenir, fera liquider sa petite pension et narguera la noire misère.

L'imprévoyant lui-même ne sera plus complètement abandonné, puisque l'allocation mensuelle prévue par la loi du 14 juillet 1905 lui sera assurée à l'âge de 70 ans.

Ajoutons que l'action tutélaire de nos philanthropes ne se borne pas à la ville de Sceaux; on retrouve M. Hugues Renaudin à Clamart, à Thiais, à Fresnes-les-Rungis, à la Ligue du Coin de terre et du Foyer.

Ses œuvres charitables embrassent tout le cycle de l'humanité : elles vont de la naissance jusqu'à la mort, pour soulager des misères et épargner des souffrances. Résumons-les ici.

ŒUVRES DE L'ENFANCE

Crèches. — Fondation à Clamart de la Crèche-Garderie Marguerite-Renaudin, reconnue d'utilité publique par décret du 8 mars 1910.

Réfection totale de la Crèche municipale de Sceaux.

Orphelinat. — Fondation d'un Orphelinat de jeunes filles de 6 à 13 ans, dans les bâtiments de l'Hospice Sainte-Marguerite.

Bourses. — Fondation de trois bourses au Lycée Lakanal.

Placement de nombreux enfants pauvres et orphelins dans les orphelinats et maisons d'éducation.

Colonies scolaires. — Enfants malingres envoyés en vacances, soit à la mer ou à la montagne.

Fondations de lits. — Fondation de 2 lits perpétuels à la crèche de Clamart. 240 francs de rente 3 0/0 sur l'État français.

ŒUVRES DE L'AGE ADULTE

Jardins ouvriers. — Fondation à Sceaux de 80 jardins ouvriers pour les familles nécessiteuses et chargées d'enfants.

Maisons ouvrières. — Huit maisons ouvrières logeant gratuitement des familles nombreuses avec jardins ouvriers.

Œuvres annexes. — Œuvres annexes : École Ménagère. Dot terrienne Loi du 12 juillet 1909 sur le Bien de famille. Société de Secours mutuels entre jardiniers.

SANATORIUM DE JEUNES FILLES

Sanatorium. — Fondation à Fresnes-les-Rungis (Seine), dans une propriété de trois hectares, d'un sanatorium de 24 lits destinés aux jeunes filles ouvrières anémiées par l'atelier.

ASSISTANCE A LA VIEILLESSE

Fondation de lit. — Fondation d'un lit perpétuel de vieillard à l'hospice Sainte-Émilie de Clamart. (Arrêté préfectoral du 5 août 1891.)

Donations. — Donation au même hospice de terrains annexés à la propriété.

Nombreux placements de vieillards et malades dans les hospices et hôpitaux.

Hopital-Hospice. — Fondation à Sceaux, en l'année 1895, de l'Hôpital-Hospice Sainte-Marguerite, en l'honneur et à la mémoire de Mme Marguerite Renaudin, décédée à Sceaux le 18 juillet 1893.

36 lits de vieillards et de malades, dont trois sont réservés au notariat.

Rente perpétuelle au Bureau de bienfaisance de Sceaux. — Transfert de l'Infirmerie de Sceaux dans les bâtiments de l'Hospice.

Attribution au Bureau de bienfaisance de Sceaux d'une rente perpétuelle de 4,000 francs par an. (Décret présidentiel du 4 mai 1903.)

DONATIONS DIVERSES

Donations de rentes. — Donations de rentes 3 0/0 sur l'État français : à la Société Nationale d'Encouragement au Bien ; à la Société Mutuelle des Clercs de notaires ; à l'Association de Prévoyance du Notariat de France ; à la Ligue du Coin de terre et du Foyer ; à la Crèche de Clamart.

Pensions de retraites. — Constitution de pensions de retraites aux clercs et aux personnes attachées à l'étude.

Constitution de pensions de retraites à de nombreux enfants.

Placements à la Caisse des retraites sur la vieillesse (160 livrets).

***

Cessons donc de calomnier notre temps. Les problèmes sociaux qui nous divisent se résoudront avec le concours de tous les braves gens, par la prévoyance et par l'assistance entre concitoyens d'une même commune. A se mieux connaître, on sera plus indulgent et plus charitable les uns envers les autres. Toutefois, reconnaissons aussi qu'il était peut-être nécessaire de rendre cette assistance obligatoire envers les vieillards indigents, les incurables et les infirmes.

In memoriam benefactorum ! « A la mémoire des bienfaiteurs ! » Cette devise du blason de la ville de Sceaux rappelle le souvenir de Colbert, de Bourbon du Maine, de Bourbon-Penthièvre et des Mortier de Trévise. Certes, les bienfaiteurs actuels de Sceaux sont les dignes continuateurs de cette noble lignée.

Mme la marquise de Trévise est restée fidèle à cette tradition. Ses discrètes libéralités ne sont pas ignorées. Elle soutient, en outre, des patronages de jeunes filles, elle est présidente de l'*Œuvre des Pauvres Malades*, et chacun de reconnaître à Sceaux son action bienfaisante et salutaire, — mais d'autres noms viennent s'ajouter aujourd'hui à cette noble lignée, — ce sont ceux de Me Hugues Renaudin, d'Hippolyte Boulogne, de Michel Charaire, etc.

Notaire et grands industriels ont donné, ils donnent encore à leurs concitoyens, l'exemple du travail et dans un but de paix sociale, ils prêchent la concorde et la prévoyance pour les imprévoyants : c'est ainsi qu'ils continuent la tradition scéenne. Sceaux ne les oubliera pas... *In memoriam benefactorum !*

FÉLIBRES ET CIGALIERS
à Sceaux

PREMIÈRE PÉRIODE DE 1879 A 1900

Florian et les Félibres.

21 *mai* 1879. — On sait que les deux sociétés des Cigaliers et des Félibres de Paris, toutes deux originaires du midi de la France (Provence, Languedoc, Aquitaine), se réunissent chaque année en pèlerinage à Sceaux, au tombeau de leur compatriote Florian.

Ils chantent le ciel bleu de leur Midi, ils aiment leur Provence comme les fils d'Auvergne aiment leurs montagnes et les Bretons leurs landes et leur mer d'émeraude ; ils ont tous le même culte de la petite patrie dans la grande France : le sol natal leur est cher.

Un de nos concitoyens, journaliste, conférencier et poète à ses heures, M. Jean Mousnier, en littérature : Maurice de Didonne, a suivi avec une ardeur juvénile ce mouvement littéraire méridional. Il a publié une intéressante étude sur *Le Félibrige de Paris*, comment Félibres et Cigaliers organisèrent leur pèlerinage à Sceaux, avec les Jeux floraux, les Cours d'amour.

Feuilletez avec nous ces pages alertes, émues, vibrantes, laissez-vous gagner par leur exaltation même, et vous pourrez redire en toute sincérité, avec l'éminent félibre Clovis Hugues :

> Et nos rêves seront des roses,
> Quant nous retournerons à Sceaux.

Comment fut créé le Félibrige de Paris.

> « Il y a une vertu dans le soleil ! »
> LAMARTINE.

Par un dimanche fleuri de mai, en le bel an de grâce 1879, Paris étonné vit, midi sonnant, s'assembler, dans le jardin du Luxembourg, des artistes et des poètes, qui, — tels des troubadours d'un autre âge, — saluèrent de rimes vibrantes la blanche statue de dame Clémence Isaure, restauratrice des Jeux floraux, puis se mirent en route, chantante caravane, vers les banlieues ensoleillées.

Les Cigaliers et les Félibres allaient en pèlerinage célébrer, à Sceaux, la Sainte-Estelle...

Voici trente-quatre ans que les Méridionaux, qui, à Paris, n'avaient pas oublié le clocher natal et gardaient au cœur le souvenir de la petite patrie, se groupèrent à l'appel de Maurice Faure, du peintre Eugène Baudoin, de Napoléon Peyrat et de Xavier de Ricard et fondèrent la *Cigale*, dont le premier président fut Henri de Bornier, l'auteur, déjà célèbre, de la *Fille de Roland*.

Il y avait là Méry, Adolphe Dumas, qui valut à Mistral l'admiration et l'amitié de Lamartine, Amédée Pichot, Mocquin-Tandon,— des poètes, des peintres, des sculpteurs, des musiciens, des savants. Mais, à dire vrai, la rénovation de la langue provençale ne préoccupait guère les Cigaliers ; de là, la nécessité, bientôt reconnue, d'une nouvelle association, plus intime, plus fervente encore dans le culte du terroir, surtout plus préoccupée des questions de linguistique et de philologie.

Maurice Faure le comprit admirablement ; inlassable, avec une foi d'apôtre, il battit, de nouveau, la « rampelado ». Il s'adjoignit Louis Gleyze, Antoine Duc (dit Ducquercy), Baptiste Bonnet, le noble et beau félibre de Bellegarde, l'excellent peintre Antoine Grivolas, l'habile sculpteur Amy, dont la fin prématurée a surpris tous ceux qui aimaient, en lui, l'artiste consciencieux et probe et le cœur loyal. Bientôt, fut constitué le *Félibrige de Paris*, frère cadet de la *Cigale*, qui fit à la littérature occitanienne la part plus large qui lui était légitimement due.

A cette époque, les réunions qui, maintenant, se tiennent, chaque mercredi, au café Voltaire, avaient lieu, rue Dauphine, chez le cuisinier-restaurateur Martin, un adroit Marseillais qui avait su s'attirer la clientèle méridionale en lui offrant des mets du pays, *bouillabaisse, aïoli, brandade, bourride*, etc.

Au cours d'une promenade amicale, Paul Arène, Aubanel et Maurice Faure découvrirent le tombeau de Florian et le modeste monument que la piété des Scéens y avait élevé et à l'inauguration duquel, en décembre 1836, Népomucène Lemercier avait, au nom de l'Académie, rappelé les titres du poète au souvenir de la postérité.

Les félibrées de Sceaux.

Dès 1878, nos trois amis amenèrent à Sceaux, avec la *Cigale*, Félix Gras, Roumieux, Arnavielle, Léontine Goirand et quelques autres *Félibres de Provence*, venus à Paris pour l'exposition. Mais, nous l'avons dit, ce fut seulement l'année suivante, après la fondation du *Félibrige parisien*, qu'eut lieu le premier voyage officiel, sous la présidence du baron de Tourtoulon, l'érudit historien de Jaime d'Aragon.

Depuis lors, fidèles à leurs amitiés, servants loyaux de la tradition, Félibres et Cigaliers retournèrent, chaque été, vers la cité sainte où il leur semblait retrouver un peu de leur Provence lointaine, un peu de ce pays de clarté, épris de gaie science, où la poésie et le rêve fleurissent dans la lumière, de cette noble terre, embaumée de lavande et de romarin, où les paysans eux-mêmes, lorsqu'ils se relèvent du labeur quotidien, « cadencent volontiers leurs mouvements »

— a dit l'aimable écrivain Paul Mariéton, — « selon le rythme des statues romaines, encore vivantes sur les socles de la Provence latine ».

En ces dernières années, bon nombre d'associations méridionales, *Enfants du Gard, Clapas, Bas-Alpins, Union fraternelle de la Drôme*, etc., ont accoutumé de se joindre au cortège; elles sont toujours joyeuses, ces fraternelles *revenues* du Midi parisien vers Sceaux, vers ce coin fleuri de banlieue, dont les moissons de fraises et de roses envoient leurs parfums à Paris, « vers cette Provence en raccourci, où, disait Paul Arène, le délicat conteur de *Jean des Figues* et de

Formation du cortège des Félibres à la gare de Sceaux.

la *Chèvre d'Or*, — les champs ont des moissons d'œillets et de roses, où, comme au pays de la Vénus d'Arles et de Mireille, on les abrite du vent derrière des haies de cyprès », — où la blancheur des villas s'étage dans la verdure des châtaigniers centenaires et des tilleuls historiques, comme là-bas, au flanc clair des coteaux, les mas aux toits de tuiles roses s'enguirlandent de feuillage, parmi les amandiers frémissants, les platanes d'émeraude et les oliviers gris.

Sous la conduite des présidents successifs du Félibrige : de Tourtoulon, Jasmin fils, Paul Arène, Sextius Michel, aujourd'hui remplacés par un orateur rare et précis, M. Deluns-Montaud, dont l'éloquence athénienne, la voix sympathique et prenante charme et entraîne, les écrivains les plus illustres, les savants les plus distingués, les artistes les plus aimés, les hommes d'État les plus éminents ont, tour à tour, présidé ces assemblées littéraires, qui après plus d'un quart de siècle, n'ont rien perdu de leur enthousiasme, de leur entrain et de leur charme.

LES FÉLIBRES

La tombe de Florian.

Couronnement du buste d'Aubanel.

Maurice Faure.

Sextius Michel.

Albert Tournier.

Léa-Caristie Martel.
(Mme Maujan.)

Les Présidents des Fêtes depuis trente ans. — Une liste glorieuse.

Chaque année, ce sont des feuillets lumineux que la *félibrée* ajoute à l'histoire littéraire de la ville de Sceaux. Avec les jolies allocutions d'Arène, d'Aubanel, de Sextius Michel, de Benjamin Constant, d'Henri Fouquier, de Lucien Duc, de Baptiste Bonnet, — avec les captivantes improvisations de Deluns-Montaud, de Maurice Faure, de Jacques Gardet, de Desmons, d'Albert Tournier, d'Eugène Garcin, — ce furent les nobles et loyales déclarations de Mistral et de Félix Gras, apportant aux Provençaux de Paris la consécration du grand Félibrige, les vibrantes harangues du poète roumain Vasáli Alecsandro, du maître catalan Victor Balaguer, du grand homme d'Etat espagnol Emilio Castelar, du vaillant proscrit Ruiz Zorilla, du comte Tornielli, ambassadeur d'Italie, proclamant l'indissoluble fraternité des races latines, disant leur espoir dans la paix du monde et l'avènement de l'*Empire du Soleil;* ce furent les merveilleux discours de Michel Bréal, de Jules Simon, d'Ernest Renan, d'Emile Zola, de François Coppée, d'Anatole France, de Jules Claretie, de Georges Leygues, d'André Theuriet, de Victorien Sardou, d'Emile Pouvillon, de Marcellin Berthelot, et, plus près de nous, d'Emile Gebhart et de Camille Pelletan, qui, tous, affirmèrent leur sympathie chaleureuse pour la grande cause félibréenne. Tous les délicats, tous les lettrés se réjouissent de ce que ces pages de haute tenue ont été pieusement recueillies pour la postérité, dans le *Viro-Souleu*, la *Petite Patrie* et *Li Souléiado*, véritables livres d'or du Félibrige.

Jeux floraux et Cours d'amour.

Mais il faut encore louer les Félibres de ce que, à notre époque de scepticisme attristé et d'uniformité monotone, ils se sont donné l'agréable et bienfaisante mission d'apporter des éléments de pittoresque, de variété dans le concert national, de ce qu'ils ont su conserver la sérénité gaie des cœurs sains et entretenir cette bonne vieille humeur française dont Michelet disait : « La gaieté, c'est la marque et l'effet du génie. »

Au culte grave des gloires d'autrefois, ces fils du soleil et des libres espaces savent allier les divertissements exquis qui font rêver et aimer; partout, ils sèment aux brises leurs strophes, éblouissantes comme des gerbes de rayons, embaumées des senteurs sauvages des garrigues brunes, bruissantes comme les rudes caresses du mistral aux roches fauves des Alpilles; partout ils remettent en honneur avec les *Jeux floraux*, — brillant tournoi littéraire dont les lauréats reçoivent des prix et des mentions, — toutes les réjouissances de jadis, — exaltant « ce qui est éternellement jeune et beau, le soleil, les fleurs, le chant des oiseaux, l'égalité, la justice, le murmure des sources, la femme, son énigmatique et lumineux sourire », car, ajoute Albert Tournier, dans son éclatante préface des *Souléiado*, « les femmes les plus belles, les plus gracieuses, les plus admirées de cette époque de raffinés ont, avec leur instinct très sûr, immédiatement reconnu, dans le félibre, leur plus fin, leur plus chevaleresque courtisan, celui qui comprend le mieux leur délicatesse, leur goût de perfection, d'idéal, de rêves et de chimères ».

Aussi réservent-elles, pour les félibrées, les plus francs et les plus jolis de leurs sourires, lorsque, d'un geste de muse, elles viennent effeuiller les couronnes de roses et le tournesol symbolique, aux fronts de bronze des maîtres disparus, lorsqu'elles président, sous les ombrages séculaires, à la reconstitution des Cours de Signe et de Romanin, où, jadis, un aréopage, aussi célèbre par la beauté que par l'esprit, présidé par Stéphasnette de Baux, la comtesse de Die, Phanette de Gantelme, Hugonne de Sabran, Briande d'Agoult, rendait des arrêts chantés par les troubadours, Rambaud de Vacqueyras, Rambaud d'Orange, Raymond de Toulouse, Folquet de Romans, Elias Cairel, Giraud de Borneils, etc.

Maintenant, on a quelque peu délaissé les hautes sphères de la casuistique amoureuse; les vers alternent avec les chansons. Sous la cordiale direction d'un artiste méridional, d'autant de talent que de modestie, le bon acteur Duparc, interprète rêvé de Bigot et de Gelu, la Comédie-Française, l'Opéra, l'Opéra-Comique, l'Odéon, la Conservatoire apportent à ces manifestations d'art le précieux concours de leurs premiers artistes; là on a applaudi maintes fois les Mounet, les Sylvain, les Martel, les Gibert, les Isnardon, Lucienne Bréval, Simone d'Arnaud, Catherine Baux, Pauline Savary, — j'en passe et des meilleurs, — là, s'est révélée toute une pléiade de jeunes et valeureux poètes: Roux Servine, Joseph Loubet, Henri Giraud, Fernand Hauser, Paul Cheylan, Fernand de Rocher, Hector Faure, et tant d'autres, qui, entre deux romances, viennent présenter l'hommage poétique des félibres aux jolies reines de la *Cour d'amour*. Celles-ci furent, tour à tour, Mme Maurice Faure, Mlle Isabelle Roma Ratazzi, héritière d'un grand nom et nièce du célèbre félibre irlandais William Bonaparte-Wyse; Marianne Clovis Hugues, aujourd'hui mariée au précieux romancier Jacques Bailleu; Irma Perrot, que le vénérable doyen Gourdoux para du titre de « félibresse Estelle »; Hélène Ameline, blonde comme les moissons d'août, Mireille Clovis-Hugues, aujourd'hui Mme Andrieu; Léa-Caristie Martel, qui avait donné, aux premières représentations d'Orange, une incomparable incarnation de la Minervine de Mouzin; Louise Hartmann Sylvain, l'une des plus puissantes tragédiennes de notre temps; Hélène Sirbain, impeccable interprète des chansons gasconnes; Arlette Vassalio, notre charmante « cigale »; puis Mlles Jeanne Duparc, Jeanne Chazalette, Marcel, Bonnet, Yvonne Bonnaud, Marguerite Bouet, et Massip, toutes filles du Midi ensorceleur, qui, toutes, pour employer l'expression d'Aubanel, « ont des fleurs étranges dans leurs grands yeux ».

C'est ainsi que les Félibres ont fait la conquête de Paris; ils sont venus de leur Provence, jetant aux quatre vents leurs rimes dorées et leurs refrains ensoleillés, entraînant « qui voulait les suivre au simple et délicieux vertige des farandoles et de la joie de vivre »; lors, leurs idées comme la bonne graine, ont germé, et Paris enivré suit ces charmeurs qui lui apportent, sur l'aile de leurs chansons, l'âme, le rêve, la poésie parfumée de leur pays, qui lui enseignent aussi la fraternité artistique, la meilleure des fraternités, puisqu'elle annonce et prépare toutes les autres.

Jean Mousnier.
(*Maurice de Didonne.*)

MAURICE DE DIDONNE.

Le 21 mai 1882, un marbre commémoratif fut placé par leurs soins sur la maison de la rue du Petit-Chemin (aujourd'hui rue Florian), où est mort Florian.

La municipalité et les Félibres assistèrent à cette réunion. Tony Révillon, député de Paris, Clovis Hugues, Élie Fourès prononcèrent de chaleureux discours ou récitèrent des pièces de poésie. M. Michel Charaire fut invité à donner sa note dans ce concert, comme ancien maire de la ville. Voici les dernières phrases de cette allocution :

Florian, disait-il, affectionnait notre charmant pays. Il y avait passé les plus belles années de sa vie, comme gentilhomme attaché à la fortune du duc de Penthièvre et dispensateur de ses libéralités.

A son nom s'attachera le même éclat, le même intérêt qu'aux noms de Colbert, de la duchese du Maine, du duc de Penthièvre et de tant d'autres personnages non moins illustres qui ont passé sur notre territoire.

Mais si notre pays a eu l'honneur de posséder Florian dans toute la maturité de l'esprit, il a eu le profond regret de voir l'auteur des *Fables* mourir, jeune encore, dans toute la force de son talent de poète et de littérateur.

En terminant, Messieurs, je crois devoir dire qu'une tâche incombera toujours à la municipalité de la ville de Sceaux, et cette tâche, bien douce pour elle et pour ses administrés, sera de garder pieusement ce petit coin de terre, où se trouve placée la simple colonne qui supporte le buste de Florian, et au pied de laquelle reposent ses cendres vénérées.

Je porte un toast, Messieurs, à la perpétuité du souvenir et du monument de Florian !...

Inutile d'ajouter que ce toast fut acclamé.

Année 1887

LES FÉLIBRES A SCEAUX. — *Présidence de* FRÉDÉRIC MISTRAL.

3 juillet 1887. — *Inauguration du monument de* THÉODORE AUBANEL. — Cette cérémonie avait amené à Sceaux une affluence considérable de Méridionaux. Le buste de Th. Aubanel se dresse à côté de celui de Florian, dans le jardinet de l'église de Sceaux.

Frédéric Mistral et Paul Arène présidaient cette fête. Sextius Michel prit le premier la parole pour saluer l'auteur de *Mireille*... puis il ajouta :

Je remercie en dernier lieu M. le maire et le Conseil municipal de Sceaux. Non seulement, ils nous ont offert le plus gracieux des concours, mais, en agrandissant pour nous ce Panthéon de verdure, dont le dôme s'élève au-dessus de nos têtes, ils nous ont permis de placer dignement le buste de notre grand poète.

L'idée de placer à Sceaux le buste de Théodore Aubanel devait naturellement germer dans l'esprit de notre grand initiateur, Maurice Faure. Il faisait partie de cette pléiade d'artistes, de littérateurs et de poètes qui, groupés autour d'Aubanel, vinrent à Sceaux en 1878 et, pour la première fois, firent retentir le parc cher à la duchesse du Maine de leurs plus belles chansons méridionales, de leurs vibrantes rimes d'or et des sons du gai tambourin.

L'année suivante avait lieu dans cette ville la première fête de Florian, organisée par le Félibrige parisien, c'est encore Aubanel qui présidait.

. . . .

Et tous les ans, désormais, nos chansons et nos fleurs iront ainsi d'Aubanel à Florian.

Cl. A. Faguet.
Couronnement du buste de Paul Arène.

Année 1888

LES FÉLIBRES A SCEAUX. — *Présidence de* M. RUIZ-ZORILLA.

Le 17 *juin* 1888, dit M. Sextius Michel dans son volume *La Petite Patrie et le Midi à Sceaux*, le nouveau maire, M. Charaire, souhaite fort gracieusement la bienvenue aux Félibres et aux Cigaliers, Maurice Faure, Albert Tournier, Elie Fourès, Paul Mounet, Sextius Michel, Henry Fouquier, Clovis Hugues, réunis sous la présidence d'honneur d'un grand *proscrit* espagnol : M. Ruiz-Zorilla.

Il ne fallut rien moins que la verve étincelante de M. Maurice Faure, l'ardent félibre, « toujours un livre de Mistral ou d'Aubanel dans sa poche », a dit de lui Mme de Rute; les joyeusetés du poète Albert Tournier, les saillies et les toasts de M. Sextius Michel, pour secouer les mélancolies de cette journée.

Ruiz-Zorilla prit ensuite la parole, faisant un parallèle entre Florian et Cervantès, saluant le génie des deux grands écrivains. Il parla avec éloquence de l'union des races latines qui, de fait, s'est réalisée depuis cette époque (1888) par notre réconciliation avec l'Italie et notre accord avec l'Espagne.

Année 1889

LES FÉLIBRES A SCEAUX. — *Présidence de* M. JULES SIMON.

7 *juillet* 1889. — La fête félibréenne de Sceaux a été plus brillante que jamais.

Elle devait son importance à la présidence de M. Jules Simon, et à la présence de Frédéric Mistral, de Mme Ratazzi, de Paul Arène, Henri Fouquier, Paul Mounet.

La promenade de la Tarasque, avec son cortège de tambourins, en a été l'élément très pittoresque.

Je salue, Monsieur le Maire, a répondu M. Sextius Michel aux compliments de bienvenue de M. Michel Charaire, votre hospitalière cité, toute vibrante encore de nos chansons et brillant, à la ceinture de Paris, comme un bouquet de fleurs de Provence.

Je la salue et je renouvelle, au nom de nos confrères, avec son premier magistrat, le pacte d'alliance que conclurent vos compatriotes dans cette inoubliable fête de 1878 que présidait notre immortel et toujours regretté Théodore Aubanel.

Année 1890

Les Félibres a Sceaux. — *Présidence de* M. Michel Bréal.

22 *juin* 1890. — La foule se presse dans la salle des Fêtes de l'ancienne Mairie. Sur l'estrade ont pris place M. Michel Bréal et les membres du bureau du Félibrige.

M. Charaire, maire de Sceaux, prend le premier la parole et le président, M. Michel Bréal, rappelle dans un éloquent discours que

Cliché A. Faguet.
Fifres et tambourins. — Les Félibres.

le but de l'œuvre poursuivie par les Cigaliers et les Félibres est de faire aimer la terre natale et en reconstituer au besoin les mœurs, les coutumes, les usages et les idiomes. Aimer la Provence, la Bretagne, l'Auvergne, c'est-à-dire le coin de terre où l'on est né, c'est être prêt aussi, à un moment donné, à courir à la frontière pour défendre sa patrie.

Année 1891

Les Félibres a Sceaux. — *Présidence de* M. Ernest Renan.

21 *juin* 1891. — La réunion des Félibres a lieu cette année sous la présidence d'honneur d'Ernest Renan; les célébrités du Félibrige et de la Cigale lui font cortège.

Le président des Félibres parisiens prend de suite la parole :

Monsieur le Maire,

Je vous remercie au nom de tous nos confrères de vos paroles de cordiale bienvenue et, fidèle aux anciennes traditions, je salue d'abord la ville de Sceaux où nous venons, en la saison des roses, tenir nos assises annuelles et célébrer par des vers et des chansons les souvenirs et les gloires de la petite patrie.

L'accueil aimable que nous y recevons toujours ne pouvait manquer de faire, pour ainsi dire, éclore dans nos cœurs et dans les vôtres une sympathie toute particulière, fleur de l'hospitalité.

C'est sans doute par modestie, Monsieur le Maire, que vous avez gardé le silence sur un fait qui, cette année, a profondément ému nos cœurs de félibres. Je veux parler de la profanation de la tombe de Florian. Mais nous n'ignorons ni votre empressement à vite en effacer les traces, ni la piété toute filiale que vous avez montrée à l'égard des restes du charmant poète, qui fut votre compatriote et le nôtre. Je suis sûr d'être l'interprète de toute l'assemblée en vous témoignant notre vive gratitude (1).

La ville de Sceaux s'enorgueillit à juste titre de son passé glorieux. Tout ce que la France comptait autrefois d'hommes d'esprit et de savants se donnait rendez-vous dans ce beau parc, maintenant en grande partie détruit, mais dont ce qui reste de ses ombrages atteste encore la légendaire magnificence. Il y avait là un château dont Chaulieu, Genest et Malézieu ont chanté les merveilles et que Girardon, Puget et Lebrun avaient embelli de leurs chefs-d'œuvre. Dans ce château, il y avait une petite cour rivale un moment de celle de Versailles, et Lamotte, Saint-Aulaire, Voltaire lui-même, en étaient les hôtes les plus assidus.

Aussi les noms de ces poètes et de ces artistes sont-ils gravés en lettres d'or dans les annales de la ville, comme le seront un jour, à côté des noms de Florian et d'Aubanel, celui de notre grand Frédéric Mistral, et, à côté du nom de Jules Simon qui présida nos Jeux floraux, il y a deux ans, celui de l'illustre philosophe, du puissant écrivain qui nous préside aujourd'hui.

Après avoir salué en M. Ernest Renan le plus haut représentant de cette union patriotique des provinces de France, il ajoute :

Si la ville de Sceaux doit être fière un jour de vous avoir possédé quelques instants, nous ne le sommes pas moins, très cher Maître, de vous avoir en ce moment à notre tête.

Et M. Ernest Renan de répondre avec une bonhomie charmante :

---

(1) La tombe de Florian venait d'être bouleversée par un malfaiteur qui avait essayé de desceller le buste pour s'emparer du bronze du fabuliste. Cette profanation avait mis à nu les ossements mêmes de Florian. Il fallut faire une réinhumation de ces précieux restes et remettre cette tombe en état.

Vous m'avez rempli de joie, Messieurs, en venant, il y a quelques jours, me chercher dans le fauteuil où me cloue la vieillesse, pour m'associer à vos fêtes. J'aime fort à me trouver avec des gens qui savent s'amuser encore. C'est si rare et si bon ! Après avoir beaucoup réfléchi sur l'infini qui nous entoure, j'arrive à trouver que ce qu'il y a de plus clair, c'est que nous n'en saurons jamais grand'chose. Mais une bonté infinie pénètre la vie, et je suis persuadé que les moments que l'homme donne à la joie doivent compter parmi ceux où il répond le mieux aux vues de l'Éternel...

Le soir de cette même journée, comme notre maire reconduisait son illustre hôte à la gare, ce dernier s'arrêta pour respirer et s'excuser de s'appuyer un peu fortement sur son bras : « Je suis si las, si vieux ! » lui dit-il. Et M. Charaire n'eut pas de peine à lui démontrer que des deux, il était le plus âgé et Ernest Renan de reconnaître sa méprise, de ce rire éclatant de ceux qui savent rire encore.

Année 1892

Les Félibres a Sceaux. — *Présidence de M. Émile Zola.*

19 *juin* 1892. — La séance des Jeux floraux commence à trois heures devant une assistance des plus nombreuses. Les Félibres ont été reçus comme d'habitude par la municipalité, qui souhaite la bienvenue à son président d'honneur, M. Émile Zola.

M. Sextius Michel prend le premier la parole :

Monsieur le Maire,

Nous venons de saluer, dans le jardin où reposent, au milieu des fleurs, les restes de Florian, votre gracieuse cité, qui fut si hospitalière au doux poète, et qui garde si religieusement sa mémoire.

Ici, dans votre ancien hôtel de ville, c'est vous que nous saluons et que nous remercions pour votre cordial accueil, pour vos paroles toutes pleines d'une si flatteuse sympathie.

Il y a un mois à peine, le suffrage de vos concitoyens vous a de nouveau placé à la tête de votre commune. Je vous ai félicité au nom des Félibres parisiens. Aujourd'hui, Félibres et Cigaliers vous félicitent encore.

Car nous savons, Monsieur le Maire, le culte tout particulier que vous professez pour le poète que nous célébrons ensemble. Vous en avez donné l'année dernière une preuve presque filiale, en restaurant l'humble et touchant monument qui lui est consacré.

Aussi bien, n'êtes-vous pas un peu vous-même son compatriote? Qui sait si, dans votre enfance, là-bas, sur ces monts d'Auvergne, d'où l'œil s'étend sur notre Midi charmant, vous n'avez pas comme entrevu, parfois, au pied des

Cévennes voisines, dans une brume dorée, le berceau de notre cher poète, dont à présent vous honorez la tombe, en mêlant le respect des souvenirs au parfum des lis et des roses?

M. Émile Zola, originaire du Midi, était qualifié pour parler au nom des Félibres et des Cigaliers, aussi a-t-il transporté d'enthousiasme son brillant auditoire.

Certes, ces réunions, ces fêtes annuelles laisseront une trace lumineuse dans l'histoire de Sceaux.

Juillet 1910. — Couronnement du buste de Deluns-Montaud, ancien président des Félibres et ancien ministre. (Voir page 202.)

Année 1893

Félibres et Cigaliers a Sceaux. — *Présidence de*
M. François Coppée.

18 *juin* 1893. — Les Félibres sont reçus par M. Charaire, maire, à la nouvelle gare de Sceaux-Ville. M. le Dr Bayol, vice-président du Félibrige parisien, le remercie dans une charmante et poétique allocution et présente à l'assemblée son président d'honneur, M François Coppée, qui prend la parole pour s'excuser, lui, Parisien pur sang, né à Paris de parents parisiens en remontant jusqu'à la troisième génération, de n'être pas absolument du Midi.

Je sais aussi, ajouta-t-il, que vous êtes des gens de belle humeur et que vous entendez le mot pour rire. Un jour, dans un festin de Cigaliers, j'ai rappelé que mon bisaïeul était de Mons, et qu'il était par conséquent du Midi... de la Belgique. Une autre fois, fraternisant avec les Félibres parisiens, je leur ai dit que j'étais né sur la rive gauche de la Seine, qui est aussi le Midi... de la capitale.

Aujourd'hui, comme naguère, j'espère que vous apprécierez les efforts que je fais pour être des vôtres. Après tout, n'est-ce pas? on n'est jamais du Midi que relativement...

Mais c'est assez plaisanter... J'arrive donc au sentiment très sérieux qui m'a décidé tout de suite à répondre à votre cordial accueil. Ce sentiment est ma sincère et profonde gratitude envers les poètes provençaux.

Cette spirituelle boutade sur le Midi... approximatif, a été longuement applaudie. Elle a été suivie d'un discours très brillant.

Année 1894

LES FÉLIBRES A SCEAUX. — *Présidence de* M. ANATOLE FRANCE.

24 *juin* 1894. — M. Sextius Michel prend la parole et remercie M. Charaire :

Merci, Monsieur le Maire, pour votre accueil toujours si cordial, pour vos paroles toujours si aimables. Les compliments que nous échangeons chaque année ne perdent rien, de part et d'autre, de la sincérité des premières étreintes.

J'adresse donc, avec les mêmes sentiments de cordialité, à la municipalité et à la ville de Sceaux, le salut des Félibres et des Cigaliers.

M. Anatole France répond aux Félibres et les félicite de leur foi ardente dans l'art.

A votre exemple, reprenait M. Anatole France, Français du Centre, du Nord, de l'Est, de l'Ouest, aimons notre ville. Que notre patriotisme local soit le centre de l'axe de notre patriotisme français. Écoutons la cité natale qui, de sa voix forte et charmante comme le son des cloches, nous dit : « Voyez, je suis vieille, mais je suis belle; mes enfants pieux ont brodé sur ma robe des tours, des clochers, des pignons dentelés et des beffrois. Je suis une bonne mère, j'enseigne le travail et tous les arts de la paix... J'ai reçu des blessures qu'on disait mortelles, mais j'ai vécu parce que j'ai espéré. Apprenez de moi cette sainte espérance qui sauve la patrie. »

25 *juin* 1894. — MORT DU PRÉSIDENT CARNOT. Cette fête des Félibres fut attristée le lendemain par la mort du président Carnot, assassiné à Lyon, à l'âge de 57 ans, au milieu des fêtes d'un voyage présidentiel.

La consternation fut générale dans le pays. On n'oubliait pas à Sceaux que le président Carnot avait su dénouer la crise redoutable du boulangisme, qu'il avait présidé aux merveilles de l'Exposition de 1889 et scellé l'alliance avec la Russie.

Année 1895

Les Félibres a Sceaux. — *Présidence de* M. Jules Claretie.

23 *juin* 1895.— Les Félibres sont reçus à la gare de Sceaux-Ville par la municipalité et M. Charaire prend la parole en ces termes :

Messieurs,

Notre municipalité, par ma voix, est heureuse de saluer une fois de plus nos amis les Félibres, et de leur souhaiter la bienvenue.

A 1882 remonte, Messieurs, votre première visite à Sceaux, nous vous le rappelons avec un vrai plaisir. Le souvenir du chantre d'*Estelle et Némorin*, dont nous conservons jalousement les restes, sans vouloir jamais nous en séparer; la beauté de notre site au midi de Paris, qui vous rappelle votre pays natal, sont autant d'attraits qui vous ramènent fidèlement dans notre localité.

Aujourd'hui donc, nous célébrons le quatorzième anniversaire des fêtes traditionnelles des Félibres, cette joyeuse phalange que notre population reçoit toujours avec tant de sympathie et qu'accompagne, pour rehausser l'éclat de cette solennité, l'élite de nos écrivains : poètes et littérateurs, ainsi que les représentants distingués de la presse.

Des personnages éminents, qui sont la gloire de la France, ont, à tour de rôle, fait le pèlerinage de Sceaux pour présider vos fêtes; et cette année n'est pas moins favorisée que ses devancières puisqu'il nous est donné de posséder dans notre charmant pays un des hommes les plus autorisés, dont le nom perpétuera le souvenir de cette belle journée.

Je suis heureux, Monsieur (s'adressant à M. Jules Claretie), de saluer en vous l'ancien président de la Société des Auteurs dramatiques et de celle des Gens de Lettres, le membre de l'Académie française, et l'administrateur général de cette célèbre maison de Molière que vous dirigez depuis dix ans avec un tact si parfait.

Il n'est pas de titres qui ne vous soient acquis et que vous n'ayez bien mérités.

Votre présidence d'honneur marquera une page des plus intéressantes dans les annales de la ville de Sceaux.

Puis, musique en tête, le cortège se rend devant la maison de Florian, où M. Maurice Quentin, président de la conférence La Bruyère, prononce un très éloquent discours.

La salle des Fêtes de l'ancienne Mairie est comble. Le public attend avec impatience les Félibres. Ils arrivent.

Avec M. Jules Claretie, nous sommes en terre limousine, et il rend hommage à la langue limousine. Né à Limoges de parents périgourdins, il trouve dans ces deux provinces les plus célèbres troubadours, ces ancêtres glorieux des Félibres.

On était hier Provençal, Gascon, Berrichon, Champenois, Normand, Breton avec Renan, aujourd'hui on est, avec M. Jules Claretie, Limousin. Nos Félibres n'ont pas encore conquis l'Auvergne.

Mais cela viendra, si ce n'est déjà fait... En effet, l'honorable M. Gidel, ancien proviseur du lycée Louis-le-Grand, n'était-il pas cette année au nombre des invités des Félibres, et comme M. Michel Charaire s'étonnait de rencontrer à Sceaux ce compatriote de Clermont-Ferrand, il lui répondit :

Que voulez-vous? Ces joyeux Méridionaux ont découvert que j'avais publié un travail dans lequel je renouais le vieux pacte qui liait jadis les trouvères de la langue d'oïl avec ceux de la langue d'oc: ils en ont conclu, puisque je m'intéressais à leur cause, que je devais être des leurs; de là, ma présence aujourd'hui à Sceaux, où, sur cette estrade, je représente l'Auvergne, comme notre président d'honneur représente le Périgord et le Limousin.

La communion des races se fait par les poètes et les écrivains, a dit M. Jules Claretie : le succès des Félibres confirme cet axiome.

Année 1896

Les Félibres a Sceaux. — *Présidence de* M. Georges Leygues.

Après l'aimable discours de M. Charaire, dit le président des Félibres, et selon notre tradition, j'ai le devoir de saluer d'abord la ville et la municipalité de Sceaux.

Nous ne pouvons oublier, ajoute-t-il, que la ville de Sceaux a été la première à célébrer Florian et à couronner tous les ans son buste avec les fleurs de ses jardins, et que tous les ans nous célébrons sa mémoire avec les strophes de nos poètes. Merci donc à la cité toujours fleurie et toujours fraternelle.

Et, dans un discours d'une grande envolée, M. Georges Leygues développe cette belle pensée qu'il faut avec les Félibres « s'élever sans trêve vers un idéal toujours plus haut de justice, de beauté et de vérité ».

18 *décembre* 1896. — Mort de Paul Arène, le célèbre poète provençal, président du Félibrige de Paris, décédé à Antibes.

Quelques jours après, le 31 décembre 1896, M. Jules Troubat adressait la lettre suivante à M. Michel Charaire :

Monsieur le Maire,

En ma qualité de l'un des vice-présidents du Félibrige de Paris, j'ai été chargé, au nom de la Société, de vous remercier de la vive part que vous avez bien voulu prendre au malheur qui vient de la frapper, par la mort de notre éminent et très regretté collègue Paul Arène.

Vous avez bien voulu assister aux obsèques et prendre la parole sur la tombe de notre ami. Nous sommes profondément touchés et reconnaissants de la nouvelle marque de sympathie et d'amitié que vous avez décernée au Félibrige.

Dans notre prochaine réunion, nous allons nous occuper de suite du buste que nous nous proposons d'élever à Sceaux, à la mémoire du poète que nous venons de perdre.

Veuillez agréer, Monsieur le Maire, l'assurance de nos sentiments affectueux et respectueux.

Jules Troubat.

Année 1897

Félibres et Cigaliers. — *Présidence de* M. Benjamin Constant.

4 juillet 1897. — Il y avait au programme l'inauguration du buste de Paul Arène, décédé l'année précédente à Antibes.

M. Sextius Michel, notre fidèle félibre, prend le premier la parole.

Paul Arène aimait fidèlement la ville de Sceaux. « Sceaux, avait-il dit dans un de ses discours, dont les collines envoient leurs parfums à Paris, Sceaux, où comme là-bas, chez nous, les champs ont des moissons d'œillets et de roses, et où, toujours comme au pays de la Vénus d'Arles et de Mireille, on les abrite du vent derrière des haies de cyprès ! »

Le maire de Sceaux, reprend M. Sextius Michel, de son côté, avait une grande sympathie pour Paul Arène, et il l'a noblement prouvé ! Se trouvant en villégiature à Cannes, quand il apprit que notre président honoraire était mort à Antibes, il n'hésita pas un instant à se rendre dans cette dernière ville, et prononça un discours d'une parfaite convenance au nom des habitants de la ville de Sceaux et des Félibres et Cigaliers que cette foudroyante nouvelle était venue surprendre à Paris.

Recevez donc, bien cher et bien sympathique Maire, les vifs remerciements de nos deux associations.

Si la poétique cité qui nous accueille tous les ans avec tant de courtoisie inscrit dans ses annales les noms des grands écrivains et des grands artistes qui furent ses hôtes d'un jour, nous inscrirons en lettres d'or sur les nôtres le nom de M. Charaire, maire de Sceaux.

Avec M. Benjamin Constant, notre grand peintre, le président de la *Cigale*, nous nous trouvons en plein pays gascon, à Toulouse, sa capitale. Il est venu à Sceaux pour rendre un devoir pieux à la mémoire de Paul Arène, à cet Athénien de Provence, à ce Parisien du Midi, au délicieux conteur de *Jean des Figues* et de la *Chèvre d'or*.

Année 1898

LES FÉLIBRES A SCEAUX. — *Présidence de M.* ANDRÉ THEURIET.

Mon premier devoir, — un devoir très doux, — a dit M. André Theuriet au début de son discours, est de remercier mon cher collègue, M. le maire de Sceaux (1), de son très aimable souhait de bienvenue. Je veux dire également à votre brave et éminent président, M. Sextius Michel, combien sa chaleureuse sympathie et ses précieux éloges m'ont été au cœur...

L'occupation de ce fauteuil, dans une fête toute méridionale, par un écrivain appartenant au nord de la France et élevé tout là-bas en Lorraine, ne s'expliquerait guère si je n'étais convaincu comme vous qu'il faut aimer sa province et s'en imprégner.

Quand nous aurons rendu au peuple, disait Aubanel, sa fierté provençale, alors il s'attachera comme le lierre à la terre maternelle, alors il aimera son petit village et ses oliviers, sa *calenco* et ses rochers, alors Paris et le Nord ne viendront plus l'éblouir, et il trouvera enfin que son soleil est le plus beau.

Et c'est bien là, en effet, ce qu'il faut retenir de l'œuvre des Félibres, ce qui fait leur force et leur gloire.

Année 1899

LES FÉLIBRES A SCEAUX. — *Présidence de M.* DELUNS-MONTAUD.

2 juillet 1899. — La tradition de ce pèlerinage annuel à Sceaux se continuait toujours, pleine de charme et d'imprévu. Les discours de réception ont entre eux une certaine ressemblance, mais les notabilités auxquelles ils s'adressent se renouvellent chaque année, de là l'intérêt que ces allocutions peuvent présenter. M. Charaire n'a pas moins été aimable cette fois pour M. Deluns-Montaud, que pour ses prédécesseurs.

---

(1) André Theuriet, membre de l'Académie française, était à cette époque maire de Bourg-la-Reine, notre voisin par conséquent. Il habitait sa jolie propriété du Bois-Fleuri·

Il m'est agréable de constater que c'est aujourd'hui la treizième fois qu'il m'est donné, étant maire de la ville de Sceaux, de prendre la parole au début de cette fête annuelle du Félibrige de Paris, pour saluer les membres de cette joyeuse phalange de Méridionaux, nos aimables visiteurs, et leur souhaiter la bienvenue. En même temps qu'ils viennent chez nous pour honorer et évoquer le souvenir des poètes et littérateurs célèbres de leur pays, dont nous gardons pieusement le souvenir, ils apportent toujours avec eux la vie et la joie dans notre localité, qu'ils ont prise, par sa situation, pour l'idéal de leur chère Provence; c'est à Sceaux, dans ce langage si doux à entendre et si enthousiaste, qu'ils chantent leur petite patrie, sans cesser pour cela d'aimer de tout cœur la grande famille française et républicaine.

La fête du Félibrige parisien brille cette année d'un nouveau lustre, en ce qu'elle a comme président d'honneur l'homme éminent et distingué, sympathique à tous, l'honorable M. Deluns-Montaud, ancien député, ancien ministre des Travaux publics, aujourd'hui ministre plénipotentiaire du gouvernement de la République.

En 1897, lors de l'inauguration du buste de son ami et compatriote Paul Arène, avec quel charme nous l'avons entendu, de sa voix chaude, vibrante et persuasive, faire l'éloge du grand écrivain, du poète, dont le Félibrige porte le deuil récent et dont la mémoire restera dans la pensée de tous.

La haute personnalité de M. Deluns-Montaud s'ajoutera à celle de tant d'hommes éminents qui ont tenu à honneur de présider ces fêtes si populaires du Félibrige parisien; ce sera un faste de plus à ajouter aux Annales de la ville de Sceaux.

M. Sextius Michel, qui assistait, le 6 mai 1899, au mariage de la petite-fille de M. Charaire, a profité de la réunion annuelle des Félibres le 2 juillet suivant, pour adresser au maire de Sceaux, et un peu aussi à l'ami personnel, des compliments et félicitations dictés par une sympathie qui a toujours été réciproque. Le Méridional se retrouve dans cette allocution, on y sent aussi l'homme de cœur et de famille qu'il a toujours été :

Les sentiments de la ville et de la municipalité de Sceaux, le vénérable doyen des maires de la banlieue de Paris, M. Charaire, vient encore une fois de les exprimer avec son habituelle bonne grâce.

Si peut-être aujourd'hui nous avons remarqué un peu plus d'émotion dans sa voix, si tous les visages vous ont paru un peu plus souriants à notre arrivée, c'est que, tout récemment, une fête familiale a mis en grande joie la cité florianesque.

Je veux parler du mariage de Mlle Charaire, que le plus heureux des grands-pères a unie lui-même, en sa qualité de maire, au plus heureux des fiancés.

Oui, Messieurs, ces arbres séculaires où fleurirent jadis tant de gracieuses légendes, sous lesquels si souvent se sont déroulées nos farandoles provençales, ont vu, le 6 mai 1899, leurs feuillages doucement s'incliner devant deux jeunes et beaux époux, que toute une population, au sortir de l'église, acclamait au milieu d'un brillant cortège, tandis que le soleil, qui ne pouvait manquer d'être de la fête, jetait comme un tapis d'or sur leurs pas.

J'ai eu l'honneur d'assister à cette superbe cérémonie, et, en l'absence de Benjamin Constant, j'ai présenté aux fortunés époux et à leurs familles, les compliments de nos deux sociétés...

Quant à M. Deluns-Montaud, dans un discours charmant et très humoristique, il avait promis d'être bref, — bref et modeste comme il convient à un Gascon, — et il a tenu parole. M. Charaire lui a su grand gré de n'avoir pas oublié dans une énumération des gloires de la France, l'Auvergne qui s'honore de compter parmi ses enfants Pascal, l'auteur des *Pensées*, et le général Desaix, qui mourut glorieusement à Marengo.

Ce fut la dernière réception officielle des Félibres et Cigaliers par M. Michel Charaire, en tant que maire de Sceaux.

Quant à M. Sextius Michel, rappelons qu'il avait succédé à Paul Arène, comme président du Félibrige de Paris. Il était maire du XVe arrondissement de Paris depuis 1871, et le doyen des Félibres Parisiens.

Sextius Michel, l'auteur de la *Petite Patrie*, né à Sénas (Bouches-du-Rhône), en 1825, est mort à Paris en 1904.

Les Félibres se rendant à la salle des Fêtes.

FÉLIBRES ET CIGALIERS
à Sceaux

DEUXIÈME PÉRIODE DE 1900 A 1910

Année 1900

Félibres et Cigaliers.— *Présidence de* M. Albert Tournier.

1er *juillet* 1900. — Une aimable allocution de M. Château, maire de Sceaux, rendant hommage à son prédécesseur M. Charaire et

M. Château, maire de Sceaux, 1900-1904,
et la reine du Félibrige.

souhaitant la bienvenue aux Félibres, et en particulier au poète provençal Félix Gras qui, en venant cette année à la suite de tant d'hommes illustres à ces fêtes, leur donne un nouvel éclat, dont la ville de Sceaux gardera précieusement le souvenir.

Et M. Albert Tournier, le président effectif, de remercier chaleureusement M. Château de sa sympathie pour leur grand capoulié :

Félix Gras, et dans une succession de tableaux d'une touche magistrale, il analyse le beau livre des *Papalines* :

> ... Jadis, au temps des papes,
> Dans Avignon fleuri de pourpre et de brocart...

Et ce bon pape, Grégoire IX, lisant son bréviaire à l'ombre d'une haie d'aubépines, tandis que l'enfant de chœur grappille des cerises et court après les cigales...

Puis on a promptement passé à la Cour d'amour. Entre temps, M. Jean Mousnier, de Sceaux, l'un des organisateurs de la fête, a distribué un délicieux programme à conserver en souvenir de cette mémorable journée.

Année 1901

FÉLIBRES ET CIGALIERS. — *Présidence de* M. HENRY FOUQUIER.

30 juin 1901. — En des termes souvent applaudis, M. Château, maire, souhaite une cordiale bienvenue aux Félibres, qui lui savent gré de cette hospitalité, si large, si généreuse.

> Sceaux est à vous, chers hôtes, a-t-il dit en terminant. Dans le devoir pieux que vous venez remplir ici, sa population est de tout cœur avec vous. Elle vous rend l'affection que vous portez à ce pays, et elle est heureuse de vous recevoir fraternellement, à bras ouverts.
>
> Puissiez-vous revenir parmi nous d'année en année célébrer ce soleil qui, derrière ce malicieux rideau de nuages, illumine de ses rayons généreux tout le pays de la langue d'oc, depuis les Alpes jusqu'à l'Adour !...

Année 1902

FÉLIBRES ET CIGALIERS. — *Présidence d'honneur de* M. ÉMILE POUVILLON.

22 juin 1902. — L'auteur de *Chante Pleure*, de l'*Innocent*, de *Jean*, de *Jeanne*, de *Cézette*, qui nous a si bien décrit les mœurs du Quercy, M. Émile Pouvillon était de Montauban.

M. Albert Tournier, le député provençal, prend la présidence effective.

Des pertes douloureuses, dit-il, ont cette année attristé nos associations méridionales, nous avons vu disparaître, avec quel serrement de cœur ! notre cher chancelier Gardet, le dernier des troubadours, l'étincelant chroniqueur Henry Fouquier, le peintre génial Benjamin Constant; leur image flottera longtemps, au milieu de ces charmilles et de ces ombrages, au-dessus de nos Cours d'amour...

Les discours terminés, voici la Cour d'amour avec Mlles Irma Perrot, Jane Ediat, Hélène Sirbain, Jane Rabuteau, Duran, etc.

La séance est levée vers cinq heures et les Félibres se rendent chez M. Château, où les attend Mme Château. Un lunch leur a été servi. L'habitation est attenante à un parc plein de fleurs et de verdure, et les dames sont invitées à y faire ample moisson de roses et de pâquerettes et l'on a largement profité de l'aubaine...

Année 1903

Félibres et Cigaliers. — *Présidence de* M. Berthelot.

28 *juin* 1903. — Le grand chimiste était accompagné par MM. Maurice Faure, Albert Tournier, Paul Mariéton, Chalazette, etc.

M. Château souhaite la bienvenue aux Félibres. Il n'oublie personne, il salue au passage les vivants et les morts.

Sceaux est pour vous la petite étape, a-t-il dit, avant la grande, le pèlerinage d'un jour, avant l'exode estival qui vous emmène, chaque année, vers le pays du soleil et de l'azur. Parmi ces hôtes d'un jour, quelques-uns, hélas ! nous ont à jamais quittés : Aubanel, Paul Arène, Félix Gras ne reviendront plus partager nos allégresses...

Puis s'adressant à M. Berthelot, il reprend :

Cher et vénéré maître, votre présence qui rehausse l'éclat de cette assemblée nous charme, mais ne nous surprend pas, car les savants sont aussi de grands poètes. Eux aussi, ils aiment la nature : s'ils lui arrachent le secret de ses lois, c'est pour la faire plus grande encore; s'ils l'asservissent, c'est pour la glorifier

De ces poètes du savoir, vous êtes, Monsieur, l'un des plus illustres. Vous avez exploré l'inconnu et ajouté encore au domaine de la science. Nous nous inclinons devant l'œuvre accomplie, et nous saluons respectueusement l'ouvrier de l'énorme labeur dont la France s'honore avec le monde entier...

Le président d'honneur, M. Berthelot, se lève et prononce un charmant et spirituel discours, dont les saillies bien parisiennes ont égayé l'auditoire. Il est né en place de Grève, au coin de la rue du

Mouton, vers le centre du carré gauche de la place de l'Hôtel-de-Ville... C'est en 1849, dit-il, qu'il a opéré l'invasion du Midi en compagnie de son ami Ernest Renan, épris tous deux d'un même idéal de science et de liberté. Ils ont descendu le Rhône, de Valence à Arles et à Avignon. Puis, ils se sont séparés, Renan pour aller à Rome et Berthelot aux Pyrénées. C'est alors, dit-il, qu'il a eu la révélation de la splendeur et de la lumière, l'enchantement de la mer et de la montagne. Au cours de son existence, il a parcouru à quinze ou vingt reprises la vallée du Rhône, le Dauphiné, la Provence, le Languedoc. Plus jeune, il

Une Cour d'amour à Sceaux, dans le jardin de la Mairie.

aurait peut-être essayé de composer un sonnet provençal en l'honneur de Florian et des dames, qui ont aujourd'hui l'indulgence de l'écouter. Mais il a un titre plus précis à mettre en avant, il est chimiste... et Parisien. Or, quelques-uns des cigaliers érudits, présents à cette réunion, pourront dire que les alchimistes d'Alexandrie et de Constantinople, il y a seize siècles, s'appelaient du nom de poietès — les poètes — c'est-à-dire les créateurs, créateurs de richesse et de santé, faisant de l'or et prolongeant la vie, créateurs de la philosophie de la nature et disciples d'Aristote et de Platon. C'est écrit dans les vieux textes. Sans doute, leur science était en partie chimérique. Les chimistes modernes n'ont pas répudié l'idéal de leurs antiques précurseurs. Eux aussi prétendent être des créateurs de richesse et de vie... L'idéal du savant est un idéal de bonté et de solidarité; c'est ce que proclament, sous la verdure impérissable du Midi, l'olivier, le laurier, le cyprès, le chant éternel de la cigale d'or!...

Une ovation enthousiaste a accueilli cette délicieuse et familière causerie de notre grand chimiste.

Après les concours littéraires en provençal, on s'est rendu dans le parc de la nouvelle Mairie, où se tenait la Cour d'amour. Le *Message de la Reine*, une poésie de Fernand de Rocher, y a été très applaudi.

> Venez dans les splendeurs de ce calme vallon
> Chanter comme chantait le félibre Apollon,
> Afin que nous vivions, une heure, dans un rêve,
> Tous les chers souvenirs de la lointaine grève,
> Afin que les ciels gris soient toujours étoilés
> Sur les regrets épars dans nos cœurs d'exilés !
> . . . .

Année 1904

Fête Félibréenne de Sceaux. — *Président d'honneur :*
M. Émile Gebhart, *de l'Académie française.*

3 juillet 1904. — L'estrade est occupée par l'ambassadeur d'Italie, comte Tornielli, MM. Château, maire de Sceaux, André Theuriet, Sextius Michel, Maurice Faure, Lucien Duc et Paul Mariéton.

M. Château a pris le premier la parole :

La ville de Sceaux, a-t-il dit, est d'autant plus fière de vous recevoir aujourd'hui que, cette année, vous avez célébré en Avignon, au milieu d'un peuple enthousiaste, le cinquantenaire du Félibrige. Comme dans les jubilés antiques, c'est à la face de la nature, sous votre beau ciel bleu de Provence, que vous avez donné libre essor à votre poésie. Là-bas, où « la verte olive, la mûre vermeille, la grappe de vie croissent ensemble sous un ciel d'azur », vous avez, dans un magnifique élan de reconnaissance et d'art, fêté vos illustres devanciers. Mistral, Roumanille, Aubanel (je ne puis les citer tous) venaient de jeter les premières bases du Félibrige.

La présence de M. le comte Tornielli, ambassadeur d'Italie, a-t-il ajouté, me permet d'applaudir aux heureux événements qui se sont succédé récemment. Nous nous acheminons vers l'union définitive des races latines. Par sa langue, la belle Provence est comme le trait d'union qui relie la France et l'Italie.

Et M. Émile Gebhart de fêter dans sa réplique le sixième centenaire de François Pétrarque. Rome, Florence, Venise, Naples,

Milan, Bologne, Padoue, vont célébrer tour à tour, le sixième centenaire de ce divin poète qui recueillit en Provence, au bord de la Sorgue, la lyre à demi brisée de nos troubadours.

Avignon, alors la Rome papale, lui révéla l'âme de la vieille Provence, si pure, si radieuse sous les traits de cette exquise Laure, qu'il adora morte avec plus de tendresse que vivante : « Bénis soient le jour, et le mois, et l'année, et la saison, et le temps, et l'heure, et le moment, et le beau pays, et l'endroit où je fus joint par deux beaux yeux, qui m'ont enchaîné. »

Ainsi chantait Pétrarque...

> Notre Midi français, continue M. Gebhart, fut comme un reliquaire religieusement gardé par les cités et par les évêques où demeurèrent les œuvres et les souvenirs du génie antique. Et bientôt, favorisés par une féodalité généreuse, par des seigneurs amis des belles choses, fleurirent de toutes parts sur cette terre féconde des parterres de poésie, poésie passionnée ou sensuelle, ironique ou belliqueuse, chants d'amour ou cris de guerre, la premi're littérature lyrique de l'Europe chrétienne.
>
> Vous savez par quelle catastrophe fut arrêtée la floraison de cette civilisation provençale et comment, aux jours lugubres de la croisade contre les Albigeois (1227-1229), tous les parterres furent saccagés et les lis et les roses noyés dans le sang. Mais, admirez cette merveille : le dernier sourire de la Provence agonisante enchante l'Italie. Tandis que les troubadours exilés descendaient les sentiers des Alpes vers la Lombardie, l'Italie, émue de cette grande misère, se prenait à la fois de tendresse et d'admiration pour notre Midi...

On applaudit cette brillante dissertation en l'honneur de Pétrarque et du génie latin, et l'on écoute ensuite les phrases aimables de l'ambassadeur, le comte Tornielli :

> A une époque qui n'est pas encore très reculée, une solennité comme celle-ci nous aurait mis en face, vous et moi, pour nous disputer jalousement la gloire de Francesco Pétrarca... Aux prétentions exclusives que j'aurais établies sur les origines de la famille, sur la naissance et le couronnement de Pétrarque au Capitole, dont l'œuvre littéraire a traversé sept siècles sans vieillir, vous m'auriez opposé les quatre années d'études et le diplôme de Montpellier, les longs séjours d'Avignon, de Carpentras, de Paris, le canonicat de Lombez, la retraite de Vaucluse. Vous m'auriez dit que Laure de Noves était Française et que la merveilleuse source d'où jaillissent plus de 150 mètres cubes d'eau par seconde — de cette fontaine de Vaucluse — qui inspira au poète une de ses plus beaux chants, est située dans votre splendide pays de Provence...
>
> Heureusement, dit en terminant le comte Tornielli, nous n'en sommes plus à ces disputes stériles. Nous nous unissons tous pour célébrer ce divin poète, que les peuples de même éducation, de même culture et de même race admireront toujours.

Année 1905

Les Félibres et Cigaliers a Sceaux. — *Présidence de* M. Camille Pelletan.

2 *juillet* 1905. — Sur l'estrade, M. Château, MM. Sextius Michel, André Theuriet, Maurice Faure, Albert Tournier, Chalazette, le général Pedoya, Félicien Champsaur, le peintre Gabriel Ferrier, etc.

« Ces pèlerins du soleil » ont été salués par M. Château, maire de Sceaux, au nom de la cité et du Conseil municipal. Il a souhaité la bienvenue à tous, Félibres, Cigaliers, Enfants du Gard, et même à l'Association des Bretons bretonnants, ces Félibres de l'Ouest, que l'on voyait à Sceaux pour la première fois, sous la conduite de leur *pentyern* Durocher.

La parole est au président d'honneur, M. Camille Pelletan. Ce n'est pas un Provençal, il est né à Paris, rue des Beaux-Arts; mais il est député des Bouches-du-Rhône, de la Provence. Il abandonne la sentimentale Estelle et son Némorin, comme un peu démodés, pour suivre avec Mistral, sa *Mireille*, la belle Arlésienne si vivante, si robuste dans sa jeunesse immortelle, et il la ramène volontiers parmi nous, sous les ombrages du vieux parc, où Voltaire faisait de petits vers pour la duchesse du Maine.

Tels sont les caprices des destinées littéraires, dit M. Camille Pelletan. Mais c'est de Paul Arène, c'est de Jean des Figues, son vieux camarade de jeunesse, qu'il veut nous entretenir.

Étrange figure, ajoute-t-il, un peu arabe, un peu gauloise et très athénienne. Il était pourtant bien Provençal, celui-là, du bout de l'orteil à la racine des cheveux, et c'est probablement parce qu'il était si Provençal qu'il était si Parisien. Paul Arène a été un poète exquis dans les deux langues; il fut surtout un des meilleurs prosateurs du siècle, et vous couronnez en lui un de nos maîtres, et vous avez raison...

Ces Cours d'amour, que vous ressuscitez pieusement, il ne faudrait pas les juger sur les raffinements un peu scolastiques de leur subtile galanterie; le mouvement d'idées dont elles ont été l'expression, ce mouvement a commencé le relèvement de la femme, que les grands poètes florentins, héritiers des nôtres, ont bientôt presque divinisée.

Nos poètes du Midi ont initié le moyen âge à leur idéal. Richard Cœur-de-Lion chantait en provençal, et nos grands troubadours, cent ans après leur mort, sont devenus les maîtres écoutés de Dante et de Pétrarque...

Ne nous plaignons donc pas si la Provence, où il y a encore du sang phocéen, a apporté à notre famille française un souffle du génie de l'Hellas et un rayon du ciel de l'Attique, puisqu'elle a su rester bien française, sans cesser d'être grecque.

Des applaudissements très soutenus ont applaudi le conférencier qui a parlé de son pays d'adoption en vrai Provençal.

Les invités se rendirent ensuite dans le jardin de la Mairie, où devait se tenir sur la pelouse la Cour d'amour, présidée par Mlle Marguerite Bouet, reine de 1905, assistée de Mlles Yvonne Bonnaud et Jeanne Chalazette, reines de 1904 et de 1903.

Mlle Yvonne Bonnaud, en costume arlésien, dit une délicate poésie de notre compatriote Jean Mousnier, dont nous détachons ces délicieuses strophes :

> . . . .
> Il m'agrée, à cette heure où mon règne s'éteint,
> D'apporter mon serment d'hommage et d'allégeance
> A Celle dont le règne ici même commence,
>   Comme l'aube d'un beau matin.
>
> De mes fragiles mains, Marguerite, à ton tour,
> Tu reçois la couronne, et le sceptre, et l'empire,
> Lors, tu peux commander à tout ce qui respire,
>   Car te voici reine d'amour.
>
> C'est là, vois-tu, ma sœur jolie, un rang suprême.
> Tandis que, fort souvent, demeure en désarroi,
> Dans de riches palais, la reine d'un vrai roi,
>   Toi, ton peuple t'acclame et t'aime.
>
> Car tes sujets. . . . .
> Joailliers d'idéal et rêveurs radieux,
> Ils vont, musiciens, peintres, sculpteurs, poètes,
> Tous, du Beau, tour à tour, disciples et prophètes,
> Par le monde étonné ressusciter les dieux...

Est-il nécessaire d'ajouter que la grâce de Mlle Yvonne Bonnaud, faisait admirablement goûter le talent incontesté de Jean Mousnier. Et dans la soirée, la farandole traditionnelle se déroula dans les allées du vieux Parc, après les fusées du feu d'artifice.

Année 1906

Les Félibres a Sceaux.
Présidence de MM. Paul Mariéton *et* Baptiste Bonnet.

Le dimanche 7 *juillet* 1906, le train du Luxembourg venait, dans un panache de fumée, s'arrêter à deux heures et demie, sur le quai de notre petite gare. Aussitôt, des portières entr'ouvertes, sautait légèrement tout un essaim de jeunes et jolies femmes. C'était l'arrivée des Félibres. MM. Château, maire; Fontaine, adjoint; Sellier, Troufillot, Habay, Montagne, conseillers municipaux; Rivière, membre de la Caisse des écoles, attendaient les invités de la municipalité.

Le cortège se forme immédiatement pour se rendre au petit jardinet de l'église. Cette année, la fête félibréenne revêt un caractère tout intime, par suite du deuil récent du Félibrige parisien qui a perdu, au mois de mars dernier, son président, le regretté Sextius Michel. Aussi, est-ce en silence, sans musique ni fanfare, que le cortège se met en marche. M. Château donne le bras à la nouvelle reine, Mlle Henriette Massip, tandis que MM. Baptiste Bonnet, vice-président du Félibrige et Paul Mariéton, accompagnent les anciennes reines, Mlles Bouet et Chalazette.

Les bustes de Florian, Paul Arène et Aubanel sont couronnés par Mlles Bouet, Irma Perrot et Massip, et tandis que chacune récite une poésie de ces délicats auteurs, les photographes font jouer le déclic de leurs terribles appareils.

Une demi-heure plus tard, tous se retrouvent dans le jardin de la Mairie, où doit avoir lieu la Cour d'amour. M. Château souhaite la bienvenue à ses hôtes et prononce une charmante et très fine allocution. Il fait l'éloge de Sextius Michel, dont le buste s'élèvera, l'année prochaine, dans le jardin des poètes, à côté de ceux de ses devanciers. Les Félibres organiseront de grandes fêtes littéraires pour célébrer sa mémoire.

C'est M. Baptiste Bonnet, vice-président, qui répond au maire de Sceaux. Il prononce son discours en provençal.

M. Duparc proclame ensuite les noms des lauréats des Jeux floraux et, pendant plusieurs heures, poètes et chansonniers font revivre, à l'ombre des grands arbres, l'ancienne Cour d'amour de la duchesse du Maine.

Année 1907

Les Félibres. — *Présidence de M. Maurice Barrès.*

Juillet 1907. — C'est sous un chaud et radieux soleil, accouru tout exprès de leur merveilleuse Provence, pour leur souhaiter la bienvenue, que, chaque année, Félibres, Cigaliers et Enfants du Gard débarquent à Sceaux où ils viennent accomplir leur pieux pèlerinage aux monuments érigés dans le jardinet de notre Église à la mémoire de leurs délicats poètes.

Aussi leur désillusion fut-elle grande lorsqu'à deux heures et demie ils arrivèrent dans notre cité sous une pluie battante, par un temps froid et maussade, dont se ressentirent, malgré tout, leur ardeur et leur bel entrain méridional.

Sur le quai, où, parapluie en main, tout le monde frissonnait, les membres de la municipalité, MM. Château, maire, Chapsal et Fontaine, adjoints, ainsi que les membres du Conseil municipal, attendaient leurs invités. A vrai dire, nos élus étaient peu nombreux : MM. Troufillot, Sellier, Habay, Montagne, et c'était tout. Peu après, cependant, pendant le défilé, ou sous le hall du Marché, leurs collègues MM. Coulaux, Nectoux, Mousnier, Bernard, Guillioux et Laurin vinrent les rejoindre.

A peine formé, le cortège se mit en marche, précédé des agents, des sapeurs-pompiers. Sous l'averse et sans musique, l'entrée des Félibres fut loin d'être impressionnante. M. Château donnait le bras à la toute charmante reine, Mlle Grégoire de Bettencourt, et M. Maurice Barrès, l'éminent académicien, qui avait accepté la présidence de la fête, accompagnait Mme Ballieu, fille du regretté Clovis Hugues, dont le buste allait être inauguré. Dans le cortège, nous remarquons également les reines d'hier : Mlles Marguerite Bouet et Yvonne Bonnaud; MM. Deluns-Montaud, président du Félibrige parisien; Jules Troubat, vice-président et les Félibres, fidèles des fêtes de Sceaux : MM. Albert Tournier, Lucien Duc, Paul Mariéton, Plantier, Joseph Loubet, Jean Gras, Duparc, Frissant, Albin Gras, Mme Irma Perrot, etc.

Arrivés rue Houdan, les Félibres gagnent la place de l'Église et le jardinet des poètes. Mlle de Bettencourt ceint d'une guirlande de roses et de lierre les fronts de Florian et de Paul Arène, tandis que Mlle Bouet couronne le buste d'Aubanel et que Mme Ballieu, au milieu de l'émotion générale, dépose sur celui de son père, Clovis Hugues, une magnifique couronne. On procède ensuite à l'inauguration de l'œuvre de Mme veuve Clovis Hugues, qui a su faire revivre dans le marbre, de façon frappante, les traits de son mari. L'éloge du poète est prononcé par M. Jules Troubat. Mais la pluie redouble de violence et la débandade commence, tandis que M. Duparc récite l'*Odo à la Prouvenço*, de Clovis Hugues.

Tout le monde se précipite vers le Marché où, en raison du mauvais temps, va se continuer et se terminer la fête. On se bouscule, on s'écrase ! Enfin, le calme renaît et M. Château prend la parole pour souhaiter la bienvenue à ses hôtes. Voici en quels termes s'exprime M. Château :

Mesdames, Messieurs,

La tâche du maire de la ville de Sceaux serait particulièrement ardue en recevant les Félibres et leur président d'honneur, si elle n'était, par contre, infiniment agréable. Exprimer, chaque année, les mêmes sentiments peut sembler monotone, mais la municipalité, qui a l'honneur de recevoir de tels hôtes, ne saurait manquer à son devoir de courtoisie.

Souffrez donc, Mesdames et Messieurs, que je vous exprime de nouveau et sans phrases, mais avec tout mon cœur, combien le maire, le Conseil municipal et la population tout entière de notre cité sont heureux de vous voir chaque année, à pareille époque, rehausser de votre présence l'éclat de notre fête locale.

Votre arrivée en cortège, votre entrée triomphale au milieu des rangs pressés des spectateurs accourus à votre rencontre; votre visite à la maison de Florian, dans la rue qui porte aujourd'hui le nom du doux fabuliste; votre pieuse cérémonie du couronnement des bustes que vous avez édifiés dans le jardinet de l'Église; votre séance littéraire à la Mairie, où des orateurs si illustres nous ont charmés à tour de rôle; votre poétique Cour d'amour, si pittoresque et si vivante, où nous savourons à la fois la langue et l'accent du terroir méridional, la fraîcheur des costumes et la grâce de vos jeunes filles, en qui revit la beauté grecque et dont vous avez un parfait modèle dans votre reine de ce jour, à qui je suis heureux de rendre hommage, en même temps qu'à ses aimables devancières; votre joyeuse farandole enfin, à la clarté des flambeaux et des étoiles, — tout cela excite l'enthousiasme de la population scéenne, et, vraiment, si vous manquiez à notre fête, elle perdrait son plus grand attrait.

Mais je suis rassuré à cet égard, car je sais votre respect et votre amour de la tradition : il y a un quart de siècle que vous tenez vos assises dans notre cité, et vous ne voudrez pas abandonner cette aimable coutume, qui nous rend si fiers et si joyeux.

Encore une fois, soyez donc les bienvenus au milieu de nous, Mesdames et Messieurs, Félibres et Cigaliers, Enfants du Gard et de ce Midi radieux, et vous tous aussi qui, sans être du pays du soleil, vous montrez sympathiques à l'idée provençale en en suivant ici les poétiques manifestations.

Je suis heureux de saluer tout particulièrement M. Deluns-Montaud, qui a succédé à la tête du Félibrige à notre regretté Sextius Michel et dont la brillante érudition s'allie à un merveilleux talent de parole. Je ne souhaite qu'une chose, c'est qu'il jouisse d'une santé meilleure qui lui permettra de donner une impulsion nouvelle à votre association félibréenne, dont l'enthousiasme s'est manifesté ici de façon si éclatante, alors que la Tarasque, de si joyeuse mémoire, faisait la promenade triomphale dans nos rues, à la grande joie de tous.

J'ai enfin l'honneur de saluer aussi le brillant écrivain et le délicat styliste que vous avez choisi à bon droit comme président d'honneur de cette fête.

Nul plus que vous, Monsieur Maurice Barrès, n'était qualifié pour continuer la tradition des Coppée, des Claretie, des Félix Gras et du regretté André Theuriet, que la mort vient de nous ravir, mais dont la mémoire nous sera toujours chère; car vous êtes un des tenants les plus autorisés de l'idée particulariste, c'est-à-dire décentralisatrice. Si vous avez célébré le culte du moi, qui, seul, donne de la valeur à l'individu, vous nous avez magistralement montré dans les *Déracinés* ce qui peut raviver en nous l'énergie nationale.

Jeune encore, l'Académie a tenu à vous appeler dans ses rangs, et nous sommes impatients d'écouter ce discours dans lequel vous allez apprécier l'œuvre des Félibres, car vous êtes des amis du grand Mistral, des majoraux Maurice Faure, Paul Mariéton et Albert Tournier, et vous avez assisté aux agapes de la Sainte-Estelle, où la coupe sainte a passé en vos mains.

Tout en exprimant l'amère déception que nous éprouvons de ne pouvoir nous rendre dans le jardin de Bérénice, laissez-moi adresser nos condoléances à la famille du poète Clovis Hugues, dont nous venons d'inaugurer provisoirement le buste. Il méritait cet hommage ici, car il fut un fervent des fêtes de Sceaux, où sa parole ardente et ses vers inspirés soulevaient toujours les applaudissements de la foule.

C'était un vrai fils du pays du soleil, de même que Sextius Michel, qui présida si longtemps et si brillamment aux destinées du Félibrige parisien et qui, lui aussi, aura son buste, l'an prochain, parmi la verdure du jardinet de notre Église, qui est désormais comme le Panthéon de vos gloires félibréennes.

A son tour, M. Maurice Barrès se lève et, au milieu du plus profond silence, prononce une allocution où nous avons retrouvé les admirables qualités de style, la concision, la haute éloquence, la brillante originalité de l'éminent écrivain et de l'académicien :

Me voici, pour un jour, devenu Méridional. En conséquence, quoi que je dise, nécessairement on m'applaudira. J'ai changé d'accent, je suis ivre de soleil. Les vers de Roumanille, d'Aubanel et de Mistral bruissent autour du buste de Florian. Les ombres de Renan et de Paul Arène sont revenues, avec le cortège des Félibres, dans cette petite ville de Sceaux ; elles m'assurent qu'il ne faut pas remettre au lendemain le plaisir des confidences. J'ai perdu cette extrême pudeur qui gêne et glace les gens du Nord.

Je trouve la vie un banquet servi trop précipitamment. On n'a pas le temps de goûter à tous les plats. Je vois des convives qui mangent d'excellentes choses et je ne suis pas sûr d'avoir choisi la meilleure part. Il y a plusieurs existences que j'aurais voulu mener. J'aimerais être un moine, un bénédictin, par exemple, de qui l'esprit se réfugie dans deux, trois cavernes profondes, pleines de sublimes musiques auxquelles chaque jour il donne un sens plus riche. Et j'aimerais encore être un chemineau, un inconnu, sur qui personne n'a d'opinion, qui n'a mis son enjeu dans aucune partie et qui, libre, regarde avec des yeux clairs des horizons sans cesse variés.

Puis, après avoir rappelé qu'il éleva lui-même, au pied des murailles d'Aigues-Mortes une petite maison, « une folie » — jardin de Bérénice — M. Maurice Barrès dit toute son admiration pour Clovis Hugues, l'amitié qui l'attachait au poète.

Vive Mistral ! s'écrie-t-il en terminant. C'est ma conclusion. Je prends mon parti de n'être qu'un Méridional de convention, un félibre pour fête de Sceaux, un personnage de Florian ; mais, grâce au maître de Maillane, j'ai tout de même bien aimé et compris votre pays. Et puis : « Vive Mistral ! » encore, car ce cri, dans notre fête littéraire, mes chers amis, c'est le moyen d'exprimer notre profonde sympathie à votre terre natale aujourd'hui malheureuse.

Ces dernières paroles sont accueillies par une triple salve d'applaudissements.

Enfin, en une charmante improvisation, M. Deluns-Montaud salue la jeune reine, remercie M. Château et la ville de Sceaux de leur cordiale hospitalité et exprime toute sa gratitude à M. Maurice Barrès.

« Vous avez trop bien parlé de votre Lorraine, dit-il, s'adressant à M. Maurice Barrès, pour ne pas comprendre les raisons de notre culte pour la terre mère, pour cet empire du soleil qui, des Alpes aux Pyrénées, du Rhône à la Garonne, a su nourrir jusqu'ici son peuple brun de travailleurs. »

Après avoir résumé l'œuvre de Clovis Hugues (1), M. Deluns-Montaud « cède la parole à la poésie », c'est-à-dire aux lauréats du concours des Félibres et Cigaliers.

Maurice Habay.

La Tarasque

Année 1910

Les Félibres. — *Président d'honneur :* M. Jules Bois.

Année 1910. — De cruels deuils, on l'a vu précédemment, avaient à peu près désorganisé les cadres des deux associations des Félibres et des Cigaliers ; la visite traditionnelle à Sceaux fut supprimée pour les années 1908 et 1909.

Le pèlerinage annuel de la vieille société des Félibres de Paris fut repris en juillet 1910, sous la présidence de M. Jules Bois, qui avait pris pour sujet de son discours : *Les liens qui unissent le Félibrige, et par là même, la France aux peuples des races gréco-latines.*

A leur arrivée dans la capitale félibréenne, le maire, M. le commandant Pilate, souhaita la bienvenue à Mlle Jane Bouët, la gracieuse reine des Félibres, aux représentants du président de la République et des ambassadeurs des puissances méditerranéennes et des ministres, et aux Félibres et Cigaliers.

Le cortège officiel, en tête duquel marchait la jeune reine, donnant le bras au maire, suivis d'un flot de Félibres et Cigaliers, se

---

(1) Si Maurice Faure et Sextius Michel furent les véritables organisateurs de nos fêtes félibréennes, le charmant poète Clovis Hugues en fut longtemps l'âme la plus vibrante. Chaque année, après une invocation au soleil, il prononçait devant la maison mortuaire de Florian, en provençal, un discours plein de chaleur et d'éloquence. Il est mort en juin 1907.

rendit au jardinet de l'Église, qui sert d' « Aliscamps » aux Félibres de Paris.

M. Lucien Duc, président, et M. Léon Bouët, secrétaire général de la Société, firent à la ville de Sceaux la remise du buste de Deluns-Montaud, ancien président des Félibres et ancien ministre.

Puis ce fut la Cour d'amour.

Année 1911

La nouvelle Société des Félibres de Paris, réunie sous la présidence de son doyen, M. Jules Troubat, a choisi pour son président M. Jules Bois, auteur de l'*Humanité divine* et de la *Furie*. La Société n'a pas oublié l'éclat exceptionnel des dernières fêtes de Sceaux, où l'union plus rapprochée des peuples latins et méditerranéens fut consacrée par la présence et les discours des représentants de l'Italie, de l'Espagne, du Portugal, de la Grèce dont la jeunesse intellectuelle, sous l'influence de Jules Bois, a décidé de créer à Athènes, un groupe d'études du Félibrige provençal.

Le buste de Mistral à Sceaux.

Le dimanche 25 juin 1911, à l'occasion de la fête annuelle des Félibres de Paris, a eu lieu, à Sceaux, l'inauguration du buste du poète Frédéric Mistral, œuvre du statuaire Félix Charpentier.

Dans l'assistance : MM. Jules Lemaître, Edmond Rostand, Brieux, Jean Richepin, Jean Aicard, Mézières, membres de l'Académie ; MM. Gaston Darboux, Edmond Perrier, L. Léger, Gabriel Monod, Marqueste, Paul Meyer, Schlœsing, Esmein, Emile Boutroux ; MM. Ch. Lyon-Caen, Le Chatelier, Antoine Thomas, membres de l'Institut ; MM. Valère Bernard, capoulié du Félibrige ; Pierre

Devoluy, ancien capoulié; Alexis Mouzin, Charles Ratier, Adrien Planté, Léopold Constant, Charloun Rieu, Dujarric-Descombes, Antonin Perbosc, Félibres majoraux.

M. Jules Bois, président des Félibres, fit une allocution charmante.

Puis ce fut la séance des Jeux floraux, où furent récompensés les lauréats de 1911.

Après quoi s'est tenue la Cour d'amour.

Frédéric Mistral, empêché par son grand âge, avait envoyé une poésie inédite, *La Hantise*, que lut le poète paysan Charloun Rieu, majoral, venu tout exprès de Provence, pour honorer le maître et faire entendre ses œuvres.

Une farandole générale a clôturé la Cour d'amour.

Rappelons que le 3 juillet 1887, Frédéric Mistral a présidé l'inauguration à Sceaux du buste de Théodore Aubanel. Il y a 24 ans. Nous le retrouvons également à Sceaux en 1889, l'année de l'Exposition universelle.

M. le commandant Pilate, maire de Sceaux, et la reine des Félibres de 1911.

A TRAVERS LA VILLE
(Du Lycée Lakanal aux Jardins ouvriers.)

CHRONIQUE DOCUMENTAIRE (1880-1910)

Le Musée de Turin possède deux sarcophages retrouvés intacts, celui de l'ingénieur Kha, architecte des grandes constructions de Thèbes, et de sa femme Mirit, qui vécurent il y a 4,000 ans.

La mort était pour ces anciens Égyptiens une continuation de la vie. Ils mettaient dans leurs tombeaux tous les objets familiers qui leur avaient appartenu : outils professionnels, bijoux, ameublements, provisions de bouche, vaisselle, etc.

Mme Mirit avait emporté sa corbeille à ouvrage, son métier à broder, ses soies blanches et roses, ses ciseaux, ses bobines, un peigne en ivoire, une face-à-main, ses boîtes à poudre, des pinceaux à manche ciselé, des porte-parfums, peignoirs, etc.

Avec ce sarcophage égyptien, nos archéologues ont reconstitué toute une époque, à 4,000 ans de distance.

Certes, dans les annales de la ville de Sceaux, nous ne trouvons pas de telles particularités : les tombes y gardent leur mystère, mais on ne saurait trop louer le labeur de bénédictin de MM. Victor Advielle et Michel Charaire, qui n'ont pas craint d'aller rechercher dans les actes de catholicité du XVIIe siècle les naissances, les mariages, les décès de nos prédécesseurs et de continuer ce dépouillement à l'aide des pierres tombales, jusqu'en 1880. Ils nous ont conservé ainsi les plus vieux noms du pays, avec les Bouttemotte, Chevillon, Courtoys, Aubouyn, Martine, Picart, Benoist, Bruslé, etc. Un Troffillot, aujourd'hui Trouffillot, figure sur des registres de Sceaux, en juillet 1681.

A cette nomenclature, nous ajoutons, pour la période contemporaine, de nombreux noms de savants, de professeurs, de fonctionnaires, d'architectes et d'artistes, aujourd'hui hélas ! disparus.

Qu'est-ce à dire? De ce titre : *A travers la ville*, ne ferez-vous qu'un article nécrologique?

Nos souvenirs ne sont pas assez indiscrets pour nous permettre de fouiller dans la corbeille à ouvrage de nos modernes Mme Mirit, de mêler leurs bobines de soie blanche et rose, et de nous griser de leurs parfums.

Nous remontons dans le passé, tout en respectant le mur de la vie privée, pour parler des travaux et des œuvres des hommes qui ont marqué à divers titres, depuis trente ans, leur empreinte sur ce coin de terre de Sceaux. N'est-ce pas aussi pour nous tous, ascendants et descendants, comme pour l'ingénieur Kha et sa femme Mirit, la continuation de la vie?

Cliché Pierre Petit.

Entrée principale du Lycée Lakanal, sur la rue Houdan.

AU LYCÉE LAKANAL

Le 6 octobre 1882 eut lieu la pose de la première pierre de ce lycée, sur des terrains détachés de la propriété du comte de Trévise, et situés rue Houdan, sur la route de Sceaux à Bourg-la-Reine.

M. de Baudot, l'architecte qui fut chargé de la construction du lycée, était un des élèves préférés de Viollet-le-Duc. Son plus grand souci fut de trouver une orientation favorable, de faire entrer à flots dans ces bâtiments l'air et la lumière; d'avoir dans les études et dans les classes de larges baies d'éclairage, dans les dortoirs, un volume d'air considérable, toujours facile à renouveler.

Ce lycée, lors de son inauguration en 1885, prit définitivement le nom de *Lycée Lakanal*. Il peut contenir 750 internes, divisés en quatre grands quartiers, tout à fait indépendants les uns des autres : les grands, les moyens, les petits et les minimes; on y reçoit également des demi-pensionnaires et des externes; le nombre n'en est même pas limité, les locaux étant suffisants pour faire face aux besoins des communes environnant Sceaux.

La surface totale est de dix hectares : le bâtiment et les cours en occupent le tiers environ; le surplus est aménagé en parc et renferme des arbres superbes, dont le voisinage est on ne peut plus sain. De grands arbres ont été même conservés dans les cours : celles-ci sont toutes ouvertes sur le parc et fermées seulement de trois côtés; elles sont exposées à l'est.

Le nom de Lakanal était à peu près inconnu à Sceaux, sinon oublié. M. Paul Janet, de l'Institut, l'a fait revivre, à Foix, lors de l'inauguration de la statue de l'illustre universitaire :

Oratorien et professeur de philosophie avant 1789, a-t-il dit, conventionnel mêlé aux actes les plus terribles de son temps, modéré cependant et compromis au 31 mai, organisateur de toutes les grandes institutions scientifiques et pédagogiques de la Révolution, commissaire du Directoire près de l'armée du Rhin, destitué par le 18 Brumaire, membre de la première Académie des sciences morales et politiques, que devait supprimer bientôt le Consulat, professeur de l'Université impériale, plus tard s'exilant volontairement lui-même en 1815, colon et pionnier en Amérique, puis président de l'Université de la Louisiane, rentré en 1837 pour finir doucement et fièrement ses jours après avoir retrouvé dans notre Académie reconstruite la place à laquelle lui donnait droit sa participation à l'ancienne : telle a été, Messieurs, la vie remplie, aventureuse, utile et généreuse de celui dont vous inaugurez aujourd'hui la statue, de Lakanal, que viennent saluer ici les représentants des grands corps qu'il a contribué à fonder : l'Université, le Muséum, le Bureau des longitudes, l'Institut...

La passion éclairée et fidèle des lettres et des sciences a inspiré à Lakanal son idée la plus grande et la plus neuve, à savoir la pensée de faire instruire les maîtres eux-mêmes avant de les envoyer instruire les autres. C'est le vrai fondateur de notre *Ecole normale;* et lorsqu'en 1847 notre vénéré maître et confrère, M. Dubois, inaugurait la nouvelle École normale de la rue d'Ulm, il ne craignait pas, devant un ministre du roi Louis-Philippe qui présidait à cette solennité, de rappeler ce nom de Lakanal comme un nom qui doit rester attaché à la fondation de cette École. Voyez, en effet, en quels termes Lakanal résume l'idée mère de cette École et des autres écoles normales qui se multiplient aujourd'hui. En devançant l'avenir, il semble raconter le passé :

« Dans ces écoles, dit-il, ce n'est pas les sciences qu'on enseignera, mais l'art de les enseigner ; au sortir de ces écoles, les disciples ne devront pas être seulement des hommes instruits, mais des hommes capables d'instruire. Pour la première fois sur la terre, *la raison et la philosophie vont donc aussi avoir leur séminaire;* pour la première fois, les hommes les plus éminents en tout genre de sciences et de talents, les hommes qui n'ont été jusqu'à présent que les professeurs des nations et des siècles, *les hommes de génie vont devenir les premiers maîtres d'école d'un peuple !* »

Ce que Lakanal voyait dans cette création supérieure, c'était la diffusion et la propagation de la science dans toutes les parties du territoire. « On ne verra plus dans l'intelligence d'une grande nation de très petits espaces cultivés avec un soin extrême, et de vastes déserts en friche... La raison humaine produira partout les mêmes résultats. » N'est-ce pas là ce qui s'est réalisé ? N'est-ce pas là l'exemple que donne encore aujourd'hui notre grande École normale supérieure ? Ne voit-on pas chaque année sortir de ses murs une élite de jeunes gens qui vont répandre par toute la France les nouvelles méthodes de l'érudition et de la critique, les principes éternels du goût sans cesse renouvelés par les études les plus étendues et les plus variées, les grandes traditions de la philosophie jointes à un sentiment vif et éclairé des nouveautés solides et raisonnables ?

Maintenant nous connaissons Lakanal, et les titres qu'il avait à donner son nom au lycée de Sceaux.

Aujourd'hui, cet établissement, par son emplacement, son installation et l'instruction excellente qu'on y reçoit, réalise complètement la pensée de son fondateur, Jules Ferry, qui voulait doter la rive gauche de Paris d'un magnifique lycée, capable de servir de modèle à des créations ultérieures.

SCEAUX — LA CITÉ MODERNE

Août 1901

AU LYCÉE LAKANAL

📖 1er *août* 1901. — La distribution des prix est présidée par M. Château, maire de Sceaux, assisté de M. Staub, proviseur du lycée. Le discours d'usage a été prononcé par M. Lemarquis, professeur d'anglais.

Cliché Pierre Petit.

Une vue du parc.
Au fond, le pavillon de l'Administration. A droite, les bâtiments du Petit Lycée.

Le discours de M. Château est à reproduire. On y retrouvera une intéressante évocation du passé de Sceaux.

Mesdames, Messieurs,

J'éprouve quelque scrupule à prendre la parole après l'éminent professeur, M. Lemarquis, qui, sans être orfèvre, vous a vanté avec tant de bonhomie et de grâce souriante, ce qu'il enseigne si bien.

Votre aimable proviseur, M. Staub, n'a pas cru mal faire en conviant à une tâche un peu impressionnante un simple père de famille, ami de l'Université, il est vrai, et que la confiance de ses concitoyens a chargé des fonctions de maire de Sceaux.

Il faut donc reporter sur notre ville l'honneur qui m'est fait, je garderai seulement pour moi le plaisir qu'il me procure.

Mes jeunes amis, si la ville de Sceaux était orgueilleuse, elle penserait que son histoire doit quelquefois vous faire rêver et vous aider à mieux apprécier le temps jadis.

Ici a vécu, ici a passé une partie de ce qui n'est plus aujourd'hui qu'ombre vaine, sujet de compositions d'histoire et de discours français.

Un grand ministre, Colbert, avait ici son château. Bâtiments de Perrault, peintures de Lebrun, jardins de Lenôtre, tout imitait le Versailles du Roi-Soleil.

En 1677, Louis XIV vint visiter le domaine de son premier commis.

Il faudrait l'imagination de vos dix-sept ans, messieurs les élèves de rhétorique, pour retracer la promenade royale dans le parc, la représensation de la *Phèdre* de Racine, entre des coulisses d'orangers taillés, et le feu d'artifice éclatant au milieu des acclamations du peuple.

Colbert s'en tint là, d'ailleurs. Outre qu'elles coûtaient fort cher, les grandes fêtes l'ennuyaient.

Mais elles recommencèrent avec son fils, Seignelay, que l'on avait surnommé « La Splendeur ».

C'est ainsi qu'en 1685, le roi visitait de nouveau le château de Sceaux, avec Mme de Maintenon. Racine fut encore le poète de cette journée. Sur de la musique de Lulli, la nymphe de Sceaux célébrait la paix définitive qui le fut, en effet, trente ans plus tard, lorsque le roi fut mort.

La poésie, ce jour-là, ne justifia pas ce don de prophétie que les anciens lui attribuaient.

Il faudrait des volumes pour raconter les fêtes que célébra ici, plus tard, la petite-fille du grand Condé, l'infatigable duchesse du Maine, grande organisatrice de charades et même de conspirations.

Mais elle protégea Voltaire, qui écrivit à Sceaux son délicieux *Zadig*, qu'il lui dédia.

Un autre seigneur de cette ville y a laissé un nom populaire. C'est le bon duc de Penthièvre, petit-fils de Louis XIV, qui est surtout célèbre parce qu'il prit un jour parmi ses pages un petit Méridional aux grands yeux spirituels, Jean-Pierre-Clarisse de Florian.

Vous avez vu son monument, près de l'Église, et vous, mes tout petits amis de neuvième et de huitième, vous connaissez sûrement ses jolies fables.

Elles ne vous représentent pas, je vous assure, Florian à dix ans, tel qu'il fut présenté à Voltaire.

Il était gai et charmant et on le déguisait en berger, avec une houlette garnie de rubans roses.

Tout cela, aujourd'hui, c'est le passé.

Ceux-là le regrettent qui n'en voient que la fleur d'élégance, souvent chèrement payée.

Presque à la place du défunt château de Sceaux, s'élève le Lycée Lakanal, palais royalement doté par la démocratie, pour l'éducation de ses fils.

Oui, un palais, mes jeunes amis. Je dis bien.

Le luxe véritable, le luxe raisonnable des gens sensés, ce n'est pas les salons à boiseries sculptées et dorées, les meubles tendus de soie, les pièces encombrées, en un mot tout ce qui sert à l'ostentation.

Non.

C'est l'air et la lumière, les grandes salles claires, les larges dégagements, les murs et les dallages de faïence que l'eau purifie, les vastes espaces et les grands arbres.

Voilà ce que vous possédez à Lakanal.

Voilà ce que vous eût envié le prince de Marsillac, grand-maître de la maison du roi, dans les deux chambres basses de l'entresol de Versailles, où il étouffait aux rares moments de liberté que lui laissait le bon plaisir de Louis XIV.

Cliché Pierre Petit.
Au Lycée Lakanal : le grand couloir de 300 mètres.

Vous êtes des privilégiés, parmi les lycéens, et je ne doute pas que vous sachiez le reconnaître.

C'est aussi, j'en suis bien sûr, l'avis de vos familles, de plus en plus nombreuses chaque année.

Ces vastes espaces se prêtent admirablement, pendant les heures de récréation, aux courses plates, au lancement du poids, au tennis, au football et autres exercices ignorés de notre temps.

En même temps qu'ils développent vos corps et leur donnent plus de souplesse, ils rendent votre esprit plus dispos, quand il s'agit de traduire une version latine ou de résoudre un problème.

J'ai souvent remarqué qu'ici les jeunes gens semblent de bonne humeur.

Cela n'étonne pas dans cette maison, où, sous une direction parfaite, la bonne grâce et l'hospitalité accueillent le visiteur, dès son entrée dans votre parc.

Vous êtes aussi des privilégiés parmi les jeunes Français.

A l'âge où d'autres, déjà, peinent le dur labeur pour gagner leur vie, vous amassez, ici, les utiles connaissances qui vous donneront, avec l'aisance et l'influence, un rang honorable parmi vos concitoyens.

En même temps, la culture scientifique forme votre intelligence et la culture des lettres votre délicatesse morale.

C'est un des bienfaits de notre régime républicain de mettre à la portée de bourses modestes, une éducation et une instruction que d'autres vont payer beaucoup plus cher ailleurs en trouvant beaucoup moins bien.

Nous sommes donc en droit d'attendre de vous, mes amis, des hommes énergiques et sensés, capables de rendre un jour à la démocratie française, une partie des services que vous aurez reçus d'elle.

Pour moi, je serais heureux d'imaginer que dans vingt ans d'ici vous penserez quelquefois au Lycée Lakanal, avec reconnaissance et amitié.

Vous aurez alors, depuis longtemps, oublié le retard qu'ont imposé à votre impatience légitime, les amicales félicitations du maire de Sceaux, votre voisin.

Juillet 1904

Après le discours de M. le maire de Sceaux à la distribution des prix du lycée Lakanal en 1901, nous ne pouvons nous dispenser de donner celui prononcé par M. Renaudin, le sympathique notaire de notre ville, en la même circonstance, le 31 juillet 1904. Le philanthrope que nous honorons est tout entier dans cette belle allocution :

Mes chers amis,

Si c'est une grande et légitime satisfaction pour ceux qui vous entourent d'assister chaque année à la distribution de vos récompenses, c'est aussi un très grand honneur pour celui qui est appelé à présider cette cérémonie.

Aussi, est-ce par une parole de reconnaissance que je commencerai cette allocution en remerciant M. le ministre de l'Instruction publique qui a bien voulu me désigner, et votre excellent proviseur qui, en me proposant, a pensé qu'il pouvait être permis à l'un des membres du Conseil d'administration du lycée qui aime la jeunesse laborieuse, de prendre la place d'honneur, aux côtés d'universitaires aussi distingués que ceux qui, m'entourent.

Mes chers amis, vous venez d'entendre un remarquable et éloquent discours sur les sports au lycée. Le résultat pratique de ces exercices doit être l'amélioration de la santé physique et de l'hygiène du corps. Permettez-moi, à mon tour, de vous entretenir d'un autre genre de sport, complément obligatoire du premier : je veux parler de l'hygiène du cœur, c'est-à-dire de votre formation morale. Quittons, si vous le voulez bien, les vertes pelouses et les frais ombrages, les salles d'escrime et de gymnastique et rentrons pour quelques instants seulement, car l'heure des vacances a déjà sonné, dans vos salles d'étude et de travail.

C'est là que vos maîtres, à tous les degrés, professeurs et répétiteurs, déposent avec soin dans vos jeunes âmes les principes féconds qui feront de vous, pour toute la vie, des hommes de devoir et de cœur.

Ainsi armés, vous marcherez sans crainte et sans défaillance au milieu des difficultés sans nombre, dont la vie humaine est remplie.

Fermement attachés à l'idée du devoir, vous écarterez avec résolution toute pensée mauvaise et vous acquerrez de plus en plus la conviction que la pratique du bien peut seule apporter aux peines et aux difficultés de l'existence un soulagement souvent, une consolation toujours.

Au contact de ces maîtres éminents, votre volonté s'affermira dans l'effort vers le bien. Vous deviendrez inaccessibles au découragement; vous lutterez sans trêve ni merci contre les mauvais penchants qui ne cesseront de vous assaillir en vue de vous déconcerter.

Toujours vigilants, vous éviterez tout contact malsain qui pourrait apporter en vous un germe impur, et vous arriverez à aimer le travail, le premier de tous nos devoirs.

Vous comprendrez alors que si le travail est la loi de l'humanité, on peut trouver une joie sans égale à travailler beaucoup, à travailler toujours, quand on sait donner à ses efforts un but noble et élevé.

Mais à quoi bon insister? Le travail ! Je sais que vous l'aimez tous et ne sauriez, sans vous faire violence, vous soustraire à sa douce habitude.

Suffit-il cependant, mes chers amis, d'être des hommes de travail et de devoir, pour avoir réalisé tout ce que vos maîtres et vos parents attendent de vous?

Non, mes enfants, il faut encore que vous sachiez développer en votre âme les sentiments de générosité qui feront de vous des hommes de cœur ! Honte à l'égoïste ! Il n'a jamais goûté le vrai bonheur. Il n'a jamais connu la joie qu'un homme vaillant éprouve lorsqu'il lui a été donné d'adoucir les peines et les misères d'un de ses semblables.

Oh ! aimer ses semblables, pratiquer au sens le plus élevé la charité et la solidarité, ne se désintéresser jamais de la souffrance et du malheur, voilà ce que vos maîtres vous enseignent, je le sais, tous les jours.

Le poète latin l'a dit, il y a longtemps, et sa pensée, pour être vieille comme le monde, doit toujours rester votre devise :

Homo sum, et nihil humani a me alienum puto.

Oui, mes amis; aimez ceux qui souffrent; penchez-vous avec affection sur toute douleur, et vous connaîtrez les plus douces joies de la vie.

Vous quittez le lycée, les uns pour quelques semaines, les autres pour toujours ; mais vous continuerez dans vos familles et dans la vie à développer ces qualités morales, ces bons et généreux sentiments dont vos maîtres ont développé les germes dans vos jeunes cœurs.

A ce prix, vous n'échapperez pas toujours aux tristesses et aux amertumes dont la vie humaine est trop souvent semée, mais vous connaîtrez certainement la joie que donne le témoignage du devoir courageusement accepté et noblement rempli, et vous vous sentirez tout fiers d'avoir, dans la mesure de vos forces, contribué à diminuer le poids toujours si lourd des souffrances qui accablent notre pauvre humanité.

*
* *

10 *février* 1902. — Le Lycée Lakanal, fondé en 1885, n'avait pas encore d'Association d'anciens élèves. Cette lacune a été comblée, sur l'initiative de M. Jean Mousnier. Les premiers inscrits ont été M. le Dr Édouard Dauzats, Eugène Rossy, docteur en droit, etc.

1er *avril* 1907. — Mort à l'âge de 53 ans de M. Hippolyte Bazin de Bezons, chevalier de la Légion d'honneur, proviseur du Lycée Lakanal. Précédé d'une réputation d'administrateur de premier ordre, en arrivant au Lycée Lakanal, notre important établissement scolaire, sous sa direction, ne fit que prospérer. Il y organisa, non sans succès, ces exercices sportifs si en faveur aujourd'hui, après avoir toutefois rétabli la régularité et la discipline dans les classes. MM. Château, maire, au nom de la ville de Sceaux et du Conseil d'administration du lycée, le docteur Édouard Dauzats, alors président de l'Association amicale des anciens élèves, M. Franck, professeur, et M. Fringnet, inspecteur de l'Académie de Paris, l'un des prédécesseurs de M. Bazin de Bezons, ont rendu au défunt, en de chaleureuses improvisations, un dernier hommage de sympathie et de reconnaissance.

M. Ferté, proviseur du lycée de Nancy, nommé au Lycée Lakanal, en remplacement de M. Bazin de Bezons, est aujourd'hui proviseur du Lycée Louis-le-Grand.

M. Louis Daux, ancien proviseur du lycée de Marseille, a remplacé à Lakanal M. Ferté, en 1910.

LE 25ᵉ ANNIVERSAIRE DU LYCÉE LAKANAL

Le 17 juin 1911, le 25ᵉ anniversaire de la fondation du Lycée Lakanal a été célébré par une grande fête que présidait M. Liard, vice-recteur de l'Académie de Paris, remplaçant M. Steeg, ministre de l'Instruction publique. Parmi les personnalités présentes, citons : MM. Thomas, membre de l'Institut, professeur à la Sorbonne; Matignon, professeur au Collège de France; Durand, maître de conférences à la Sorbonne; Lamiraud, inspecteur de l'Académie de Paris, et plusieurs inspecteurs d'académie; Daux, proviseur du lycée; Breitling et Ferté, anciens proviseurs de Lakanal; G. Aulard, président de l'Association des anciens élèves; Suérus, ancien censeur, proviseur du lycée Henri IV; Pilate, maire de Sceaux; Château, Hédouin, Renaudin, Servant, membres du Conseil d'administration, etc.

M. Louis Daux, proviseur, avait tenu à donner à cette réunion tout l'éclat possible. Les invités qui entouraient le vice-recteur étaient nombreux.

La réception a eu lieu dans le grand parloir, où M. Louis Daux, s'adressant au vice-recteur, a parlé avec précision de cette première période de l'histoire du Lycée Lakanal, de son passé et de l'avenir de prospérité qu'il pouvait espérer. M. Georges Aulard, au nom de l'Association des anciens élèves, a ensuite prononcé un fort beau discours, puis M. Liard a procédé à la remise des distinctions honorifiques.

La fête proprement dite commença aussitôt après. Le temps, très incertain dans la matinée, s'était remis au beau, le soleil se montrait enfin dans les allées ombreuses du parc et sur les pelouses où, déjà, Polichinelle avait installé ses tréteaux pour « rosser » le commissaire. Le cadre était charmant : les familles rivalisaient d'élégance, et le programme fut des plus attrayants.

Pendant que la musique militaire se faisait entendre dans le parc et que, sur la grande pelouse, le bal costumé d'enfants, fort bien organisé, battait son plein, une matinée musicale et littéraire rappela les beaux concerts du Lycée Louis-le-Grand, tant par la valeur des artistes que par le choix des morceaux.

Nous reportant à un quart de siècle en arrière, nous revoyons les premiers élèves du lycée, pour ne parler que des jeunes gens de Sceaux : Rossy, Chapeyron, Édouard Dauzats, Jean Mousnier, Servant, Georges Aulard, Maurice Habay, Pierre Lafenestre, François, Sellier, Duval, Georges Capet, Henri Séris, Fourcade-Cancelé, etc., qui, tous, ont fait leur trouée à travers la vie. Les uns

Cliché Pierre Petit.
Au Lycée Lakanal : la salle des Pas-Perdus.

sont aujourd'hui avocats, médecins, professeurs, journalistes, fonctionnaires, industriels ; tels autres, consul aux Indes, ou résident au Tonkin, à Madagascar, etc.

L'Association des anciens élèves a été bien inspirée en offrant au Lycée Lakanal une plaque commémorative consacrant le souvenir de ce premier quart de siècle.

On a dit autrefois que de folles dépenses avaient été faites pour la construction de cet établissement. Deux générations d'élèves se sont abritées, depuis, sous ses murs et les générations futures profiteront de même de sa merveilleuse installation, de son site incomparable, de son air salubre et de l'enseignement que l'on y donne à ses divers degrés. Jules Ferry fut l'initiateur de ce lycée qui restera incontestablement le modèle des établissements de ce genre.

L'ÉGLISE DE SCEAUX

C'est dans le courant de l'année 1898 que la municipalité a pu faire procéder à de grosses réparations à l'église de Sceaux.

L'ensemble de l'église vu du dehors, disait l'abbé Celles dès 1895, a toute la mélan-

Cliché Alexis Faguet.

colie des ruines. Et cependant elle n'est pas dépourvue d'intérêt, notre petite église, ajoutait-il, sa nef est superbe et elle serait tout à fait digne de notre population si — comme l'aigle — elle pouvait renouveler sa jeunesse.

Retenez bien cette parole. Encouragé par les réparations que venait d'autoriser le maire, M. l'abbé Celles n'hésita plus à entreprendre la restauration intérieure de son église, sous la direction de M. Jacques Lequeux, alors architecte de la ville de Sceaux.

Il commença par faire installer sous la nef un puissant calorifère pour lutter contre le froid, l'humidité, la moisissure dont tout le monument était imprégné. De superbes vitraux furent installés dans le chœur et les bas-côtés, répandant partout une lumière doucement tamisée.

Cliché Dagorno.
Sortie de l'Église, un jour de Première Communion.

Les voûtes, les colonnes, les arceaux de l'église ont été enduits d'un ton pierre et le chœur resplendit sous la variété de teintes polychromes du plus heureux effet.

M. l'abbé Celles a renouvelé la jeunesse de son église en faisant appel au concours de ses riches paroissiens et paroissiennes, sans demander une obole aux pouvoirs publics. Il est arrivé à ce résultat par la persuasion, par la conviction qu'il entreprenait œuvre utile.

A ce propos, M. Michel Charaire contait volontiers un trait assez piquant de notre ancien curé de Sceaux, car M. l'abbé Celles nous a quittés à la fin de 1900 ; il a été depuis cette époque curé de Saint-Nicolas-des-Champs à Paris — non loin des Arts-et-Métiers. « M. l'abbé Celles, disait-il, prononçait en son église des sermons fort instructifs pour la plupart, je m'en porte garant, non pour les avoir entendus, mais pour les avoir lus.

« Trouvant que ses fidèles n'étaient pas assez nombreux et qu'il prêchait un peu dans le désert, M. l'abbé Celles prit le parti de faire imprimer chez nous ses sermons et de les adresser directement à domicile à ses paroissiens.

« Je me souviens pour ma part, ajoutait-il, d'en avoir lu plusieurs, au coin du feu, avec intérêt et aussi grand profit, car je ne crois pas, en voyant la vie sans cesse se renouveler autour de nous, que tout finisse avec notre existence terrestre. »

M. l'abbé Celles est mort à Sceaux en 1906.

Juillet 1905. — La Commission des Monuments historiques a découvert, dans notre vieille église romane, quelques chefs-d'œuvre qui ont attiré son attention. Aussi a-t-elle fait classer parmi les monuments historiques deux des vitraux situés dans les chapelles latérales et qui portent la date de 1542. On sait que le bas-relief de Coysevox, représentant le *Baptême du Christ par Saint Jean-Baptiste* et un tableau de la chapelle de la Vierge sont déjà classés parmi les monuments qui présentent tant d'intérêt pour l'histoire artistique de notre pays.

***

L'abbé Paul Drach a été **curé de Sceaux de 1874 à 1889**.
M. l'abbé Léger, curé de Sceaux de 1889 à 1894.
M. l'abbé Celles, curé de Sceaux de 1895 à 1900.
M. l'abbé Gillot, curé de Sceaux de 1900 à ce jour.

LE CHATEAU DE SCEAUX

Vue du Château, sur Châtenay (façade ouest.)

Vue du Château, sur Bourg-la-Reine (façade est).

Tout a été dit, dans le beau livre de Michel Charaire et Victor Advielle, sur le château de Sceaux, son histoire à travers les âges et sa reconstruction par les soins du duc de Trévise.

Pavillon de l'Aurore.

En février 1892, le château de Sceaux a vu ses grilles s'ouvrir sur la dépouille mortelle de M. le marquis de Trévise, décédé à l'âge de 52 ans (1850-1902),

Dans le parc du Château de Trévise. Allée de la Duchesse.

laissant le souvenir d'un homme affable, très simple avec ses compatriotes. On n'a pas oublié qu'il fut peut-être le plus actif des collaborateurs de l'*Histoire de la ville de Sceaux*.

Bassin des Quatre-Statues. Vue du Château dans l'éloignement.

En effet, le brillant officier d'état-major d'autrefois s'était mis à rechercher et à classer ce qui restait des archives du château de Sceaux avant la Révolution (mémoires, cartes et plans) avec cette ardeur qui le caractérisait. La moisson fut abondante et précieuse.

Vue latérale des grands parterres du Château de Sceaux (côté sud).

Depuis, M. Georges Charaire a publié une suite de vingt cartes postales en photogravure comprenant les principales vues du parc et du château actuels.

LE PETIT CHATEAU. — Les frères Berger

Ce véritable bijou d'architecture, a-t-on écrit non sans raison, a conservé sa grande allure du xviie siècle, avec sa belle porte monumentale. Les architectes n'ont pas eu à le transformer. Ses locataires, seuls, ont changé. Après les Pères de l'Oratoire (1888), il a été occupé par M. Crépet, ancien agent de change, et son commensal, M. Tony Révillon, qui a longtemps habité Sceaux. Nous retrouverons ce dernier plus tard, comme locataire des Charaire.

C'est en 1890 que les deux frères, le docteur Paul Berger et Théodore Berger l'administrateur du Comptoir d'Escompte et de la Banque ottomane, vinrent habiter dans la belle saison le Petit Château.

Ce séjour à Sceaux les reposait de leur existence de labeur incessant dans le tourbillon de la capitale. Théodore Berger était beau cavalier; chaque matin il faisait un tour au bois de Verrières, avant de prendre le train de Paris. D'ordinaire, le soir, vers cinq heures, les deux frères, accompagnés de leur sœur, se promenaient en voiture découverte. La régularité de leurs excursions, leur affabilité, les rendirent bientôt sympathiques, puis le chirurgien et le financier ne furent pas sans rendre de menus services à leurs compatriotes d'adoption, les relations devinrent plus familières. Un jour, pour remercier le docteur de son désintéressement, les deux frères furent invités à un dîner à Robinson, offert par un groupe de négociants de Sceaux. Le dîner fut rendu.

Cliché Dagorno.
La porte du Petit Château.

On recommença l'année suivante. Le dîner réciproque des Berger devint une fondation jusqu'au jour où la mort enleva, en mars 1900, Théodore Berger à l'affection des siens et à la nôtre.

Nous avons tenu à rappeler ce temps de confiance mutuelle.

Quant au docteur Paul Berger, il poursuivit quelques années encore sa belle carrière. Membre de l'Académie de médecine, chirurgien des hôpitaux, il professait depuis 1894 un cours de clinique chirurgicale à la Faculté de Médecine de Paris. Né en 1845, il est mort le 17 octobre 1908 au champ d'honneur, à l'hôpital

SCEAUX — LA CITÉ MODERNE

Necker, en sortant de faire une dernière opération. Son corps a été ramené à Sceaux; il repose à côté de son aîné, Théodore Berger.

Le deuil était conduit par M. Philippe Berger, membre de l'Institut, sénateur de Belfort, frère du défunt. La ville de Sceaux, comme suprême hommage, a donné le nom de Paul-Berger à l'ancienne place du Marché, qui fait face à cette résidence du Petit Château, qu'il a tant aimée.

RUE DU DOCTEUR-BERGER

Un savant zoologiste, M. Marie-Yves Delage, habite la villa de Nice, à l'entrée de la rue des Imbergères et de la voie des Glaises.

M. Yves Delage, membre de l'Académie des Sciences depuis 1901, est né à Avignon en 1854. Professeur à la Faculté des Sciences, directeur du laboratoire maritime de Roscoff, il est l'auteur des extraordinaires expériences de parthénogénèse artificielle, c'est-à-dire de fécondation artificielle des œufs d'oursins, qui l'ont rendu célèbre dans les deux continents. M. Delage est officier de la Légion d'honneur.

RUE HOUDAN. — Sur Bourg-la-Reine et le Lycée Lakanal

Les personnes qui, se rendant de Paris au Lycée Lakanal, descendent à la gare de Bourg-la-Reine, ont à prendre l'avenue qui va rejoindre à la rue Houdan la première porte d'entrée du lycée, à cinq minutes de la gare. Le jeudi et le dimanche, dans la belle saison, des omnibus spéciaux font la navette entre la gare et le lycée, pour le service des familles.

Suivons à pied la même avenue, laissons à droite le lycée que nous connaissons, et remontons à loisir cette rue Houdan jusqu'à la gare de Sceaux-Robinson.

Au n° 2 de cette rue habitait M. Auricoste (Noël), directeur de l'*Office Colonial*, ancien député de la Lozère, chevalier de la Légion d'honneur. Il s'était fait connaître à Sceaux par son concours actif aux œuvres mutualistes. Il avait été professeur de physique, chef de division à la préfecture de la Lozère et rédacteur en chef du *Moniteur de la Lozère*. M. Auricoste est mort à Marvejols en octobre 1909.

*

Toujours sur le même côté de la rue Houdan, au n° 14, vous trouvez la propriété de M. Aulard, commissaire-priseur à Paris, qui fut conseiller municipal à Sceaux pendant dix-huit ans (de 1890 à 1908). Par l'autorité de sa parole et de ses connaissances administratives et juridiques, M. Aulard était tout désigné pour être maire ou tout au moins adjoint à la mairie de Sceaux ; il a constamment décliné à cet égard les offres de ses collègues du Conseil, mais en retour, il a toujours mis son expérience au service de notre municipalité. Très libéral, ennemi des sectaires et des utopistes, on l'a vu en maintes circonstances réclamer la liberté de la parole pour ses adversaires politiques de toute nuance. M. Aulard pratique l'esprit de tolérance, c'est à son honneur.

Son fils, Georges Aulard, docteur en droit, est président de l'Association des anciens élèves du Lycée Lakanal.

*

Plus haut, à l'angle de la rue de Bagneux, s'élève une coquette construction, c'est la villa des Roses, qui fut occupée longtemps par M. Charles Rozan. Il était né à Nantes en 1824. On lui doit de nombreux ouvrages d'érudition, de philologie et de morale : *Les Petites Ignorances de la conversation*, *La Bonté*, ouvrage publié en 1869 et couronné par l'Académie française, *A travers les mots* (1876), *La Jeune Fille*, *Lettres d'un ami* (1876), *Le Jeune Homme* (1878), *Au milieu des Hommes, notes et impressions* (1882), *Au terme de la vie* (1891), *Lettres d'une Fiancée à son grand-père* (1892), *Lettres sur le mariage* (1896), *Parmi les Femmes*, (1896), etc. Charles Rozan avait été chef de division au ministère de l'Instruction publique et directeur des Cultes jusqu'en 1870. Après sa retraite, il s'était retiré à Sceaux. Son esprit très actif ne connaissant pas les loisirs du *farniente*, il poursuivit, on vient de le voir par l'énumération qui précède, ses nombreuses publications ; il faisait en outre des conférences dans plusieurs cours de jeunes filles et accepta, en dernier lieu, la direction de l'Hospice-Hôpital de la Fondation Marguerite-Renaudin, direction qu'il conserva jusqu'à sa mort, survenue en 1905. Il venait d'entrer dans sa 81e année. Nous avons été reçu à la villa des Roses ; l'accueil de ce caustique vieillard était parfois un peu ironique, mais s'il devinait, au cours de la conversation, que vous aimiez ses roses et ses livres, après vous être arrêté devant sa superbe bibliothèque, vous pouviez être assuré de sa bienveillance.

*

A l'angle opposé, toujours sur la rue Houdan et faisant retour sur la rue Lakanal (ancienne voie de Bagneux) se trouve la propriété de la famille Cullerier, dont le chef fut maire de Sceaux pendant le siège de Paris.

Mme Cullerier existe encore, elle est l'objet des hommages et des respects de tous.

*

Arrêtons-nous au n° 36 de la rue Houdan, devant la maison de M. Jules Mousnier. Originaire de la Saintonge, M. Mousnier s'est fixé à Sceaux par son mariage, il y a quelque trente-cinq ans. Pharmacien, il s'occupe surtout de spécialités pharmaceutiques.

Nous avons toujours connu Jules Mousnier conseiller municipal, adjoint au maire sous le règne de M. Grondard (1875), sous celui de M. Michel Charaire (1882), sous M. Château (1900 à 1904). Après un interrègne de quelques années, il vient de rentrer à la mairie, pendant que M. le commandant Pilate prenait, en qualité de maire, la succession de M. Château, aux élections municipales de 1908.

M. Jules Mousnier est officier de l'Instruction publique. Il sait parler à la foule. Sa belle tête à la Vercingétorix respire la franchise. On le sait sincère dans ses revendications. Il n'est ni collectiviste, ni hervéiste, il est secourable aux malheureux, cela suffit. Il marche avec son temps, il comprend les aspirations vers une société mieux organisée et plus humaine que la nôtre pour les imprévoyants. Comment ce rêve se réalisera-t-il? Il l'ignore, mais il croit à une solution possible. A tout prendre, cela ne vaut-il pas mieux que de nous immobiliser sur place? Les œuvres de prévoyance et de solidarité sociales qui s'épanouissent à Sceaux ont toujours trouvé auprès de lui le plus large appui.

Son fils aîné, M. Jean Mousnier, officier de l'Instruction publique, est un écrivain d'avenir. Son heure de célébrité ne tardera pas à sonner.

**

Le Dr Laurens a son hôtel rue Houdan n° 60.

Nous arrivons à l'ancienne Mairie et à la Justice de Paix.

Cliché Dardonville

La rue Houdan, près de la place de l'Église.

En dehors des affaires courantes, l'une des premières préoccupations du Conseil municipal de 1900, on pourrait dire la pensée même du règne de M. Château, fut pour la transformation de ce bâtiment communal.

Des plans et devis furent établis notamment pour l'agrandissement de la Justice de Paix et le transfert du commissariat de police à la nouvelle Mairie.

Le budget ne permettant pas à cette époque de donner suite à ce transfert, ce projet dut être ajourné.

Il avait été également question de dégager la Justice de Paix et le Marché, en ouvrant une grande place publique pour le stationnement des voitures les jours de marché ou d'audiences à la Justice de Paix, au moyen d'une emprise sur le Parc.

Des pourparlers ont même été engagés avec la Société du Parc et des Eaux de Sceaux. Le prix du mètre et de la superficie à prendre avaient été arrêtés en principe, mais déjà il fallait réserver les ressources communales et départementales pour les Écoles.

Nous ne doutons point que ce projet ne soit repris quelque jour, car, il faut bien le reconnaître, la ville de Sceaux n'a pas de place publique, ni de salle des fêtes dignes d'elle.

A LA JUSTICE DE PAIX

Nos juges de paix n'ont guère séjourné à Sceaux depuis 30 ans. Peut-être se souvient-on encore de M. Granet, et de sa nièce, Mme Tournelle (1885), et du bon M. Vincent.

Cliché Dagorno. Justice de Paix et Marché couvert.

Mais le greffier de la Justice de Paix est, par contre, presque inamovible. Les ministres passent, les bureaux restent. Le premier titulaire du greffe que nous ayons connu est M. Jules Hordé (1872), son fils Paul Hordé lui a succédé en 1881, et c'est encore un Hordé (Maurice) qui vient d'être nommé titulaire de ce greffe (1911), en remplacement de son père.

M. Paul Hordé est officier de l'Instruction publique, président de la Société de secours mutuels des pompiers, etc.

LE MARCHÉ

Le Marché couvert est installé à côté de l'ancienne mairie.

Nous avons parlé précédemment de l'inauguration officielle de ce marché.

Cette élégante construction, par ses proportions, se prête à de multiples usages. Le marché de comestibles est ouvert deux fois par semaine, le mercredi et le samedi. Certains dimanches, pendant la belle saison, il sera transformé en salle de bal ou de concert; on l'utilise en outre pour la distribution des prix, pour les réceptions officielles, visites préfectorales, etc.

Cette construction a été élevée sur le terrain de l'ancienne gare de Paris à Sceaux, en 1895. M. Château y a fait apporter depuis quelques améliorations : éclairage au gaz, porte d'accès sur le parc, etc.

LE PARC DE SCEAUX

Cl. Dagorno.   Entrée du Parc de Sceaux.

Entre le vieux Sceaux, qui s'étend de l'église à la nouvelle mairie et dégringole du coteau du côté de Châtenay, et le nouveau quartier bourgeois qui a surgi entre la station de Sceaux-Ville et les Blagis avec une tendance à s'augmenter encore du côté de Bourg-la-Reine et du lycée Lakanal, se massent les arbres centenaires du parc de Sceaux.

Nous avons connu le bal de Sceaux agonisant sous la rotonde du parc. Les familles s'y donnaient rendez-vous et l'on y dansait gaîment le quadrille des lanciers et les valses d'Olivier Métra, alors en pleine vogue. L'impresario, l'aimable M. Brun, présidait à ces ébats; l'orchestre et l'éclairage étaient peut-être insuffisants, mais dans ce cadre harmonieux de fraîcheur et de verdure, on n'était pas bien exigeant.

M. Troufillot, celui du xxe siècle, a été longtemps géomètre de la commune. Il a cédé sa charge à M. Mascré en 1895, mais M. Troufillot est resté président de la Société du Parc et des Eaux de Sceaux, enfin, il a été conseiller municipal de 1896 à 1908.

La Société du Parc a laissé disparaître le bal et supprimé la rotonde. L'an-

Cl. Dardonville.
Le Tennis-Club scéen au Parc de Sceaux.

cienne gare de Sceaux qui aboutissait à l'entrée du Parc disparaissait à la même époque (1895). On aurait pu, on aurait dû conserver la rotonde et son bal qui animait certains jours d'été tout ce quartier.

Quelques membres du Tennis-Club scéen.

Un tennis-club, puis une société sportive d'escrime, tir, tennis, boxe et sports athlétiques, légalement reconnue, et inscrite au *Journal officiel* sous le titre de TENNIS-CLUB SCÉEN, dont le siège social est au Parc même de Sceaux, a remplacé le bal d'antan. — Président : M. Pierre Lafenestre.

29 *juin* 1902. — Inauguration du Tennis-Club scéen, sous la présidence d'honneur de M. Château, maire de Sceaux, de M. Paul Hordé, président, de M. Servant, vice-président, de MM. Chapeyron, Habay, Bagge, membres du Comité.

Cliché Dagorno.

Terrasse du Parc.

Février 1903. — Premier grand bal organisé par le Tennis-Club scéen, dans la salle des Fêtes de l'ancienne Mairie, sous la présidence de M. Paul Hordé. Il a obtenu le plus vif succès. Le cotillon était conduit par Mlles Chapeyron et Jean Mousnier et Hordé. Ces fêtes se sont renouvelées depuis avec le même succès.

LE THÉATRE DE VERDURE

Le Théâtre de Verdure installé dans la partie orientale du petit parc public de Sceaux (partie habituellement réservée au Club scéen), a été inauguré le dimanche 8 août 1909, à 3 heures, par *Andromaque* et une scène de *Démocrite*.

La représentation avait été précédée d'une petite pièce de vers, le *Théâtre de Sceaux*, d'un sympathique fonctionnaire, poète à ses heures, M. Émile Fix, dont nous détachons cette strophe, qui a été récitée par Mme Garay-Myriel, avec son grand talent de fine diseuse :

> Sous cette nef ombreuse, immense cathédrale,
> Où la brise s'unit au doux chant des oiseaux,
>   D'autres voix vont se faire entendre :

> Rugissement du traître ébranlant ses arceaux,
> Des jeunes amoureux l'accent timide et tendre,
> Le rire de Scapin, le cri du Cid vainqueur,
> Tous les tons de la gamme et de l'âme et du cœur.
> Oui, nous vous apportons tout : les horreurs du Drame,
> La Tragédie antique aux nobles majestés,
> La vive Comédie et ses franches gaietés.
> Faire rire et pleurer, voilà notre programme.
> . . . .

Le second spectacle, donné le 15 août 1909, consistait dans l'*Impromptu du Parc de Sceaux*, également de notre compatriote Émile Fix, et le *Jeu de l'amour et du hasard*, de Marivaux.

M. Émile Fix, dans cet *Impromptu*, met en scène la duchesse du Maine, Malézieu et Voltaire, qui se réveillent en 1909 de leur éternel sommeil, et se demandent quels sont ces intrus, ces petites gens, qui envahissent leur domaine. Voltaire, le jeune et brillant Voltaire des fêtes de Sceaux, leur répond, par la plume de M. Émile Fix.

VOLTAIRE

> Mais sous ces rameaux verts, en ces riants bocages,
> Ils ne demandent point les fêtes des vieux âges,
> L'illumination des bosquets dans la nuit,
> Des danses et des fleurs. Un autre instinct a lui
> Dans leur intelligence et, s'ils n'ont Saint-Aulaire
> Ni l'abbé de Chaulieu, d'autres sont pour leur plaire,
> Poètes immortels d'hier et de demain,
> Qui savent émouvoir le fond du cœur humain,
> Ceux qui chantent l'amour, ceux qui sèment l'idée,
> Ceux dont la raison saine au rire est accordée,
> Molière, si profond, Racine, si divin,
> Et Corneille, si grand qu'on essaierait en vain
> D'atteindre la hauteur de son verbe sublime.
> Ils ont fixé sur eux leur choix et leur estime...
> Et combien, qui, depuis, ont marché sur leurs pas
> Et dont fatalement vous ne connaissez pas
> Même les noms : Hugo, la lyre universelle,
> Augier, Musset, Dumas... dont l'œuvre s'amoncelle
> Sur l'œuvre des aînés, Sardou... Que sais-je encor?
> Vigny... Que leur parole ait une harpe d'or
> Pour luth, ou les grelots d'une folle ironie,
> Ceux dont la Grèce antique applaudit le génie,
> Sophocle, Eschyle, enfin le colossal anglais,
> Shakspeare, et Cervantès, et Grethe !...
> . . . .

VOLTAIRE, *reprenant*.
                                    Désormais,
C'est à ces charmeurs-là qu'ils réclament des fêtes
Et connaître avec eux les régions du ciel.

MALEZIEU, *à part*.
Quelle éclipse pour toi, ma pauvre Mouche-à-Miel (1) !

La scène est charmante, elle évoque tout un passé de gloire littéraire; M. Émile Fix, qui n'est peut-être pas du Midi, s'est montré digne de prendre rang dans le cycle des Félibres et des Cigaliers. Il a de l'esprit, de la verve, de l'à-propos et la versification facile.

Les chevaliers de la *Mouche-à-Miel*, ces académiciens de la petite Cour de Sceaux, ont eu pour successeurs nos aimables Félibres, et le Théâtre de Verdure était destiné à continuer cette tradition. Des premiers sujets de l'Odéon y ont joué la comédie et même la tragédie. Le temps a souvent contrarié ces champêtres réunions, et convenons, d'un autre côté, qu'il est bien difficile de retenir le public sous la fraîcheur des grands arbres, alors que, non loin de Sceaux, Robinson, avec ses cavalcades, ses bals forains et ses guinguettes, sollicite la foule et attire l'exubérante jeunesse. Il ne fallait pas laisser se créer ce courant...

Ancien étang du Parc de Sceaux sur la rue de Penthièvre. Il a été comblé depuis.

---

(1) Rappelons que l'ordre de la Mouche-à-Miel, confrérie galante et littéraire, fondée en 1703 par la duchesse du Maine, qui était le grand-maître, comptait 39 chevaliers. Malézieu, Saint-Aulaire, l'abbé de Chaulieu et Saint-Genest en étaient les officiers. La décoration était une médaille d'or suspendue par un ruban jaune. *Elle est petite, il est vrai, mais elle fait de profondes blessures.* (Devise de la duchesse du Maine.)

RUE DES ÉCOLES

Au carrefour des rues Houdan et Paul-Berger (place de l'Église), vous trouvez sur votre droite la rue des Écoles. Il y a quarante ans, il n'y avait à Sceaux qu'un seul médecin en exercice, M. le docteur Marchandon. Il habitait le n° 3 de la rue des Écoles.

Successeur immédiat du docteur Thore, presque son élève, il avait épousé une des filles du notaire d'alors : Mlle Juliette Maufra.

Cliché Dagorno.
Rue des Écoles.

Cette belle carrière médicale est particulièrement pénible pour les médecins de campagne ; le docteur Marchandon la poursuivit néanmoins avec une conscience, une ardeur qui finirent par ruiner sa santé. Il se prodiguait pour ses malades et ne prenait pas le temps de se soigner lui-même. Sceaux, Châtenay et le Plessis ne lui laissaient pas un moment de loisir.

Dans toute la plénitude de l'âge, le docteur Marchandon vit ses forces décroître. Il dut consentir à prendre quelques mois de vacances dans sa propriété de Sainte-Adresse, au Havre.

Un suppléant devenait nécessaire. Le jeune docteur G. Dauzats, qui arrivait de Bordeaux, de retour d'un voyage à San-Francisco, comme médecin de la Compagnie Transatlantique, fut présenté au docteur Marchandon, qui l'agréa pour la saison, pensant bien ne pas tarder à reprendre ses occupations.

Cette situation provisoire dura plusieurs années, et le 9 février 1885 nous apprenions que le docteur Marchandon était décédé au Havre dans sa 54ᵉ année.

Son corps fut ramené à Sceaux. Sa famille et la population lui firent de splendides obsèques.

Le docteur Marchandon méritait les regrets dont il était l'objet.

M@me@ veuve Marchandon de la Faye, née Maufra, est décédée le 23 janvier 1906 au Havre. Ainsi s'éteignent et se dispersent peu à peu les grandes familles de notre localité.

A la mort prématurée du docteur Marchandon, d'unanimes regrets l'accompagnèrent à sa dernière demeure; devant la tombe de sa veuve, nous dirons avec un ancien sous-préfet de Sceaux, M. Boyer de Sainte-Suzanne, adressant, en 1868, un dernier adieu au docteur Thore :

« Nous n'avons pas ici l'égoïsme des grandes cités : tous nos cœurs se touchent, et nous avons des douleurs communes. Lorsque la fatale nouvelle est arrivée, elle n'a pas trouvé un indifférent, et le pays, le pays tout entier, s'est trouvé comme en deuil. »

Il en a été de même à la nouvelle de la mort de M@me@ Marchandon, car elle fut la providence des pauvres. Les plus anciens de la localité parlaient de son père, Jules-Xavier Maufra, qui fut notaire à Sceaux de 1831 à 1872 — c'est-à-dire pendant quarante-deux ans — et se rappelaient la jeunesse de M@lle@ Maufra. Nous avons dit qu'elle épousa le docteur Marchandon, qui succéda comme médecin au docteur Thore et n'a pas laissé dans le pays de souvenirs moins vivaces.

M@me@ Marchandon eut la douleur de perdre prématurément son mari, le bon docteur, puis son fils aîné René Marchandon, qui achevait ses études médicales. Elle a laissé un fils, M. Maurice Marchandon de la Faye, architecte distingué, et quatre filles. La première a épousé un ingénieur en chef des constructions navales; la seconde, un médecin; la troisième, un capitaine adjudant-major, et enfin une quatrième fille a voulu rester jusqu'au dernier jour la compagne de sa mère.

C'est une belle et vaillante lignée.

*
* *

LA MAISON DU NOTAIRE. — Lorsque vous pénétrez enfin dans le cabinet de M@e@ Renaudin, après une longue station, motivée par le nombre de clients qui attendent silencieusement leur tour, pour ne pas troubler le travail des clercs votre regard est attiré tout d'abord dans cette pièce par une suite de portraits des prédécesseurs du maître de céans, qui remonte à plus d'un siècle : de Champin père (1718-1744), à Champin (A.-B.-J.) (1744-1770)(1), de Desgranges père (1778) à Desgranges fils (1819), d'Achille Garnon (1822) à Xavier Maufra (1831-1873), d'Alphonse Dubost (1873-1883) à M. Hugues-Auguste Renaudin, qui a pris possession de l'étude en 1883. Il est donc notaire en exerice depuis 28 ans.

---

1. Nous avons ensuite Antoine-Pierre Champin, graveur de talent, mort en 1840 dont la descendante directe, M@me@ Brunet-Champin, sa petite-fille, habitait le 19 de la rue Houdan. Cet immeuble est dans la famille Champin depuis 1751. De nos grandes aïeules du Tiers-État du XVIII@e@ siècle, M@me@ Brunet-Champin avait hérité de la belle humeur sereine et franche, de cet esprit alerte et de l'amabilité de cette bonne race française, dont la tradition semble aujourd'hui perdue. M@me@ Brunet-Champin est décédée à Sceaux, en mai 1911.

Si M. Maufra est resté notaire pendant 42 ans (1831-1873), M. Renaudin, selon toutes prévisions, a encore de nombreuses années à rester en fonctions. Depuis 28 ans, il a vu son étude grandir et prospérer, par suite du développement même des localités qui sont ou qui étaient de son ressort, Sceaux, Fontenay-aux-Roses, Clamart, Vanves, Châtenay, Robinson et Plessis-Piquet.

Une cité nouvelle s'est élevée à côté du vieux Sceaux; de là, la multiplicité des affaires qui se traitent en l'étude de M. Renaudin.

Comment peut-il suffire à cette lourde tâche? Nous savons tous qu'il y a deux hommes dans Me Renaudin : le notaire et le philanthrope.

Il y a dix-huit ans — le 18 juillet 1893 — à la suite d'un deuil cruel, la mort de Mme Marguerite Renaudin survenue à l'âge de 34 ans, la vie intime de M. Renaudin s'est trouvée brisée. Il lui restait sa mère. Dans une même pensée, ils résolurent de consacrer désormais aux pauvres, aux orphelins, aux déshérités de la vie, outre une part de leur fortune personnelle, — le surplus du produit annuel de l'étude, — pour consacrer le souvenir de la chère défunte.

Et l'Hôpital-Hospice Sainte-Marguerite fût inauguré le 8 décembre 1895.

Nous avons eu ensuite les Jardins ouvriers et les Maisons ouvrières, dont le nombre augmente chaque année.

Un orphelinat et une garderie d'enfants ont été ajoutés à ces créations.

Mme Renaudin mère a consacré à l'administration de ces fondations les dernières années de sa vie. Dans un corps frêle, elle avait une volonté, une énergie pour le bien que chacun admirait. Une infortune lui était-elle signalée, elle partait aussitôt chez la bonne sœur, qui ne pouvait toujours accéder à ses désirs, à ses ordres, faute de place. Il fallait attendre et Mme Renaudin n'admettait guère pour ses protégés ces atermoiements. Elle guerroyait aussi pour le choix des fournisseurs, vérifiait volontiers les livraisons; elle savait le prix des choses, en bonne maîtresse de maison qu'elle avait toujours été.

De cette collaboration constante avec son fils, nous voyons les résultats pratiques, c'est-à-dire d'excellentes institutions de prévoyance sociale, que nous ne saurions trop admirer et donner en exemple.

Mme Renaudin mère s'est éteinte doucement en mai 1908, à l'âge de 87 ans. Toute la population de Sceaux assistait à ses obsèques. Nous y avons même aperçu un superbe vieillard de 92 ans, M. le comte de l'Escalopier. Adossé au portail de l'église, attendant le cortège, il se détachait par sa grande taille et sa belle tête blanche de l'ensemble de la foule, il imposait à tous une sorte de vénération par son grand âge; puis on comprenait qu'il avait voulu, par sa présence, rendre un dernier hommage à la mère de M. Renaudin, et on lui en savait gré.

M. Hugues-Auguste Renaudin est officier de la Légion d'honneur, lauréat de l'Académie française, titulaire de la médaille d'honneur de l'Assistance publique. La reconnaissance publique ne s'est pas trompée de chemin, et elle est allée directement cette fois à M. Renaudin et à sa mère.

PROPRIÉTÉ DU " PETIT-CHEMIN "

Degas, ancien chef de division à la Préfecture de la Seine, auteur dramatique et membre du Caveau, connu à ce titre sous le pseudonyme d'Armand Liorat, était un enfant de la ville de Sceaux. Sa pièce de début au théâtre, la *Timbale d'argent*, en collaboration avec Jules Noriac, fut plus qu'un succès. Elle est restée longtemps au répertoire des Bouffes-Parisiens. L'auteur était lancé et pendant plus de vingt années successives, Armand Liorat accapara les principales scènes d'opérettes. C'est à Sceaux qu'il travaillait, dans sa propriété de famille dite : le *Petit-Chemin*, à l'angle de la rue des Écoles. Sur un côté de la façade, il fit même installer dans une niche un beau buste de Molière, hommage discret d'un élève à son maître.

M. Degas est mort à Sceaux, en juillet 1898, à l'âge de 61 ans.

* *

N° 22. — Encore une famille d'universitaires. M. Habay est un ancien proviseur de lycée. Il cultive dans sa retraite ses classiques et son jardin. Son fils aîné appartient également à l'enseignement secondaire. Son second fils, M. Maurice Habay, est bien connu dans notre région, comme secrétaire de la rédaction de la *Rive Gauche*, où il a remplacé le regretté M. Gibart. M. Maurice Habay est un jeune et brillant reporter, licencié en droit, avocat à la Cour d'appel de Paris ; il a été conseiller municipal à Sceaux. Sa plume est élégante, nette et précise, ce qui ne gâte rien.

* *

Au n° 7 se trouve un des immeubles de la famille Chapeyron qu'elle a longtemps habité. Aujourd'hui, le fils de Mme Chapeyron est fixé à Paris. Le docteur Maurice Chapeyron a été un des premiers élèves du lycée Lakanal, membre fondateur du Cercle Labruyère, etc.

A l'angle opposé, sur la rue des Écoles et la rue Florian (ancienne rue du Petit-Chemin), une grande maison de rapport. Elle appartient à M. Fouquet, ancien caissier-comptable de l'imprimerie Charaire.

RUE DU FOUR

La rue des Écoles aboutit à la rue Marguerite-Renaudin, du nom de la fondatrice de l'hôpital-hospice de Sceaux, et à la ruelle des Écoles. Cette dernière conduit à la rue Voltaire et à la rue du Four.

La propriété de Mme Chapeyron est occupée en partie par la famille Hordé. Rien de plus charmant que cet intérieur. La maîtresse du logis a su faire de son salon un centre aimable de réunions hebdomadaires et presque quotidiennes pour les intimes. Paul Hordé, en quittant le greffe, s'occupait autrefois volontiers de photographie, il donnait des leçons à ses deux grands fils et à leurs amis, jeunes gens et jeunes filles, les Landel, Chapeyron, Mousnier, Boisson, etc.

* *

Faisant face à la nouvelle mairie, avec deux entrées, la principale sur la rue du Four, la seconde sur la rue Houdan, la propriété de Mme Maillard va rejoindre par un de ses côtés la ruelle des Agriculteurs.

Mme Maillard, la sœur du docteur Henry Reddon, aussitôt après son veuvage, s'est fixée définitivement à Sceaux, fort jeune encore. Sa personnalité y tient une place considérable. Son fils, M. Gaston Maillard, a hérité des qualités d'énergie, de volonté, de persévérance, de sa mère. A trente-deux ans, il était nommé, au concours, médecin des hôpitaux, chef de section des maladies mentales à la Salpêtrière et à Bicêtre.

On trouve le nom de Mme Maillard dans toutes les œuvres de charité, elle y continue les fondations soutenues par sa mère, tant au Bureau de bienfaisance, qu'à l'Œuvre des Pauvres Malades, dont elle est trésorière. Chaque année, à Noël, une large distribution de vêtements chauds est faite par ses soins aux familles chargées d'enfants. Les mères connaissent bien le chemin de sa demeure. Dans un autre ordre d'idées, Mme Maillard entretient de nombreuses et amicales relations avec les personnes notables de notre localité.

Elle s'intéresse à toutes les nobles causes, son esprit est toujours en éveil, elle suit volontiers les expositions et les conférences, elle aime la vie, le mouvement et... l'automobile qui supprime les distances.

RUE DES IMBERGÈRES

Un peu plus bas que la rue des Écoles, sur le grand chemin des Glaises, commence la rue des Imbergères. Sa première maison n'est autre que l'ancienne manufacture de faïence de Sceaux. Ces faïences ont eu leur époque de prospérité et aussi de célébrité. Nous avons connu son dernier propriétaire, M. Auboin (1872).

Nature un peu fruste, mais très expansive, comme on avait laissé Auboin, lors des élections municipales, en dehors de la liste des candidats, il fit couvrir la ville d'affiches, pour annoncer qu'il se présentait seul; son nom était, paraît-il, tout un programme, et il fut élu à une forte majorité.

Cet immeuble de la Faïencerie a été, depuis, transformé et habité pendant de longues années par deux familles appartenant à l'Université.

MM. Franck, les fils de César Franck, le grand organiste de Sainte-Clotilde et le célèbre compositeur de musique.

Son fils aîné, M. Georges Franck, maître de conférences d'histoire de l'art à l'École normale supérieure de Sèvres, professeur d'histoire au lycée Lakanal et d'histoire de l'art à l'Association des cours de la Sorbonne, chevalier de la Légion d'honneur, est mort à Thun (Suisse), en septembre 1910. Il repose aujourd'hui à Sceaux.

Le propriétaire actuel de l'ancienne Faïencerie est M. Émile Morel, professeur au lycée Lakanal, président et fondateur de la Société d'Instruction et d'Éducation populaires du canton de Sceaux. De plus, avec le concours de ses collègues du lycée, il a fondé à Bourg-la-Reine un cours régulier d'enseignement secondaire pour les jeunes filles.

L'initiative prise par M. Émile Morel a porté ses fruits. Le succès de ces deux fondations s'affirme de plus en plus chaque année.

*
* *

Le n° 3, toujours de la rue des Imbergères, appartient à la famille Moullé-Aviat.

M. Aviat est un peintre fort estimé. Élève de Bonnat, nous pourrions dire qu'il est en peinture un excellent féministe. Ses portraits de jeunes femmes lui ont assuré une clientèle qui s'étend jusqu'en Amérique. Aviat est aujourd'hui un peintre connu et classé.

Cet immeuble est occupé actuellement par la famille Huillard. Nous avons eu à différentes reprises l'occasion d'applaudir Mme Huillard et ses deux jeunes filles dans des concerts annuels donnés au profit des écoles.

*
* *

Au n° 5, c'est le vaste hôtel de la famille Jamin-Leroy, l'une des plus anciennes de Sceaux. Mme Leroy mère était une personne d'une haute distinction, elle avait un don de persuasion qui gagnait tous les cœurs, elle se multipliait pour les pauvres et les malades, en leur donnant certes des soins et des secours immédiats, mais aussi quelque chose d'elle-même, de sa douceur et de sa bonté. Son fils l'aidait de sa bourse, pour ses œuvres de charité. Il appartenait par ses relations, par ses occupations à la haute banque, et n'en goûtait que davantage le charme de venir se reposer à Sceaux.

La mère et le fils ont disparu à quelques années de distance, mais la propriété est restée dans les mains des héritiers directs : Mlle Leroy, aujourd'hui Mme Dugardin.

*
* *

Quelques numéros plus loin, se trouve la propriété des Wissemans, encore une famille d'universitaires. Le grand-père, M. Wissemans, ancien adjoint à la mairie de Sceaux (1887-1894), avait passé avec succès trois agrégations. Il était agrégé de grammaire, agrégé des lettres et enfin agrégé d'histoire. Son cas était à peu près unique en France. Il aurait pu prétendre aux plus hautes situations, il préféra rester professeur au lycée de Troyes.

M. Wissemans a été premier adjoint à la mairie de Sceaux de 1887 à février 1894, époque de sa mort.

Il a surtout contribué à la réorganisation de l'enseignement dans nos écoles, et à stimuler par l'autorité de son nom le zèle du personnel. On lui doit en outre d'avoir inventorié et catalogué les ouvrages dont se compose la bibliothèque populaire de la ville de Sceaux.

*
* *

Mai 1904. — Mariage de Mlle Suzanne Wissemans, petite-fille de M. Wissemans et fille du médecin-major de première classe, alors membre de la section technique du service de santé au ministère de la Guerre, avec M. René Leroux, docteur en médecine.

Les témoins étaient, pour la mariée : MM. Albert Delatour, conseiller d'État, directeur de la Caisse des dépôts et consignations, et Albert Wissemans, chef au ministère de l'Instruction publique; pour le marié, il avait comme témoins : M. Rabier, conseiller d'État, directeur de l'enseignement secondaire, et le docteur Perret, chef de clinique d'accouchement à la Faculté de médecine de Paris.

A la mairie, M. Château, maire de Sceaux, assisté de ses deux adjoints : MM. Chapsal et Charles Fontaine, après la cérémonie civile, a rappelé la très grande estime dont jouit la famille Wissemans dans la ville de Sceaux.

**

L'immeuble des Wissemans de la rue des Écoles est occupé par la famille Joannis depuis 1897. M. Joannis est titulaire d'une chaire de chimie à la Faculté des Sciences de Paris.

**

Au n° 23 habite la famille Fourcade-Cancelé, les héritiers directs des Hiard, qui furent administrateurs et présidents de la Société du Parc et des Eaux de Sceaux (1853 et 1879). M. Fourcade-Cancelé, chef de service retraité de la Compagnie du Canal de Suez, est administrateur de notre Bureau de bienfaisance et de la Caisse d'épargne et de prévoyance de Paris.

Mlle Fourcade-Cancelé s'est fait connaître comme artiste peintre (fleurs et fruits). Elle expose chaque année au Salon. Mlle Élisabeth Sonrel est une intime de cette maison familiale. Les deux jeunes artistes sont intéressantes à observer. Si l'on fouillait dans leurs cartons pour y chercher croquis, esquisses et modèles, on ne serait pas très surpris de reconnaître maintes fois, dans les études de Mlle Élisabeth Sonrel, l'expressif et fin profil de son amie : Mlle Fourcade.

**

Au n° 20. — C'est le siège du *Cercle artistique et amical* de Sceaux et de Bourg-la-Reine, dû à l'initiative de Mme Boulanger. Par son entrain, son esprit, son goût des fêtes, des sports, des réunions littéraires et dramatiques, la fondatrice de ce Cercle sait-elle qu'elle fait songer, à deux siècles de distance, à notre gracieuse duchesse du Maine ? N'insistons pas sur ce rapprochement. Les temps ne sont plus les mêmes et personne ne songe à reconstituer la Cour de la petite duchesse, ni son ordre de la *Mouche à Miel ?* (1).

**

Au n° 23. — La famille Wacquant a habité Sceaux pendant plus de quarante ans, de 1860 à 1900. Le père, officier de la Légion d'honneur, était inspecteur général de l'Instruction publique, section de l'enseignement secondaire (sciences et mathématiques).

**

Au n° 35. — Les Maury, apparentés aux Hiard et aux Fourcade, habitaient Sceaux depuis plus de cinquante ans. Nos belles campagnes suffisaient alors aux Parisiens en villégiature, on n'avait pas encore mis à la mode les plages de Bretagne et de Normandie, ou autres petits trous pas cher. Les Maury ont laissé le meilleur souvenir de leur long séjour parmi nous. La mort a passé ici comme partout et dispersé les survivants de cette sympathique famille. Le gendre des Maury, M. Hécaen, était liquidateur judiciaire, et le fils Hécaen, jeune officier colonial, a été décoré de la Légion d'honneur, sur le champ de bataille, à l'âge de 26 ans.

**

Nous trouvons rue des Imbergères, au n° 33, la propriété de la famille de Margerie. M. Eugène de Margerie (1820-1900), le père, a laissé un nom honoré

---

(1) Voir note. page 227.

et respecté, comme publiciste, homme de lettres et philosophe chrétien. Fondateur et président de la Société Saint-Vincent-de-Paul à Sceaux, il lui a consacré ses forces, son entrain, sa chaleur communicative. Même, pendant les vingt dernières années de sa vie, alors qu'il était malade et infirme, toute sa sollicitude allait aux œuvres charitables qu'il pouvait encore encourager dans sa sphère d'action et que son fils devait heureusement continuer. C'est qu'Eugène de Margerie avait toujours eu cet esprit de fraternité, d'apostolat chrétien, de respect pour les pauvres, de dévouement et de sacrifice qui en sont l'âme et la vie. Comme écrivain moraliste et historien, on lui doit : *Cinquante proverbes*, dédiés aux sociétés d'ouvriers; *Cinquante histoires*, pour faire suite aux *Cinquante proverbes*, *Contes d'un Promeneur*, *Les Aventures d'un berger*, *Réminiscences d'un vieux touriste*, des études littéraires, de morale et de controverse; *Portraits et caractères*, *Le Christianisme en action*, *La Société de Saint-Vincent-de-Paul :* Lettres, entretiens, récits et souvenirs; *Cinquante petites controverses*, *Légendes contemporaines*, *Contes d'automne*, etc.

Son frère, Amédée de Margerie (1825-1904), avait été professeur de philosophie à la Faculté de Nancy et doyen de la Faculté des Lettres de l'Université catholique de Lille. On lui doit une traduction en vers de la *Divine Comédie* de Dante (1900), une étude sur *Taine* (1895), sur le comte *Joseph de Maistre* (1883), et des études de philosophie sur la *Création et la Providence*, un *Essai* sur la philosophie de saint Bonaventure, etc.

Mme Eugène de Margerie est décédée à Sceaux, à l'âge de 85 ans, en novembre 1911.

**

Janvier 1903. — Mariage en la basilique de Sainte-Clotilde, à Paris, de M. Emmanuel de Margerie avec Mlle Renée Ferrere. Nous venons de dire combien la famille de Margerie est vénérée et aimée à Sceaux; aussi la nouvelle de ce mariage a-t-elle a été accueillie ici avec la plus vive satisfaction.

**

Le n° 39 de la rue des Imbergères a été longtemps habité par les familles Bonnet-Lallement. — M. Bonnet était professeur de mécanique à l'École Centrale des Arts-et-Métiers. Il y a formé de nombreux ingénieurs. Quant à M. Lallement, son beau-frère, il était officier de la Légion d'honneur, directeur honoraire de l'Infanterie au ministère de la Guerre, ce qui ne l'empêchait point de cultiver les lettres avec une ardeur toute juvénile. Encore une famille dispersée, perdue pour Sceaux.

Au nombre des locataires de cette maison, un des moindres n'est pas M. Schatté, géomètre retraité de la Ville de Paris, musicien, ancien chef d'orchestre de l'Odéon, et compositeur apprécié; on lui doit la délicieuse musique de la sérénade de *Severo Torrelli*, de François Coppée. Il n'est pas rare de voir ainsi les mathématiques vivre en parfaite harmonie avec la musique.

**

9 *avril* 1907. — M. Chardon, acquéreur de l'ancienne sous-préfecture, rue des Imbergères, capitaine de frégate, officier de la Légion d'honneur, fait à l'Université populaire de Sceaux, dans la salle des Fêtes de l'ancienne Mairie, une intéressante conférence sur *Une conception catholique du socialisme*.

Cette propriété appartenait précédemment à la famille Dupré.— M. Dupré, agrégé de l'Université, avait été professeur d'histoire au collège Stanislas.

****

En continuant à remonter la rue des Imbergères, nous arrivons à l'entrée de la grande propriété qui a donné son nom à la rue. Cette propriété a son histoire. On sait qu'elle fut habitée, de 1820 à 1826, par Mlle Mars, qui la céda à M. Vandermarcq. Elle passa ensuite aux mains de M. le docteur Beni-Barde. Ce dernier l'a cédé récemment à des acquéreurs, qui ont l'intention de la morceler. En attendant, ils ont fait abattre la plupart des arbres centenaires qui en faisaient l'ornement. Il est fâcheux que la loi sur la protection des paysages n'étende pas son action sur les propriétés privées.

****

Contigu et faisant partie de la propriété Beni-Barde, s'élève un pavillon, construit en belle meulière, et qui fut habité par les Coquelin, de la Comédie-Française, de 1885 à 1895. Ce pavillon fut repris par le commandant d'artillerie Pilate. Cette résidence mettait le commandant à proximité de son service d'inspection de l'artillerie des forts de l'arrondissement de Palaiseau. Les chevauchées matinales avec son ordonnance n'étaient pas pour lui déplaire. Quelques relations avec les habitants de Sceaux, une ou deux conférences données par le commandant, qui venait de prendre sa retraite, une dernière entre autres sur *La Discipline dans l'armée*, appela l'attention sur sa personnalité. Il avait émis cette simple vérité que le service militaire obligatoire pour tous devait avoir pour corollaire la fermeté du chef, tempérée par l'urbanité et la douceur dans le commandement. Que le soldat et l'officier se comprennent et la discipline nécessaire sous les drapeaux sera strictement observée.

Aux élections municipales de mai 1908, M. le commandant Pilate était nommé conseiller municipal et maire de Sceaux, sous les auspices du Comité radical et radical-socialiste.

Bourg-la-Reine a pour maire M. le colonel Candelot; Sceaux, fidèle à l'armée, a pris M. le commandant d'artillerie Pilate, officier de la Légion d'honneur. La maison est bien gardée, et résistera aux assauts des antimilitaristes, collectivistes, etc.

RUE DES CHÉNEAUX

Il y a une vingtaine d'années, ce chemin aboutissait comme aujourd'hui au pavé de Châtenay. Il était ombragé de place en place par de beaux ormes et des châtaigniers, dont plusieurs étaient plus que centenaires.

A l'angle de cette route, sur la voie des Sablons, une seule propriété d'une certaine importance, contiguë à celle de M. Saunier; un peu plus loin, quelques granges et le regard des eaux Vaux-Robert.

M. François, le grand-père, ancien administrateur-fondateur du journal judiciaire *Le Droit*, séduit par le site, avait fait construire cette maison vers 1860. Son fils, M. Anatole François, qui fut fondé de pouvoirs d'agent de change, se plaisait beaucoup à Sceaux. Il y avait passé son enfance et sa jeunesse, en compagnie d'aimables compagnons. Puis le mariage était venu avec les responsabilités de la vie.

Il consacrait volontiers ses loisirs à son intérieur : l'été à son jardin, à ses fleurs, à ses fougères, l'hiver à ses livres ; il aimait les belles reliures et les belles éditions. Il a laissé à ses fils une précieuse bibliothèque.

Fatigué avant l'âge, Anatole François vit sa santé s'altérer rapidement. Sa sérénité habituelle n'en fut pas troublée. Il est mort calme et résigné, en véritable stoïcien, le 25 avril 1894, dans sa 52ᵉ année.

*
* *

Aujourd'hui, M. Anatole François ne reconnaîtrait plus la voie des Chéneaux dans cette large rue parallèle à la rue Houdan, encadrée de jardins et de villas, dont la plus remarquable, par ses proportions, par ses visées architecturales, paraît être la villa des Chrysanthèmes, résidence de M. Chauveau.

Les chrysanthèmes de M. Chauveau ont valu en février 1897 à son jardinier, M. Bertin, un médaille de vermeil. Elles étaient d'une si belle réussite, de coloris si variés, si chauds de ton, d'une envergure de corolles si magnifique, qu'une commission fut spécialement nommée pour les visiter.

*
* *

Un peu plus haut, se trouve la propriété de M. Dodin, qui s'étend sur tout un côté de la rue Eugène-Maison.

Ensuite, à gauche, sur la rue des Chéneaux, vous avez le grand pavillon que vient de faire construire la famille Sonrel, avec deux vastes ateliers de peintre, pour le service de Mˡˡᵉ Élisabeth Sonrel.

Arsène Alexandre, critique d'art, écrivait à propos du Salon de 1911, dans le *Figaro* : « Une fois de plus, Mˡˡᵉ Élisabeth Sonrel prouve, avec son *Verger de la Vierge* et sa *Fiancée du landgrave*, des dons d'aimable rêverie et de patient savoir, semblables à ceux de l'abbesse Herrade de Landsberg et des anonymes enlumineuses des temps légendaires... »

Quelques autres belles villas terminent la rue des Chéneaux et vous gagnez ainsi le pavé de Châtenay.

On peut regretter les ormes et les châtaigniers d'antan, mais la proximité de la gare de Sceaux-Robinson explique cette transformation.

De la rue des Chéneaux partent encore plusieurs rues latérales : la rue Champin, la rue Quesnay et la rue Aubanel, qui va rejoindre la rue Houdan et le cimetière.

RUE CHAMPIN

Rousset (Léon), fils de Camille Rousset, historien de la *Guerre de Crimée* et de la *Conquête de l'Algérie*, membre de l'Académie française, — lui-même publiciste, philologue et explorateur, occupe le pavillon du nº 8 de la rue Champin.

Entré, au sortir du lycée Saint-Louis, où il avait fait ses études, comme préparateur de chimie au laboratoire de l'École Polytechnique, Léon Rousset fut appelé à créer et à diriger la première école française en Chine, à l'Arsenal de

Fou-Tchéou (1868-1874). Promu mandarin par l'empereur de Chine en récompense des services qu'il avait rendus dans ce poste, il profita des facilités que lui donnaient ce titre et la connaissance qu'il avait acquise de la langue et des usages de la Chine pour entreprendre un long voyage d'exploration dans ce pays, dont il a publié le récit sous le titre: *A travers la Chine*. Revenu en Europe, il a accompagné en qualité de secrétaire-interprète le premier ministre plénipotentiaire chinois chargé de fonder une légation de Chine en Espagne (1879-1882).

Son expérience des voyages le désigna ensuite au choix de la Librairie Hachette pour parcourir tous les pays de l'Orient d'Europe : Hongrie, Serbie, Roumanie, Bulgarie, Bosnie, Herzégovine, Turquie d'Europe, dans le but de donner une nouvelle édition des *Guides d'Orient* de la collection Joanne (1884).

Et comme couronnement d'une carrière si active, il a été chargé de la direction du service de publicité de la Librairie Hachette et Cie, où il a collaboré au lancement de toutes les grandes publications de cette célèbre maison d'édition (1885-1905).

Il est venu chercher dans le calme de la bonne ville de Sceaux et dans l'air salubre qui la baigne, le repos devenu nécessaire pour l'aider à se rétablir d'une longue et cruelle maladie causée par une existence de labeur et de surmenage sans répit.

RUE DES SABLONS

La rue des Sablons fait suite à la rue de la Gendarmerie, dont la traversée de la rue Houdan la sépare.

Le nº 1 de la rue des Sablons est occupé par la famille Rossy, depuis plus de cinquante ans. M. Rossy père, ancien conseiller municipal et administrateur de notre Bureau de bienfaisance, est décédé à Sceaux dans sa quatre-vingtième année, le 27 mars 1909. Il a laissé un fils : M. Eugène Rossy, qui est docteur en droit et lauréat de la Faculté de Paris.

Avec M. Rossy père a disparu l'un des derniers représentants à Sceaux de cette bourgeoisie terrienne, qui s'attache à la terre, lui est fidèle et à laquelle, par une réaction certaine, il faudra revenir tôt ou tard.

***

Au nº 3, à l'angle de la ruelle des Agriculteurs, s'élevait un pavillon dont la façade était ornée d'une petite statue de la Vierge. C'était la résidence des Hegger. Cette famille, d'origine belge, a habité Sceaux, en tant que résidence d'été, pendant de longues années.

Donnons un souvenir à M. Hegger. Il était joaillier, commissionnaire en perles fines, grand collectionneur de miniatures. Nature très ouverte, très sympathique, on le recherchait pour ses boutades et ses saillies. Il charmait la monotonie du voyage de Paris à Sceaux ou de Sceaux à Paris, pendant le trajet aux courbes fantastiques, de la gare Denfert à l'ancienne gare du Parc de Sceaux.

Nous n'avions alors qu'un train dans chaque sens par heure. Les voyageurs de Châtenay, Sceaux et Bourg-la-Reine se donnaient rendez-vous dans un même compartiment. On causait, on bavardait, on se donnait les nouvelles du jour, Hegger n'était pas le dernier à faire sa partie dans ce concert. Il nous contait les incidents du boulevard et de l'Hôtel des Ventes, dont il était l'un des familiers. Le soir, à l'arrêt du train, on descendait pour faire route ensemble, on ne se quittait qu'après avoir salué les maîtresses de maison et embrassé les enfants. Le jardin des Hegger était merveilleusement tenu, les pivoines, les roses, les œillets s'y multipliaient à profusion. Cette vie familiale et de bon voisinage avait bien son charme. Les mariages, les décès ont dispersé tout ce petit monde. Sur l'emplacement du léger pavillon d'autrefois s'élève aujourd'hui une belle construction moderne, qui est toujours, du reste, la propriété des Hegger, et est occupée par un professeur agrégé de l'Université.

**

Au n° 5 de cette même rue, une porte monumentale. C'est l'entrée de l'ancienne propriété Cauchy-de l'Escalopier, dont le terrain, habilement ménagé en gradins, aboutit, en traversant de belles allées couvertes, à une magnifique terrasse sur la rue Voltaire, qu'elle longe sur une partie de son parcours pour rejoindre le logis principal : vaste maison du xviie siècle, sur la rue Voltaire. Certes, on n'y trouve pas tout le confort moderne, mais on y logerait facilement un pensionnat.

Des hôtes illustres l'habitèrent. De notre temps, ce fut le baron Augustin-Louis Cauchy, mathématicien, né à Paris en 1789, mort à Sceaux en 1857, membre de l'Académie des Sciences, professeur d'algèbre à la Faculté des Sciences, de physique mathématique au Collège de France et de mécanique à l'École polytechnique, de 1816 à 1830, membre du Bureau des Longitudes en 1839; en 1852, il était professeur d'astronomie mathématique à la Faculté des Sciences. Cauchy fit de remarquables travaux dans les branches les plus diverses de la science. En analyse, ses méthodes rigoureuses sont encore suivies de nos jours. Les œuvres complètes d'Augustin Cauchy ont été publiées, par les soins de l'Académie des Sciences, en 26 volumes.

A la mort du baron Cauchy, cette propriété revint en partage à ses enfants et à son gendre, le comte de l'Escalopier, conseiller référendaire à la Cour des Comptes.

Mis en vente en 1907, cet immeuble et ses dépendances ont été adjugés à la famille Legendre, de Sceaux.

Les Legendre sont des enfants du pays. Fortune faite, ils reviennent au foyer qui les a vus naître. C'est dans la logique des choses.

M. le comte de l'Escalopier s'est éteint à un âge très avancé — 93 ans — dans son hôtel de la rue Férou à Paris. Son corps a été ramené à Sceaux en janvier 1909.

RUE PIERRE-CURIE

Au n° 13 de la rue des Sablons, à l'angle du sentier qui descend au ruisseau dénommé le ru d'Aulnay, s'élève la maison Ménard-Bouquet de la Grye, qui eut pour locataires la famille Curie : le docteur Curie et Mme Curie et le jeune ménage Curie.

M. Curie fils était alors professeur à l'École de physique et de Chimie de la Ville de Paris. La jeune Mme Curie, tout en veillant sur les premiers pas de sa fille, secondait son mari dans ses recherches. De cette collaboration instante devait naître la découverte du *radium*, qui a révolutionné le monde scientifique.

Le nom des Curie devint célèbre du soir au matin.

Cl. A. Faguet.

L'entrée de la rue Pierre-Curie, à Sceaux.

Février 1904. — La découverte du radium remonte à 1899; il a fallu quatre années et le prix Nobel, décerné par des étrangers, pour mettre en pleine lumière ces modestes savants (1903).

Nous revendiquons, à Sceaux, les Curie comme ayant été des nôtres; au surplus, les hommes d'étude et de grand savoir ne sont pas rares dans notre localité. On les ignore, ils s'ignorent eux-mêmes, jusqu'au jour où une circonstance quelconque vient les révéler, les mettre en relief et les imposer.

Il en a été ainsi pour les Curie. M. le docteur Curie et Mme Curie, père et mère du chimiste auquel nous devons le radium, ont longtemps habité, nous venons de le dire, avec leur fils et leur bru, un grand pavillon sis au bas de la rue des Sablons.

M. le docteur Curie, en dehors de sa clientèle médicale, s'occupait de recherches scientifiques, en fervent disciple de Paul Bert, et Mme Curie mère, femme d'une haute intelligence, a longtemps dirigé l'instruction de ses fils. Notre futur chimiste était déjà en famille à bonne école. Ses souvenirs de jeunesse le rattachaient à Fontenay-aux-Roses, puis à Sceaux, qu'il a quitté après la mort de sa mère, en emmenant avec lui son père, le docteur Curie, pour se rapprocher de la grande ville, à la conquête de la science : la renommée est venue l'y rejoindre.

A Sceaux on se rappelait les recherches scientifiques du père, ses expériences sur les cobayes, ainsi que la bonne grâce et la haute intelligence édu-

Cl. A. Faguet.
La villa des Milans, rue Pierre-Curie.

catrice de Mme Curie mère. Elle est morte sans avoir vu consacrer la gloire de Pierre Curie ; elle n'était plus lorsque l'on a ramené au cimetière de Sceaux, ce fils bien-aimé, écrasé un soir d'hiver par un omnibus, à cette dangereuse descente du Pont-Neuf à l'Institut.

Avril 1906. — L'éminent savant a été inhumé dans notre petit cimetière communal où repose déjà sa mère. La cérémonie a eu lieu dans la plus stricte intimité. Une soixantaine de personnes seulement accompagnaient le cercueil. Parmi elles, M. Briand, ministre de l'Instruction publique, et son chef de cabinet, M. Théodore Tissier; MM. Château, maire; Fontaine, adjoint; Hollebèke, Troufillot, Mousnier, Habay, conseillers municipaux. Aucun discours n'a été prononcé. Devant la tombe, Mme Curie, stoïque dans son immense douleur, s'est emparée d'une gerbe de fleurs, apportées au dernier moment, et les a répandues une à une sur le cercueil. Il a fallu lui rappeler que les personnes présentes attendaient pour lui présenter leurs condoléances.

Une petite croix de bois noir avec ces simples mots : « Pierre Curie, 19 avril 1906, » surmonte la tombe du savant.

**

Le locataire qui a remplacé les Curie, au 13 de l'ancienne voie des Sablons, est un artiste dessinateur de grande valeur : M. Eugène Grasset, peintre aquarelliste, paysagiste, etc. Il a fourni des modèles modern-style pour dessins d'étoffes et de tapis, pour meubles et reliures historiées. Ses affiches illustrées sont recherchées. On lui doit les vitraux de Saint-Pierre-de-Chaillot, le vitrail de Jeanne d'Arc, à Orléans. M. E. Grasset est officier de la Légion d'honneur.

**

Au n° 15 — toujours de la même rue — a habité pendant de longues années un architecte distingué, M. Boileau, architecte du *Bon Marché*, du *Château Boucicaut* à Fontenay-aux-Roses, du *monument Gambetta*, place du Carrousel, etc.

**

Le n° 19 dépend de la propriété dite *des Milans* appartenant à un autre architecte, M. Jacques Lequeux, qui a transformé la maison paternelle en une somptueuse habitation. On doit à M. Jacques Lequeux, décédé en 1907, la restauration du clocher de Sceaux, l'Hôpital-Hospice Marguerite-Renaudin et sa svelte chapelle, le pensionnat Maintenon, etc.

Octobre 1907. — Mort de Mme Lequeux, née Jadelot.

**

Au n° 22, la villa des Sablons, propriété de la famille Séris-Augé. Précédemment, cette famille habitait le n° 17, qu'elle avait acquis de Mlle Victoire Barbier, la sœur de Jules Barbier, le célèbre librettiste.

Mlle Victoire Barbier repose aujourd'hui au cimetière de Sceaux. Elle est morte presque centenaire — à 99 ans 9 mois. Artiste remarquable, elle dessinait à ravir; elle a laissé des aquarelles, des croquis, des pochades que l'on se dispute encore. Elle écrivait comme elle dessinait, avec la même facilité et la même finesse. L'esprit toujours en éveil, elle notait ses impressions sur des chiffons de papier qu'elle classait ensuite et qui se sont transformés en d'intéressants volumes, d'une philosophie aimable et souriante, dont le plus remarquable est certainement son *Eloge de la vieillesse*. C'est un livre de chevet et de haute sagesse. Le souvenir de l'aimable centenaire n'est pas oublié à Sceaux.

**

Jules Augé, artiste-peintre, élève de Picot et de Français, n'était pas sans mérite. Il appartenait à la génération de 1830. Avant la guerre de 1870, il avait été chargé d'inventorier, de classer, de réparer la galerie de tableaux de la propriété Wanderbeck, au Plessis-Piquet. Cette galerie se composait en majeure partie de portraits de hauts personnages des XVIIe et XVIIIe siècles. Elle a été dispersée aux enchères publiques, il y a quarante ans. Jules Augé a laissé diverses œuvres d'un bon coloris, aux tons chauds, entre autres un *Atelier de peintre*, un *Coin de la Voie des Sablons*, un *Café turc*, genre Decamps, et divers portraits. Il est mort à Sceaux, en 1883, à 74 ans.

***

Cette rue Pierre-Curie se trouve à l'extrémité sud du pays, sur Châtenay. Rentrons en ville par la rue des Sablons, qui aboutit à la rue Houdan; nous passons devant la mairie et la propriété de M. Château; un peu plus bas nous avons devant nous la rue Michel-Charaire. Ce nom sollicite notre attention. Le fondateur de la grande Imprimerie de Sceaux a contribué plus que quiconque au développement de notre localité. On sait que l'Imprimerie Charaire n'occupe pas moins actuellement de cinq cents compositeurs, conducteurs, clicheurs, mécaniciens, photograveurs, brocheuses et employés au matériel.

Entrée de l'Imprimerie, rue Michel-Charaire.

Deux Maîtres-Imprimeurs
MM. Michel et Émile Charaire

(1872-1891-1902-1907)

Dès son installation à Sceaux, en 1872. M. Michel Charaire avait appelé son fils près de lui pour le seconder dans son entreprise : peu de temps après, il en fit son associé.

Jamais collaboration ne fut plus complète. M. Charaire père apportait dans l'association, ses capitaux lentement amassés, son expérience d'administrateur prévoyant, ses profondes connaissances typographiques, et une précieuse clientèle d'éditeurs.

Seulement, ces derniers exigeaient, en retour, la rapidité d'exécution des principales imprimeries de Paris, de belles impressions, et demandaient des prix inférieurs.

Le problème paraissait insoluble. L'outillage manquait et le personnel était tout entier à former. Il s'agissait de créer un organisme suffisant pour répondre au mouvement d'affaires qui s'annonçait devoir être considérable.

M. Émile Charaire avait été précédemment prote aux machines à l'importante imprimerie Crété, à Corbeil.

Avec la belle audace de la jeunesse, il se mit résolument à l'œuvre. Certes, il ne sortait pas de l'École Centrale, mais il possédait les connaissances pratiques de l'ingénieur, si la théorie scientifique lui échappait. Les difficultés ne faisaient que le surexciter. Dans sa fièvre de combinaison et de transformation, il eut bientôt créé, souvent inventé de toutes pièces, un matériel approprié aux différents modes d'impressions en noir et en couleurs, avec un outillage absolument exceptionnel.

A chaque jour sa tâche, et en moins d'une dizaine d'années,

l'Imprimerie de Sceaux était classée parmi les plus importantes de la capitale, et Marinoni, le célèbre constructeur de presses typographiques, confiait à la maison Charaire ses nouveaux modèles pour en organiser la mise en marche et en rectifier les défectuosités.

Au surplus, il faut avoir visité en détail cette vaste usine de l'Imprimerie de Sceaux, — atelier par atelier, — pour se rendre compte de sa puissance de production journalière, — la progression a été constante depuis plus de trente ans.

La médaille d'or de l'Exposition internationale d'Anvers décernée à l'Imprimerie Charaire et fils, — en 1885, — devait recevoir sa consécration en France.

Des amis, des confrères intervinrent en faveur de M. Michel Charaire auprès du Ministre du Commerce pour lui faire décerner la croix de chevalier de la Légion d'honneur.

Cette requête était appuyée par M. Charles Noblet, président honoraire de la Chambre des Imprimeurs, par M. Gauthier-Villars, le grand éditeur scientifique, — par M. H. Marinoni, — par M. Jules Claye, dont il était l'ancien prote, — par M. Ad. Focillon, de l'École Colbert, — par M. Blanchet, maire de Fontenay-aux-Roses, ancien directeur de Sainte-Barbe. — par M. Deforges, maire de Châtillon, etc.

Par décret du Président de la République en date du 31 décembre 1885, M. Michel Charaire était nommé chevalier de la Légion d'honneur.

Le 23 janvier 1886, M. Jules Claye, son maître vénéré, lui écrivait :

Mon cher Charaire,

La Grande Chancellerie m'a fait dépositaire, pour vous, des insignes de chevalier de la Légion d'honneur. Arrivez donc que j'aie le plaisir de les attacher sur votre poitrine, tout heureux d'être votre parrain.

J. CLAYE.

Et comme manifestation de leur satisfaction, les Charaire faisaient annoncer que, dès les beaux jours revenus, une fête serait donnée par l'Imprimerie à tous ses amis et collaborateurs.

Cette fête eut lieu le samedi 6 juin 1886. Le *Bulletin de l'Imprimerie et de la Librairie* en a rendu compte en ces termes :

IMPRIMERIE CHARAIRE A SCEAUX. — La jolie ville de Sceaux était en liesse samedi dernier. Le train qui entrait en gare à quatre heures et demie était salué par des coups de canon, et les voyageurs qui en descendaient étaient conduits, musique en tête, jusqu'à l'imprimerie de MM. Charaire et fils.

Les ouvriers de cette importante maison célébraient leur fête annuelle en l'honneur de Gutenberg, et tous étaient venus attendre à la gare les éditeurs, imprimeurs et journalistes, qu'ils avaient invités.

MM. Charaire père et fils qui deviennent, pour ce jour-là, les hôtes de leur personnel; M. Esnault, prote de l'imprimerie et président du comité d'organisation de la fête; M. Pichard, doyen des typographes de Sceaux; M. Fouquet, caissier, et tous les chefs de service de l'imprimerie Charaire firent un accueil charmant et sympathique à MM. Delagrave, Gedalge, Roy, etc., éditeurs, Léon Kertz, rédacteur en chef du *Journal Illustré*, Réjus, Mousnier, Orsoni, etc., etc.

Après avoir fraternisé autour des tables qu'on avait dressées, pour y servir le madère, sur la pelouse du magnifique parc de l'imprimerie, pendant que l'excellente fanfare, si habilement dirigée par son chef, M. Muller, exécutait ses plus brillants morceaux, les convives se rendirent à l'hôtel de ville où un banquet de cent cinquante couverts était servi dans la salle des Fêtes très coquettement décorée pour la circonstance.

Au dessert, M. Esnault se lève et prononce un excellent discours qui mériterait d'être cité en entier et qu'interrompent à chaque instant d'unanimes applaudissements.

Après avoir adressé une phrase aimable à chacun des invités et clients de l'imprimerie Charaire : MM. Marinoni, Cassigneul, Decaux, Oudin, Lecorbeiller, Gonse, Lecoffre, Colin, Alcan, Darblay père et fils, Charpentier, Ollendorff, Guédon, Boulanger, Lecène, Rouge, Champion, Fouquet, à MM. Tony Révillon, député, Grondard, maire de Sceaux, Mousnier, adjoint, etc., M. Esnault s'exprime en ces termes :

« .... Que faisons-nous, dans ces agapes fraternelles, si ce n'est resserrer les liens d'affection et d'estime réciproques qui nous unissent? N'est-ce pas à l'union entre patrons et ouvriers que nous devons le travail du lendemain assuré et la sécurité de l'avenir?

« Le jour où cette vie de famille sera comprise et mise en pratique par toutes les corporations ouvrières, ce jour-là sera anéanti un fléau redoutable : la grève.

« Oui, Messieurs, c'est cette union qui fera disparaître ces grèves si funestes pour tous, si préjudiciables au travail national et dont l'étranger profite; c'est cette union qui anéantira les efforts de ces ambitieux qui, n'ayant rien de l'ouvrier, viennent, sous le masque de l'humanité, semer la discorde dans nos rangs et plongent dans la misère les imprudents qui se laissent prendre à leurs paroles. »

Puis, parlant des grands inventeurs du XIXe siècle :

« Parmi ceux-là, dit M. Esnault, je dois citer M. Marinoni dont les presses mécaniques répandues dans le monde entier témoignent partout de la supériorité de l'industrie française. M. Marinoni n'est pas seulement un de ceux qui ont fait faire les plus grands progrès à l'imprimerie, il est aussi directeur du *Petit Journal*, cet organe si universellement estimé et dont le tirage est le plus considérable des journaux du globe. »

M. Esnault boit ensuite à la prospérité toujours croissante de l'imprimerie Charaire et fils.

M. Roy, le sympathique éditeur, auquel les ouvriers avaient donné la présidence du banquet, prononce une spirituelle et charmante allocution.

« On a dit, ajoute-t-il en terminant, que l'agriculture est une des mamelles nourricières de l'espèce humaine. On peut affirmer que l'imprimerie est aussi la mamelle qui nourrit l'esprit humain.

« Buvons à Gutenberg et à sa sublime découverte : l'imprimerie. »

M. Charaire père répond en remerciant chaleureusement ses clients et amis qui ont contribué au succès de sa maison.

Puis M. Mousnier a fait ressortir les avantages de l'union et du travail.

Enfin M. Tony Révillon a clos la série des toasts en buvant au travail et en captivant ses auditeurs par une de ces éloquentes improvisations dont il est coutumier.

Un bal avait été organisé dans le Parc et pendant que, derrière l'épais feuillage des arbres séculaires, l'orchestre exécutait ses valses et ses quadrilles les plus entraînants, nous prenions à regret le train pour Paris, emportant le souvenir de cette fête charmante à laquelle avaient présidé la plus franche gaieté et la plus parfaite concorde.

J.-B. LAMY.

Vue à vol d'oiseau
de l'ensemble des bâtiments
de l'imprimerie Charaire.

UNE RÉCEPTION A L'IMPRIMERIE. — 10 SEPTEMBRE 1886.

La fête du 6 juin 1886 avait pour ainsi dire un caractère officiel par la présence de nombreux clients et fournisseurs de l'imprimerie de Sceaux : Marinoni, Cassigneul, Decaux, Oudin, Lecorbeiller, Lecoffre, Colin (Armand), Alcan, Darblay père et fils, Charpentier, Ollendorf, Lecène, Roy, etc.

Le personnel de l'imprimerie avait eu la délicate attention d'offrir à M. Michel Charaire une croix en diamants et un ravissant objet d'art.

Pour remercier ses collaborateurs de chaque jour par une réception plus intime, un banquet suivi d'une soirée sous les ombrages du cèdre séculaire de leur propriété, leur fut donné le 10 septembre 1886. Le parc de l'imprimerie était éclairé à l'électricité, la nuit était splendide, le coup d'œil d'ensemble des nombreux convives groupés par petites tables, était féerique.

Enfin, la grande pelouse de la propriété avait été entièrement parquetée pour le bal qui a suivi le banquet.

Émile Charaire, Mme Émile Charaire et ses enfants se pressaient joyeusement autour de leur grand-père et pour féliciter de nouveau M. Michel Charaire, M. Georges Bouret s'était fait l'interprète de tout le personnel dans les strophes suivantes, dont le sentiment qui les a dictées est exquis :

> Notre hôte a bien gagné sa croix.
> Si cette étoile est descendue
> De là-haut, comme je le crois,
> Cette étoile n'est pas perdue.
>
> Le ruban rouge désiré,
> Ainsi qu'une fleur printanière,
> Orne aujourd'hui sa boutonnière,
> Monsieur Charaire est décoré.
>
> L'Auvergne rit à son enfant,
> La ville de Sceaux est joyeuse,
> Car, sous cet honneur triomphant,
> On sent aussi la vie heureuse.

. . . .

L'Exposition universelle de 1889 mit complètement en valeur l'imprimerie de Sceaux, où elle obtenait la médaille d'or.

Vues de la propriété Charaire, 100, rue Houdan, à Sceaux.

MM. Michel et Émile CHARAIRE.

C'est en 1891 que M. Émile Charaire reprit de son père la direction effective de cette vaste imprimerie. Il en connaissait tous les rouages et le personnel lui était dévoué.

Pendant douze années consécutives, de 1891 à 1902, Émile Charaire se dédoubla sans compter pour faire face aux obligations d'un labeur incessant. « Chaque jour dès le matin, l'inspection du maître passée, il part. Il a comme tâté le pouls de l'immense force qui reçoit son impulsion ; il sait lequel des organes paraît souffrir ; le remède ne se fera pas longtemps attendre... »

Qui parle ainsi ? le prote principal de l'imprimerie, M. Labiche.

C'était presque érigé en habitude à l'imprimerie de Sceaux, après les grandes périodes de labeur, de réunir le haut personnel et de passer quelques heures ensemble à deviser à table, comme on cause entre amis et collaborateurs. Or, à la suite d'un déjeuner (du 6 mars 1898), au dessert, M. Labiche, esprit très primesautier, dans une allocution d'une vive allure, est remonté aux origines mêmes de cette maison, et il en a suivi les développements jusqu'à ce jour. M. Labiche s'est exprimé en ces termes :

Merci à M. Charaire pour sa délicate attention. Il a voulu grouper autour de lui en cette réunion cordiale tous les chefs de service de l'Imprimerie de Sceaux. C'était une pensée qui devait tenter ce grand travailleur, arrivé par son seul labeur, qui ne se trouve vraiment heureux qu'au milieu de ceux qui ont collaboré à son œuvre et qui la continuent avec ses vaillants successeurs.

Je ne voudrais pas entreprendre un historique complet de l'Imprimerie, pourtant, en nous voyant si nombreux autour de cette table, nous qui ne sommes que les délégués de tout le personnel, — un retour vers les commencements s'impose, retour qui, à votre grand honneur, Monsieur Charaire, montrera le bel effort que vous avez accompli.

Elle était bien modeste, l'Imprimerie de Sceaux, lorsque sa bonne fortune vous en a fait le patron. Quelques ouvriers conduisant trois vieilles machines qui imprimaient d'antiques recueils de romans-feuilletons : le *Conteur*, le *Passe-Temps*, la *Semaine*, aujourd'hui tombés dans l'oubli, et c'était tout.

Vous venez : tout change. Le travail en toutes les branches de l'activité intellectuelle : littérature, sciences, arts, afflue ; le matériel pour satisfaire la clientèle doit à la fois se modifier et être sans cesse augmenté et, en peu d'années, la petite maison qui vivotait jadis a subi une telle modification, que son propriétaire, grâce à sa profonde connaissance de notre art, se voit classé parmi les grands industriels et reçoit aux expositions les récompenses les plus hautes.

L'élan donné, rien, Monsieur Charaire, ne vous arrêta plus, et lorsque votre convenance vous a fait laisser à d'autres mains la conduite de la barque, l'œuvre accomplie était vraiment belle.

Vous ne pouviez confier le sort de la maison à plus expert que M. Émile Charaire. Nous, les témoins de chaque jour de sa féconde activité, les appréciateurs de sa grande intelligence des affaires, de la connaissance parfaite des ressources du métier qu'il y joint, nous nous expliquons l'incroyable impulsion qu'il a donnée à cette imprimerie.

De votre jolie retraite de la rue Florian à Sceaux, où vous nous traitez aujourd'hui si magnifiquement, vous avez pu, Monsieur Charaire, assister comme dans une féerie à cette éclosion.

Des bâtiments nouveaux ont été élevés : les anciens ne pouvaient plus suffire. Les machines plates, devenues impuissantes à servir la clientèle, sont remplacées par des rotatives qui occupent tout un vaste atelier.

Le défilé des camions qui tous les jours passent devant votre porte vous montre à quelle production formidable nous sommes arrivés ; à peine suffisent-ils aux livraisons.

L'Imprimerie est devenue une ruche immense qui, par le travail qu'elle procure à quatre cents ouvriers, par l'aisance qu'elle répand autour d'elle, constitue la véritable vie de notre cité.

Vous avez, Monsieur Charaire, le droit d'être fier d'un tel résultat, et nous, les collaborateurs de l'œuvre, ne voyons pas sans orgueil les bienfaits qui en découlent.

Etant les premiers à en profiter, nous sommes heureux que cette réunion, j'oserai dire de famille, nous permette de vous exprimer notre affectueux respect et d'affirmer notre dévouement à nos patrons.

A la santé de M. Charaire ! à celle de M. Émile Charaire et de sa famille ! A la prospérité croissante de l'imprimerie !

Un des ateliers des machines de l'imprimerie Charaire.

UN MARIAGE A L'IMPRIMERIE

Mai 1899. — Mariage de Mlle Émilie Charaire avec M. Lucien Milinaire, fils du grand industriel parisien, constructeur du Marché de Sceaux. L'église était comble : invités de Paris, gens de lettres, artistes divers et invités scéens : notabilités, conseillers municipaux, s'y étaient donné rendez-vous. Après la messe, un lunch magnifique où plus de trois cents personnes étaient réunies a été servi dans le grand hall de l'imprimerie, par la maison Potel et Chabot. Le repas était servi à la mode nouvelle, par petites tables.

Au dessert, M. Sextius Michel, dont le buste figure aujourd'hui à côté de ceux de Florian, Aubanel, Paul Arène, dans le jardinet de l'église, a dit une poésie qu'il avait composée en l'honneur des jeunes mariés.

Nous ne résistons pas au plaisir de reproduire ici cette délicieuse improvisation. Sextius Michel, l'aimable félibre, a entendu les fauvettes chanter.....

Des refrains d'amour dans les bois.

Voici ce qu'elles disaient :

Dire des vers à votre gloire,
Je le voudrais... vœux superflus !
Comme je n'ai plus de mémoire,
Hélas ! je n'improvise plus.
Si d'un véritable poète
Il vous plaît d'écouter la voix,
Allez entendre la fauvette
Improviser au fond des bois,

Je pourrais bien vous dire... en prose
Quelques phrases de compliment.
Pour des vers, dieux cléments ! je n'ose,
Je n'ose y penser seulement.
S'il vous faut une chansonnette,
Un épithalame de choix,
Allez entendre la fauvette
Improviser au fond des bois.

Pourtant, hier, j'ai cru bien faire
De composer une chanson...
Je l'ai laissée au vestiaire
Dans mon paletot... Hé, garçon !
Non, merci, restez où vous êtes,
Ce sera pour une autre fois :
Mieux vaut entendre les fauvettes
Improviser au fond des bois.

Je suis un enfant de la Muse
Monté sur un cheval peureux ;
Mais les vers que je vous refuse,
Jeunes époux, beaux amoureux,
Allez, après ce jour de fête
Où l'amour vous dicte ses lois,
Allez entendre la fauvette
Improviser au fond des bois.

Elle vous dira, la jolie,
La reine des divins chanteurs,
Que le vrai bonheur de la vie
N'est que dans l'union des cœurs.
Aimez-vous ! l'amour ceint vos têtes
Mieux qu'un bandeau le front des rois.
Si vous en doutez, les fauvettes
Vous le diront au fond des bois.

L'amour, c'est la céleste manne
Qui tombe en nos rudes sentiers ;
L'amour, c'est la fleur dont émane
Le doux parfum des églantiers ;
L'amour, c'est la flamme secrète
Qu'en vos yeux ravis j'aperçois.
Aimez, époux ; chantez, fauvettes,
Des refrains d'amour dans les bois.

Le lendemain, M. Émile Charaire conviait ses ouvriers et employés à un banquet dans le hall de l'imprimerie. Ces derniers s'étaient cotisés pour offrir à la fille de leur patron un magnifique bronze, l'*Amour captif*, qui a été très admiré. La pensée était délicate.

* *

Ce brillant mariage semble avoir marqué l'apogée de la laborieuse carrière d'Émile Charaire. Les jours sombres vont suivre, c'est-à-dire les jours de lassitude, où les forces vous trahissent et vous donnent un premier avertissement d'avoir à les ménager.

De 1899 à 1902, il put encore réagir et suivre le mouvement impérieux des multiples affaires de l'imprimerie.

A l'Exposition universelle de 1900, Émile Charaire obtenait un rappel de la Médaille d'or, pour ses travaux en couleur, et notamment pour le repérage des cartes de géographie, qui aujourd'hui encore constitue une des brillantes spécialités de la maison.

Émile Charaire avait l'habitude, en revenant de Paris, d'entrer dans le cabinet de son père, rue Florian, et de lui consacrer une bonne demi-heure à causer familièrement de ses affaires, de ses clients, de son personnel, des difficultés d'exécution que présentaient certains travaux.

C'était pour lui un moment de détente, de repos physique et moral. L'esprit toujours en éveil et la pensée constamment fixée sur un même but, le cerveau se fatigue et le repos s'impose à la longue.

Cette lassitude n'échappa pas à la sollicitude des siens. Michel Charaire intervint pour décider Émile Charaire à se faire suppléer par ses fils; mais il était dans l'engrenage, il y laissa sa vie.

Si M. Émile Charaire avait été le digne élève de son père, son émule et son successeur, il fut surtout le maître-imprimeur, tel que pouvait le concevoir ce siècle de l'électricité et de la vapeur. Émile Charaire a su, en effet, l'un des premiers, utiliser en typographie ces deux puissants moteurs qui ont rendu possible, avec les tirages rapides, la diffusion des journaux et des livraisons illustrés. Véritable révolution industrielle, dont les intéressés n'apprécient pas assez toute l'importance.

Mort de M. Émile Charaire

Les obsèques d'Émile Charaire furent célébrées le jeudi 24 avril 1902. Après le service solennel qui eut lieu en l'église de

M. Émile CHARAIRE

Sceaux, les assistants, c'est-à-dire presque toute la population, se rendirent au cimetière, en accompagnant le funèbre cortège.

Les sociétés locales avaient tenu à lui servir d'escorte : la Fanfare libre de Sceaux, les Pompiers encadrant le corbillard, la Société de secours mutuels de l'imprimerie qui perdait son bienfaiteur, la Société de Saint-Jean-Baptiste, la Société de gymnastique *La Patriote*, le personnel de l'imprimerie tout entier, une foule compacte d'habitants du pays, d'amis, d'éditeurs, d'imprimeurs, de fournisseurs de l'immense maison de Sceaux, formaient une escorte de plus de 2,000 personnes.

Quatre discours, rendant hommage à l'homme de travail et de de bonté qui disparaissait, furent prononcés, le premier par M. Château, maire de Sceaux :

Mesdames, Messieurs,

Cette foule, si profondément recueillie, venue de toutes parts pour assister aux funérailles de l'homme de bien et de grand cœur que tous nous pleurons ; ces visages consternés, où se lisent les marques de la plus vive douleur, témoignent hautement combien Émile Charaire était aimé, respecté et honoré dans le pays. Quand se répandit dans notre ville la nouvelle du trépas prématuré de cet homme que nous avions vu, quelques jours auparavant, bien portant et plein de vie, personne ne pouvait se résigner à y croire.

Hélas ! la triste nouvelle n'était que trop vraie. La mort implacable et aveugle venait de ravir à l'affection des siens cet esprit généreux, si largement ouvert à toute idée de justice et de progrès, en pleine force et à l'heure même où rien ne faisait pressentir ce dénouement fatal.

Avant de fermer cette tombe, qu'il me soit permis de lui dire un éternel adieu et d'adresser, au nom de tous les habitants de la commune, à sa veuve éplorée, à ses enfants, à ce père inconsolable, M. Charaire, votre maire honoraire, que tous, ici, entourent d'une si grande vénération, l'expression de nos sentiments douloureux et de nos plus sincères regrets.

La vie d'Émile Charaire a été tout entière une vie de labeur acharné.

Lorsqu'il prit la direction de l'importante imprimerie que son honoré père avait fondée à Sceaux, avec tant de succès et pour le plus grand bien des nombreuses familles qu'elle occupe et qu'elle fait vivre, il s'inspira toujours des si nobles et si précieux exemples qui lui avaient été légués.

Travailleur infatigable et doué d'une haute intelligence toujours en éveil, il sut se montrer le digne continuateur de cette œuvre et lui donner encore un nouvel essor.

Le développement sans cesse grandissant de sa maison fut la légitime récompense de ses efforts persévérants et de ses heureuses et admirables créations, car c'était un maître en son art.

On peut dire de lui qu'il était bien l'homme actif, juste et bon. Il aimait ses ouvriers, tous gens laborieux, dévoués et profondément honnêtes ; tous l'aimaient et le pleurent aujourd'hui, car avec ses grandes qualités de caractère et de cœur, il vous attachait à lui profondément.

Puisse le témoignage de sympathie et de regrets qu'une population entière apporte en ce moment suprême à sa famille, dans la terrible épreuve qu'elle traverse, être pour elle un adoucissement à sa douloureuse affliction !

Au nom de tous, adieu, cher ami, adieu !

M. Labiche prit ensuite la parole au nom du personnel :

> L'épouvantable catastrophe qui, si soudainement, brise les cœurs d'une épouse, d'enfants chéris et d'un père, le vénéré M. Charaire, qui voit disparaître ce fils, son légitime orgueil, et les accable de la pire douleur, rassemble autour de la tombe de M. Émile Charaire le nombreux personnel de l'imprimerie de Sceaux, son autre famille, qui joint ses pleurs aux pleurs des siens et, par ma voix, vient rendre un dernier hommage au patron que nous aimions tant.
>
> Combien il était naturel, cet élan de nos cœurs vers un chef tel que lui : M. Émile Charaire était des nôtres ; il avait passé par toutes les phases du métier : apprenti, ouvrier compositeur, metteur en pages, et, changeant d'atelier, conducteur aux machines, puis contremaître, dans toutes les importantes maisons qui se l'attachèrent, il sut faire apprécier son intelligence et son ardeur au travail. Aussi, lorsque M. Charaire père vint donner une vie nouvelle à la modeste imprimerie de Sceaux d'il y a trente ans, pour arriver à en faire une des premières maisons de la place, ne pouvait-il trouver de meilleur collaborateur que son fils, passé maître en son art. Les anciens parmi nous se souviennent de la vaillante bonne humeur avec laquelle, en cette tenue d'ouvrier qui lui seyait si bien, il donnait à tous le bon exemple.
>
> Patron à son tour, lorsque son honoré père prit une retraite si bien gagnée, il put fournir toute sa mesure. Ce fut merveille de voir les transformations qu'accomplit cet esprit à la piste de tous les progrès et à si larges vues. Véritable précurseur, le premier il avait compris l'essor que devait prendre l'impression à bon marché et à forts tirages. Il sut créer, on peut dire de toutes pièces, l'incomparable matériel qui lui permit d'atteindre le but qu'il cherchait. Pendant que des millions de feuilles volantes répandaient par toute la France le nom de la maison de Sceaux, M. Charaire tint à affirmer sa maîtrise dans un tout autre genre. Les plus difficiles apprécient la beauté des gravures en couleurs et des cartes sorties des presses perfectionnées qu'après de longues études et à grands frais, il installa dans un atelier spécial et vraiment modèle.
>
> Tous ces travaux, qui alimentaient son personnel et ses machines, il les cherchait lui-même ; lui-même en surveillait l'exécution. Les soucis d'affaires inhérents à la conduite d'une entreprise aussi colossale paraissaient être un jeu pour M. Émile Charaire. Nous le voyions toujours aussi vaillant sur la brèche, et rien ne faisait pressentir l'horrible malheur que nous déplorons aujourd'hui. Sans doute, il eût dû s'arrêter assez à temps pour jouir en toute tranquillité du fruit de son labeur. Le pouvait-il ? Se figure-t-on sans objectif cette intelligence toujours en éveil et cette débordante activité ? Mais les forces humaines ont des limites. En ce funèbre défilé qui, pour la dernière fois, nous a permis de voir notre patron aimé, nous contemplions le cœur gros et les yeux en larmes l'œuvre de mort : éteint cet esprit si large, arrêtés à jamais les battements de ce cœur où nous occupions une si grande place, inerte cette main toujours ouverte pour soulager l'infortune !
>
> Et maintenant que le pilote qui nous guidait d'une main si sûre a succombé, que sera-t-il de nous ?... La barque s'en ira-t-elle au gré des flots ?... Non. Vous, ses fils, tiendrez à honneur de suivre le grand exemple que vous laisse cet homme si fort et si bon. Vous resterez toujours unis en un puissant et inattaquable faisceau et vous serez d'âme avec nous. Vous nous aimerez comme il nous aimai

Voyez l'unanimité de notre douleur; elle vous montre que nos cœurs sont à vous et que nos dévouements vous sont acquis.

Ensemble, pensant au grand disparu, nous maintiendrons la prospérité et assurerons les progrès de cette maison, l'œuvre de la vie de votre père. Prenons en le ferme engagement en lui adressant ce suprême adieu : ainsi nous prouverons que nous garderons dans nos cœurs son inoubliable mémoire !

Au nom de la Société de secours de l'imprimerie, **M.** Jobey a prononcé l'allocution suivante :

Mesdames, Messieurs,

C'est au nom du bureau et des membres de la Société de secours de l'imprimerie Charaire, que je viens dire ici un dernier adieu à celui qui fut non seulement un des fondateurs de notre Société, mais aussi un bienfaiteur infatigable.

C'est en 1878 que Messieurs Michel et Émile Charaire, émus de la misère qui atteignait l'ouvrier, lorsque la maladie le frappait, fondèrent la Société de secours qui, à l'aide d'une minime cotisation, lui assure les soins du médecin, les médicaments et une indemnité journalière, pendant toute la durée de la maladie.

Il n'a jamais cessé de nous prodiguer les encouragements et de nous venir en aide pécuniairement.

« Donnez, donnez toujours, secourez le plus que vous pourrez, nous disait-il, et si le malheur frappe à votre caisse, n'hésitez pas à frapper à la mienne : elle vous sera toujours ouverte. »

Oui, Mesdames et Messieurs, la Société de secours perd en lui l'un des meilleurs et des plus charitables de ses membres honoraires.

Des voix plus autorisées que la mienne vous diront les regrets unanimes qu'emporte M. Émile Charaire; aucun de ces regrets ne seront plus sincères que les nôtres, l'émotion qui nous étreint tous, en ce moment, en fait foi, et c'est du fond du cœur, et au nom de tous les membres de la Société, que je dis adieu à notre regretté patron.

Puissent ces regrets être une consolation pour sa famille si cruellement et si brusquement éprouvée.

Monsieur Charaire, adieu !

M. Nouveau, en qualité d'ami de la famille, prononça sur cette tombe qui allait se fermer, ces dernières paroles :

Mesdames, Messieurs,

C'est à titre d'ami de la famille Charaire qu'en cette douloureuse circonstance j'ai l'honneur de prendre la parole pour adresser, en quelques mots, un dernier adieu à Émile Charaire, qui vient d'être subitement enlevé à sa famille et à tous ses amis, dans toute la force de l'âge, en pleine possession d'une longue et sage expérience et d'une activité vraiment prodigieuse.

Prenant pour exemple son père qui jouit de la grande estime de tous, M. Michel Charaire, doyen des protes de Paris et fondateur de la grande Imprimerie de Sceaux, ce travailleur infatigable suivait avec intérêt la marche du progrès, ne laissant jamais échapper l'occasion de perfectionner son important matériel.

Si, dans certaines passes difficiles, il craignait d'être amené à réduire son personnel, ce découragement n'était que passager; sa nature d'élite reprenait bientôt le dessus; il redoublait d'énergie, consentait de nouveaux sacrifices, et grande était sa joie d'avoir réussi à éviter cette pénible séparation, en espérant des jours meilleurs.

Dans l'intimité, si des amis se permettaient de lui faire remarquer qu'il se surmenait trop et qu'il arriverait à compromettre sa santé, il leur répondait, avec la sincérité et la bonhomie qui le caractérisaient :

« Le travail très actif est nécessaire à ma santé, et, aujourd'hui comme à trente ans, je tiendrais certainement ma place dans le rang, situation modeste, que je me rappelle toujours avec plaisir, puisqu'elle m'a permis d'élever ma nombreuse famille, secondé d'une façon remarquable par la chère et dévouée compagne de ma vie. »

Malgré tout, le surmenage intellectuel et physique a eu cependant raison de sa robuste constitution.

Émile Charaire était un homme de cœur, aimant et généreux.

Passionnément, il aimait son métier et n'hésita pas à l'apprendre à ses quatre fils.

Avec un tel maître, ils sont devenus rapidement d'excellents collaborateurs; ils auront à cœur de seconder de tous leurs efforts leur digne mère, Mme Vve Émile Charaire, à qui incombe désormais la tâche difficile et délicate de maintenir le beau renom de l'Imprimerie de Sceaux, dans l'exécution très soignée et souvent artistique de ses travaux.

Le dévouement de leur personnel ne leur fera pas défaut, ils en sont certains, car, depuis de bien longues années, dans cette maison humanitaire, patrons et ouvriers vivent dans les meilleurs termes, avec le plus ardent désir de s'entr'aider mutuellement, cimentant ainsi, par la solidarité, l'union du capital avec le travail.

Émile Charaire disparu, ses amis sont tristement séparés d'un ami sincère et loyal; ses ouvriers perdent en lui un de leurs meilleurs défenseurs, et la typographie voit s'éclipser un de ses plus brillants enfants.

Émile Charaire, au nom de tous ceux qui t'ont connu, adieu, mon cher ami !

⁂

L'énorme affluence qui suivait les obsèques de M. Émile Charaire, a dit de son côté la *Rive Gauche*, témoigne de la place importante que tenait ce grand industriel, tant à Sceaux qu'il emplissait du bourdonnement de sa vaste ruche laborieuse, qu'à Paris où son renom égalait celui des plus notoires parmi les maîtres imprimeurs.

Ce qui fait l'intérêt, la caractérisque et le mérite personnel de M. Émile Charaire, c'est que *sorti du rang*, — et le mot est doublement juste, — sorti du rang comme un officier de fortune, il fut aussi, il fut surtout et avant tout un précurseur et un maître en son art. Il avait pressenti l'essor que devait prendre l'impression à grands tirages et à bon marché; il sut créer, pour obtenir le résultat qu'il cherchait, un matériel incomparable.

Dans un tout autre genre, il put faire apprécier partout la beauté des gravures en couleurs et des atlas sortis de ses presses perfectionnées. Ce grand travailleur était aussi un grand cœur que tous regretteront et que pleurent les ouvriers de Sceaux. Le discours si simple et si touchant de M. Labiche, prononcé au nom de tout le personnel de l'Imprimerie, en fait foi, et la population de Sceaux a bien montré par l'unanimité qu'elle a mise à le conduire à sa dernière demeure, son conseil municipal en tête, ses vifs regrets.

M. Michel Charaire a survécu à cette cruelle perte. Il a vu les siens continuer dignement et prudemment l'œuvre commune. Ce fut la suprême consolation de son extrême vieillesse.

La noble et digne figure du fondateur de cette maison, M. Michel Charaire, se détache toujours en relief sur ce bruyant ensemble de presses de tous les modèles, qui ronflent et roulent jour et nuit.

La sortie des ateliers de l'Imprimerie.

I Ateliers de travaux de luxe. — II. Mécanique. — III. Machines en blanc. — IV et V. Machines rotatives.

Mort de M. Michel Charaire.

17 janvier 1907. — M. Michel Charaire, fondateur de l'Imprimerie de Sceaux, maire honoraire de notre commune, chevalier de la Légion d'honneur, est mort le jeudi 17 janvier 1907, à l'âge de quatre-vingt-neuf ans.

Ses obsèques ont été célébrées en l'église Saint-Jean Baptiste, au milieu d'une énorme affluence. La population scéenne tout entière avait tenu à venir apporter ce dernier témoignage d'estime et d'affection au vénérable vieillard, qui aimait tant Sceaux et ses concitoyens. Au moment de la levée du corps, les honneurs militaires ont été rendus par un piquet du 23ᵉ régiment d'infanterie coloniale, tandis que les clairons de notre subdivision de sapeurs-pompiers sonnaient aux champs. Le char funèbre était couvert de fleurs et disparaissait sous les nombreuses couronnes envoyées de toutes parts. Citons-en quelques-unes : celles des chefs de service de l'imprimerie; du Conseil municipal de Sceaux; du maire de Sceaux; du personnel de la maison Milinaire frères; de la Société de secours mutuels de l'imprimerie; de la 104ᵉ section des *Prévoyants de l'Avenir*; du personnel de l'imprimerie, au fondateur de l'imprimerie de Sceaux; des élèves des écoles communales, à leur bienfaiteur; de la Société de secours mutuels des sapeurs-pompiers; de l'Association amicale des sourds-muets des Alpes-Maritimes; des vieillards de l'Hospice Marguerite-Renaudin; du *Club Scéen*; du Bureau de bienfaisance et de la Caisse des écoles, etc.

Les cordons du poêle étaient tenus par MM. Château, maire; Renaudin, notaire; Séris, Roy, Fouillot et Bourge, vice-président de la Société des protes de Paris.

En tête du cortège venaient une délégation de sergents de ville, puis la Fanfare libre de Sceaux, qui jouait des marches funèbres. Les pompiers, commandés par le lieutenant Vilquin, formaient la haie. Dans le cortège, après les membres de la famille, nous notons au hasard : tous les chefs de service de l'imprimerie ; M. Rouge, sous-chef du bureau des communes, représentant M. de Selves, préfet de la Seine, et M. Magny, directeur des Affaires départementales ; MM. Chapsal et Fontaine, adjoints ; Commandeur, conseiller d'arrondissement ; Carmignac, conseiller général ; Bernard, Mousnier, Aulard, Boisson, Boitel, Blatier, Montagne, Hollebecque, Habay, Coulaux, Courtois, Troufillot, Laurin, Sellier, Michaut, conseillers municipaux ; Champeaud, Langlois, colonel Candelot, maires de Montrouge, Antony et Bourg-la-Reine ; Philippon, commissaire de police et son secrétaire, M. Feydit ; Simard, commissaire de police de Neuilly ; Pellecat, capitaine de gendarmerie ; Ch. Guilloux, Lemarquis, Rivière, Chauveau, membres de la Caisse des écoles ; Cicardier, receveur des contributions ; Plantier, receveur des postes ; Mascré, géomètre ; Martin, directeur de l'École de garçons ; Mmes Devillepoix et Gramet, directrices de l'École de filles et de l'École maternelle ; MM. Giraud, secrétaire de la Mairie ; les docteurs Dauzats père et fils ; le docteur Reddon ; le capitaine Paoli, Michel Morphy, Louis Hachette, Taride, Brun, chef de l'agence du Comptoir d'escompte ; Bruno, agent général de la *Nationale ;* Soulié, Prévost, Bernard, Baldo, Brûlé ; — Bain, Paillet, Croux, conseillers municipaux de Châtenay, etc., etc ; enfin les délégations des enfants des écoles.

A l'église, la messe a été dite par M. l'abbé Jaillet et l'absoute a été donnée par M. l'abbé Gillot, curé-doyen.

Au cimetière, M. Château, maire de Sceaux, a prononcé le discours suivant :

Mesdames, Messieurs,

Cinq ans ne se sont pas écoulés depuis le jour où nous conduisions à sa dernière demeure l'homme de bien que fut Émile Charaire, frappé en pleine activité, en pleine force, et nous voici réunis à nouveau auprès de cette tombe, devant ce cercueil où reposent les restes du regretté Michel Charaire, de notre vénéré maire honoraire, tout aussi nombreux, tout aussi émus.

Certes, Michel Charaire avait atteint un âge auquel il est rarement donné de parvenir. Mais il avait conservé jusqu'en ces derniers jours une telle activité physique et intellectuelle que rien ne pouvait faire prévoir une issue aussi fatale, un dénouement aussi rapide. Il s'est éteint en pleine possession de ses facultés, comme si le cerveau puissant qui avait créé tant de choses ne pouvait que disparaître sans s'affaiblir.

Quelle délicieuse causerie nous eûmes ensemble, lorsque, suivant une vieille habitude, je fus lui porter, il y a quelques jours à peine, mes vœux de nouvel an. Il s'intéressait à tout ce qui se passait dans notre ville, s'informant des travaux en cours, exerçant encore sa prodigieuse activité cérébrale à se tenir au courant des affaires de la commune.

Une partie de sa vie ne s'est-elle pas écoulée dans la gestion de la chose publique et lorsqu'en 1890 il abandonna la direction de son imprimerie à son fils, c'était pour pouvoir se consacrer plus entièrement à ses fonctions municipales.

Je voudrais pouvoir retracer les efforts considérables qui ont amené Michel Charaire à la situation prépondérante qu'il occupait parmi nous, dire quelle somme énorme de travail il lui a fallu donner pour arriver, de petit apprenti, à être un des maîtres de l'imprimerie moderne, créateur de cette industrie qui a apporté la vie et l'activité à toute une cité.

C'est en 1872 que Michel Charaire fit l'acquisition de la petite imprimerie Dépée. Il n'y avait là que des machines à bras et un vieux matériel. Des machines neuves remplacent bientôt ces outils démodés. Grâce à la collaboration active d'Émile Charaire, qui quitte la maison Crété, la petite imprimerie de Sceaux se transforme et évolue. En 1878, une médaille d'argent vient couronner leurs efforts. Déjà, tout est transformé de fond en comble : des machines rotatives, des machines pour les tirages en couleur roulent à grand fracas, déversant des millions d'exemplaires. C'est plus que l'essor, c'est l'envolée.

Désormais, la maison Charaire a conquis sa place. A la suite de l'Exposition d'Anvers Michel Charaire est fait chevalier de la Légion d'honneur en 1886. Trois ans plus tard, en 1889, une médaille d'or lui est attribuée. Alors, heureux, plein de joie, Michel Charaire pense qu'il a bien droit à quelque repos. D'ailleurs il a soixante-douze ans, et en cédant la direction de sa maison, il sait qu'il la laisse en bonnes mains et que son œuvre ne périclitera pas.

Dès lors, il va pouvoir se consacrer tout entier à la vie municipale et cette même activité qu'il a apportée au développement de sa maison, il va l'appliquer à la gestion des affaires communales. Depuis 1875, date de son entrée au Conseil, Michel Charaire n'a cessé de prendre une part active à l'organisation de notre ville. En 1879, démissionnaire, il occupe ses loisirs en publiant, en collaboration avec M. Advielle, un ouvrage considérable sur l'histoire de notre ville. Dix ans plus tard, il ajoute un dernier chapitre, pour mettre son travail à jour, et dans une note restée manuscrite, il envoie un souvenir à son collaborateur, le bon bourgeois d'Arras, comme il l'appelle. Réélu au mois de mai 1884, il est nommé maire le 30 avril 1887 et, pendant quatorze ans, jusqu'aux élections de 1900, époque à laquelle il décline tout mandat, il ne cessera d'être le président de notre assemblée communale.

Toutes les améliorations, tous les embellissements de notre petite cité, pendant cette longue période, c'est à son activité et à son dévouement que nous les devons et c'est pourquoi, en rendant au nom du Conseil municipal ce dernier hommage à celui qui fut notre vénéré maire honoraire, j'ai tenu à venir dire à sa famille toute la gratitude et toute la reconnaissance que nous lui conservons.

En disant ce dernier adieu à mon vieil ami, je salue Mme Charaire et les petits-enfants de celui qui, dans sa dernière pensée, a été ce qu'il fut toute sa vie : le bienfaiteur de la commune.

M. Vilquin a parlé en d'excellents termes, au nom de la Société des sapeurs-pompiers, dont M. Michel Charaire fut le bienfaiteur et le président d'honneur.

M. Plantier, président de la Fanfare, a adressé ensuite un dernier adieu au défunt, dont il a rappelé la constante sollicitude envers la société.

M. Labiche, directeur de l'imprimerie, nous a montré le fondateur de l'imprimerie aux prises avec les difficultés de chaque jour, toujours conciliant et patient avec son personnel, remerciant la Providence de lui avoir donné l'énergie nécessaire pour conduire à bien son œuvre sur cette terre, et confiant dans la vie éternelle.

M. Jobey, secrétaire de la Société de Secours mutuels de l'imprimerie, a témoigné à son tour de l'intérêt, de la bienveillance et des libéralités de M. Michel Charaire pour cette œuvre de mutualité.

Enfin, le vice-président de la Société des protes de Paris est venu réclamer Michel Charaire comme l'un des leurs, le premier d'entre eux, leur doyen par l'âge, par le mérite et l'ensemble de ses connaissances typographiques.

L'inhumation a eu lieu, au cimetière de Sceaux, dans le caveau de la famille.

23 *février* 1907. — Sur la proposition de la municipalité, de M. Château, maire, et de ses deux adjoints : MM. Chapsal et Fontaine, le Conseil municipal décide de donner à la rue Florian, où se trouvent l'imprimerie Charaire et la propriété qu'habitait M. Michel Charaire, le nom de ce dernier.

Le nom de rue Florian sera substitué à celui de la rue de la Petite-Croix, le fabuliste étant mort dans cette rue. Enfin, le Conseil décide que la rue des Sablons, à partir du carrefour formé par la jonction des rues Voltaire et des Chéneaux, prendra le nom de rue Pierre-Curie, le célèbre chimiste, mort dans des circonstances tragiques et qui a longtemps habité avec sa famille la rue des Sablons.

23 *février* 1907. — Dons et legs de M. Michel Charaire : 10,000 fr. au Bureau de bienfaisance; 2,500 francs, dont les arrérages seront à distribuer aux vieillards des deux sexes hospitalisés à l'Hospice Marguerite-Renaudin; 2,500 francs, également légués à la commune de Sceaux pour l'achat, chaque année, de six livrets de caisse d'épargne de dix francs, qui seront attribués à trois garçons et à trois fillettes des écoles communales.

LA RUE MICHEL-CHARAIRE

Ne quittons pas encore la rue Michel-Charaire, elle est d'une circulation intense. Les camions y apportent chaque jour des rouleaux de papier sans fin pour alimenter les presses et ils repartent chargés de ce même papier transformé en feuilles imprimées. Les autos s'y croisent à toute minute. Ils appar-

Rue Michel-Charaire.

tiennent aux éditeurs, aux écrivains, aux artistes qui viennent en toute hâte remettre les manuscrits à composer, les croquis et dessins à reproduire en photogravure, ou corriger des épreuves et donner des bons à tirer. L'activité est grande dans cette ruche, le travail rapide s'impose. En effet, chaque semaine, c'est par plusieurs millions d'exemplaires, que l'imprimerie Charaire jette dans la circulation des journaux illustrés, des catalogues ou prospectus de lancement, des revues hebdomadaires, etc.

Les bureaux de l'imprimerie occupent aujourd'hui l'immeuble qui fut autrefois habité par un écrivain et un homme politique connu : M. Tony Révillon. Il avait été clerc de notaire, avant de s'occuper de journalisme et de littérature. Nous l'avons connu en 1867. Sa chronique quotidienne au *Petit Moniteur* faisait échec à celle de Thomas Grimm au *Petit Journal*.

Grand, jeune, élégant à cette époque, ses succès mondains ne se comptaient plus. Après la guerre, il se lança dans la politique et fut rédacteur du *Radical* jusqu'à la fin de sa vie. Conseiller municipal de Paris en 1879-1881, puis élu cette dernière année député contre Gambetta dans le XXe arrondissement. Orateur brillant dans les réunions publiques, il réussit moins à la Chambre des

Députés. Cependant, il y conserva son siège jusqu'aux élections de 1893, où il ne se représenta pas. Tony Révillon aimait cette résidence de Sceaux. Tout en écrivant pour le *Radical*, il cultivait ses rosiers et s'intéressait assez à la politique locale pour en diriger les Comités. Ses rapports avec la municipalité ont toujours été corrects. Il n'était pas combatif sur ce terrain ; au surplus, comme homme privé, il était plutôt sympathique. L'âge était venu et, avec lui, les infirmités qui lui sont inhérentes. Il renonça à habiter Sceaux en 1894, lors de la transformation de la ligne Paris-Denfert-Luxembourg. Asthmatique, il ne pouvait plus monter les escaliers souterrains de nos nouvelles gares. Né en 1832, à Saint-Laurent (Ain), il est mort à Paris en 1898.

***

Cette rue Michel-Charaire comprend encore quelques immeubles occupés par des notabilités du pays. M. Lemarquis, professeur agrégé d'anglais au lycée Lakanal, et Mme Lemarquis ; elle fut longtemps vice-présidente des Dames françaises de la Croix-Rouge à Sceaux. Puis c'est M. Marmin, encore un universitaire, mais qui a passé de longues années en Russie. M. Marmin et les siens ont repris l'hôtel de M. Michel Charaire, de cette maison qui nous était si familière, aux longues causeries avec le maître du logis d'alors.

Sur cette grande route de la vie, que l'on parcourt souvent de concert, se suivant à distance avec des repos, des haltes et des fortunes diverses, si l'on recherche ensuite dans ses souvenirs à se rappeler ce qui fut de la force, de l'activité, de l'intelligence et de la bonté, on est tout surpris de ne plus trouver sur cette route que des tombes...

RUE DE PENTHIÈVRE

La première maison, à l'angle de la rue Michel-Charaire et de la rue de Penthièvre, est occupée par le bureau central de la Poste, dont M. Plantier est le receveur depuis de longues années, et par un autre bureau que nous connaissons tous bien, celui de la perception des Contributions directes. Il est vrai que M. Monnayeur, et son fondé de pouvoirs, M. Jarnoud, se montraient si affables, si conciliants en recevant notre argent, que l'on payait toujours sans trop murmurer. Puis, en cas de crise nerveuse du contribuable, le médecin n'était-il pas à deux pas, au n° 5 *bis*, même rue, M. le docteur G. Dauzats, le père, pour vous donner ses soins?

Cl. Dardonville.

Entrée de la rue de Penthièvre. — La Poste.

Aujourd'hui, Sceaux n'a pas moins de cinq médecins. M. G. Dauzats, père, son fils Édouard Dauzats, M. le docteur Herr, M. le docteur Meuvret, M. le docteur Laurens et trois pharmaciens.

Pendant un quart de siècle (1878-1900), M. le docteur G. Dauzats a été pour ainsi dire l'unique médecin de Sceaux et de Châtenay. M. le docteur Boisson était bien venu se fixer dans notre ville en 1883, mais il lui a fallu le temps de conquérir une clientèle, et il devait aussi disparaître prématurément en 1907, à l'âge de 50 ans.

Le docteur G. Dauzats est toujours sur la brèche. Lauréat de l'Académie de médecine, officier de l'Instruction publique, médecin de la Compagnie d'Orléans, où il a remplacé le docteur Le Pileur. Surtout, n'essayez pas de saisir notre docteur au passage, il court, il court, en arpentant la ville dans tous les sens, sauf à s'attarder un moment chez ses clients. Après avoir donné sa consultation, il examine volontiers l'intérieur dans lequel il se trouve, il s'intéresse aux gravures, aux tableaux, aux objets d'art ou de fantaisie. Il disserte volontiers avec ses malades pour les distraire et leur enlever momentanément leurs préoccupations. Malgré tout, personne n'a d'emprise sur lui, il ne se laisse pas accaparer.

De ses débuts dans la carrière, notre docteur a conservé le goût des voyages. Sa carte de circulation sur l'Orléans lui est précieuse. La Bretagne, notamment, n'a plus de secrets pour lui, il n'est pas un point de la côte qu'il n'ait exploré à bicyclette. Les vacances terminées, il rentre à Sceaux pour libérer son fils, qui part à son tour.

**

M. le docteur Édouard Dauzats habite le n° 70 de la rue Houdan. Ancien élève du Lycée Lakanal, il a succédé comme médecin du lycée au docteur Boisson. Si le docteur Ed. Dauzats parcourt la ville et les environs en automobile pour ses visites médicales, c'est que le temps lui est compté. L'auto a remplacé pour le médecin rural l'antique carriole d'autrefois. Très observateur au chevet de ses malades, le docteur Édouard Dauzats a su gagner leur confiance, il est fort apprécié.

**

Le docteur Meuvret est au 104 de la rue Houdan. C'est aussi un jeune et un sympathique. Il a pris à Sceaux la succession, comme médecin, du docteur Boisson.

**

La pharmacie Prévost est au n° 45 de la rue Houdan. Depuis plus de vingt-cinq ans que M. Prévost exerce à Sceaux, la plupart de ses clients sont devenus des amis. Il est administrateur de la Caisse des écoles, membre du Conseil d'hygiène, délégué cantonal et officier de l'Instruction publique.

La pharmacie Soulié est au n° 106 de la rue Houdan, non loin de l'imprimerie Charaire. N'oublions pas la pharmacie Mansy, rue Houdan, n° 127. Les secours médicaux ne manquent pas à Sceaux. Il faut ajouter que nos médecins et pharmaciens rayonnent sur Châtenay et Plessis-Robinson.

LA VILLA PENTHIÈVRE

Mais voici au n° 17 la maison de santé du docteur Henry Reddon. Les hôtes ne manquent pas à la villa Penthièvre. Les névrosés et les neurasthéniques y trouvent, en dehors des soins nécessités par l'état de leur santé, le calme et le repos d'esprit dont ils ont tant besoin, dans un délicieux cadre de verdure.

Le docteur Henry Reddon, officier de l'Instruction publique, conseiller municipal, plusieurs fois adjoint au maire, a succédé à son père, comme directeur de la villa Penthièvre, en 1890.

Que de souvenirs nous rappellent le salon de cette villa ! Mme Reddon de la Grandière mère, en était l'âme et la vie. Elle avait des réceptions très suivies, elle offrait des dîners, donnait des soirées et plusieurs fois l'an de véritables bals. Ces charmantes réunions, par une sorte de sélection, étaient composées des meilleurs éléments mondains de Sceaux, de Fontenay-aux-Roses et de Bourg-la-Reine.

C'est à l'un de ces bals offerts par Mme Reddon de la Grandière — le dernier peut-être — que Mlle Maréchal fit sa première apparition à la villa Penthièvre, dont elle devait bientôt prendre possession par son mariage avec M. Henry Reddon.

Jeunes gens et jeunes personnes des soirées de l'hospitalière villa ne rêvèrent plus dès lors que fiançailles.

Ce mariage eut lieu l'année suivante, dans une stricte intimité. M. H. Reddon et sa sœur, Mme Maillard, venaient de perdre leur mère, enlevée très rapidement à leur tendresse.

Au retour d'un voyage en Écosse, Mme Reddon de la Grandière s'alitait pour ne plus se relever, victime de l'opération qui réussit toujours et ne vous laisse pas six mois à vivre.

C'était une personne aimable, active, intelligente et très serviable. De la Saintonge, elle avait gardé le parler un peu lent, un peu précieux, mais gracieux tout de même chez une personne sympathique entre toutes.

Il y a toujours une Mme Reddon à la villa Penthièvre, la jeune et charmante femme du docteur, plus trois jeunes enfants; c'est la nouvelle génération qui monte... monte... pour remplacer les disparus.

Quant au docteur H. Reddon, il songe parfois à son ami Mousnier, aujourd'hui ceint de nouveau de l'écharpe municipale d'adjoint au maire, de cette écharpe qu'il n'ambitionne plus, et c'est en souriant qu'il se rappelle le temps de cette lutte homérique, où les deux amis s'invectivaient à coups de circulaires et d'affiches, pour le plus grand divertissement de leurs électeurs. Le temps a passé sur ces fièvres électorales...

*

La famille Marsigny occupe le n° 10 de la rue de Penthièvre. M. Michel Charaire avait laissé à Cannes son ami, M. Marsigny, conseiller municipal de Sceaux, très souffrant, très affaibli. Ce dernier ne parvenait pas à rétablir sa santé sous ce climat plus clément. Il revint cependant à Sceaux, mais mourant. Ses obsèques furent célébrées le 11 avril 1897.

L'inhumation devant se faire au cimetière Montparnasse, c'est à la sortie de l'église que M. Charaire, parlant au nom de ses concitoyens, a dit un dernier adieu à l'homme intègre, au chef de famille dévoué, au citoyen estimé de tous qu'était M. Marsigny.

Messieurs,

C'est au nom du Conseil municipal et comme ami que j'ai le suprême devoir de prendre la parole pour adresser un dernier adieu à celui qui fut notre sympathique et aimé collègue.

M. Marsigny, Messieurs, s'intéressait sans cesse à la prospérité de notre commune, il était heureux de la transformation qui lui donnait un si grand développement. Membre de la Commission des chemins, quand il s'est agi de l'acquisition des terrains pour les nouvelles voies à ouvrir, il y a apporté le concours le plus dévoué; il s'y est consacré de tout cœur, en donnant même l'exemple de l'abnégation de ses propres intérêts.

Mais aussi le pays, qui le tenait en grande estime, lui a-t-il témoigné sa reconnaissance en le nommant le premier aux dernières élections du Conseil municipal.

Son absence laissera un grand vide dans le Conseil, où il jouissait de l'estime de tous ses collègues.

Puisse ce témoignage rendu à la mémoire de ce noble cœur, pour perpétuer son sympathique souvenir, adoucir la poignante douleur de toute sa famille.

* *

La famille Chardon-Janin a habité longtemps le n° 14 de la rue de Penthièvre.

M. Chardon avait hérité avec son neveu de l'imprimerie en taille-douce fondée par leur grand-oncle. La maison Chardon était renommée parmi les artistes graveurs. Plus tard, les progrès réalisés par la photographie et la photogravure firent abandonner la gravure sur bois pour les illustrations courantes, et même la taille-douce pour les reproductions de tableaux.

En présence de cette transformation, M. Chardon s'adonna avec succès à la photographie. Il fut un novateur dans cet art; il obtint par ses procédés la fixité et la durée des images; on sait que le daguerréotype finissait par s'altérer, sinon par s'effacer complètement. La Société de photographie accorda à M. Chardon ses plus hautes récompenses. Il était depuis longtemps officier de l'Instruction publique.

Il travaillait dans le laboratoire qu'il avait annexé à sa propriété de la rue de Penthièvre. De magnifiques épreuves sont sorties de cet atelier. Nous ne citerons qu'une reproduction de l'église de Saint-Jean-Baptiste de Sceaux et de son svelte clocher, plus une vue prise de la passerelle, à la sortie de l'ancienne gare de Sceaux, représentant la locomotive en marche, décrivant une des nombreuses courbes du tracé de la ligne primitive.

On faisait beaucoup de musique chez les Chardon. La maison était familiale; des dîners de quinzaine, présidés tour à tour par Mme Chardon et par sa mère, Mme Jannin, réunissaient les amis et les parents. La mort de Mme Jannin a disjoint ce faisceau. Mme Chardon et M. Chardon ont également disparu, les membres épars de cette belle famille ont abandonné Sceaux.

* *

La propriété des Chardon a été reprise par M. Fontaine, ancien trésorier des finances au Tonkin. Nommé conseiller municipal aux élections de 1900 et second adjoint au maire, il conserva cette fonction jusqu'en 1908. Il est mort cette dernière année, à l'âge de 52 ans, des suites de fièvres contractées aux colonies.

M. Fontaine a laissé le souvenir d'un intelligent administrateur. Avec son collègue et voisin de la rue de Penthièvre, M. Chapsal, premier adjoint au maire de 1900 à 1908, ils ont secondé avec zèle et compétence M. Château, dans la gestion des affaires communales.

A M. Chapsal, en dehors de commissions municipales dont il faisait partie, était dévolue la spécialité des mariages; il ne manquait jamais, lorsqu'il était dans son rôle d'officier de l'état civil, d'adresser, à ceux qu'il unissait au nom de la loi, les recommandations d'usage pour être heureux en ménage, et nos jeunes mariées d'accueillir d'un gracieux sourire les prescriptions du Code relatives à l'obéissance conjugale.

M. Chapsal est toujours conseiller municipal et, s'il n'est plus adjoint au maire, il est néanmoins resté très sympathique à la population.

**

Les propriétés des héritiers de Mme Malteste sur la rue de Penthièvre sont importantes; les n{os} 16, 18 et 21 leur appartiennent, la dernière fait retour sur la rue du Lycée.

La rue de Penthièvre se prolongeait autrefois par un tournant jusqu'à l'avenue de Fontenay, qui a pris le nom de rue du Lycée, lors de l'ouverture de la nouvelle gare de Sceaux-Ville.

Cl. A. Faguet
De la gare à la rue du Lycée.

LA RUE DU LYCEE

Le docteur Henry Reddon et Mme Maillard firent construire les premiers pavillons (n{os} 9, 11, 15, 17) dans cette nouvelle rue. S'ils ont été suivis par de nombreux propriétaires, c'est que chacun était charmé par la beauté du site, dont le panorama s'étend sur les coteaux de Fontenay-aux-Roses, et aussi par la proximité de la gare et du lycée.

**

Au 18 *bis*, il faut s'arrêter devant la remarquable construction de style anglo-normand de MM. Roche et Ferrant.

M. Jean-Joseph-Marie Roche, propriétaire et directeur de *Paris-Banlieue* et des journaux des vingt arrondissements de Paris, syndic de la presse républicaine périodique de Paris, membre des syndicats de la Presse municipale et coloniale, y est mort en juillet 1905. Le deuil était conduit par ses gendres :

MM. Maurice Ferrant, vice-président de la Presse républicaine de Paris et de la banlieue, et Louis Piettre, sous-préfet de Coulommiers.

Cette maison a été occupée depuis par M. Challamel, l'éditeur colonial, de la rue Jacob, à Paris.

*
* *

Au surplus, la série des jolis pavillons se continue avec les nos 12, 14, 16, 18, 20, 24.

Au n° 12, nous avons M. Mertz, professeur au Lycée Lakanal.

*
* *

Au n° 24, la propriété de M. Rivière est à citer comme l'une des mieux comprises de cette rue. M. Rivière a été un moment un militant de notre région. Il avait rêvé de multiplier les fêtes à Sceaux, puis de fonder un patronage de garçons. Le découragement est venu, en présence de l'inertie des intéressés.

*
* *

L'immeuble du n° 27 a été longtemps habité par M. Marin Baldo, un artiste-peintre, dessinateur, d'origine espagnole. Son talent, très apprécié, a été mis souvent à contribution par les ateliers de la photogravure de l'imprimerie Charaire.

*
* *

Au 60, M. Weibel est fixé à Sceaux depuis longtemps. Il a été un moment l'associé de la maison Gobert pour la carrosserie des omnibus des gares.

*
* *

Le n° 78 est occupé par un artiste dessinateur et publiciste : M. Camme.

*
* *

Au 74 de la rue du Lycée, M. Bernard, géomètre en chef honoraire de la Ville de Paris, chevalier de la Légion d'honneur, habitait sa propriété depuis près de 40 ans. C'était un praticien d'une haute compétence en matière de travaux publics, de voirie et de droit administratif. Il a siégé pendant douze ans au Conseil municipal de Sceaux, les archives de la commune ont été remises en partie en ordre par ses soins. C'est un travail à continuer.

En 1871, après l'incendie de l'Hôtel de Ville de Paris, les survivants de cette époque doivent se souvenir qu'il a fallu songer à reconstituer, non seulement les actes de l'état civil des habitants de la capitale (naissances, mariages, décès), mais encore à reconstituer tous les titres de propriété du domaine de la Ville de Paris. M. Alphand pria M. Bernard de se charger de la reconstitution des titres des clauses domaniales et de tout ce qui concernait les expropriations pour les voies publiques. Ce travail n'a pas demandé moins d'une vingtaine d'années pour être mené à bonne fin. Il a donné lieu à une importante publication éditée par l'imprimerie Chaix sous le titre de :

VILLE DE PARIS. Recueil des clauses connues sous le nom de *Réserves domaniales* imposées aux acquéreurs de biens nationaux ou hospitaliers et de celles consenties par divers propriétaires pour l'élargissement ou le percement des voies publiques dans la ville de Paris, depuis l'année 1790, suivi d'un *Atlas indiquant la situation des immeubles grevés.* — Troisième édition publiée d'après les ordres de M. de SELVES, commandeur de la Légion d'honneur, préfet du département de la Seine.

Reconstitution commencée en 1878, terminée en 1896. Troisième édition achevée sous la direction de M. Huet, officier de la Légion d'honneur, inspecteur général des Ponts et Chaussées, directeur administratif des travaux de Paris, et par A. BERNARD, géomètre en chef de la Ville de Paris, chevalier de la Légion d'honneur, avec le concours de MM. Taxil, géomètre principal, Schatté et Tellier, géomètres du plan de Paris.

M. Bernard est mort à Sceaux, dans sa 81ᵉ année, en mars 1911.

**

M. Lucien Bernard, fils du précédent, habite le n° 84. Publiciste et antiquaire, on lui doit un *Annuaire des Antiquaires*, et plusieurs publications similaires, qui font autorité parmi les amateurs.

**

Une personnalité que nous ne devons pas omettre au n° 86 de la rue du Lycée est celle de M. Avalle. Nous l'avons connu, vers 1885, conservateur de la Bibliothèque du Ministère de la Marine, et rédacteur en chef de la *Revue Maritime et Coloniale*. Depuis nous nous sommes retrouvés sur la vieille ligne de la gare Denfert à Sceaux, très surpris l'un et l'autre de constater que nous habitions la même localité. M. Avalle s'était rapproché de sa famille et de son gendre, professeur de physique au Lycée Lakanal, puis il avait de multiples relations tant à Sceaux qu'à Fontenay-aux-Roses : les Duval, les Bassereau. Il poursuivit sa brillante carrière au Ministère de la Marine. Au moment de sa retraite, il était sous-directeur et chef de cabinet du Ministre, officier de la Légion d'honneur. C'était une nature très droite, aimable et affable, et grand partisan de l'expansion coloniale. Il y voyait, non sans raison, un relèvement de l'énergie française, après nos désastres de 1870.

**

Le n° 88 de la rue du Lycée, à l'angle de la rue de Fontenay, est habité par M. Le Page, chef de service honoraire de la Ville de Paris. Il est le délégué des bureaux d'assistance du canton de Sceaux, près de la Commission supérieure chargée du contentieux de la loi du 14 juillet 1905 sur l'assistance aux vieillards. Mᵐᵉ Le Page a été présidente des Dames françaises de la Croix-Rouge pour la section de Sceaux et Bourg-la-Reine.

Que de noms nous oublions dans cette rapide nomenclature des habitants de la rue du Lycée ! Citons pour mémoire : les Grillière, Victoire, Jouffroy, le graveur; Defenois, Racine, le commandant Franck, Venizy, Fouquet, les enfants de l'architecte Mimay, les familles Grammont, Nory, Dusseau, Houssay, Davy-Arnoux, Dutheil et Sinet.

***

Mentionnons encore au n° 5 la propriété de M. Ill.

Nous savons par ailleurs que Mme Ill seconde Mme Pilate et Mme Lemarquis dans la surveillance de la Crèche et de l'École maternelle. Elle a exposé, au dernier Salon de la Société des Artistes, de merveilleuses broderies et dentelles. En outre, elle est membre du Comité de l'Association des Dames françaises, section de Sceaux.

RUE LAKANAL

A l'extrémité de la rue du Lycée, à l'angle de la rue Lakanal, sur un terrain en flèche dont le niveau est fortement en contre-bas sur l'un de ses côtés, l'architecte parisien Guimart, connu pour ses applications en architecture de l'art nouveau (style Guimart), a construit sur cet emplacement une villa de dimensions restreintes, étrange de formes avec ses grands arceaux, ses multiples fenêtres, ses balcons, ses encorbellements, ses toits ultra-fantaisistes, ses ornements inusités, ses chats de faïence, etc.

Cl. A. Faguet

Rue Lakanal et rue du Lycée.

Sans doute, tout cela est bizarre ; aussi s'arrête-t-on malgré soi devant cette villa. Si on l'examine de près, on est amené à reconnaître que l'architecte a tiré un merveilleux parti du terrain restreint sur lequel il avait à opérer.

Comme la plupart des villas de la région, celle-ci réunit tout le confortable moderne : eau, gaz, électricité, téléphone ; la remise pour auto et la buanderie occupent le sous-sol, sur la rue Lakanal.

Le jardin s'avance en flèche, comme la pointe d'un navire, sur les deux rues qui le bordent. De cette sorte de promontoire, la vue s'étend sur Bourg-la-Reine, l'aqueduc d'Arcueil et les coteaux de Bagneux et de Fontenay-aux-Roses.

En sortant, vous êtes à proximité du Lycée Lakanal et des gares de Bourg-la-Reine ou de Sceaux-Ville, au choix, -- ce qui explique la transformation si rapide de cette rue du Lycée et de la voie de Bagneux (aujourd'hui rue Lakanal). Les terrains de culture d'autrefois ont changé d'aspect et de destination.

BOULEVARD COLBERT

Au boulevard Colbert, nous avons à mentionner, au n° 34, la belle propriété de la famille des Dupont. Elle commence à l'angle formé par le boulevard Colbert et la rue de Penthièvre. Mme Dupont mère faisait partie depuis plus de trente ans de ce groupe de dames patronnesses, qui se renouvelle sans cesse lorsque la mort vient les atteindre. Au nombre des disparues, rappelons les noms de Mme Valbray, de Mme de l'Escalopier, de Mme Marchandon, de Mme Le Pileur, de Mme Renaudin. Le concours de Mme Dupont était acquis d'avance pour toutes les œuvres de bienfaisance, comme pour toutes les infortunes à soulager. Elle est morte en décembre 1908. L'un de ses gendres, M. Wallon, agrégé d'histoire et de géographie, est professeur à Janson-de-Sailly. Il est le fils de feu M. Wallon, sénateur, membre de l'Institut, l'historien célèbre de la *Vie de Jeanne d'Arc* et le père de la Constitution qui régit notre troisième République.

**

Une rue circulaire de douze mètres vient d'être ouverte à travers cette propriété Dupont. Ce morcellement, qu'il faut regretter, permettra au public descendant de la gare de Sceaux-Ville de gagner le Parc de Sceaux et la rue Houdan. Le trajet sera plus direct que par la rue de Penthièvre et plus pittoresque.

**

M. Ferdinand Brunetière, membre de l'Académie française, qui fut directeur de la *Revue des Deux-Mondes*, maître de conférences à l'École normale, a habité pendant plusieurs années boulevard Colbert la propriété de M. Collet (de 1892 à 1900). Il aimait les ombrages du Parc de Sceaux et la vue d'ensemble de ce Paris de l'Institut qu'il avait conquis par la netteté de son talent, son grand sens critique et ses belles études sur la littérature du xviie siècle. Ce retour aux classiques, à l'heure où le naturalisme de Zola et de ses disciples était triomphant, avait le caractère d'une protestation et assura la fortune littéraire de M. Ferdinand Brunetière.

RUE ACHILLE-GARNON

N° 11. — M. E. Fix est délégué de la *Société populaire des Beaux-Arts*, à Sceaux. Des conférences avec projections organisées chaque hiver par cette Société dans notre localité sont très suivies. Il est l'auteur de l'*Impromptu du Parc de Sceaux,* dont nous avons donné plus haut des fragments. — Mme E. Fix est trésorière de l'Association des Dames Françaises, à Sceaux.

RUE DE FONTENAY

Cette avenue commence au carrefour formé par les rues Houdan, Voltaire et de Fontenay. Elle est desservie par le tramway électrique.

Cette rue de Fontenay, en quittant Sceaux, est encaissée à droite et à gauche entre deux grandes propriétés : à gauche, par la propriété de M. Château, qui descend jusqu'à la rue Bertron et fait retour dans cette dernière rue ; à droite, par la maison de santé du docteur Henry Reddon et la propriété de la famille Le Pileur, qui contourne la rue du Lycée.

**

Nous venons de citer le nom du docteur Le Pileur.

Le docteur Le Pileur n'exerçait pas à Sceaux. Il y avait sa propriété. C'était un érudit, un savant et un précurseur comme alpiniste. Dans sa jeunesse, vers 1835, il avait fait, accompagné de guides intrépides, l'ascension du Mont-Blanc. De cet exploit, lui était resté le goût des voyages et des études géographiques. Il collabora à la collection des *Guides Joanne*. Il a publié dans la *Bibliothèque des Merveilles* un intéressant volume sur le *Corps humain*, description anatomique et physiologique, plus une *Histoire de la Médecine en France*, d'après Alexis Monteil.

A près de quatre-vingts ans, ce grand et robuste vieillard descendait, au carrefour de l'Odéon, de l'omnibus du chemin de fer, la voiture étant en marche, avec la sveltesse d'un jeune premier. Il s'est éteint dans sa quatre-vingt-douzième année. On n'a pas oublié non plus à Sceaux Mme Le Pileur mère, l'ancienne présidente de l'Œuvre des Pauvres Malades, et la douce influence qu'elle exerçait sur les familles qu'elle secourait.

LA RUE BERTRON

Sceaux semble avoir été depuis longtemps la terre de prédilection des architectes. Aux noms déjà cités par ailleurs, nous devons rappeler que l'architecte des *Halles Centrales de Paris*, de l'*Église Saint-Augustin*, etc., M. Baltard, habitait Sceaux et sa propriété de la rue Bertron est restée dans sa famille.

**

Quant à M. Alloury, il habitait le n° 14 de la rue Bertron. Il fut administrateur du Canal de Suez, rédacteur principal au *Journal des Débats*, de 1860 à 1880. Il a laissé une curieuse étude sous le titre de : *Comment s'est fait le canal de Suez ?*

RUE DE LA GENDARMERIE

La propriété Damour, dont la grille d'entrée est seule rue Houdan, fait retour sur la rue de la Gendarmerie. L'immeuble du n° 1 appartient à M. de Lacre, directeur-fondateur du journal *La Rive Gauche*, organe des cantons de l'arrondissement de Sceaux. La banlieue de Paris avait été dévastée par la guerre de 1870-71. Ses habitants s'étaient dispersés, la propriété foncière et mobilière subissait une dépréciation importante, les voies de communication étaient insuffisantes et les ressources manquaient pour donner de la vie à cette banlieue expirante.

Un journaliste habitant Sceaux, M. de Laere, entreprit vers 1880 de réunir les éléments épars de ce qui restait d'activité et de bonne volonté dans l'arrondissement. Pour sortir de cet isolement et reconstituer notre existence communale et intercommunale, M. de Laëre fonda la *Rive Gauche*, il se mit en rapport avec les municipalités, se fit le porte-parole de leurs aspirations, réclama avec elles, des chemins, des routes, des tramways, de nouvelles lignes de pénétration, des canalisations d'eau, de gaz, de la lumière partout. Mêlé aux polémiques politiques et aux luttes électorales, M. de Laere rencontra des adversaires, jamais d'ennemis. D'une plume mordante, vive, acérée, il défendait ses idées, avec une courtoisie dans la forme, qui ne le cédait qu'à sa ténacité pour ce qu'il croyait être la vérité du moment.

Journaliste de talent, il a rendu de réels services à notre contrée, le succès a répondu à ses efforts : la *Rive Gauche* est encore aujourd'hui le seul organe influent de notre région.

*
* *

Le n° 5. Famille Guyon. Le grand-père a été maire de Sceaux de 1855 à 1865. Les anciens du pays ne l'ont pas oublié. Ses descendants ont agrandi, augmenté l'immeuble primitif et sont restés fidèles à Sceaux.

*
* *

L'immeuble du n° 7, après la propriété Guyon, à l'autre angle des rues de la Gendarmerie et du Clos-Saint-Marcel appartient à M. Charles Grondard, dont le père fut maire de Sceaux, de 1882 à 1887. Le nom des Grondard est connu dans l'industrie de l'alimentation chocolatière, où il rivalise avec les Menier, Lombard, etc.

A TRAVERS LA VILLE

CHEZ M. CHATEAU. — 112, rue Houdan.

I. Façade sud.
II. Façade nord.
III. La Grande Galerie
IV. Le Parc.

Cliché Alexis Faguet

CHEZ M. CHATEAU

Nous reprenons ensuite la rue Houdan en longeant la Mairie, la rue de la Flèche, pour nous arrêter devant la propriété de M. Château, dont l'entrée se trouve au n° 112 de la rue Houdan.

M. Château s'est rendu acquéreur en 1890 de la propriété Bertron, dit le candidat humain, et qui avait appartenu précédemment à l'amiral russe Bazile Tchitchagoff (1826).

M. Château n'avait d'autre but, en venant se fixer l'été à Sceaux, que de se reposer d'un persévérant labeur de plus d'un demi-siècle. Il est originaire du Limousin, lauréat de la Société des Architectes de France, entrepreneur de travaux publics.

Cet intelligent propriétaire espérait vivre en pleine quiétude dans cette vaste et splendide habitation, mais son aimable accueil, sa bonne grâce avec ses récents concitoyens, firent qu'un beau jour, en mai 1896, on le nomma conseiller municipal, un peu malgré lui.

M. Michel Charaire était le maire en exercice depuis une quinzaine d'années.

Comme conseiller municipal, M. Château prit part à d'importantes délibérations. Les affaires multiples qui lui passèrent sous les yeux l'intéressèrent : eau, gaz, égouts, assistance, enseignement, etc.

L'époque des grands travaux était passée à Sceaux : construction du Marché couvert, expropriation pour l'ouverture de nouvelles voies, etc. M. Charaire avait pourvu aux besoins les plus pressants. L'activité de M. Château était paralysée dans son essor. Il fallait marquer le pas et ne rien tenter, pour maintenir le budget en équilibre. Piétiner sur place n'était guère dans les habitudes de M. Château. Il se désolait de son inaction. Nous étions à la fin de l'année 1899, les élections municipales étaient annoncées pour le mois de mai 1900, et M. Michel Charaire, arrivé à l'expiration de son mandat, faisait déclarer qu'il n'en demanderait pas le renouvellement, en raison de son grand âge. Il venait en effet d'entrer dans sa 82e année, il se retirait, assuré de l'estime et de la gratitude de tous ses concitoyens.

Les élections ramenèrent au Conseil municipal presque tous les collaborateurs de M. Michel Charaire. Il s'agissait de nommer un maire sympathique à la population ; M. Château se trouva tout désigné par sa situation, par son expérience des affaires, par le libéralisme de ses vues et de ses idées, pour exercer utilement cette haute fonction.

MM. le docteur Reddon et Bertrand furent nommés adjoints.

Cette magistrature municipale dura pour M. Château de 1900 à 1908 ; nous en avons relaté les principales phases.

Année 1903

Février 1903. — Mariage de Mlle Camille Château avec M. Samuel Rousseau, professeur de la classe d'harmonie au Conservatoire, maître de chapelle à Sainte-Clotilde.

M. Samuel Rousseau était à cette date l'un de nos plus brillants compositeurs de musique, et l'un de nos plus jeunes maîtres. *La Cloche du Rhin*, opéra en trois actes, représenté en 1898, avait définitivement placé son auteur au premier rang parmi nos célébrités musicales.

Entre temps, Samuel Rousseau s'occupait également de musique religieuse et son *Libera me Domine*, sa messe de Pâques et sa messe de Sainte-Cécile, exécutée à Saint-Eustache en 1897, sont des chefs-d'œuvre du genre.

Sa messe de mariage et la bénédiction nuptiale furent triomphales pour les nouveaux époux. Les artistes de l'orchestre et les chœurs du Conservatoire se surpassèrent. Il nous a été donné d'entendre le *Benedictus* de Gounod, l'*Epithalame* de Samuel Rousseau, le *Panis Angelicus*, l'*Ave Maria* et le *Laudate*, toujours de Samuel Rousseau.

Après la cérémonie religieuse, un magnifique lunch était servi en l'hôtel d Mme Château, rue Nicole, à Paris.

Cet hôtel est remarquable par ses superbes salons et sa galerie de tableaux. Les impressionnistes, l'école du plein air, y tiennent une large place.

Année 1904

1er *septembre* 1904. — M. Samuel Rousseau, compositeur de musique, maître de chapelle à Sainte-Clotilde, gendre de M. Château, meurt à 50 ans. Par son mariage avec Mlle Camille Château, ce savant et délicat artiste était un peu devenu notre concitoyen. Affable et accueillant, sa franchise et sa parfaite cordialité lui avaient valu de vives sympathies.

Les obsèques ont été célébrées à Sainte-Clotilde, au milieu d'une affluence considérable. A l'issue de la cérémonie, M. l'abbé Gardey monta en chaire et, par une exception qu'autorisait la situation de M. Samuel Rousseau, prononça une très belle allocution sur le regretté maître de chapelle de Sainte-Clotilde.

Toute la population de Sceaux a été péniblement impressionnée par ce cruel deuil, si imprévu, suivant de si près ce brillant mariage.

* *

M. Mascré, géomètre de la ville de Sceaux, occupe au 116 de la rue Houdan une agréable villa construite par un jeune architecte, M. Pargny fils, enlevé trop tôt à son art. On peut dire de Pargny qu'il a été le premier à Sceaux, à renouveler le style de nos habitations courantes, à remplacer l'antique moellon par des constructions en meulières, briques et fers.

Au n° 128, on remarque également une construction de style due à Pargny. Elle appartient à la famille Rossy.

* *

Au 120, famille Bertrand-Lefebvre. — M. Bertrand, adjoint au maire, conseiller municipal depuis 1896, était un enfant du pays, allié aux familles Guilloux et Lefèvre. Il est mort en décembre 1903. De nombreuses délégations assistaient à ses obsèques. Au cimetière, M. Château, au nom du Conseil municipal, a retracé en termes émus la vie du défunt, toute de probité et de dévouement aux intérêts de la commune.

Juin 1905. — Obsèques de Mme Bertrand, la veuve de l'ancien et regretté adjoint au maire. Cette mort a mis en deuil les familles Lefèvre et Guilloux.

**

130, rue Houdan, habite la famille Valbray-Damour, une des plus anciennes familles du pays et des plus charitables. Mme Valbray fut longtemps présidente du patronage des jeunes filles de Sceaux; son gendre, M. Damour, préside le Comité de Sceaux de la Société de Saint-Vincent-de-Paul. Il est chevalier de la Légion d'honneur et retraité comme consul général. Son père, membre de l'Académie des Sciences, ancien sous-directeur au ministère des Affaires étrangères, né en 1808, mort en 1907, a laissé la réputation d'un minéralogiste distingué. On lui doit de nombreuses analyses de minéraux.

**

132, rue Houdan. Fauchille (Paul), docteur en droit, rédacteur principal du *Dalloz*, directeur de la *Revue générale de droit international public*, administrateur de la Caisse des écoles, a habité longtemps Sceaux.

138, RUE HOUDAN

2 *juin* 1898. — Mort de Mme Ernest Capet, veuve de M. Capet, qui occupa le poste d'adjoint au maire du IVe arrondissement de Paris; avait fait de la charité sa principale, sinon la seule occupation de sa vie.

« Mme Capet donnait beaucoup en effet, a dit un journal de la localité, la *Rive Gauche*, elle donnait avec intelligence et éclectisme, elle donnait sans compter, uniquement préoccupée de la misère à soulager; elle n'était inféodée à aucun parti, à aucune œuvre, visitait elle-même les pauvres, s'enquérait de leurs besoins et ne prenait garde qu'à ne point froisser des amours-propres toujours en éveil. »

Ajoutons qu'elle avait installé dans sa propriété une vacherie, uniquement pour le service des malades et des jeunes enfants. Telle qu'une fermière diligente, elle présidait elle-même aux obligations que nécessite cette délicate fonction. Douze ans ont passé sur cette tombe et l'on parlera longtemps encore de Mme Ernest Capet.

Ces traditions de bonté et de libéralisme sont continuées dans la famille. Aujourd'hui, le salon de M. et Mme Eugène Capet est l'un des plus fréquentés de Sceaux. On y cause musique, on en fait surtout beaucoup, on y suit avec intérêt le mouvement théâtral et littéraire. Le chef de la maison est, lui-même, un fin lettré. Bibliothécaire à Sainte-Geneviève, il vit au milieu d'une jeunesse intelligente, avide de s'instruire et de marquer son empreinte sur notre temps; enfin, M. Eugène Capet, après s'être tenu des années à l'écart dans un isolement qui ressemblait trop à une abdication chez un homme jeune et actif, a accepté récemment les fonctions d'adjoint au maire de Sceaux.

M#### Eugène Capet a pris à cœur la présidence de la section de Sceaux-Bourg-la-Reine de la Croix-Rouge des Dames françaises. Que M#### la présidente n'oublie pas cependant et ne nous fasse pas oublier la grande cantatrice qu'elle est toujours.

*_**

Au n° 136 résidait la famille de feu le docteur Sonrel, décédé à Sceaux en 1907. Il était officier de la Légion d'honneur. Sa fille, M### Élisabeth Sonrel, est une artiste peintre très appréciée. Elle excelle dans les sujets mythologiques et religieux.

*_**

Encore un nom dont Sceaux s'honore. M. Henry (Victor), né à Colmar en 1850, mort à Sceaux en 1907, avait remplacé en 1888 le professeur Bergaigne qui occupait à la Faculté des Lettres de Paris la chaire de sanscrit et de grammaire comparée. M. Victor Henry a publié une traduction d'une partie de l'*Atharva-Véda* (1891-1896), un *Manuel* de sanscrit védique, un *Lexique étymologique du breton moderne*, des *Impressions d'Italie*, souvenirs d'un voyage de vacances, etc. C'est ce que nous apprend le *Nouveau Larousse*. M. Victor Henry était un érudit aimable, accueillant. Toutefois, comme examinateur au baccalauréat ès lettres, il n'hésitait pas à recaler les élèves qui répondaient insuffisamment à ses interrogations sur la langue grecque. La conséquence fâcheuse d'un tel échec était qu'il fallait redoubler une année de rhétorique. On n'arrivait plus par suite au baccalauréat complet qu'à 19 ans, ce qui ne permettait guère de préparer une licence avant le service militaire. La loi de deux ans a remis les choses au point, en exigeant dans tous les cas deux ans de service effectif, et M. Victor Henry a souvent été remercié par les intéressés de ses rigueurs pour *l'amour du grec*, deux années de rhétorique ayant généralement pour résultat de former un lettré, sinon un érudit.

M. Victor Henry est mort à Sceaux à l'âge de 56 ans, en février 1907.

*_**

Mars 1906. — Mort de M. Edmond-Guillaume Andrieu, architecte de la ville de Sceaux. On lui doit, à Paris-Montrouge, de fort belles constructions et au Plessis-Robinson, la Tour Bignon, sorte de forteresse dans le style moyen-âge, du haut de laquelle on domine toute la contrée à vingt lieues à la ronde.

*_**

22 novembre 1903. — Obsèques de M. Jean-Baptiste Keteleer, membre d'honneur de la Société nationale d'horticulture de France, décédé dans sa quatre-vingt-onzième année. Ce robuste vieillard fut longtemps l'associé de l'une des premières maisons d'horticulture de la région, sous la raison sociale Thibaut et Keteleer.

M#### Veuve Thibaut s'est éteinte en janvier 1910 dans sa propriété de la rue Houdan, à l'âge de 89 ans.

*_**

Un grand pavillon de la rue Houdan, n° 196, à l'angle de l'avenue de la gare de Sceaux-Robinson, propriété de la famille Guilloux, est habité depuis quelques années par M. G. Reige. C'est un jeune architecte de talent, que plusieurs constructions très réussies ont mis promptement en évidence. Il a souvent imité ce style néo-normand que Pargny avait inauguré à Sceaux, rue Houdan, en construisant le chalet du géomètre Mascré et la seconde maison des Rossy, située à l'angle de la rue de la Gendarmerie.

Certaines constructions de M. Reige sont des bijoux d'architecture, rue de Sainte-Geneviève, par exemple, sur Châtenay. On lui a reproché par ailleurs ses grands toits d'ardoise. « C'est de la place perdue, » disent les gens pratiques, mais, par contre, c'est parfois fort décoratif.

Qu'il nous suffise d'ajouter que l'on doit à M. Reige : la propriété de M. Ch. Bullier, 99, rue Houdan ; l'élégante construction habitée par le Dr Herr, à l'extrémité de Sceaux, après avoir traversé le pavé de Châtenay, — la remarquable habitation que vient de se faire édifier M. Raymond Py, avenue de la gare de Sceaux-Ville, sur les terrains de la propriété Dupont, et, — sur la route de Fontenay-aux-Roses, la maison de M. Tolboué, le fourreur, de style art nouveau, et dont l'immense toiture est très discutée. Les exigences du propriétaire ont peut-être été ici à l'encontre des vues de l'architecte.

Cliché Dardonville.

Panorama à vol d'oiseau entre Sceaux-Ville et Fontenay-aux-Roses.

LES JARDINS OUVRIERS

Ne nous attardons pas plus longtemps dans cette promenade à bâtons rompus *à travers la ville* et regagnons au plus tôt le boulevard Desgranges, la rue de Fontenay et le chemin des Coudraies, si nous voulons visiter avant la fin du jour les Jardins ouvriers de la Fondation Marguerite-Renaudin.

Cl. A. Faguet.

Les premières maisons ouvrières de la Fondation Marguerite-Renaudin.

LE CHEMIN DES AULNES

C'est M. Curé, directeur des cultures, qui nous reçoit et nous fait les honneurs du domaine.

Il semblerait, nous dit-il, qu'au premier rayon de soleil, notre beau parc de Sceaux devrait être fréquenté assidûment par la population. Il n'en est rien, cependant. On se lasse vite de la promenade, même dans un parc.

Chacun se dit qu'il n'est tel qu'un petit chez soi ; et on se met à rêver d'un jardin à soi, que l'on cultiverait à son gré, dans lequel on enverrait la femme et les enfants jouer, planter, semer, en se réservant d'aller les rejoindre à la fin de la journée. Ce serait un peu de bonheur.

Ce rêve, quelques-uns le réalisent. Un jardin en location, c'est encore de la dépense. Si le terrain est en friche, il faut le défoncer, le labourer, le fumer. Les plantations, petits arbustes, arbres fruitiers, rosiers et semis de légumes et des fleurs, autre dépense.

Puis, avouons-le, il faut s'y connaître un peu en culture, pour tirer un bon parti du moindre coin de terre. S'il ne produit rien, la femme, les enfants et le père lui-même ont bien vite fait d'y renoncer.

M. Renaudin, en créant les Jardins ouvriers de Sceaux, a répondu à ces divers desiderata, et notre interlocuteur de continuer :

C'est entre le chemin des Aulnes et le ruisseau de la fontaine du Moulin, dans un site pittoresque de cette charmante vallée de Sceaux, au milieu des lilas et des pépinières, sur la pente qui s'incline vers Fontenay-aux-Roses, que M. Renaudin a pu réaliser cette généreuse conception des Jardins ouvriers.

Et nous traversons un immense terrain divisé par parcelles égales de 150 à 200 mètres carrés environ; le tout enclos et chaque parcelle séparée par un treillage.

Ces parcelles, transformées en petits jardins, sont confiées gratuitement de préférence aux familles nombreuses de la localité, qui y font telle culture qui leur plaît.

Il règne d'ailleurs dans ce coin de terre une paix admirable. Chaque dimanche, après le labeur de quelques instants, labeur que réclame le jardin : l'arrosage des tulipes, le repiquage des laitues, le sarclage de la planche d'oignons, chaque dimanche, on y voit s'ébattre de nombreuses familles. Dans chaque bosquet éclatent des chants et des rires. On y est heureux.

Ces jardins ne font pas l'objet d'une cession, donation ou location; ils ne peuvent en aucun cas être cédés par les titulaires. Ils sont affectés spécialement à la culture maraîchère pour les besoins de la famille. Les produits ne peuvent être vendus, sous peine de retrait immédiat de la concession. Les tenanciers doivent veiller à ce qu'il ne se produise pas de dégradations. Ils doivent se prêter aide et assistance mutuelle, maintenir le bon ordre et l'accord en commun.

Le fondateur de l'œuvre, en donnant possession des jardins aux tenanciers, leur a fait signer et accepter un règlement contenant ces dispositions. Jusqu'à ce jour, personne n'a enfreint ce règlement, et tout fait prévoir que le cas ne se présentera pas, car la plus parfaite harmonie existe entre tous.

Un programme de culture a été également établi, et chacun s'efforce de le remplir du mieux qu'il peut.

Une commission compétente passe chaque année pour juger quels sont ceux qui ont établi les meilleures cultures, car chacun a la latitude de cultiver les légumes qui lui conviennent le mieux. Cette commission juge également ceux qui ont le meilleur goût pour décorer la tonnelle que le fondateur de l'œuvre a fait élever à chacun des tenanciers, ainsi que le petit jardin d'agrément qui se trouve devant cette tonnelle.

Des livrets de caisse d'épargne sont délivrés par le fondateur aux tenanciers qui ont été reconnus les plus méritants par cette commission.

Aussi une émulation salutaire règne-t-elle entre les détenteurs de ces jardins.

C'est que le jardin crée pour la famille de l'ouvrier un attrait en même temps qu'une aide, il l'attache au sol, auquel il n'est plus l'étranger qui passe sans regretter les lieux qu'il quitte. Au jardin, il y a place pour tous; la mère, à ses loisirs, trouvera à s'occuper tout en gardant ses enfants au grand air Le soir, la vie y devient plus active : au sortir de l'école, les enfants accourent tout essoufflés, et l'été tout le monde arrose. Plus tard, arrive le père; après dix ou douze heures d'atelier, il prend la bêche et prépare une plate-bande afin d'y semer ses graines.

A celui qui le cultive, le jardin donne la santé physique avec la vie au grand air, qui chasse l'air vicié de l'atelier, et l'on va se coucher pour dormir d'un bon sommeil, satisfait du devoir accompli et de la récompense gagnée. Le jardin est un secours contre la misère; c'est une distraction honnête qui développe les habitudes de prévoyance, d'épargne et de mutualité.

« C'est en France, a écrit M. Gervais, alors député de notre circonscription, aujourd'hui sénateur, que l'œuvre des jardins ouvriers a le plus d'avenir. D'abord, c'est dans notre pays que depuis longtemps le principe en a été posé; puis, c'est chez nous où il semble qu'elle s'adapte le mieux au tempérament des travailleurs et parce qu'ils en savent le mieux tirer parti.

L'ouvrier français, en effet, est plus près de terre que l'ouvrier d'Amérique. Plus que lui, il aime à se livrer aux travaux des champs; mieux que lui il sait tirer parti d'un jardin.

« Telle est l'œuvre des Jardins ouvriers de Sceaux, M. Renaudin a donné à la région parisienne un exemple qui, nous l'espérons, dans ce milieu de travailleurs si intéressants, sera suivi d'autres. »

Ajoutons que la progression des Jardins ouvriers de Sceaux est des plus suggestives.

En février 1901, 24 jardins étaient mis à la disposition des familles ayant le plus d'enfants. En 1903, ce nombre était porté à 35; en 1905, il en était créé 13 nouveaux, dont 2 à Châtenay et enfin, en 1906, la Fondation Marguerite-Renaudin ne comprenait pas moins de 70 jardins, avec une école d'arboriculture et de taille des arbres fruitiers. En 1910, le nombre de ces jardins était porté de 70 à 80. La culture maraîchère est dirigée, nous venons de le voir, par un homme d'une haute compétence professionnelle, M. Curé, secrétaire du syndicat des maraîchers de la région parisienne.

Depuis cette époque, M. Curé a collectionné pour M. Renaudin tout un dossier, par ordre chronologique, des articles que la presse a consacrés au mouvement qui s'est produit en faveur des jardins ouvriers. Nous ne pouvons mieux faire que de puiser dans ce dossier les renseignements qui suivent :

Année 1904

Février 1904. — LES JARDINS OUVRIERS. Une orientation nouvelle se dessine en faveur de l'*assistance par la terre*, depuis le Congrès du 26 octobre 1903. Elle se manifeste aussi bien à Sedan qu'à Saint-Étienne, à Arras, à Amiens, à Valenciennes, à Boulogne, à Soissons, à Beaune, à Gravelines, enfin à Sceaux.

Ainsi, Saint-Étienne possède plus de cinq cents jardins ouvriers, et ce n'est pas assez au gré de son fondateur; son but est d'arriver à enserrer toute la *ville noire* dans une ceinture de jardins, et d'aider par la suite les mineurs, en possession de chaque parcelle de cette terre qu'ils cultivent, à y bâtir une maison qui servira d'abri à leur famille.

Sceaux n'est pas la ville noire, heureusement ; mais l'idée d'ajouter à ses jardins ouvriers des habitations salubres et agréables y a été examinée.

Les trente-cinq premiers jardins de la Fondation Marguerite-Renaudin sont bien entretenus. La Commission, présidée par M. Curé, président du Syndicat des maraîchers de la Seine, a constaté l'année dernière qu'une salutaire émulation existait entre les détenteurs de ces jardins, que les légumes obtenus étaient très beaux, les arbres fruitiers vigoureux et bien soignés.

Année 1904

Juillet 1904. — On lit dans le *Petit Journal* :

Il existe actuellement en France, disséminées dans nos principaux centres industriels, environ 135 œuvres de jardins ouvriers qui, sans redevance d'aucune sorte, mettent à la disposition de plus de 6,000 familles, la plupart fort nombreuses, des terrains dont la contenance totale peut être évaluée à 270 hectares.

Environ 40,000 personnes, hommes, femmes et enfants appartenant toutes aux classes laborieuses, se trouvent ainsi intéressées à la culture de ces jardins où, volontiers, elles se réunissent pendant leurs heures de loisir et dont elles retirent des produits qui, consommés entièrement dans ces familles, allègent leur budget domestique d'une dépense dépassant certainement un million de francs.

A cause des difficultés que présente l'acquisition des terrains, la région parisienne ne pouvait guère être favorisée dans la répartition de ces œuvres. Deux ou trois initiatives heureuses seulement y ont déterminé la création de quelques jardins ouvriers. La plus remarquable et la première en date de ces initiatives remonte à l'année 1901. C'est l'Œuvre des Jardins de Sceaux, fondée dans un esprit de pure solidarité humaine par M. Renaudin, notaire de cette ville, pour réaliser une idée philanthropique dont il attribue l'honneur à Mme Marguerite Renaudin, sa femme, morte il y a quelques années.

***

Donner aux familles ouvrières ayant charge d'enfants un jardin qui devienne pour elles un lieu de réunion agréable, où, aux heures de loisir, elles puissent vaquer aux menus travaux d'une culture rémunératrice ; mettre du bonheur et de la santé dans un milieu social qui en est souvent privé, tel est le but que le fondateur se proposait d'atteindre. Dans une visite que nous venons de faire aux Jardins de Sceaux, nous avons pu constater que cette œuvre, encore que commençante, a donné déjà les meilleurs résultats.

C'est à des heures très matinales, ou le dimanche dans l'après-midi, qu'il faut visiter ces jardins pour y rencontrer les heureux pères de famille qui en ont fait leur petit Tibur et le théâtre favori de leurs bucoliques. L'endroit est on ne peut mieux choisi. A dix minutes de la gare de Sceaux, au creux d'un vallon où coule l'intarissable ruisseau de la Fontaine-de-Moulin, qui sépare le territoire de Sceaux de celui de Fontenay-aux-Roses, sont alignés, entourés de clôtures vertes, trente-cinq lots de terrains d'une contenance de 200 mètres carrés. Au centre de chacun d'eux se dresse un arbre de belle venue, cerisier ou pommier, qui projette sur une tonnelle son ombre rafraîchissante.

Tous ces jardins ont des portes en claire-voie s'ouvrant sur une chaussée empierrée qui descend au ruisseau et que précède un portique en treillage où, en écartant les chèvrefeuilles et les roses, on peut lire cette inscription : *Fondation Marguerite-Renaudin*.

Cette chaussée d'accès est toute bordée de massifs fleuris. Avec son alignement de maisonnettes recouvertes de carton bitumé qu'escaladent de tous côtés les plantes grimpantes, elle a l'air de la petite rue d'un Trianon rustique. Un va-et-vient de jardiniers coiffés de chapeaux d'osier et porteurs de lourds arrosoirs l'anime sans cesse. Ici et là, de joyeux cris s'échappent des tonnelles. On y prépare la dinette pour les invités qu'on attend. Juchés dans les arbres, des enfants cueillent les dernières cerises. D'autres, à grand effort de muscles, tournent le volant du grand puits de 37 mètres pour en faire jaillir de belles ondées d'eau potable.

*
* *

Très accueillant et très réjoui, le monde des jardins. Que de gens véritablement heureux on y rencontre ! Ce sont des typographes, des imprimeurs, des galvanoplastes, des menuisiers, des charrons-carrossiers, qui ont appris à aimer la terre nourricière. Ils sont déjà férus de jardinage, gagnent des médailles aux concours et se plaisent à vanter leurs produits.

— Venez admirer mes melons, me crie l'un d'eux. Ils sont superbes. Mes petits châssis ont fait merveille. Ah ! c'est qu'on ne réussit pas toujours.

— J'ai les plus beaux haricots qui se puissent voir, clame un autre. Mais cela m'en a coûté des coups d'arrosoir.

Près d'un pommier, le nez en l'air, quelques enfants font par avance le décompte de fruits qu'ils pourront croquer. Leur père, que j'interroge, me dit :

— Ce sont des pommes Belles-Filles ; j'en récolterai bien huit boisseaux. Mais ils sont on e dans ma maison, les enfants qui guettent le moment où ils pourront les manger. Cela sera vite enlevé.

Partout, en bordure des allées, se développent des planches bien tenues de haricots, de carottes, de salades. Il y a de ces jardins qui rapportent jusqu'à 300 francs de produit à leurs tenanciers.

*
* *

De nouvelles parcelles ne tarderont pas à être achetées dans le voisinage. Elles seront, comme les premières, attribuées par le sort à un certain nombre d'ouvriers, pères de famille, qui se sont fait inscrire à la mairie en qualité de postulants. Le créateur de l'œuvre met à leur disposition, avec la terre, tous les outils et semences dont ils auront besoin, ainsi que des leçons de jardinage d'un maître horticulteur.

Et ce n'est pas tout. Bientôt des habitations, édifiées sur des plans spéciaux, s'érigeront non loin des jardins. Elles deviendront la récompense des plus méritants, auxquels M. Renaudin les cédera pour un loyer annuel d'un franc.

Ainsi grandit cette Œuvre charmante, organisée par un philanthrope qui a voulu associer à son action sociale le souvenir d'une femme de grand cœur, une bienfaitrice de Sceaux, dont le nom, en témoignage de gratitude, a été récemment donné à une des rues de la ville.

Année 1905

Une fête aux Jardins ouvriers de Sceaux. — La généreuse initiative de M. Renaudin, notaire à Sceaux, a doté cette ville d'une œuvre de jardins ouvriers qui mérite d'être citée en exemple et d'être visitée comme modèle. 60 familles ouvrières jouissent d'un terrain de 150 mètres carrés, d'où les plus industrieuses retirent jusqu'à 300 francs de fruits et de légumes par an. Sur chaque lot s'élève une tonnelle qu'entoure un joli parterre de fleurs et que recouvre la capricieuse verdure de plantes grimpantes. Les jardiniers les ont disposées eux-mêmes, à leur goût, leur donnant un cachet pittoresque et presque artistique, pour abriter leurs petites réunions de famille... à la campagne. Deux d'entre eux, plus heureux, voient déjà sur leur terrain s'élever les murs d'une vraie maison.

Ces ouvriers étaient en fête et, comme à dessein, leurs jardins se trouvaient en fleurs. Ils recevaient la visite d'un groupe important d'étrangers, parmi lesquels M. l'abbé Lemire, le maire de Sceaux, des médecins et des hommes d'œuvre. Les visiteurs assistèrent à la leçon de jardinage, puis, après avoir admiré l'excellente tenue des jardins et la disposition ingénieuse des maisons, grossi de toute la foule des parents, des enfants et des curieux, le cortège vint se grouper sur la route, à l'ombre d'un pont de chemin de fer. Et ce fut en plein air, dans le calme de ce beau soir d'été, une fête champêtre improvisée parmi ces braves gens assis en famille sur l'herbe des talus, au milieu des promeneurs arrêtés le long du chemin, pendant que M. Curé racontait les débuts de l'œuvre, que M. l'abbé Lemire redisait les enseignements et les bienfaits du coin de terre, et qu'un groupe d'enfants offrait au nom de tous les ouvriers une gerbe de fleurs à M. Renaudin.

(*L'Écho des Syndicats*, 30 juillet 1905.)

Octobre 1905. — Multiplier les jardins publics, les jardins ouvriers, conserver les espaces libres, pousser enfin à l'exode vers les champs, tel est le dernier mot de nos hygiénistes réunis en Congrès.

Sous ce rapport, la ville de Sceaux est privilégiée. Elle a son Parc et les Jardins ouvriers de la Fondation Marguerite-Renaudin. Enfin, trois premières maisons ouvrières viennent d'être offertes à trois familles dignes à tous égards de l'intérêt.

La première a été concédée à M. Séjourné (six enfants), chef jardinier de la maison d'horticulture Désiré Nomblot, à Bourg-la-Reine. Cette concession n'a pas été faite absolument à titre gratuit, comme pour les deux autres. M. Séjourné s'est engagé à donner en retour, tous les derniers dimanches de chaque mois, une leçon d'horticulture et de taille des arbres fruitiers, à laquelle peuvent assister, non seulement les chefs de famille qui détiennent les jardins de la Fondation Marguerite-Renaudin, mais encore les élèves amateurs et jardiniers de la localité.

Au surplus, le succès des produits exposés par la collectivité des jardins Marguerite-Renaudin à l'exposition de Bourg-la-Reine a été très mérité.

Le bénéficiaire de la deuxième maison ouvrière est M. Baujard, ouvrier jardinier. M. Baujard a cinq enfants. Il a été lauréat de l'exposition horticole de Bourg-la-Reine.

La troisième maison a été attribuée à la famille Maubert, de Sceaux (huit enfants).

Ces choix sont excellents.

Nous avons visité l'une de ces maisons. Elle est construite sur le plan de la maison ouvrière, modèle de l'Exposition d'hygiène de 1905 du Grand Palais et par le même architecte. C'est un rez-de-chaussée de quatre pièces, surélevé d'un perron de six marches en pierre, avec un vaste sous-sol comprenant buanderie, caves à charbon et à bois, débarras, etc.

La cuisine, avec fourneau et évier, est vaste et sert de salle à manger. Les eaux vont directement à l'égout. Ce service des eaux est largement assuré par un superbe puits commun et des réservoirs d'eau pluviale. Les trois autres pièces ont leur destination familiale : chambre du ménage, chambre des enfants, chambre des vieux parents. Le tout très clair, très aéré, et sans promiscuité gênante.

Chaque pièce a sa cheminée ou son dégagement pour les tuyaux de poêle. La construction est en pierres meulières, avec briques et fers pour la charpente. L'ensemble est harmonieux, d'un aspect agréable. Nous sommes loin des monotones habitations ouvrières des usines du Nord et de leur désolante uniformité. Enfin, tous les aménagements, buanderie, water-closet, etc., ont été étudiés, pour que la ventilation s'y effectue d'une façon permanente et qu'aucune émanation malsaine ne puisse envahir les locaux d'habitation.

Ainsi se trouve réalisé à Sceaux le type de la maison ouvrière, conforme aux prescriptions de la Commission supérieure d'hygiène : de l'air pur, la lumière du jour et du soleil partout, lorsqu'il veut bien se montrer, du sous-sol au grenier.

Octobre 1905

L'ŒUVRE DES JARDINS

La visite des Jardins Sainte-Marguerite, fondation de M. Renaudin, notaire, ne figurait pas au programme de notre fête annuelle.

Elle avait attiré, cependant, dimanche dernier, dans la vallée des Aulnes, une foule nombreuse et sympathique.

M. Gervais, député, M. Carmignac, conseiller général, plusieurs maires du canton, une députation de notre Conseil municipal, le directeur du Refuge du Plessis-Piquet et plusieurs agronomes distingués, notamment MM. Duvillard et Jules Curé, assistaient à cette réunion.

M. Jules Curé, professeur de culture, nous a montré les premiers produits de cette Œuvre des Jardins ; puis, dans une conférence très documentée, il nous a exposé comment, de ces terres incultes à la fin de l'hiver dernier, il avait pu obtenir si rapidement ces cultures intensives que nous admirions : fraises, melons, haricots, petits pois, etc.

« Ces jardins, a-t-il ajouté, bien cultivés par leurs titulaires, donneront en abondance des légumes, des fruits et des fleurs. »

Oui, des fleurs qui grimperont bientôt autour de ces vingt-quatre tonnelles, et serviront d'abri aux enfants et aux parents, pendant les chaudes journées de l'été.

Élevant le débat plus haut que la question du jardinage, M. J. Curé a remercié M. Renaudin : « Vous avez donné la terre, l'ouvrier a donné son travail et le professeur sa science et son expérience. Avec ce triple concours, — capital, travail et intelligence — nous résoudrons le problème de l'entente et de l'harmonie sociale, fiers de collaborer à la même œuvre, chacun dans la mesure de nos forces. »

M. Gervais, député de notre circonscription, dans une improvisation charmante, a répondu à M. J. Curé pour constater que l'Œuvre des Jardins de Sceaux était entre des mains compétentes; que l'initiative prise dans notre région par M. Renaudin devait avoir une sanction : servir d'exemple et de modèle pour de nombreuses créations similaires; que la grande culture des céréales ne devait pas faire négliger, en France, la culture potagère — cette richesse du département de la Seine — qui pourrait, en se généralisant, devenir une source de bien-être pour les populations rurales.

L'assistance, gagnée à cette cause, a fait, en se retirant, une chaleureuse ovation à M. Renaudin, à M. Gervais et à M. J. Curé.

Année 1906

Avril 1906. — Les Jardins ouvriers. — Le lundi de Pâques, par un temps splendide, la population des maisons et jardins ouvriers de la Fondation Marguerite-Renaudin était groupée sur le terre-plein qui domine la vallée des Aulnes pour la remise solennelle à M. Curé, nommé officier du Mérite agricole, des insignes de cette décoration.

M. Renaudin présidait cette intéressante cérémonie, à laquelle assistaient de nombreuses et élégantes dames, puis MM. Château, maire; Commandeur, conseiller d'arrondissement; Morel, en qualité de président de la Société d'Instruction et d'Éducation populaires du canton de Sceaux, etc. C'est que M. Curé, professeur d'arboriculture, n'a cessé, depuis 1901, d'être la cheville ouvrière qui a permis de mener à bien la culture de ces jardins, grâce à ses conseils toujours écoutés et à sa grande expérience des terrains à mettre en valeur.

M. Château et M. Renaudin ont, tour à tour, remercié M. Curé du dévouement qu'il a toujours apporté à la prospérité de cette œuvre; ils ont été les interprètes autorisés de tous les intéressés, pour assurer M. Curé de leur vive affection et de leur entière reconnaissance.

M. Séjourné, l'un des titulaires des maisons ouvrières Renaudin, qui s'est chargé de donner des leçons de taille des arbres aux camarades bénéficiaires de cette fondation, a payé également un juste tribut de gratitude à l'honorable M. Curé. Celui-ci, très ému et très touché de tous ces éloges, a rappelé les hésitations de la première heure, alors qu'il ne s'agissait encore que de vingt-quatre jardins à mettre entre les mains de titulaires inexpérimentés. Aujourd'hui, soixante jardins ouvriers ont été distribués gratuitement et sont cultivés à la satisfaction générale. Les résultats sont probants, ils sont sous les yeux de tous. Des maisons ouvrières, dont le nombre augmentera chaque année, seront le complément de cette institution de solidarité et de fraternité.

Et M. Curé d'ajouter, non sans finesse : « Le monde, à son origine, était un paradis terrestre, il faut retrouver ce paradis. Adam et Eve n'en ont été chassés que parce qu'ils ne savaient pas cultiver leur jardin. Apprenons à cultiver notre jardin et nous y trouverons, parents et enfants, repos, santé et bonheur. »

De belles photographies des maisons ouvrières Renaudin ont été remises aux intéressés : maison Séjourné, Maubert et ses enfants, intérieur ouvrier (Baujard et sa famille), le jardin Drumain avec ses châssis et ses couches, etc.

Un verre de champagne a été offert aux invités dans la maison Séjourné. Ils ont bu à la santé de M. Curé, pendant que la foule applaudissait la fanfare de l'Association amicale et son chef, M. Aumont.

Au milieu de nos agitations stériles, il est réconfortant d'assister à un tel spectacle de concorde et d'union, sur un terrain de mutuelle sympathie.

**

Juin 1906. — La Société d'économie sociale a Sceaux. Une délégation de la Société d'économie sociale avait pris rendez-vous, le vendredi 15 juin 1906, avec M. Renaudin pour visiter les jardins et les maisons ouvrières de la Fondation Marguerite-Renaudin, sous la conduite de M. Louis Rivière, vice-président, et de M. l'abbé Lemire.

Cette société continue l'œuvre de son fondateur, Frédéric Le Play, dont elle célébrait le centenaire le 11 juin 1906, en lui érigeant une statue au jardin du Luxembourg, dans l'Allée des Philosophes.

Il était bon de rappeler par ce monument que tout ce qui a été tenté depuis quarante ans en faveur des classes laborieuses : sociétés pour habitations à bon marché, jardins ouvriers, œuvre du Coin de terre et du foyer, a été fait sous l'inspiration de Frédéric Le Play et de son école. La Société d'économie sociale était donc à Sceaux sur son propre terrain et celui de ses études. Elle a constaté l'excellente tenue de nos jardins ouvriers et de nos maisons ouvrières. Les délégués ont tout vu, tout examiné, se sont enquis des moindres détails ; ils feront leur profit de l'expérience acquise pour de nouvelles créations.

Les maisons ouvrières, pour les artisans de nos villes, ne sauraient être trop multipliées. L'ouvrier des champs possède généralement sa chaumière et son jardin ; il n'est pas tributaire du propriétaire. N'ayant pas de loyer à payer, il ne redoute pas l'échéance du terme ; par suite, la vie lui est plus facile.

Le problème est plus difficile à résoudre pour l'ouvrier des villes. Ainsi, autour de Paris, et même dans notre commune, le terrain est encore d'un prix assez élevé, au minimum de trois à quatre francs le mètre. Il en est de même du prix de la construction, 5,000 à 6,000 francs pour les maisons-types de la fondation Renaudin.

A ces chiffres, un aimable délégué nous répondait qu'en Amérique le problème était moins complexe, qu'il avait trouvé des terrains autour de la capitale à des prix infimes, et des maisons ouvrières dont le prix de revient ne dépassait pas 500 francs. Il est vrai, ajoutait-il, que ces maisons sont en bois. Il faudra donc en France que chacun, capitalistes, entrepreneurs et propriétaires de terrains, y mette du sien si l'on veut aboutir.

Voici, au surplus, en quels termes M. Louis Rivière, vice-président de la *Société d'économie sociale*, a rendu compte de cette visite dans le n° du 16 juin 1906 de la *Réforme sociale* :

A trois heures et quart, la petite caravane prenait à la gare de Sceaux-Ceinture le train qui la menait en vingt minutes en gare de Sceaux. M. Renaudin accueille avec une cordiale affabilité les voyageurs et les conduit lui-même aux jardins qu'il a établis en souvenir d'une femme tendrement pleurée et qu'il a appelés : *Œuvre Marguerite-Renaudin*. Cinq minutes suffisent pour s'y rendre.

La première acquisition de 5,000 mètres carrés date de l'automne 1900 et fournit l'emplacement de 25 jardins; deux acquisitions postérieures ont porté la contenance totale à 15,000 mètres et le nombre des jardins à 70. Ce qui frappe tout d'abord le visiteur, c'est l'excellente tenue de ces cultures; aucune parcelle de terrain n'est en friche : tous les groupes de légumes se touchent, vigoureux, abondants, pleins de promesses appétissantes. Ce remarquable résultat est dû à la collaboration d'un professionnel distingué, M. Curé, secrétaire du Syndicat des maraîchers de la Seine, dont M. Renaudin s'est assuré le concours, dès le début de la fondation. M. Curé s'est fait le directeur des cultures de chacun des tenanciers; il leur prodigue les conseils de son expérience, leur distribue les graines et les outils dont ils ont besoin, développe leur goût pour les fleurs et les espèces nouvelles. Ce sont les ouvriers de Sceaux qui ont cultivé les premiers le *pé-tsaï* ou *chou de Chine*, légume nouveau et savoureux, fort apprécié des docteurs en art culinaire, et qui se vend maintenant aux Halles; ils répandent en ce moment le *solanum Commersoni*, pomme de terre de l'Uruguay qui semble appelée à renouveler nos espèces surmenées du vieux continent. Une école d'arboriculture, organisée dans un des jardins, montre par la pratique comment on doit s'y prendre pour conduire les arbres fruitiers, et l'habile spécialiste qui la dirige, M. Séjourné, de la maison Nomblot-Bruneau, à Bourg-la-Reine, a pu réunir sur ce petit espace les types les plus intéressants de la taille spéciale, cordons verticaux et horizontaux, coupes, pyramides, etc. Enfin, un autre jardin réunit les principales plantes médicinales usuelles que les femmes des jardiniers apprennent ainsi à connaître et à employer. C'est ainsi que M. Curé a rempli le programme qu'il résume en ces termes : « Pour remplir leur but, les jardins ouvriers doivent contenir à la fois les plantes nourrissantes, les plantes guérissantes et les plantes réjouissantes. »

Les résultats obtenus sont constatés par un examen annuel des jardins auquel procède une commission choisie en dehors de l'œuvre. Des points sont attribués aux jardiniers aux divers points de vue de la culture, du produit, de la part faite aux fleurs, de l'arrangement des tonnelles, toutes diverses, tapissées de roses, de clématites et de chèvrefeuilles. Des prix en argent récompensent les lauréats et les plus distingués reçoivent un encouragement d'une valeur bien plus grande, une maison en jouissance viagère !

Il y a deux ans que M. Renaudin a donné cette nouvelle extension de l'œuvre modèle qu'il a entreprise : déjà trois maisons sont élevées sur un plan uniforme, dû à un architecte spécial, et une quatrième va sortir de terre. Chacune consiste en un rez-de-chaussée élevé sur un sous-sol aéré, composé de deux grandes pièces, cave et atelier. Au rez-de-chaussée on trouve une vaste cuisine avec fourneau et évier, et trois chambres à coucher parfaitement aérées. Des water-closets avec chasse d'eau complètent l'installation. Le coût de chaque maison est de 3,500 francs, non compris le terrain emprunté à l'un des jardins.

Ce fut un plaisir pour les visiteurs de causer avec les tenanciers des maisons et des jardins. Ceux-ci semblaient tout heureux de se voir ainsi l'objet de l'attention désintéressée d'un groupe d'amis de la paix sociale. Les femmes offraient leurs roses et leurs œillets aux dames venues de Paris, qui les félicitaient sur la bonne mine de leurs enfants, tandis que les hommes expliquaient leurs procédés de culture, leur genre de vie, le bénéfice pécuniaire et le bien-être moral que leur fournissent leurs jardins. La plupart des tenanciers, 40 sur 70, sont des typographes de la grande imprimerie Charaire; le jardin a été leur ressource au cours de la grève récente qu'ils ont dû subir sur les ordres venus de Paris. D'autres sont des artisans, des employés; l'un d'eux avoue qu'il avait une tendance à fréquenter trop souvent le cabaret, mais qu'il n'y pense plus depuis qu'il aspire l'air pur des jardins. Tous chantent les louanges de M. Renaudin qui leur a assuré ce grand bienfait et se préoccupe de tous leurs besoins, puisque, en dehors de l'œuvre qui faisait l'objet spécial de notre visite, il a créé à Sceaux un hôpital-hospice de 35 lits, où malades et vieillards peuvent trouver un remède à leurs maux, momentanés ou permanents.

Aussi est-ce avec une véritable émotion que l'un des vice-présidents de notre Société se fit l'interprète de tous pour remercier le fondateur de l'Œuvre Marguerite-Renaudin de la belle leçon de paix sociale qu'il nous avait fournie. Toute doctrine féconde rayonne au delà de ses adhérents immédiats par l'action qu'elle exerce sur l'opinion. En appliquant spontanément les principes posés par l'auteur de la *Réforme sociale,* M. Renaudin a montré qu'ils correspondent aux besoins naturels des esprits élevés et des cœurs généreux.

C'est sous la tonnelle du dernier jardin visité que s'échangèrent les paroles de remerciement et de félicitations. Une collation avait été préparée, et le soleil s'était découvert depuis une heure pour récréer notre visite et présider à ce cordial « five o'clock ». Puis, à cinq heures et demie, nous reprenions le train pour Paris, heureux de cet après-midi au grand air, repos bien mérité après les longues et laborieuses séances des quatre journées précédentes.

Louis Rivière.

Novembre 1906. — *A l'Exposition des chrysanthèmes.* — Dernier sourire de l'année, fleurs d'automne qui s'épanouissent sous les rayons pâles du soleil agonisant, les chrysanthèmes triomphent de tout l'éclat de leurs couleurs, de toute la splendeur de leurs formes aux serres du Cours-la-Reine.

Mais la merveille de cette exposition, c'est la grande nef centrale qui s'étend de là au pont de l'Alma. Une suite de pelouses et de corbeilles aux dessins gracieux y étalent mille variétés de chrysanthèmes énormes, échevelés ou en boules, aux pétales rigides ou frisés, et donnant toute la gamme des couleurs, depuis les tons les plus vifs jusqu'aux nuances les plus légères. Le spectacle est féerique.

Quelques plates-bandes d'œillets et de bégonias alternent avec les masses de chrysanthèmes. Sur la droite une tente très vaste, sorte de tabernacle, abrite les orchidées les plus rares et l'on cite en passant telles de ces fleurs qui valent plusieurs milliers de francs.

Une terrasse aménagée en jardin à la française occupe le centre de l'Exposition. De là, on descend jusque sur les berges de la Seine, où s'alignent des légumes forcés, aux dimensions extraordinaires, et où l'œuvre Marguerite-Renaudin expose ses produits.

Deux mots sur cette œuvre qui a paru intéresser très vivement le président de la République et les personnes qui l'accompagnaient : il s'agit des Jardins ouvriers de Sceaux créés par un philanthrope, M. Renaudin, et que dirige M. Curé.

Soixante-dix jardins de 150 mètres sont mis gratuitement à la disposition d'ouvriers chargés de famille qui y cultivent des légumes, des fleurs et des plantes médicinales. A la fin de chaque année un jury passe dans ces jardins, décerne un prix à l'ouvrier qui a obtenu les plus belles cultures ; et ce prix, c'est une maison, offerte par M. Renaudin au lauréat, qui en devient propriétaire en viager, et peut, dès lors, s'y installer avec toute sa famille.

L'œuvre fonctionne depuis quatre ans. Quatre lauréats ont été désignés, quatre ouvriers, qui habitent déjà leurs quatre maisonnettes neuves et qui continuent à cultiver leur jardin : MM. Séjourné, Maubert, Beaujard et Drumain.

M. Renaudin fait actuellement construire une nouvelle maison pour le lauréat de 1906.

CH. DAUZATS.

(*Figaro*, samedi 3 novembre 1906.)

. . . . , . .

Nous quittons M. Vacherot, président de la Commission des Expositions de la Société nationale d'horticulture, pour rendre visite à une œuvre qui a très vivement intéressé hier le président de la République : les Jardins ouvriers de Sceaux, créés par un philanthrope, M. Renaudin.

M. Curé, qui dirige cette œuvre, nous donne les détails suivants sur son fonctionnement :

Soixante-dix jardins de cent cinquante mètres sont mis gratuitement à la disposition d'ouvriers chargés de famille qui y cultivent des légumes, des fleurs et des plantes médicinales. A la fin de chaque année, un jury passe dans ces jardins, décerne un prix à l'ouvrier qui a obtenu les plus belles cultures; et ce prix, c'est une maison, offerte par M. Renaudin au lauréat qui en devient propriétaire, en viager, et peut, dès lors, s'y installer avec toute sa famille. Voici la quatrième année que notre œuvre existe et elle a déjà été imitée à l'étranger.

(*Patrie*, 4 novembre 1906.)

Année 1907

27 octobre 1907. — La consécration officielle des Jardins et des Maisons ouvrières de la Fondation Marguerite-Renaudin a eu lieu le dimanche 27 octobre 1907. A cette époque de brume, de brouillard et de pluies incessantes, on pouvait craindre que la fête ne fût manquée; heureusement, un soleil radieux s'est levé à l'horizon, à 1 h. 1/2 précises; on aurait pu croire qu'il attendait lui aussi l'arrivée de M. de Selves, préfet de la Seine, pour lui souhaiter la bienvenue.

M. Félix Roussel, président du Conseil général, M. Carmignac, conseiller général, M. Bassinet, sénateur de la Seine, M. Gervais, député de notre circonscription, avaient tenu à accompagner le préfet dans cette visite et à donner à notre commune ce témoignage d'intérêt et de sympathie.

M. Château, maire de Sceaux, et le Conseil municipal, après les présentations d'usage, ont aussitôt conduit M. de Selves et son escorte, par la rue des Coudraies, aux jardins et maisons ouvrières.

Les jardins, malgré l'état avancé de la saison, ont fait l'admiration des visiteurs par leur bonne tenue d'abord et aussi par la présence des familles bénéficiaires, heureuses de témoigner que la culture de ces jardins, leur offrait la plus agréable et la plus utile des distractions.

Les maisons ouvrières ont été visitées ensuite une à une, à commencer par celle de M. Séjourné, qui donne tous les mois des leçons d'horticulture et de taille des arbres fruitiers à ses bons voisins, et dont le ministre de l'Agriculture vient de faire un chevalier du Mérite agricole; puis ce sont les maisons Maubert, Baujard, Drumain, etc.

Ces familles sont nombreuses, elles comptent chacune de six à huit enfants ; tout y est clair, net, propre, soigné, enfants et ustensiles de ménage. C'est le plus bel éloge que l'on en puisse faire, et la démonstration la plus évidente que l'ouvrier, lorsqu'il se plaît dans son intérieur, n'éprouve nullement le besoin d'aller retrouver les camarades au cabaret. Aux bonnes ménagères les bons maris.

M. Curé, professeur de culture maraîchère et directeur des Jardins ouvriers de Sceaux, ne cesse de proclamer cette vérité.

La visite du Préfet de la Seine aux Jardins ouvriers.

M. de Selves venait à Sceaux — on l'a vu précédemment — pour inaugurer les nouvelles Écoles communales et pour se rendre compte par lui-même des résultats tangibles de l'Œuvre des Jardins ouvriers.

Après ces deux visites, le cortège s'est rendu à la salle du Marché couvert, qui avait été ornée avec goût pour cette réception. Salué à son entrée par la *Marseillaise* et les acclamations de la population, M. le Préfet a pris la présidence de la réunion et a donné successivement la parole à M. Château, maire de Sceaux, M. Roussel, président du Conseil général, M. Bassinet, sénateur de la Seine, M. Gervais, député du canton de Sceaux, M. Carmignac, conseiller général, et enfin à M. Curé.

Ce dernier, dans une chaleureuse improvisation, a repris ce thème que l'Œuvre des Jardins et Maisons ouvrières devait se multiplier et se propager de proche en proche, que là était l'avenir, le repos, le délassement, le bien-être immédiat enfin, assuré à la classe ouvrière.

Les bravos n'ont pas manqué à cette péroraison.

M. de Selves a pris le dernier la parole, avec cette simplicité persuasive et éloquente qui prend le ton de la conversation et gagne vite tous les esprits. Il a remercié M. Château et ses collaborateurs d'avoir si rapidement réalisé la transformation des Écoles communales de Sceaux; le concours de l'administration préfectorale et départementale sera acquis de même à notre municipalité dans la mesure du possible pour l'agrandissement de notre ancienne Mairie, dont les services de la Justice de Paix et du Commissariat de police sont trop à l'étroit.

Puis, à propos des œuvres sociales et en particulier des Jardins ouvriers et de l'Hospice Marguerite-Renaudin, M. le Préfet s'est exprimé en ces termes :

« Il n'y a pas loin de six ans, je suis venu ici, et je n'ai rien oublié des cérémonies auxquelles il me fut donné d'assister. Je n'ai point oublié davantage ma visite à cet Hôpital-Hospice Marguerite Renaudin, qui me permit de saisir dans l'une de ses réalisations pratiques les plus dignes d'être applaudies, ce qu'il y avait de délicate philanthropie et de pieux souvenir dans l'âme de votre concitoyen.

« Je vous reviens aujourd'hui pour constater (ce que je pressentais bien à ma première visite) que votre inlassable vigilance a su pourvoir aux besoins qui se sont manifestés depuis et aussi que le cœur de M. Renaudin, toujours en éveil, s'est ingénié pour donner des formes nouvelles à l'œuvre de bien dont il ne cesse de marquer chaque étape de sa vie. »

Comme sanction à cette visite, M. de Selves, en terminant, a remis à M. Renaudin, au nom du ministre de l'Intérieur, président du Conseil, la grande médaille d'or de l'Assistance publique pour sa création à Sceaux des Jardins et Maisons ouvrières et de ses autres œuvres charitables, aux applaudissements unanimes de l'assistance.

DESCRIPTION DE LA MAISON OUVRIÈRE DE SCEAUX

Ces coquettes petites maisons sont composées d'un sous-sol et d'un rez-de-chaussée élevé de cinq à six marches au-dessus du sol.

Le rez-de-chaussée comprend une grande salle à manger-cuisine, avec une grande cuisinière qui chauffe toutes les chambres, en même temps qu'on y fait la cuisine. C'est ce qu'il est convenu d'appeler la pièce commune.

Sur cette pièce s'ouvrent trois chambres à coucher : celle des parents, une pour les filles et la troisième pour les garçons. Toutes ces chambres ont chacune leur fenêtre et elles sont bien indépendantes les unes des autres. Elles contiennent également le cube d'air nécessaire pour y vivre en bonne santé. Les angles des pièces sont arrondis, de manière à pouvoir tenir ces pièces absolument propres.

C'est donc la propreté, l'hygiène, l'air pur et sain réunis en un seul faisceau : tout ce qu'il faut pour procurer la santé à toute la famille. Aussi, ces familles qui habitaient précédemment des logements étroits, malsains, peu aérés,

Cliché Alexis Faguet. SCEAUX. — Vue d'ensemble des Maisons ouvrières et des Jardins de la Fondation Marguerite-Renaudin.

avaient souvent des enfants maladifs et, depuis qu'ils habitent ces paradis terrestres, toute la famille a une excellente santé. Un des pères de famille nous disait un jour qu'on consommait plus de pain, mais en échange on payait moins de médicaments. Tous ces enfants ont des mines superbes, ils sont forts et robustes et croissent aussi vigoureusement que les palmiers dans les oasis du Sahara.

LE SOUS-SOL DE LA MAISON OUVRIÈRE

Le sous-sol, relativement peu enterré, est très clair et sain, car on peut l'aérer de tous côtés. Il est divisé en deux parties, séparées par une cloison en briques, avec une porte reliant les deux parties. La première partie est affectée à la ménagère pour faire la lessive, et la sécher au besoin, s'il fait mauvais temps. Les eaux s'en vont dans un conduit qui a été fait exprès pour l'assainissement de ces sous-sols. Il existe donc un fourneau dans ces sous-sols, on y descend par trois ou quatre marches. Pendant l'été, la ménagère pourra faire sa cuisine sur ce fourneau et, les repas pourront être pris dehors, sur une table à l'ombre, dans la courette réservée aux enfants. Cette partie du sous-sol est donc en quelque sorte l'atelier de la ménagère.

L'autre partie du sous-sol est réservée pour servir d'atelier au mari, quelque soit son métier. Ce petit atelier peut jouer un certain rôle dans l'existence de l'ouvrier et l'amener à contracter des habitudes nouvelles qui l'aideront à apporter du bien-être dans sa famille.

En effet, la famille ouvrière, chargée d'enfants, habite souvent un logis restreint, peu aéré, malsain, mal éclairé, aussi le chef de famille rentrant chez lui, quittant, soit l'usine, soit l'atelier, n'éprouve aucun plaisir à rester dans ce logis; il n'a pas une petite place propice pour occuper ses loisirs et il n'a que la rue pour respirer un peu d'air plus ou moins pur et sain; or, la rue mène au cabaret et on devine le reste. Tandis que si cet ouvrier a son petit atelier chez lui, il aura toujours quelque chose à fabriquer, soit pour la maison, soit pour le jardin. Dans ces conditions, il embellira de plus en plus cet immeuble, qu'il sait qu'il habitera toute sa vie, tout en occupant ses loisirs agréablement, et il donnera par là même à toute sa famille cet amour du chez soi, indispensable à tout progrès de liberté et d'indépendance.

Par cet exposé, on peut juger le rôle que jouera ce sous-sol pour la famille ouvrière; il lui permettra d'y passer tous ses loisirs de la mauvaise saison et, pendant la bonne saison, les loisirs seront pris pour la culture du jardin, de la même contenance, que les autres jardins ouvriers de l'Œuvre.

Année 1909

La Saint-Fiacre (*Octobre 1909*).

M. le commandant Pilate, maire, assisté de M. Renaudin, fondateur, et de M. Curé, directeur de l'Œuvre des Jardins ouvriers et Maisons ouvrières Marguerite-Renaudin, présidait, ce dimanche, la distribution des récompenses aux titulaires des Jardins ouvriers de la voie des Aulnes.

Cette fête annuelle avait attiré en cet endroit la plupart des familles de Sceaux. Le terrain était pavoisé de drapeaux tricolores et de nombreuses petites filles, vêtues de blanc, tenaient des bouquets et des guirlandes de fleurs.

On savait qu'il s'agissait d'attribuer dix nouveaux jardins ouvriers, de proclamer les lauréats de 1910 pour le bon entretien des cultures et, enfin, de visiter l'Ecole ménagère, au centre même des maisons ouvrières de la Fondation Marguerite-Renaudin.

Nous n'avons pas à revenir sur cette œuvre que M. Renaudin entretient et poursuit avec une persévérance digne des plus grands éloges. Ce qui a, cette fois, particulièrement retenu l'attention, c'est l'Ecole ménagère.

Mme Marguerite Rolland, écrivait récemment de Bruxelles, qu'il n'est pas de pays où l'on se préoccupe moins d'ordre et d'économie domestique qu'en France. La question du pot-au-feu prime tout pour la bonne ménagère en Belgique et en Hollande. La cuisine, dans le Nord, n'est pas seulement le lieu où l'on cuisine, c'est une pièce où l'on mange ; elle est vaste, spacieuse, avec son fourneau toujours brillant. Ce résultat est dû aux écoles ménagères, aux cours de cuisine qui créent une véritable atmosphère d'ordre et de propreté. « La femme, ajoutait Mme Rolland, y est bien la force et la gaîté du foyer. Son geste crée, anime, embellit la maison. »

Pour qu'il en soit de même en France, multiplions les écoles ménagères, et remercions M. Renaudin de son heureuse initiative.

Après une allocution du maire et un discours de M. Curé, les noms des lauréats ont été proclamés.

Pour l'Ecole ménagère : 1er prix (médaille d'or), Denise Breton ; 2e prix (médaille d'argent), Fernande Jacques.

Pour les Jardins ouvriers : grand prix (attribution d'une maison ouvrière), M. Houdaille, ouvrier plombier à Sceaux ; 1er prix (médaille d'or), M. Cumont ; 2e prix (médailles d'argent), MM. Breton, cantonnier ; Juif, imprimeur ; Dulout, brigadier de sergents de ville ; Leblanc, sergent de ville.

Une médaille d'honneur a été décernée à Mlle Maraval, au nom de la Société nationale d'encouragement au bien, pour son dévouement filial et le concours qu'elle apporte à l'enseignement agricole.

La fanfare s'est fait entendre au cours de cette intéressante cérémonie et s'est rendue ensuite à l'Hospice Sainte-Marguerite. Les malades et les hospitalisés l'ont accueillie avec joie.

Cette fête de la Saint-Fiacre avait été précédée d'une grand'messe solennelle, chantée et accompagnée par la fanfare de l'Association amicale de Saint-Jean-Baptiste de Sceaux.

A propos des Jardins ouvriers (*Octobre 1910*).

Nous relevons dans un quotidien belge, le compte rendu du Congrès international des œuvres du coin de terre et des jardins ouvriers qui s'est tenu à Bruxelles du 15 au 18 octobre 1910. Nous n'en citerons que ce qui a trait à la belle Œuvre Marguerite-Renaudin :

« M. Renaudin s'était fait représenter au Congrès par M. Curé, directeur de l'Œuvre. Lorsque celui-ci eut exposé la fondation, l'installation, la culture des jardins, le but que le fondateur se propose d'atteindre, en récompensant les ouvriers qui cultivent le mieux leurs jardins, d'abord par des médailles et, chaque année, par une maison ouvrière donnée en usufruit à la famille qui a obtenu le plus de récompenses depuis qu'elle cultive son jardin ; lorsqu'il eut indiqué les résultats physiques et moraux que cette œuvre procure aux familles ouvrières de Sceaux, le Congrès, à l'unanimité, vota qu'un télégramme de félicitations serait envoyé à M. Renaudin. Le directeur a ajouté que c'est par l'instruction horticole d'abord qu'on a obtenu ces résultats, en y joignant, pour les jeunes filles, l'instruction ménagère et même l'art de conserver les légumes et de transformer les fruits en confitures, compotes, marmelades, etc. Il déclare qu'il a déposé sur le bureau deux petits tracts concernant ces questions : un de lui sur la constitution et la culture ; le second de Mlle Maraval, sur la conserve des légumes et des fruits au point de vue familial, et que ces deux ouvrages sont à la disposition des congressistes de tous les pays.

« Mais le plus grand succès obtenu par cette œuvre fut la visite du jardin qu'elle a exposé et que tous les congressistes ont admiré. Cette visite des congressistes avait attiré un grand nombre de visiteurs de l'exposition et elle a donné lieu à une petite manifestation qui a eu un grand succès. En entrant dans le jardin, le directeur de l'Œuvre a prié une dame française de cueillir une superbe rose Malmaison pour la remettre au président des Jardins ouvriers français, afin qu'il l'offre lui-même à la présidente des œuvres allemandes.

« Mlle Maraval, en plus de ses bonnes qualités de ménagère, est un professeur d'apiculture. Aussi, elle a dit aux congressistes qu'il manquait un rucher dans ce beau jardin. Ce rucher, dit-elle, dans des petits jardins comme ceux de Sceaux, pourrait être collectif et coopératif. Elle a déposé un vœu en ce sens que le Congrès a voté à l'unanimité (1). »

La Saint-Fiacre (*Octobre 1910*).

Le dimanche de la Saint-Fiacre, la fête des jardiniers, la fête des jardins, selon la vieille et saine tradition corporative, les jardiniers se sont amusés un peu partout, mais comme ils se sont bien amusés à Sceaux ! Comme leur rire sonnait clair, au seuil de leurs petits jardins ! Il y avait des fillettes vêtues de blanc et des discours point ennuyeux, car ils n'étaient pas solennels et n'avaient de discours que le nom. C'étaient des remercîments à M. Renaudin, notaire à Sceaux, pour son œuvre des Jardins ouvriers, et la réplique de M. Renaudin à ces remercîments.

Il y eut aussi des médailles d'or et d'argent, mais ce n'étaient point des médailles officielles, car elles ne récompensaient que d'excellents jardiniers ; et

---

(1) Ce vœu a été réalisé pour les jardins ouvriers de Sceaux, dans le courant de l'année 1911.

un grand prix tout à fait intéressant, puisque c'était une maison ouvrière, décernée à M. Houdaille, ouvrier plombier à Sceaux ! Là-dessus beaucoup de musique, mais la musique locale, la Fanfare de Sceaux, qui célébrait à grand renfort de cuivre derrière sa bannière de velours cramoisi, le bienfait des jardins ouvriers, les maisons ouvrières et la gloire de M. Renaudin, le bienfaiteur ! Ah ! oui, l'on s'amusa joliment. Et ce fut une Saint-Fiacre bien spéciale, bien particulière, et comme on n'en voit pas beaucoup, dans ce noble pays de France qui produit pourtant d'excellents jardiniers, de magnifiques jardins et des bienfaits sans nombre de bienfaiteurs innombrables !

**

Quand on quitte la gare de Sceaux, sitôt franchi le passage à niveau, s'étale entre deux coteaux, celui où s'étagent les maisons de Sceaux et celui que dominent Bagneux et Fontenay-aux-Roses, un vallon délicieux, joli, frais et coquet et bucolique à souhait. Et comme si ce n'était pas assez des mamelons verts ombrés de bois, des blanches villas chapeautées de vermillon, des marronniers touffus, des aulnes frémissants et des palmiers élancés, toute une série de petits jardins, enclos chacun d'une légère barrière bleu céleste, chacun encadrant une tonnelle rustique, l'émaillent d'un somptueux parterre de fleurs multicolores et de légumes réjouissants.

**

— Vous jardinez, mon brave homme?

— Eh ! oui, faut bien cultiver un peu, si l'on veut avoir le grand prix et gagner la maison l'an prochain ! Le brave homme qui a songé à doter l'ouvrier d'un jardin et d'une maison champêtre. En mémoire de sa femme, morte il y a, je crois, sept ans, et de sa mère morte il y a deux ans, il a doté cette cité rustique et il nous en a fait cadeau. Le voyez-vous là-bas ! C'est cet homme, grand, vêtu de noir, depuis la pointe des pieds jusqu'au sommet de la tête, jusqu'à l'extrémité des doigts, car il porte un double deuil. Il erre ainsi, souvent, dans sa propriété, sa propriété? Celle des autres, car tous ces jardins sont à nous.

**

En 1900, M. Renaudin a acheté à beaux deniers comptants, car ces terrains valent jusqu'à douze francs le mètre, une longue pièce de terre, dans le vallon des Aulnes, de quoi faire vingt-quatre jardins de cent cinquante mètres carrés chacun de superficie, et il les a donnés à des ouvriers de tous métiers, plombiers, imprimeurs, maçons, sergents de ville, gratuitement pour toute leur vie, à trois conditions d'abord, la première c'est d'habiter Sceaux, la seconde d'être honorable, la troisième d'avoir des enfants. Il a choisi, dans Sceaux, les pères de famille les plus honorables et les plus chargés d'enfants, et il leur a donné ces vingt-quatre jardins, à la seule condition désormais de les cultiver de leur mieux. M. Curé, ancien horticulteur, a été chargé d'organiser cette œuvre dont il a été nommé directeur. M. Curé a tellement bien organisé tout cela qu'en 1903 on a créé douze nouveaux jardins, et qu'à la Saint-Martin prochaine, il y en aura quatre-vingt-dix de cultivés et de bien cultivés.

**

Chaque année, en effet, le directeur, M. Curé, accompagné de ses collègues, le président du Syndicat des maraîchers de Paris, le directeur de l'École d'horticulture de Plessis-Piquet, fait un tour dans les jardins et marque à chaque propriétaire des points culturaux. Celui qui, depuis la fondation de l'Œuvre, a obtenu le plus de points culturaux, a droit à une maison ouvrière, jolie, propre et confortable, une véritable petite villa, trois chambres à coucher — une pour les parents, une pour les filles, une pour les garçons — une salle à manger-cuisine, un cabinet de débarras, un vaste sous-sol avec tout ce qu'il faut pour laver le linge. La villa, cela va sans dire, est entourée d'un magnifique petit jardin. Il y a sept maisons, toutes les sept habitées par des ouvriers. La huitième est en construction. Elle est réservée à celui qui, l'année prochaine, aura récolté le plus de points culturaux.

***

Sans doute ! Mais n'est pas jardinier qui veut. M. Curé y a songé. Lui-même donne l'enseignement nécessaire à la préparation et à la culture du terrain. Dans une petite école d'arboriculture qu'il a fondée en 1903, il enseigne les notions nécessaires pour la culture potagère. Et l'enseignement de M. Curé n'est point stérile. Il a pour devise cette phrase : « Le jardin ouvrier doit contenir des plantes nourrissantes, des plantes réjouissantes et des plantes guérissantes. » C'est pourquoi dans tous ces petits jardins, à côté des choux bronzés, des pommes et des poires appétissantes, croissent la rose et le camélia, le dahlia et le bégonia, l'anis et la menthe, la rhubarbe et le séné. Un ancien ouvrier pépiniériste, M. Séjourné, traite, lui, de son côté, une fois par mois, d'arboriculture fruitière !

***

Mais ce n'est pas tout d'avoir des fleurs, des légumes et des plantes médicinales. Il faut savoir arranger un bouquet, faire la soupe et confectionner une tisane et un cataplasme. Une école ménagère fonctionne le dimanche, où l'on apprend l'art et la manière d'utiliser toutes ces plantes et tous les quinze jours, Mme Séjourné, femme du professeur d'arboriculture, fait à ses élèves et à quiconque veut en profiter, un cours de cuisine. Elle apprend aux paysannes à tirer parti de toutes les ressources de leur jardin, au lieu de les gaspiller sottement, et M. Curé se flatte, si son exemple se généralise, d'enrayer ainsi tout bonnement l'exode rural. L'agriculture et l'arboriculture ne manqueraient plus de bras, du moment qu'on ne les remuerait plus en vain.

Au surplus, tout le monde s'y met. Il n'est pas jusqu'à certaine dame très instruite, femme d'un ancien capitaine de recrutement, qui, pour aider ces jardiniers, ces cuisinières et ces arboriculteurs, n'ait rédigé un petit tract où elle décrit la manière de faire des confitures et des conserves pour l'hiver. Elle se flatte du reste d'amener peu à peu tous ces ouvriers de la terre à l'agriculture, persuadée que les abeilles, sans compter le miel qu'elles fournissent, attachent l'homme à la terre, par d'indissolubles liens.

***

Braves cœurs ! A l'exemple de M. Renaudin, ils ont désappris l'égoïsme. Excellents voisins, ils se prêtent réciproquement aide et secours. Lorsqu'un ouvrier est empêché ou tombe malade, ne croyez pas que son jardin périclite et que les mauvaises herbes et les plantes inutiles s'en emparent. Non. Les amis sont là, tous, qui le cultivent à sa place et, miracle de désintéressement ! c'est souvent celui-là qui est le mieux entretenu de tous et risque de gagner le grand prix au concours des points culturaux ! Tous, du reste, sont riches en

Cliché Alexis Faguet.
M. Renaudin faisant visiter les Jardins ouvriers à M. l'abbé Lemire, député et directeur de l'œuvre du *Coin de Terre et du Foyer*. (Fête de la Saint-Fiacre, 1911.)

Cliché Alexis Faguet.
Une Fête aux Jardins ouvriers.

médailles d'or, d'argent, de vermeil et en diplômes. Ils ont exposé des fleurs et des fruits à de nombreuses expositions, et leur salle à manger se pare d'un cadre où sont accrochées toutes ces belles décorations.

Aux Jardins ouvriers.

Aux Jardins ouvriers.

**
* *

Ainsi, dans ce pays charmant, que la nature a favorisé, où tout vient à souhait, verdure, légumes, fruits et fleurs, quatre-vingt-dix jardins ouvriers fleurissent par la simple vertu d'un travail consciencieux et bien rémunéré; quatre cent cinquante personnes, hommes, femmes et enfants, vivent largement avec les produits de ces jardins. Plus d'une quarantaine sont à l'abri de coquettes villas, sans avoir un sou à payer, car leur propriétaire ignore complètement le terme. Il ne connaît qu'une fête, la Saint-Fiacre, qui réunit tous ses obligés, tous ses amis, dans un même élan de joie et de reconnaissance ! Et quand on lui vante son mérite, sa vertu sincère, sa générosité sans borne, à ce philanthrope qui a fondé ces jardins, ces maisons, et avec ça, une crèche, un hospice, un sanatorium à Sceaux, à cet homme qui donne tout sans rien réclamer en retour, qui essaye de réconcilier le patron avec l'ouvrier, le riche avec le pauvre, l'homme avec l'homme, et qui y réussit, ma foi ! dans ce pays pourtant où les idées syndicales croissent comme les légumes et les fleurs, savez-vous ce qu'il vous répond, simplement, avec un bon sourire fané qui illumine étrangement son pâle visage en deuil :

« C'est une pastorale ! Nous sommes ici dans le pays de Florian ! »

Edouard LEPAGE.

(*L'Eclair*, octobre 1910.)

LA DOT TERRIENNE

Un récent rapport présenté à l'Académie des sciences morales et politiques a attribué à Mᵉ Hugues-Auguste Renaudin le prix Maisondieu et nous apprend que la fondation de l'Œuvre des Jardins ouvriers et des Maisons ouvrières à Sceaux a donné naissance à une autre œuvre, moins importante, sans doute, mais dont la corrélation est absolue.

Au printemps de 1907 eut lieu, pour la première fois, le mariage d'une jeune fille qui habitait, avec sa famille, l'une de ces maisons. M. Renaudin en prit occasion pour fonder ce qu'il a appelé la « dot terrienne ». Cette dot est attribuée, le jour de leur mariage, aux jeunes filles dont les parents occupent une maison ouvrière. Constituée sous forme de livret de Caisse d'épargne au nom de la jeune fille, elle est d'une valeur de 300 francs. Cette somme, augmentée des intérêts capitalisés et jointe aux économies des jeunes époux, doit être employée exclusivement à l'acquisition d'un coin de terre pour le disposer en jardin ouvrier et, plus tard, s'il est possible, y construire une maison ouvrière, en profitant des bénéfices de la loi du 12 avril 1906 sur les maisons à bon marché.

Nous ignorerions encore ces libérales dispositions, sans ce rapport de M. Félix Rocquain, de l'Académie des sciences morales et politiques. Que les intéressés apprennent à leur tour à les mettre à profit.

Cliché Dardonville.

Passage à niveau de la Gare de Sceaux-Ville, près des Jardins ouvriers.

Le Territoire de Sceaux.

Indicateur-annuaire des rues, avenues, boulevards, gares, immeubles; commerce et industrie ; d'après le relevé cadastral du territoire de Sceaux.

Victor Advielle a compulsé à la Bibliothèque de la Ville de Paris, le bel *Atlas de la baronnie de Sceaux*, suivi d'un répertoire indiquant les noms des censitaires, les contenances de chaque pièce de terre, leurs natures et redevances, — publié en 1782 — par ordre du duc de Penthièvre.

Cet atlas se compose de six plans lavés, coloriés et ornés de dessins, ainsi décrits :

Plan I, comprend le village de Sceaux et les Champtiers de la Ruelle, des Gravis, du Pommeret, des Imbergères, des Glaises et de la Chrétienté.

Plan II, comprend les Champtiers des Torques, des Heulins, des Milans, de la Rochelle, des Sablons, des Grands-Noyers, de la Matrelle, du Chesnot, de Derrière-la-Tour, des Quatre-Voies et d'Aulneau.

Plan III, comprend les Champtiers de la Grande-Voie, du Clos-Saint-Marcel et des Champs-Girard.

Plan IV, comprend les Champtiers sous le Coudrai, du Coudrai haut et bas, du Muset, de Derrière-la-Ménagerie, du Trou-Camus et de la Voie de Bagneux.

Plan V, comprend les Champtiers de Filmain et des Blagis.

Plan VI, comprend les Champtiers des Deux-Ormes, de la Plante-Paulmier et le marché de Sceaux.

A un siècle de distance — 1782-1883 — M. A. Troufillot, géomètre, faisait une réduction du plan cadastral pour l'*Histoire de Sceaux*, de Michel Charaire et Victor Advielle. On retrouve dans ce plan moderne un grand nombre des appellations du siècle précédent. Les partages, les successions, les ventes, les expropriations, ont laissé subsister, par exemple, les désignations des Imbergères, des Glaises, de la Chrétienté, des Torques, des Heulins, des Milans, des Sablons, du Chesnot (aujourd'hui les Chéneaux), de la Tour, des Quatre-Voies (Quatre-Chemins), du Clos-Saint-Marcel, des Champs-Girard, du haut et bas Coudrais, de Derrière-la-Ménagerie, de la Voie de Bagneux, des Blagis, du marché de Sceaux.

Plan de la Ville de Sceaux.

Depuis trente ans, le plan relevé par M. Troufillot, en 1882, a subi jusqu'en 1910 de notables modifications, par suite du classement ou de l'élargissement des voies primitives, ou de l'ouverture de nouvelles voies.

Le territoire de Sceaux est très restreint, sa superficie totale n'est que de 326 hectares. Il est limité au *nord* par le ruisseau de la Fontaine des Moulins, le séparant des coteaux de Fontenay-aux-Roses et de Bagneux ; au *sud*, par Châtenay et le parc de Trévise ; à l'*est*, par la vallée de Bourg-la-Reine, à l'*ouest*, par les coteaux du Plessis-Robinson, — mais ses voies d'accès ont été améliorées, surtout autour des nouvelles gares de Sceaux-Ville et de Sceaux-Robinson. Nous avons donné plus haut le détail de ces importants travaux qui datent de 1894 à 1900. Peut-être est-il nécessaire de les énumérer de nouveau à cette place.

CLASSEMENT ET ÉLARGISSEMENT DE VOIES PRIMITIVES. OUVERTURES DE VOIES NOUVELLES

Viabilité de la rue latérale au marché.
Nivellement de la place du Marché.
Nivellement de la rue du Four.

VERSANT NORD

Réfection de la rue de Penthièvre.
Prolongement de l'ancien sentier de Paris.
Sentier de Paris.
Sentier de Hauts-Coudrais.
Sentier des Bas-Coudrais.
Prolongement de la rue du Lycée, chemin vicinal n° 9.
Chemin des Bas-Coudrais.

VERSANT SUD

Sentier des Chéneaux.
Sentier du Regard.

VERSANT SUD

Sentier des Hauts-Sablons.
Sentier des Bas-Sablons.
Sentier des Heulins.

VERSANT NORD

Sentier Fortin (prolongement du boulevard Desgranges).
Ouverture entre les Clos Saint-Marcel et le sentier Fortin (boulevard Desgranges).

LA POPULATION DE LA VILLE DE SCEAUX

En 1906, Sceaux comptait 716 maisons
Population municipale : 1,482 ménages et 4,857 habitants.

En 1911 elle compte :   753 maisons.
       —   1,605 ménages et 5,064 habitants.

La population comptée à part était de 141 personnes en 1906 ; elle est en 1911 de 468 personnes. — On entend par population comptée à part, les pensionnaires du lycée et des maisons hospitalières.

La population totale de Sceaux était donc de 4,998 habitants en 1906.

Elle est en 1911 de 5,532 habitants.

COMMUNES DU CANTON DE SCEAUX.

Antony.
Bagneux.
Bourg-la-Reine.
Châtenay.

Fontenay.
Montrouge.
Plessis-Robinson.
Sceaux.

SCEAUX — LA CITÉ MODERNE

Versant nord.

De la gare de Sceaux-Ville à la rue Houdan et au Lycée Lakanal.

Par les rues de Penthièvre, du Lycée, boulevard Colbert, avenue Carnot, Achille-Garnon, de Bagneux, rue Lakanal.

Rues adjacentes : Avenue de Paris, Jean-Louis-Sinet, des Coudraies, rue Houdan et route d'Orléans.

Cet embranchement de Bourg-la-Reine à Sceaux-Ville et à Sceaux-Robinson, a été livré à l'exploitation le 17 mai 1893. L'inauguration officielle de ces deux gares a eu lieu le 30 mars 1895.

La gare de Sceaux-Ville se trouve à proximité, sur la gauche, de la rue du Lycée, de l'avenue Dupont, du boulevard Carnot, de la rue Achille-Garnon, des rues de Bagneux, Lakanal, Jean-Louis-Sinet, de l'avenue de Paris.

Sur la droite, la gare est également à proximité de la rue de Penthièvre, du boulevard Colbert, de la rue de Fontenay, de la rue du Chemin-de-Fer, de la rue Bertron.

La rue de Penthièvre aboutit à la rue du Lycée où se trouve à quelques pas, sur la droite, la gare de Sceaux-Ville.

Cliché Dardonville.

La passerelle de la Gare de Sceaux-Ville.

RUE DE LA STATION

(*Gare de Sceaux-Ville.*)

Aboutit aux rues du Lycée, de Penthièvre et à la nouvelle voie qui vient d'être ouverte à travers la propriété Dupont, et conduit directement au Parc de Sceaux.

Cl A. Fuguet.
Place de la Gare de Sceaux-Ville.

PRINCIPAUX IMMEUBLES
Veuve Wehrlin.
Troufillot, propriétaire.
Arnaud (Georges), propriétaire.

Marchandon de la Faye, architecte.
Troufillot, **propriétaire**.
Aubineau, chef de station.

Cl Dardonville.
Rue de la Gare à Sceaux-Ville; passage à niveau.

RUE DU CHEMIN-DE-FER

(Gare de Sceaux-Ville.)
Part de la gare et aboutit à la rue de Fontenay

PRINCIPAUX IMMEUBLES

20. Richer (Pierre), graveur en typogravure.
Mme Veuve Curie, professeur en Sorbonne.

RUE DU LYCÉE

Cette élégante rue du Lycée, à partir de la gare actuelle, n'était encore, il y a une trentaine d'années, qu'un sentier destiné à la culture, le sentier des Coudraies, qui continuait l'amorce comprise aujourd'hui sous le nom de rue du Lycée sur la rue de Fontenay.

Ce sentier a été élargi, pavé et éclairé, sous l'administration de M. Lesobre (1885) jusqu'au boulevard Carnot. Il a été continué depuis jusqu'à la rue de Bagneux et la rue Lakanal. Cette dernière part de la rue Houdan, en face de la petite porte d'entrée du lycée, et va rejoindre par une courbe la rue du Lycée, qu'il serait difficile de reconnaître aujourd'hui sous son ancien aspect de sentier des Coudraies.

PRINCIPAUX IMMEUBLES
Propriétaires ou locataires.
N^{os} impairs.

1. Gillière, propriétaire.
5. Pavillon Ill.
7. Mme Victoire, propriétaire.
9. Jouffroy, graveur en photogravure.
11. Veuve Defrenois.
15. Famille Wissemans jeune.
17. M. Racine.
19. Le commandant Franck.
25. Bligny, serrurier.
27. Propriété Charaire.
31. Delphy.
33. Veuve Léon Rougé.
33 bis. Vrenizy.
37. Matrat (Léon), propriétaire.
43. Propriété des héritiers Malteste.
45. Famille Mimey.
   Gerbault, propriétaire.
53. Daré (Veuve), propriétaire.
55. Parent, propriétaire.
53 bis. Bessereau.
57. Vigot, propriétaire.

PRINCIPAUX IMMEUBLES
N^{os} pairs.

4. Arnoux, propriétaire.
8. Propriété Ill (Henri).
10. Dutheil. Léon Sinet, propriétaire.
12. Le professeur Mertz, propriétaire.
14. Drugeon (Albert), propriétaire.
16. Davy (Albert), propriétaire. Mouls.
18. Houssay (Frédéric) propriétaire.
18 bis. Héritiers Roche et Ferrand.
20. Desoye, éditeur, propriétaire.
24. Rivière (Arthur), propriétaire.
26. Didier, propriétaire. Famille Wissemans jeune.
42. Caille.
   Mottet, propriétaire.
44. Dusseaux.
60. Weibel (Henri).
72. Nory, propriétaire. Heddé.
74. Bernard (Lucien), propriétaire.
76. Bouchet.
78. Le dessinateur Camme.
80. Famille Grammont, propriétaire.
84. Lucien Bernard.
86. Pension de famille, Lefebvre.
   Godefroy, propriétaire.
88. Famille Le Page.

RUE DE PENTHIÈVRE

La rue de Penthièvre longe à sa droite une partie du Parc de Sceaux, jusqu'à sa rencontre avec le boulevard Colbert; elle va rejoindre la rue du Lycée, à deux pas de la gare de Sceaux-Ville.

En 1854, le boulevard Colbert actuel s'appelait boulevard de Penthièvre.

Cl. A. Faguet.
Rue de Penthièvre.

Il n'a été nommé boulevard Colbert qu'après 1870.

En 1854, la rue de Penthièvre commençait comme aujourd'hui (1910) rue Houdan, faisait coude d'équerre à la hauteur des sentiers des Coudraies et de la Passerelle et se terminait rue de Fontenay. Cette deuxième partie est aujourd'hui comprise dans la rue du Lycée.

C'est en 1848 qu'ont été fait les travaux de déblais qui ont donné les profils actuels à cette partie de la rue de Penthièvre et de la rue ou avenue de Sceaux.

En 1785, la rue de Penthièvre s'appelait rue du Coudrai.

PRINCIPAUX IMMEUBLES
Propriétaires ou locataires.

N^{os} *impairs.*

1. Chauveau. Plantier. Jarnoux. Veuve Helmann. Terré.
1. Bureau central de la poste.
3. Le Dr Georges Dauzats.
7. Famille Chapsal.
11. Entrepôts Villain.
17 et 19. Villa Penthièvre. Maison de santé du Dr Henry Reddon.
21. Héritiers Malteste. Général Herson.
13 et 15. Reddon (Henry), propriétaire.
13. Requet, peintre en bâtiments.
  Mme Requet, coiffures pour dames.

PRINCIPAUX IMMEUBLES
N^{os} pairs.

2. Maison d'approvisionnements Godefroy. Charbons. Villain, successeur. Bois. Vins. Épicerie.
8 et 10. Famille Marsigny.
14. Mme Veuve Fontaine.
16. Général Herson.
18. Général Herson.
28. Mme Veuve Chopinet, propriétaire.
28. Letellier (Ernest).
26. Dépendances de l'Imprimerie Charaire.

AVENUE DU PARC

Morcellement de la propriété Dupont, commence à droite de la gare de Sceaux-Ville et aboutit au carrefour formé par la rue de Penthièvre, le boulevard Colbert et le Parc de Sceaux.

PRINCIPAUX IMMEUBLES

Propriété Raymond Py. — Pavillon Vinchon. — Salle de réunion pour concerts, danses, lunchs. — Pavillons Bruno, Grammont, Boivin, Cassé.

Pavillon Vinchon.

BOULEVARD COLBERT

Commence sur la rue de Penthièvre, longe le Parc de Sceaux dans toute sa profondeur et va rejoindre, par l'ancien passage à niveau, la rue Houdan.

PRINCIPAUX IMMEUBLES
N^{os} pairs.

6. Métais, popriétaire. Salvaire.
8. Dulphy, propriétaire.
10. Dupuis, propriétaire,
16. Mme Veuve Angrand, propriétaire.
18. Mme Veuve de Faure, propriétaire.
22. Mme Veuve Henry.
24. Laborderie, propriétaire.
26. Famille Dupont-Wallon, propriétaire.
34. Héritiers Dupont, propriétaires.

PRINCIPAUX IMMEUBLES
N^{os} impairs.

1. Hallé. Rossignol, propriétaire.
3 et 5. Brégeon, propriétaire.
Puis le Parc de Sceaux qui longe le boulevard Colbert jusqu'à la rue de Penthièvre.

AVENUE CARNOT

Commence boulevard Colbert et va rejoindre la rue du Lycée.

PRINCIPAUX IMMEUBLES
Propriétaires ou locataires.

N^{os} pairs.

4. Veuve Chaillou.
6. Le professeur Hentgen.
8. Goukowsky. Aspe, propriétaire.
10. Veuve Hirsch-Leitner.

N^{os} impairs.

1. Rossignol, propriétaire. Hallé.
5. Weidner (Victor).
9. Mascré (Louis), propriétaire.
9. Magnant.
11. Galtié (Louis).
11 bis. Bligny, serrurier.
17. Biscuiterie hollandaise. Naninck, prop.
19. Monier (Veuve), propriétaire.
    Bricaire.
19 bis. Piganne.

RUE ACHILLE-GARNON

Part de l'avenue Carnot et se continue jusqu'à la rue de Bagneux.

PRINCIPAUX IMMEUBLES
Propriétaires ou locataires.

6. Séry, professeur au Lycée, propriétaire.
8 bis. Vomarne, propriétaire.
10. Gastinger.
12. Venteclef. — Bridou-Quesnay.

26. Émery (Eugène). Carette, propriétaire
5. Serrurier. Charaire, propriétaire.

N^{os} impairs.

11. Sellier, propriétaire.
    Cadot (Dame).
    Chapuis.
11. Fix (Emile), propriétaire.

RUE LAKANAL

Commence rue Houdan, non loin de la petite porte du Lycée, et va rejoindre les rues du Lycée et des Coudraies.

PRINCIPAUX IMMEUBLES
Cullerier (Mme Ve Jules), propriétaire.
Dulché (Jules), propriétaire.

Salvan.
Charpy (Jules), propriétaire.
Lemonnier, propriétaire.

RUE DE BAGNEUX

A son point de départ rue Houdan, presque en face de la petite porte du Lycée, traverse le passage à niveau et va rejoindre la route de Bourg-la-Reine à Fontenay-aux-Roses.

PRINCIPAUX IMMEUBLES
Propriétaires ou locataires.
N^{os} impairs.

1. Bureau de l'Enregistrement et des Domaines. M. Blanc, receveur.
15. Arnaud.
21 bis. Vidal.
    Jeanest.
31. Montagne, ancien conseiller.
33. Demante.
35. Laisney.
37. Rouzé.

N^{os} pairs.

20 bis. Vimont.
22. Mazet.
44. Aubert.
46. Pavillons Sinet (Léon).
62. Nectoux, député.
74. Froment, propriétaire.
    Lepeltier, maître-maçon.
80. Gelin, propriétaire.

SENTIER DE PARIS

Commence rue de Fontenay, à droite, presque en face du boulevard Desgranges, et va rejoindre la rue de Paris.

PRINCIPAUX IMMEUBLES

Devauchelle, propriétaire.

Charpentier, propriétaire.
Parazols.
Isambert.

RUE DES COUDRAIES ET RUE DES COUDRAIS PROLONGÉE

Nos impairs.

1, 3. Veuve Bachelet, propriétaire.
Déchelette, secrétaire adjoint à la mairie de Sceaux.
5. Lemoine.
Pizonni.
Nouat.
23. Héritiers Pommier.
35. Akar. Ecurie du Comptoir d'Escompte.
25. Entrepôts Musard.
Pérot, propriétaire.
72. Ridray, propriétaire.
74. Joubert, propriétaire.
Weingart, propriétaire.
Chrétien (veuve), propriétaire.

Nos pairs.

Duval (Henri).
Pérot (Louis), propriétaire.
6. Valette, propriétaire.
Ménétrier, propriétaire.
6. Léonard (Fr.), propriétaire.
Cambuzat, propriétaire.
Vankerrbroock, propriétaire.
Laborie, propriétaire,
Herman. — Persoirre.

HAUTS-COUDRAIS

Mme Bernson, doctoresse, spécialiste des maladies de femmes.
Immeuble Marsigny.

Immeuble Chaumont (Emile), propriétaire
— Sabatié-Lecat, propriétaire.

LA VALLÉE DES AULNES

Jardins ouvriers de Sceaux

Se trouve au bas de la voie des Coudrais, à quelques minutes de l'avenue de Fontenay, à droite, après avoir traversé l'arche du pont du chemin de fer, sur les terrains de l'ancienne gare de Fontenay et descend jusqu'au ruisseau dit de la Fontaine-du-Moulin, en longeant les 75 jardins ouvriers de la Fondation Marguerite-Renaudin.

IMPASSE DES AULNES

IMMEUBLES

Breton (Louis).
Lapostre (Joseph).
Savard, nourrisseur.

Lemoine (Jules).
Lapostre (Jules).
Renaudin (H.), maisons ouvrières.
Villa des clématites. Séjourné, horticulteur

RUE DE BOURG-LA-REINE

Part du passage à niveau du chemin de Bagneux à la gare de Sceaux-Ville et aboutit à la passerelle de Bourg-la-Reine

IMMEUBLES

5. Fauvelais (Alfred).
Bachelet.

Maillefer.
7. Buchs (Alphonse).
7 bis. Chaumont.

AVENUE ET SENTIER DE PARIS

Commence boulevard Colbert et aboutit, en décrivant une élégante courbe, au passage à niveau de Sceaux-Ville.

De cette rue circulaire, la vue est splendide sur les coteaux de Bagneux et de Fontenay-aux-Roses.

PRINCIPAUX IMMEUBLES
Propriétaires ou locataires.

Maison Fix (Emile). Villa d'Harmenthal.

Maison Beausire.
Maréchal (Paul).
Carpeza, propriétaire.

Novembre 1907. — Élargissement du Sentier de Paris, depuis la rue du Lycée jusqu'au petit passage à niveau qui traverse la ligne du chemin de fer.

Quant à la passerelle de Bourg-la-Reine, appelée à disparaître par suite du pont souterrain qui doit relier prochainement les Blagis à la gare de Bourg-la-Reine, M. Château avait demandé à la Compagnie d'Orléans de donner cette passerelle à la ville de Sceaux, pour remplacer les portillons qui se trouvent dans les berges du chemin de fer; ce qui permettrait au public de traverser la voie au moyen de cette passerelle, qui ferait le raccordement de l'avenue Carnot à la bifurcation de la rue de Bagneux et de la rue des Coudrais.

RUE JEAN-LOUIS-SINET

Commence boulevard Colbert et aboutit à la rue de Paris.

PRINCIPAUX IMMEUBLES

6. Thomas (Édouard), propriétaire.
9. Frézard, de l'imprimerie Charaire.
Mignes, propriétaire.

Charbonnier, propriétaire.
Boiton (Hippolyte), propriétaire.
Legendre (Léopold), propriétaire.
Lavigne, propriétaire.

ROUTE D'ORLÉANS

Au bas de la rue Houdan, sur Bourg-la-Reine, limite du territoire de Sceaux.

PRINCIPAUX IMMEUBLES

Farlet, propriétaire.
Représentants Falcou, charpentier.
Hauguel, propriétaire.

Nomblot, pépiniériste.
Gerbaud, entrepositaire.
Bruneau (Veuve).
Propriétés de Trévise.

RUE DU DOCTEUR PAUL-BERGER

Ancienne rue du Marché, commence place de l'Eglise et va rejoindre la grande avenue des Glaises.

PRINCIPAUX IMMEUBLES

1. Presbytère. L'abbé Gillot.
3. Chadenier, blanchisseur.
   Guillois, tapissier.
7. Lemonnier, propriétaire.
   Saint-Paul, faïence et épicerie.
7. L'ÉCOLE LIBRE DE GARÇONS.
   Laurens, instituteur.
8. Immeuble Mizéry. Voru, billard.
9. Le Petit Château.
   M.ᵐᵉ L. Berger.
10. Marchandon de la Faye, propriétaire.
12. Aulier, propriétaire.
14. La villa de Nice.
    Le professeur Delage.

LA RUE HOUDAN

La rue Houdan est toujours la grande artère de la ville de Sceaux. Elle peut être divisée en trois sections.

La première section commence sur Bourg-la-Reine, à gauche, avec le Lycée Lakanal et l'entrée du château de Sceaux; sur la droite en montant, elle va rejoindre le Marché, la Justice de Paix et le Parc de Sceaux.

Nous arrivons ainsi au sommet du plateau (97 mètres d'altitude), sur lequel s'étend la ville même, c'est-à-dire sa rue principale, la rue Houdan.

De ce plateau, à partir de l'église, dévalent, sur le versant *sud*, les rues du vieux Sceaux: rue des Écoles, rue Florian, rue des Imbergères, rue Voltaire, rue Marguerite-Renaudin, etc.

Sur le versant *nord*, c'est le nouveau Sceaux, avec la gare de Sceaux-Ville au centre et la gare de Sceaux-Robinson, à l'extrémité du pays, sur Châtenay.

La rue Houdan est commerçante depuis l'église jusqu'à sa rencontre avec les rues de Fontenay et Voltaire.

Ensuite, elle continue sa course en ligne droite jusqu'à l'entrée de Robinson; dans ce parcours, ce sont des propriétés privées qui la bordent. Toutefois, on y rencontre la nouvelle Mairie, le cimetière communal et la gare terminus de Sceaux-Robinson.

Cliché Dardonville.

Rue Houdan.

LA RUE HOUDAN

PREMIÈRE SECTION. — *De Bourg-la-Reine au Parc de Sceaux.*

PREMIÈRE SECTION (Nos pairs).
2. Hamm, publiciste.
4. Boitel, ancien conseiller, professeur au Lycée Lakanal.
6. Glatigny, café-restaurant.
10. Schultz (Charles).
12. COMPAGNIE GÉNÉRALE DES EAUX.
14. Aulard, commissaire-priseur à Paris, ancien conseiller municipal.
20. Héritiers Rozan, propriétaires.
 Lanusse, professeur.
22. Sauleau.
24. Montagne, du Comptoir National d'Escompte, ancien conseiller.
26. Haudouin.
28. Altairac, propriétaire.
30. Mousnier, adjoint au maire.
32. X... (pension de famille).
38. Immeuble Adolphe Sevestre.
40. Cité Bourcier.
42. Lecomte.
44. Wissemans (Mme).

48. Baubret.
50. Dussourt.
52. Capiomont (Veuve).
54. Fredou.
56. Potiquet.
58. Vannier.
60. Dr Paul Laurens.
62. IMMEUBLE ADOLPHE SEVESTRE.
 Requet, entrepreneur de peinture.
64. JUSTICE DE PAIX.
 Pottier, juge de paix.
 Maurice Hordé, greffier.
68. Parc de Sceaux.
68. IMPASSE DU MARCHÉ.
 Lorette, Plumereau, Picard, Herpin, Delphy, Martine.
70. La Société des Eaux et du Parc.
 Société du Tennis-Club.
72. Meynot, horlogerie.
72. Dr Édouard Dauzats.
 Desmarets, boucherie de cheval.

DEUXIÈME SECTION. — *Du Parc à la rue de Fontenay.*

Nos pairs.
76. Villain, épicerie, vins et charbons.
78. Ronsseray, boulangerie.
82. Santucci, receveur-buraliste.
82. Bourcier, propriétaire.
84. Voru, Ziégler, chambres meublées.
86. Voru, menuiserie.
 Girard, beurre, lait, fromage.
 Génard, coiffeur.
88. IMMEUBLE MONENTHEUIL.
 Veillot, fumiste.
 Mme Collet, modiste.
90. Caron, beurre, œufs, volailles.
 Bardey, boucherie.
92. Serré, menuiserie.
 Laiterie Maggi.
94. Pitiot, jardinier.

94. Tourtay fils, cordonnier.
98. Gonord, fumisterie.
98-100. Imprimerie Charaire.
 Veuve Vignier.
 Veuve Dhionnet.
 Labiche.
102. Arrault (Albert), café.
 Taillebois, coiffeur.
102. Bossuat, boulanger.
 Parisot, vins-café.
104. Dr Meuvret.
106. Guilbert-Penard, propriétaire.
108. Guillabeau, vins en bouteilles.
106. Soulié, pharmacien.
108. Saunier (Émile), grains et fourrages.
110. Despois de Folleville, pianos.
 Lacollé, boucherie.

LA RUE HOUDAN

Cliché Dardonville.

Rue Houdan. — Le Comptoir d'Escompte.

Nos impairs.

3. Lycée Lakanal. M. Louis Daux, proviseur.
5. M. Deshayes, économe.
7. M. Janel, censeur.
   M. Luzoir, surveillant général.
9. Marquise Mortier de Trévise.
13. Immeuble Guilloux.
    Dagorno, couleurs, vernis, photographie.
    Lions, café.
    Hemmerlé, messager.
    Bourget, horlogerie.
15. Brionnaud, entrepreneur de maçonnerie.
17. Propriété Troufillot.
19. Rouet, plombier.
    Vachat, professeur de musique.
21. Béthery, pâtisserie.
23. Maison, restaurant, hôtel du Parc.
27. Comptoir National d'Escompte.
    Monterrat-Auxière, fruitier.
    Bacq, couvreur.
29. André, vêtements confectionnés.
31. Verdy, herboristerie.
33. Dupont, charcuterie.
    Champion, mercerie.
35. Savier, café et tabac.
    Prévost, mercerie.
35. Gobert (Léon), carrosserie.
    Veuve Gobert.

Nos impairs.

37. Sellier, conseiller municipal.
    Guérard, café-restaurant.
39. Félix Ligney, boucherie.
    Gouzy, cordonnerie.
41. Thuault, charcuterie.
43. Immeuble Loraux, propriétaire.
    Aulet, bazar Florian.
    Bruno, agent d'assurances.
    U. Bérard, librairie, musique, pianos.
45. Dulac, propriétaire.
    Prévost, pharmacien.
45. Bidaux, fruiterie, volailles.
    Jourdan, café-restaurant.
47. Bonsergent, bourrelier.
    Deselle, confections.
49. Longchamps, bois et charbons.
    Lecomte, boulangerie.
51. Gobert et Rouflet, carrosserie.
53. Société Générale de crédit.
55. Amiard, nouveautés.
    Brionnaud, menuisier.
59. Émile Foulon, peinture et vitrerie.
61. Veuve Bureau-Liard, épicerie.
    Fernique.
63. Laurin, serrurerie.
63. Dolimier, marchand de porcelaine.
    Maillard, lait, beurre et œufs.
65. Créon, taillanderie.
67. Delhomme, boulangerie.
    Beauclerc, tabac et café.

LA RUE HOUDAN

Troisième section. — *Du carrefour des rues Voltaire et de Fontenay à la gare de Sceaux-Robinson et aux Quatre-Chemins.*

Nos pairs.
- 112. Propriété S. Chateau.
- 114. Cornabat, vins et liqueurs, chaussures.
- 116. Mascré (Georges), géomètre.
- 118. Paul Vignier, menuiserie (ateliers).
- 120. Propriété Bertrand-Lefèvre.
- 122. Nouvelle Mairie et Commissariat de police.
  M. Trameçon, *commissaire.*
  Secrétaire de la mairie : Hayer.
  Secrétaire adjoint : Arnauld Déchelette.
- 122. Pompes funèbres (à la Mairie).
- 124. Pavillon Baltard (Veuve).
  Dauzac de Lamartinie.
- 126. Le Couvey (Veuve).
- 128. Pavillon Rossy.
- 130. Propriété Damour.
- 132. Pavillon Boussugues.
- 134. Pavillon Frédéric Guyon.
- 136. Propriété Guyon.
- 138. Propriété E. Capet.
- 142. Pavillon Verdin.
- 144. Héritiers Michaud.
- 146. Bret (Théodore).
- 148. Pingault.
- 152. Barboire-Florent, propriétaire.
- 160. Pernot (Oscar), déménagements.
- 174. Cimetière de Sceaux.
- 176. Fleury, vidange.
- 180. Courtois (Charles), conseiller.
- 186. Landel-Maurice Hordé.
- 188. Denant-Guilloux.
- 190. Immeuble Frédéric-Médor.
- 194. Immeuble Guilloux (Charles).
- 196. Reige, architecte.
  Office régional de Sceaux-Robinson, Roche, vente et locations de propriétés.
- 198. Roux, café-restaurateur.
- 200. Certain.
- 202. Bourdessol.
  Lichteutcher, propriétaire.

Cliché Dardouville.

Rue Houdan, près le Parc.

LA RUE HOUDAN

Du carrefour des rues Voltaire et de Fontenay à la gare de Sceaux-Robinson.

N^{os} impairs.
- 69. Abel, brocanteur.
- 71. Lory, serrurerie.
  - Liard, vins-restaurant.
  - Massonneau, épicerie, vins demi-gros.
- 73. Paul Vignier, menuiserie.
- 77. Immeuble Grell (Louis).
- 81. Veuve Marchal-Munch.
- 83. Veuve de Sussex.
- 85. Veuve Chanlaire.
- 87. Houdion.
- 89. Marchal (Mme), professeur.
- 91. Vilquin.
- 93. Verne (Gérard).

Le pavillon du n° 97 de la rue Houdan.

- 95. Immeuble Capet.
  - Commandant Vernier.
- 97. Alexis Faguet, professeur de dessin.
- 99. Propriété Charles Bullier.
- 101. Veuve Andrieu.
  - Collin, architecte.
- 107. Maillard-Baral.
- 111. Immeuble Cochet.
- 113. Lemoine de la Durandière.
- 115. Propriété Godefroy.
- 117. Dieudonné.
- 119 Hollebecke.
- 213. Immeuble Cochet.
  - Michel Fleury.
  - Culinas.
- 123. Veuve Chevillon.
  - Collet, organiste.
- 125. Brochet, garde champêtre.
- 127. Mansy, pharmacien.
- 129. Coulaux, propriétaire, conseiller municipal.
- 133. Louis Bonnard, propriétaire.
- 135. Dépendances de la carrosserie Gobert.
- 137. Clidière, entrepreneur de pavage, etc.
- 139. Pineau (Léon), propriétaire.
- 141. Fleury, vidanges à vapeur.
- 143. *Idem.*
- 145. Saint-Paul (Veuve).
  - Vivier et Manceau, contentieux.
- 147. Flandre, épicerie et vins.
  - Immeuble Barbet.
- 149. Boitel.
- 149 *bis.* X..., parapluies et papeterie.
- 151. Immeuble Saint-Paul, café-concert.
- 155. Doucet, épicerie et charcuterie.
- 157. Leconte, Café Terminus.
- 157 *bis.* Dr Herr (Antoine).
- 159. Veuve Magen.

RUE MICHEL-CHARAIRE

Commence au n° 92 de la rue Houdan et va rejoindre la rue de Penthièvre.

- 3 et 5. Imprimerie Charaire.
  - Sautet, huissier.
- 9. Propriété Lemarquis.
- 11. Famille Marmin (Arthur).

- 13. Postes et télégraphes.
  - Bureau des contributions directes.
  - Terré, percepteur de Sceaux.
  - Jarnoux, fondé de pouvoirs.
  - Delorme, dentiste.

LE VIEUX SCEAUX

La rue des Écoles. — La rue Marguerite-Renaudin. — La rue et la place du Four.

Versant Sud.

RUE DES ÉCOLES

Commence rue du Docteur-Paul-Berger et va rejoindre la rue Marguerite-Renaudin. Elle est parallèle à la rue Houdan.

PRINCIPAUX IMMEUBLES

Nos impairs.

1. Mme Mizéry, propriétaire.
3. Héritiers Marchandon de la Faye.
5. Renaudin, notaire.
7. Chapeyron, propriétaire.
   Deslandes.
   Clergue.
9. Paul Benoist, propriétaire.
   Fournerot, propriétaire.
11. X..., propriétaire.
13. Gilbert (Louis).
17. Voru (Auguste).
15. Callot, serrurier,
19. Brett (Richard), propriétaire.
    Clément, boucher.
21. Propriété Degas.
25. Société coopérative d'approvisionnement, Le Progrès social.
27. Voru (Auguste), propriétaire.
29. Courcier, propriétaire.
    Veuve Degas, propriétaire.
31. Perrain (Étienne), propriétaire.
33. Perrain (Louis), propriétaire.
33 *bis*. Brionnaud, entrepreneur de maçonnerie.
39. Commune de Sceaux.
    La cantine scolaire.
    École des filles.

Cliché Dagorno.

Rue des Écoles. — École maternelle.

RUE DES ÉCOLES

PRINCIPAUX IMMEUBLES

N^{os} pairs.

2. Brunet, propriétaire.
4. De Guingand, propriétaire.
6. Pichot.
8. Goriot, propriétaire.
10. Goriot.
    Planche et Potier, peintres en bâtiment.
14. Ruault, rétameur.
16. Association amicale Scéenne.
16. Immeuble Berger.
    Mme Callot, couturière.
18. Fouquet, propriétaire.
    Des lefs, retraité.
    Frémy, épicerie, vins
22. Famille Habay.
24. La CRÈCHE MUNICIPALE, Mme Marie, directrice.
26. Immeuble Fouquet.
28. Guilloteau, propriétaire.
30. Bouille, propriétaire.
30 *bis.* Touzelin fils, propriétaire.

Rue des Écoles, près de la rue Florian.

RUE FLORIAN

Anciennement rue de la Petite-Croix. Commence rue Houdan et va rejoindre la rue des Imbergères.

PRINCIPAUX IMMEUBLES

1. Raynal (Émile), épicerie.
3. Michel (Henri), Fouquet, propriétaire.
5. David (Jacques), propriétaire.
6. Segoin, propriétaire.
7. Bournard, propriétaire.
8. Veuve Legrand, propriétaire.
10. Héritiers Dubuc, propriétaires.

RUE MARGUERITE-RENAUDIN

Commence au 53 de la rue Houdan, traverse la rue des Ecoles et va rejoindre la rue des Imbergères.

PRINCIPAUX IMMEUBLES	
La Société Générale de Crédit.	L'École publique de garçons.
La carrosserie Gobert.	L'immeuble Legendre. Buisson, administrateur du Bureau de bienfaisance.
	L'Hospice-Hôpital Marguerite-Renaudin.

Nous avons exposé par ailleurs l'importance de ce groupe scolaire, qui a été officiellement inauguré par le préfet de la Seine — en décembre 1907 — ainsi que l'Hôpital-Hospice Marguerite-Renaudin.

La rue Marguerite-Renaudin et les Écoles communales.

Quant à la Société Générale, son installation toute récente à l'angle des rues Houdan et Marguerite-Renaudin répond aujourd'hui aux exigences de ses divers services. Ses bureaux sont clairs et spacieux. Ses caves contiennent toute une série de coffres-forts, que sa clientèle réclamait.

RUE DES IMBERGÈRES

Commence rue du Docteur-Paul-Berger et va rejoindre à son extrémité la rue Voltaire.

Cette rue présente cette particularité que tous les immeubles des numéros impairs jouissent d'une vue très étendue sur les coteaux de Châtenay, de Verrières et au delà.

PRINCIPAUX IMMEUBLES

N^{os} *impairs*.

1. Morel (Émile), du Lycée Lakanal.
   Faure, publiciste.
3. Aviat-Moullé, propriétaire.
5. Héritiers Leroy.
   Dugardin, ingénieur.
7. Wissemans (Héritiers).
   Joannis (Alexandre), professeur en Sorbonne.
9. Veuve Carré. Famille Huillard.
11. Veuve Lefrançois. Perceau.
15 et 17. Héritiers Paul Benoist.
   M. Ch. Andler, professeur à l'École normale supérieure.
19. Bouchacourt, blanchisseur.
23. Fourcade-Cancellé, propriétaire.
25. Famille (Léon) Bassereau.
27. Institution Maintenon :
   Pensionnat de jeunes filles.
29. École libre Jeanne d'Arc.
31-33. Famille Jacquin de Margerie.
35. Famille Gustave Maury.
37. Famille Jacques Chardon.
   Mme Feydou.
39. Sauval, propriétaire.
   Schatté, compositeur de musique.
41. Propriété *Les Imbergères*.
43. *Idem.* Le commandant Pilate, maire de Sceaux.

N^{os} *pairs*.

6. Marchandon de la Faye, propriétaire.
8. Ladent, propriétaire.
12. Voru, propriétaire.
14. Mesnil, propriétaire.
18. La Commune de Sceaux.
20. Boulanger (Edouard). Cercle artistique et amical de Sceaux et de Bourg-la-Reine.
22. Jouvet, propriétaire.
   Veuve Barentin.
26. Marty, propriétaire.
28 et 30. Mousset (veuve), propriétaire.
32. Benoist (Victor), propriétaire.
40. Peautonnier, propriétaire.
   Alexandre, brocanteur.
42. Lécalon, cultivateur.

Rue des Imbergères.

VOIE DE LA CHRÉTIENTÉ

Commence rue des Imbergères et va rejoindre la voie des Glaises, en vue de Châtenay.

PRINCIPAL IMMEUBLE : Charles de Margerie.

SENTIER PALLOY

Part de la voie de la Chrétienté pour aboutir aux Glaises.

PRINCIPAL IMMEUBLE : Charles de Margerie.

RUE VOLTAIRE

Commence au carrefour formé par les rues Houdan, de Fontenay et Voltaire et va rejoindre les rues des Sablons et des Chéneaux.

PRINCIPAUX IMMEUBLES

Nos impairs.
1. Immeuble Claude Chappé.
3. Buquet (Ernest), fumisterie.
   Veuve Michel, propriétaire.
5. Immeuble Commandeur.
7. Garnier.
   Legendre, propriétaire.
   Beauqué (Th.), jardinier.
9-11. Commandeur, propriétaire.
13. ORPHELINAT RENAUDIN.
13. Famille Dugave.
15. Propriété Chibourg.
19. Passage Benoist.
21. Blatier, conseiller.
23. Faguet, peinture et vitrerie.
25. Restellini, propriétaire.
27. Venteclef, propriétaire.
29. Géroux, nourrisseur.
    Lécalon, propriétaire.
31. Mme Fabien.
33. Forestier, propriétaire.
33. Forestier, architecte-vérificateur.
35. Les Picard, cultivateurs.
39. Mme veuve Datry.

Nos pairs.
2. Abel, brocanteur.
4 *bis*. Courtois, propriétaire.
   Rossy, propriétaire.
6. Letemps, charcuterie.
8. Immeuble Giroux (Hilaire).
14. Martin, tapissier.
16. Bachelot, bourrelier-sellier.
22. Giroux, propriétaire.
26. Chauveau, propriétaire.
28. Saunier, propriétaire.
30. Immeuble Grouillebois.
32. Borgeaud.
34. Weiss, propriétaire.
36. Faguet (L.), épicerie.
38. Duchesne (Veuve).
40. Molière (Alexandre).
42. Boulanger. Leclaire. Heumin.
46. Ancienne propriété de l'Escalopier.
    Legendre, propriétaire.
50. Roux, jardinier.
52. X...
56. Beauqué (Louis), jardinier.
58. Pucel, propriétaire.
    Bizos, chef d'orchestre.

Le tournant de la rue Voltaire.

Clichés A. Faguet.

La Fontaine de la rue Voltaire.

RUE DU FOUR

Aboutit rue Houdan et commence rue Voltaire.

PRINCIPAUX IMMEUBLES

N^{os} *impairs.*

1. Courtois (Ch.).
3. Barbrel.
7 et 9. Rouet, entrepreneur de plomberie.
   Poitout (Louis), voiturier.
17. Picard (Léon).
21. Weiss (Ch.).

N^{os} *pairs.*

2 et 4. Famille Maillard.
4. Quénault, conseiller municipal.
6. Bertrand (Ch.).
8. Famille Hordé.
8. Propriété Chapeyron.
8. Courant (Mme), sage-femme.
10. Chauveau (Ch.).
12. Blaise, coiffeur.
14. Datry (Nicolas) (Veuve).
16 *bis.* Garnier (Ch.).
18. Serrier.
20. Guilloux (Ernest).
22. Arnoult (J.).
24. Prison communale.

Cl. A. Faguet.

Rue du Four, vue de la place.

Cl. A. Faguet.

Entrée de la ruelle des Agriculteur sur la place du Four.

RUELLE DES AGRICULTEURS

De la rue des Sablons à la rue du Four.

1. Immeuble Molière.
2. Immeuble Martin-David.

Rousseau, opticien.
Benoist (Eugène).

Versant Nord.

De la gare de Sceaux-Ville à la gare de Sceaux-Robinson

*par les rues de Fontenay, boulevard Desgranges, chemin des Pépinières,
rues Bertron, Laveissière,
de la Flèche, de la Gendarmerie et du Clos-Saint-Marcel.*

RUE DE FONTENAY

Principaux immeubles de la rue de Fontenay sur le territoire de Sceaux.

N^{os} pairs.
- 4. Garnier, propriétaire.
- 8. Segala, maréchal-ferrant.
- 10. Saunier, propriétaire.
- 12 à 14. Maison de santé Reddon.
- 14-16. Famille Le Pileur.
- 20. Famille Duval.
- 22. Allard, pension bourgeoise.
- 24. Veuve Fourès, appartements meublés.
- 30. Veuve Fourès, propriétaire.
- 32. Legouté, propriétaire.
- 34. Legouté, propriétaire.
- 36. X..., propriétaire.
- 42. Wictoire, propriétaire.
- 44. Wictoire, propriétaire.

N^{os} impairs.
- 1. Propriété Château.
- 3. Famille Michel.
- 9. Lascroux, propriétaire.
- 11. Baux, chaudronnier-rétameur.
- 11 bis. Chopin (Paul).
- 13. Eby (veuve), propriétaire.
- 15. Pollet, architecte.
- 23. Wolff, propriétaire.
- 31. Lafon, propriétaire.
- 33. Commandeur, conseiller d'arrondissement.

Le pont des Glissières, à Sceaux-Robinson.

RUE DE LA GENDARMERIE

Commence rue Houdan, en face la rue des Sablons, et va rejoindre le boulevard Desgranges.

Cette rue se trouve à égale distance des gares de Sceaux-Robinson et de Sceaux-Ville.

PRINCIPAUX IMMEUBLES

Nos pairs.
2. Caserne de la gendarmerie. Seignobos, capitaine.
10. Guillot (Isabelle), propriétaire.
12. Crombez. Jobey, propriétaire.
14. Delveau.
16. Colmant.
18. Immeuble Charles Brûlé.
20. *Idem.*

Nos impairs.
1. De Laere, propriétaire. Godefroy père.
3. L'abbé Lachapelle.
5. Propriété Guyon. Propriété Grondard.
9. Entreprise de maçonnerie Deslandes.
9 *bis.* Guillioux, architecte, conseiller municipal.
11 Bouchet (J.), propriétaire.
11 *bis.* Barois (G.), propriétaire.
15. Immeuble Jobert, conseiller municipal.

Cl. Dagorno.
La Gendarmerie.

RUE BERTRON

Commence avenue de Fontenay et va rejoindre la rue de la Gendarmerie.

Tous les immeubles des numéros pairs de cette rue ont leur jardin en terrasse sur le boulevard Desgranges et jouissent d'une vue superbe sur les coteaux de Fontenay-aux-Roses et du Plessis-Piquet.

PRINCIPAUX IMMEUBLES

Nos pairs.
2. Immeuble Petit. — Séris (Louis).
4. X..., propriétaire.
6. Gogue, propriétaire.
8. Datessen, architecte.
8 *bis*. Potager Château.
10. Immeuble Verdier. — Paul Lequeux, ingénieur.
12. Bergeret de Frouville, propriétaire.
14. Mme Alloury, propriétaire.
16. Veuve Fayn.
20. Propriété Arnoult-Baltard.

Nos impairs.
1. Propriété Château.
3. Sevestre, propriétaire.
5. Godfroy, propriétaire.
   Lux.
   Satabin.
7. Clidière.
7 et 9. Pavillons Brûlé, propriétaire.
   Schobing.
   Bidault, peintre en bâtiment.

RUE LAVEISSIÈRE, longe la propriété de M. Château.

Part de la rue Houdan, près de la Mairie, et va rejoindre la rue Bertron, en longeant à droite la propriété de M. Château.

PRINCIPAUX IMMEUBLES
Immeuble Loiseau (veuve), propriétaire.
Maillot (veuve), propriétaire.

Conil-Lacoste, propriétaire.
Jobey, de l'imprimerie Charaire.
Mercier, propriétaire.

Fait suite à la rue du Clos-Saint-Marcel, après avoir traversé la rue de la Gendarmerie.

RUE DU CLOS-SAINT-MARCEL

Commence rue de la Gendarmerie et aboutit à deux pas de la gare de Sceaux-Robinson.

PRINCIPAUX IMMEUBLES
2. Propriété Grondard, ancien maire de Sceaux. — Famille Dupommereulle.
3. Gilbert, propriétaire.
   Lebel, propriétaire.
   Bajot, propriétaire.
   Bitkermin (veuve).
   Lucien Brûlé-Grésely, graveur de cachets à timbres-caoutchouc.

10. Eichorn, propriétaire.
10. Vincent.
    Simonin, propriétaire.
20. Foucauld.
22. Poupardin.
    Capitan, propriétaire.
    Portal, vins et café.

De cette rue, la vue rayonne sur les coteaux de Fontenay-aux-Roses et de Plessis-Piquet.

RUE DE LA FLÈCHE

Commence rue Houdan, près de la nouvelle Mairie, et aboutit rue Bertron.

PRINCIPAUX IMMEUBLES
Ribreau (Hilaire), charpentier.

Immeuble Loiseau (veuve), propriétaire.
Grosmangin, propriétaire.

BOULEVARD DESGRANGES

Commence avenue de Fontenay, presque à la hauteur de la rue du Lycée, et va rejoindre la gare de Sceaux-Robinson.

PRINCIPAUX IMMEUBLES
Datessen, architecte.
Château (*potager*).

46. Famille Vételet.
47. Leveau (veuve), propriétaire.
48. Colin, propriétaire.

Cl. A. Faguet.

Boulevard Desgranges.

CHEMIN DES PÉPINIÈRES

Commence boulevard Desgranges, longe les pépinières pour aboutir avenue Gambetta, sur le territoire de Fontenay-aux-Roses.

PRINCIPAUX IMMEUBLES
Bouret (Joseph), propriétaire.
Posso, propriétaire.

Germain (villa des Marguerites).
Lebat (François).

Cl. A. Faguet.

Chemin des Pépinières.

SCEAUX — LA CITÉ MODERNE

Sur le versant Sud.

La gare de Sceaux-Robinson et ses rues adjacentes.

Extrémité de la rue Houdan sur Châtenay, les Quatre-Chemins, rue Eugène-Maison, rue des Chéneaux, rue Aubanel, rue Quesnay, rue des Sablons, rue Pierre-Curie, rue du Docteur-Thore, rue Pasteur, rue Champin, rue des Heulins, pavé de Châtenay.

GARE DE SCEAUX-ROBINSON

Cette gare a été livrée à l'exploitation le 17 mai 1893 — comme la précédente — et inaugurée officiellement le 30 mars 1895.

La gare de Sceaux-Robinson fait face à l'avenue de la Gare et se trouve à proximité de la rue du Clos-Saint-Marcel, de la rue de la Gendarmerie et du haut de la rue Houdan et des Quatre-Chemins, sur le versant nord.

Elle est également à proximité, pour le versant sud, des rues Eugène-Maison, rue Aubanel, rue des Chéneaux, rue des Sablons, rue Pierre-Curie, rue Pasteur, rue du Docteur-Thore, rue des Heulins, rue Quesnay, rue Champin et route de Châtenay.

Cl. A. Faguet
La voie, gare des marchandises, à Sceaux-Robinson.

AVENUE DE LA GARE DE SCEAUX-ROBINSON

PRINCIPAUX IMMEUBLES
Propriétaires ou locataires.
Schott (Michel), propriétaire.

Propriété Bolâtre.
X..., chef de station.

Mars 1903. — Une demande de trottoir présentée par M. Bolâtre n'est pas prise en considération, cette rue n'appartenant pas à la commune.

RUE EUGÈNE-MAISON

Commence rue Houdan n° 125, et continue en ligne transversale la rue de la Gare à Sceaux-Robinson et traverse la rue des Chéneaux.

IMMEUBLES
3. Barbet (Veuve), propriétaire.
3. Boussuge.

5. Deschamps., receveur des contrib. ind.
7. Barbet (veuve).
6 et 8. Propriété Dodin.

RUE QUESNAY

Est transversale à la rue des Chéneaux, continue la rue Eugène-Maison et va rejoindre la rue des Heulins.

PRINCIPAUX IMMEUBLES
5. Veuve Grégoire, propriétaire.
7. Delmas, propriétaire.
9 *bis*. Delmas.
Famille Colonne.

9. Delmas, propriétaire.
13. Dandurand, propriétaire.
15. Chatelot, propriétaire.
8. Voru (Auguste), propriétaire.
16. Bonnard, propriétaire.
21. Ragon, propriétaire.

RUE DES CHÉNEAUX

Elle est parallèle à la rue Houdan, commence au carrefour de la rue Voltaire et va rejoindre le pavé de Châtenay.

PRINCIPAUX IMMEUBLES
Propriétaires ou locataires.
Numéros impairs.
1. Mᵐᵉ François (veuve).
2. Propriété Saunier. — Jean Michen.
9. Veuve Advant, propriétaire.
11. Idem.
13. Duquesne, propriétaire.
15. Famille Métais.
17. Sourzat.
23. Marchal, propriétaire.
Demoiselles Rigot.
25. Cambon (Emile), propriétaire.
27. Richet (Gaston).
29. Henry (Louis).
39. Barrois, propriétaire.
41. Bonis de Jankowski, artiste peintre, dessinateur. — Cartoux, propriétaire.
43. Veuve Lange, propriétaire.
Famille Gutelle.
45. Mᵐᵉ Lange, propriétaire.
47. Benoist (Paul), propriétaire.
53. Famille Sonrel.
55. Wadoux (Maurice), propriétaire.
57. Haquin (Veuve), propriétaire.

Numéros pairs.
18. Le Quiniou.
20. Sellier, propriétaire.
22. Garnier. — Zanotti.
24. Brosse. — Garnier.
26. Drouin, cultivateur.
28. Propriété Chauveau.
32. Veuve Ognier.
34. Blanchet, propriétaire.
38. Triozon, propriétaire.
42 Brossard de Marsillac.
44. Mougenot (Eugène), propriétaire.
50. Bonnard (Louis), cultivateur.
56. Luce, propriétaire.
Moynet.
62. Barbet.
Dejeune.
62. Lambert. — Gilson, propriétaire.
66. Chatarand.
68. Famille Lange (Arsène).
72. Duchesne, cultivateur.
74. Saunier, propriétaire.

Cliché Alexis Fuguet.
Rue des Chéneaux, angle de la rue Aubanel.

RUE DES SABLONS ET RUE PIERRE-CURIE

Cette rue commence rue Houdan, en face la rue de la Gendarmerie, jusqu'à la rue du Docteur-Thore, qui va rejoindre le pavé de Châtenay.

PRINCIPAUX IMMEUBLES
Propriétaires ou locataires.
1. Famille Rossy.
2. Pavillon Marchal.
4. Pavillon Maurice Habay.
6. Derouen, cultivateur.
7. Heger. — M. Desagnes, professeur agrégé.
13. Grasset, artiste dessinateur.
15. Gaugnet, propriétaire.
17-19. Héritiers Lequeux.
Mme Martin, pension de famille.
20. Faucheux, propriétaire.
22. Famille Séris (villa des Sablons).

SENTIER DE LA TOUR

Part de la rue des Sablons et aboutit rue Aubanel.

IMMEUBLES : Boucher (Veuve).

RUE AUBANEL

Commence rue Houdan, en face le cimetière, et finit rue des Chéneaux.

PRINCIPAUX IMMEUBLES
Brionnaud, monuments funèbres.
6. Bavoilot, propriétaire.
Blanchet, propr. — Gillot.
Pernot (Oscar), déménagements.

RUE DU DOCTEUR-THORE

Continue en ligne droite la rue Pierre-Curie et va rejoindre le pavé de Sceaux.

IMMEUBLES
Propriétaires ou locataires.
23. Grenot, élagueur.
53. Mouzet-Gutting (Veuve).
48. Nion, propriétaire.
54. Brosset, médecin, propriétaire.
55. Baudon (Victor), propriétaire.

RUE PASTEUR

Est parallèle à la rue des Chéneaux et va rejoindre le pavé de Châtenay.

IMMEUBLES
Propriétaires ou locataires.
1. Haudouin, propriétaire.
13. Montriaud, propriétaire.
19. Giroux, cultivateur.

33. Graissin, propriétaire.
24 et 22. Pavillons Minot.
47. Gosset, horticulteur, propriétaire.
49. Delmas, propriétaire.
55. Chapelain, propriétaire.

RUE DES HEULINS

Parallèle à la rue Pasteur, commence au tournant des Sablons et va rejoindre le pavé de Châtenay.

IMMEUBLES
Pescheur (Georges), propriétaire.

Bricard. — Gahéré, propriétaire.
Mouchon (Louis), propriétaire.

RUE CHAMPIN

Commence rue des Chéneaux et va rejoindre en ligne transversale la rue Pasteur.

IMMEUBLES
7. Moutarde, propriétaire.
Jay-Richard.

8. Rousset (Léon), publiciste.
10. Mme Veuve Grégoire, propriétaire.
9. Soum-Laurent, propriétaire.

PAVÉ DE CHATENAY

Commence à l'extrémité de la rue Houdan, à l'angle du n° 159.

PRINCIPAUX IMMEUBLES
N^{os} impairs.
1. Jean Poudret, propriétaire.
Lafoy, boulangerie.
Mme veuve Diet, mercerie.
Mathias, de la Société générale.
3. Lafoy, propétaire.
13 bis. Veuve Privé.
17. Amblard.
19. Busson (Jules).
21. Martha, propriétaire.
23. Toulon, propriétaire.
Bussy.

27. Pavillons Minot (Léon).
Duflot.
Brunet.
Pineau.
29. Pension de Mme Frémy.
39. Echard, cultivateur.

N^{os} pairs.
12. Désiré Thuault.
12. Brionnaud, entrepreneur de maçonnerie (Léonard).
Brionnaud (Joseph), menuisere
14. Lafoy, propriétaire.

DES QUATRE-CHEMINS A ROBINSON

Du rond-point dit des Quatre-Chemins — (rue Houdan — route de Robinson — route de Châtenay — et route de Fontenay-aux-Roses) — Robinson se relie à la gare de Sceaux-Robinson par une belle avenue circulaire, dont de

Cliché Alexis Faguet,
Rue de Malabry, sur Sceaux–Robinson.

nombreuses et élégantes villas font l'ornement. Vous avez devant vous la première côte de Robinson à gravir, 500 mètres au plus. Il y a soixante ans, les superbes châtaigniers de Robinson dominaient le val d'Aulnay et la Vallée aux

Cliché Alexis Faguet
Le vieux châtaignier du bois d'Aulnay, propriété du comte de l'Étoile.

Loups. On commença à cette époque à établir de distance en distance, au pied des plus gros de ces châtaigniers, des escaliers rustiques qui aboutissaient, au sommet, à un plancher, dont chacun constituait une petite salle de restaurant. La maison Guesquin qui, la première, eut l'idée de cet aménagement, baptisa son châtaignier du nom de *l'arbre de Robinson*.

Depuis, chaque restaurateur a voulu avoir « son arbre » son « Robinson » et l'agglomération elle-même en a tiré son nom. Robinson dépendait du Plessis-Piquet, aujourd'hui cette dernière commune a pris le nom de Plessis-Robinson.

Cl. A. Faguet.
Entrée du Grand-Robinson.

Robinson est plus que jamais en vogue, il réunit toutes les attractions possibles pour retenir les Parisiens en promenade.

Les étrangers qui visitent Paris se dérangent pour aller déjeuner à Robinson. C'est dans le programme de leur déplacement. En semaine, les mariés viennent en char à bancs passer l'après-midi à Robinson pour prendre l'apéritif et faire un tour de valse. Cette coutume est si bien entrée dans les habitudes parisiennes que, même l'hiver, Robinson en semaine est rarement absolument désert.

Les dimanches de la belle saison, c'est par milliers que le chemin de fer et le tramway de Montrouge amènent les promeneurs à Robinson pour les remmener, le soir venu, à Paris. Rien de plus suggestif que d'assister à la descente de cette foule amusée regagnant la gare ou le tram, avec des gerbes de fleurs plein les mains, criant, gesticulant, chantant pour exprimer sa joie d'une journée passée en plein air.

TABLE DES MATIÈRES

	Pages.
Avant-propos	v
Introduction	vii
A la Mairie (1866-1878). — Au temps de M. Cullerier	15
A la Mairie (1878-1879). — Au temps de M. Michel Charaire	19
A la Mairie (1879-1882). — Au temps de M. Charles Grondard	22
A la Mairie (1882-1884). — Au temps de M. Charles Lesobre	25
A la Mairie (1884-1887). — Au temps de M. Charles Grondard	27
Première enquête pour la transformation de la ligne de Paris à Sceaux	29
A la Mairie (1887-1888). — Au temps de M. Michel Charaire	32
Inauguration de la nouvelle Mairie (août 1887)	34
Les fêtes à Sceaux, en 1887	35
Le concours d'orphéons	35
La fête du premier million des Prévoyants de l'Avenir	37
La Sainte-Barbe en 1887	38
A la Mairie (1888-1892). — Au temps de M. Michel Charaire	40
Le chemin de fer de Sceaux et la Municipalité	43
A la Mairie. — Au temps de M. Michel Charaire (1892-1897). Quatrième période	45
La Patriote de Sceaux. Le banquet du 27 janvier 1892	46
Les précurseurs de l'enseignement populaire à Sceaux	47

	Pages.
Les nouvelles gares de Sceaux	48
L'emprunt municipal de 1894	50
Inauguration du nouveau marché en août 1895	54
Inauguration de la fondation Sainte-Marguerite	56
A la Mairie. — Au temps de M. Michel Charaire (1896-1900). Cinquième période	63
Les grands travaux de voirie de 1895-1896	63
Nouvelles voies publiques de la ville de Sceaux	65
Carte de Sceaux	67
Le tsar en France, octobre 1896	69
Ephémérides municipales de 1894 à 1899	70
Retraite de M. Michel Charaire, en 1900	73
A la Mairie. — Au temps de M. Château. — Première période (1900-1904)	74
Hommage à Michel Charaire. — Le diplôme de maire honoraire	75
La Municipalité de 1900	79
Un nouveau traité avec la Compagnie des Eaux	80
Ephémérides scéennes	81
Le tramway électrique de Châtenay, Sceaux, etc	82
Première visite préfectorale, février 1902, pour l'inauguration des écoles municipales et de l'hôpital-hospice Sainte-Marguerite	83

	Pages.
Le mouvement collectiviste à Sceaux en 1902	88
Ephémérides scéennes de 1902.	90
Désaffectation des bâtiments de l'Infirmerie communale en mai 1903	91
Ephémérides scéennes de 1903 et 1904	97
A la Mairie. — Au temps de M. Château. Deuxième période (1904-1908)	100
Ephémérides scéennes de 1904 et 1905	102
Nouvelle fête des Prévoyants de l'Avenir, juillet 1905	105
Ephémérides municipales de 1905	111
Le règlement sanitaire de décembre 1905	117
A propos de l'hôpital-hospice Marguerite-Renaudin en 1905.	113
Le traité avec la nouvelle Compagnie du gaz, janvier 1906...	114
Ephémérides scéennes de 1906.	115
Ephémérides scéennes de 1907.	116
L'avant-projet pour relier les Blagis, Bourg-la-Reine et Sceaux. — Enquête d'avril 1907	118
Une distribution de prix aux écoles communales en juillet 1907	120
Le groupe scolaire de Sceaux...	124
Deuxième visite préfectorale (octobre 1907), pour l'inauguration du groupe scolaire et des jardins ouvriers	127
Les élections de 1908	136
A la Mairie. — Au temps de M. le commandant Pilate (1908-1912)	137
Nos conseillers municipaux depuis 1870	139
L'œuvre de la Municipalité au temps de M. le commandant Pilate (1908-1912)	143
La visite préfectorale du 9 juillet 1911	144

	Pages.
ŒUVRES D'ASSISTANCE ET DE PRÉVOYANCE SOCIALES DE LA VILLE DE SCEAUX :	
Assistance aux vieillards indigents	145
La Mutualité à Sceaux en 1904	146
La Caisse des Familles de Sceaux	147
L'Amicale Féminine	147
Le cinquantenaire de la Société Saint-Jean-Baptiste	148
Bureau de Bienfaisance	150
L'hospice-hôpital Sainte-Marguerite	151
Orphelinat Marguerite-Renaudin	151
Le sanatorium de Fresnes-les-Rungis	152
La Caisse municipale des écoles.	152
Cantine scolaire	154
Nouvelle crèche municipale....	154
Vestiaire	155
Œuvre des layettes	156
Conférence de Saint Vincent de Paul	156
Œuvre des pauvres malades..	156
Les Caisses d'Epargne et l'Epargne scolaire	156
Retraites ouvrières. — Fondation Henry Boulogne	157
Sociétés de secours mutuels :	
— Saint-Jean-Baptiste de Sceaux	158
Société Confrérie de Saint-Fiacre	158
Société des Sapeurs-pompiers de Sceaux	158
Société de secours mutuels de l'Imprimerie Charaire	159
Association des Dames françaises	160
Société d'Instruction et d'Education populaires du canton de Sceaux	161
L'Enseignement libre à Sceaux.	162
Association amicale scéenne...	162
Vue d'ensemble sur les œuvres sociales de M. A.-Hugues Renaudin	163

TABLE DES MATIÈRES

	Pages.
FÉLIBRES ET CIGALIERS A SCEAUX :	
Première période : Florian et les félibres	166
Comment fut créé le félibrige de Paris	166
Les félibres de Sceaux	166
Les présidents des fêtes depuis trente ans	170
Jeux floraux et cours d'amour.	170
Année 1887. — Présidence de Frédéric Mistral	172
Année 1888. — Présidence de Riuz-Zorilla	174
Année 1889. — Présidence de Jules Simon	174
Année 1890. — Présidence de Michel Bréal	175
Année 1891. — Présidence d'Ernest Renan	175
Année 1892. — Présidence d'Emile Zola	177
Année 1893. — Présidence de François Coppée	178
Année 1894.—Présidence d'Anatole France	179
Année 1895. — Présidence de Jules Claretie	180
Année 1896. — Présidence de Georges Leygues	182
Année 1897. — Présidence de Benjamin Constant	182
Année 1898. — Présidence d'André Theuriet	183
Année 1899. — Présidence de Deluns-Montaud	183
Année 1900. — Présidence d'Albert Tournier	186
Année 1901. — Présidence d'Henry Fouquier	187
Année 1902. — Présidence d'Emile Pouvillon	187
Année 1903. — Présidence du grand chimiste Berthelot	188
Année 1904. — Présidence d'Emile Gebhart	190
Année 1905. — Présidence de Camille Pelletan	192

	Pages.
Année 1906. — Présidences de Paul Mariéton et Baptiste Bonnet	194
Année 1907. — Présidence de Maurice Barrès	195
Année 1910. — Présidence de Jules Bois	199
Année 1911. — Présidence de Jules Bois. Inauguration du buste de Frédéric Mistral	200
A TRAVERS LA VILLE	202
Au lycée Lakanal	203
L'église de Sceaux	212
Le château de Sceaux	214
Le petit château	217
Rue du Docteur-Berger	219
Rue Houdan (sur le lycée Lakanal)	219
La justice de paix	222
Le marché couvert	223
Le parc de Sceaux	223
Société du parc et des eaux de Sceaux	224
Le Club scéen	224
Le Théâtre de verdure	225
La rue des Ecoles	238
La maison du notaire	239
La propriété du Petit-Chemin	231
La rue du Four	231
La rue des Imbergères	232
Rue des Chêneaux	236
Rue Champin	237
Rue des Sablons	238
Rue Pierre-Curie	239
Deux maîtres imprimeurs	244
Une fête à l'imprimerie de Sceaux en juin 1886	245
Autre réception à l'imprimerie de Sceaux, en septembre 1886.	248
Année 1891. M. Emile Charaire succède à son père, et prend la direction de l'imprimerie de Sceaux	250
Un mariage à l'Imprimerie	253
Année 1902. Mort de M. Emile Charaire	255
Année 1907. Mort de M. Michel Charaire	262
La rue Michel-Charaire	266

TABLE DES MATIÈRES

	Pages.
Rue de Penthièvre	268
La villa Penthièvre	269
La rue du Lycée	272
La rue Lakanal	275
Boulevard Colbert	276
Rue Achille-Garnon	276
Rue de Fontenay	277
Rue Bertron	277
Rue de la Gendarmerie	277
Retour sur la rue Houdan : chez M. Château	280
Rue Houdan. — Divers. 282 à	284

	Pages.
LES JARDINS OUVRIERS. 285 à	307
Les maisons ouvrières	298
La dot terrienne	307

LE TERRITOIRE DE SCEAUX :

	Pages.
Ses rues, avenues, boulevards, gares, immeubles, d'après le relevé cadastral..... 308 à	339
Des Quatre-Chemins à Robinson.............. 339 à	341
INDEX par professions	347

SOCIÉTÉ GÉNÉRALE

POUR FAVORISER LE DÉVELOPPEMENT DU COMMERCE & DE L'INDUSTRIE EN FRANCE

SOCIÉTÉ ANONYME FONDÉE EN 1864

Siège Social : 54 - 56, rue de Provence, PARIS (IXe Arrond.)

CAPITAL : **400 MILLIONS DE FRANCS**

AGENCE DE SCEAUX, 53, rue Houdan

Principales Opérations de la Société :

Ordres de Bourse o Comptes de Dépôt de Fonds o Chèques
o Comptes-courants o Ventes de Valeurs à Lots o
o o Avances sur Titres, etc., etc.

Service de Coffres-Forts

DANS LE SOUS-SOL DE L'AGENCE ✛ COMPARTIMENTS DEPUIS **5 FR. PAR MOIS**

Ce service organisé dans le sous-sol de l'Agence est pourvu de tous les perfectionnements et entouré de toutes les conditions de sécurité que comporte ce genre d'installation.

Une clef spéciale est remise au titulaire ; il s'en sert au moyen d'une combinaison connue de lui seul, qu'il établit et varie à son gré.

Un mécanisme de contrôle condamne l'entrée des serrures de chaque compartiment et empêche que la clef puisse en être retirée avant fermeture complète.

Les Titulaires ont l'accès de leurs Coffres aussi souvent qu'ils le désirent, tous les jours non fériés pendant les heures d'ouverture de l'agence.

APERÇU DES TARIFS

DES COFFRES OU COMPARTIMENTS DE COFFRES-FORTS

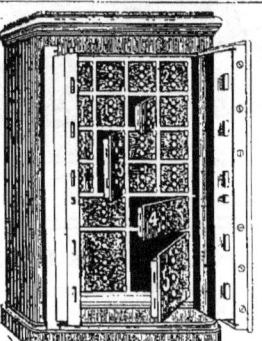

MODÈLES	1 MOIS	3 MOIS	6 MOIS	1 AN
No 1.	5 »	14 »	25 »	40 »
No 2.	6 »	16 »	27 »	42 »
No 3.	8 »	20 »	35 »	50 »
No 4.	10 »	27 »	40 »	60 »
No 5.	15 »	35 »	50 »	90 »

Profondeur uniforme des compartiments 0m50.

SCEAUX. — La Cité Moderne

INDEX PAR PROFESSIONS
Finances — Industrie — Commerce Assurances, etc.

COMMISSARIAT DE POLICE
A la Mairie, 122, rue Houdan.

CONTRIBUTIONS DIRECTES
Bureau : 2, rue Michel-Charaire.

ENREGISTREMENT ET DOMAINES
Bureau : 1, rue de Bagneux.

GROUPE SCOLAIRE
Écoles publiques Filles et Garçons, rue Marguerite-Renaudin.
Cantine scolaire, École maternelle, rue Marguerite-Renaudin et rue des Écoles.

HUISSIER
Sautet, 98, rue Houdan.

JUSTICE DE PAIX
Rue Houdan, à l'ancienne Mairie.

LYCÉE LAKANAL
5-7, rue Houdan.

NOTAIRE
Me H. Renaudin, 5, rue des Écoles.

RECETTE BURALISTE
Bureau central d'octroi : 82, rue Houdan.

SOCIÉTÉ DE GYMNASTIQUE
La Patriote, rue des Écoles.

AGENCE DE LOCATIONS
Office Régional, A. Roche, 196, rue Houdan.

ALIMENTATION
Progrès Social, 25, rue des Écoles (voir Épicerie).

ARCHITECTES
Bourcier, 40, rue Houdan.
Collin, 101, rue Houdan.
Dupomereulle, 2, rue des Clos-Saint-Marcel.
L. Forestier, 33, rue Voltaire.
Guillioux, 9 bis, rue de la Gendarmerie.
Reige, 196, rue Houdan.

ASSURANCES GÉNÉRALES

Bruno, *La Nationale*, 1, avenue du Parc.
Mascré, *Le Soleil*, 116, rue Houdan.

BAINS — HYDROTHÉRAPIE

A la villa Penthièvre, 17, rue de Penthièvre.

BANQUES

Comptoir d'Escompte, agence de Sceaux, 27, rue Houdan.
Société Générale, 53, rue Houdan.

BAZARS

Bazar Florian : Aulet, 43, rue Houdan.
Petit Bazar : 33, rue Houdan.
Dolimier, 63, rue Houdan.
Ferrières, 149, rue Houdan.

BLANCHISSEURS

Chadenier, 3, rue du Docteur-Berger.
Fouillot, 72, rue Houdan.
Garnier, 50, rue Voltaire.
Palmas, 48, rue Voltaire.
Bouchacourt, rue des Imbergères, 19.
Prudhon, 21, rue de Châtenay.

BOUCHERIE CHEVALINE

Desmarets, 74, rue Houdan.

BOUCHERS

Bardey, 90, rue Houdan.
Clément, 19, rue des Écoles.
Lacollé, 110, rue Houdan.
Ligney, 39, rue Houdan.

BOULANGERS

Bossuat, 102, rue Houdan.
Delhomme, 67, rue Houdan.
Lafoy, 1, rue de Châtenay.
Lecomte, 49, rue Houdan.
Ronsseray, 78, rue Houdan.

BOURRELIERS-SELLIERS

Bachelot, 18, rue Voltaire.
Bonsergent, 47, rue Houdan.

BROCANTEURS

Abel, 71, rue Houdan.
Hondorre, 4, rue de Fontenay.
Pichot, 40, rue des Imbergères.

CAFÉS

Jourdan, 45, rue Houdan.
Lecomte, 159, rue Houdan.
Lions, 13, rue Houdan.
Mauclerc, 67, rue Houdan.
Moulin, 62, rue Houdan.
Richer, 92, rue Houdan.
Rolland, 198, rue Houdan.
Savier, 35, rue Houdan.
Servat, 151, rue Houdan.

CHARBONS

Charliat, rue de Fontenay.
Longchamp, 49, rue Houdan.
Villain, 76, rue Houdan.

CHARCUTIERS

Letemps, 6, rue Voltaire.
Doucet, 155, rue Houdan.
Dupont, 33, rue Houdan.
Thuault, 41, rue Houdan.

INDEX PAR PROFESSIONS

CHARPENTIERS
Falcou, route d'Orléans.
Ribreau (Hilaire), rue de la Flèche.

CHAUDRONNERIE ET ÉTAMAGE
Baux, 11, rue de Fontenay.
Ruault, 14, rue des Écoles.

CHAUSSURES-CORDONNIERS
Cornabat, 114, rue Houdan.
Dubois, 39, rue Houdan.
Tourtay, 96, rue Houdan.

COIFFEURS
Blaise, 12, rue du Four.
Génard, 86, rue Houdan.
Taillebois, 102, rue Houdan.

COIFFURES POUR DAMES
Requet, 13, rue de Penthièvre.

COULEURS ET VERNIS
Dagorno, 13, rue Houdan.

COUVREURS
Bacq, 27, rue Houdan.
Rouet, 19, rue Houdan.

DESSIN ET ARTS DÉCORATIFS
Alexis Faguet, 97, rue Houdan.

ÉLAGUEURS
Gonord, rue des Écoles.
Abel Grénot, rue du Docteur-Thore.

EPICERIE
Bidault, 45, rue Houdan.
Bureau-Liard, 61, rue Houdan.
Doucet, 155, rue Houdan.
Flandre, 147, rue Houdan.
Laplaine, 36, rue Voltaire.
Modé, 73, rue Houdan.
Raynal, 1, rue Florian.
Saint-Paul, 7, rue du Docteur-Berger.
Villain, 76, rue Houdan.

FROTTEURS
Loyonnais, 98, rue Houdan.
Mérignac, 39, rue Houdan.

FUMISTERIE
Buquet (Ernest), 3, rue Voltaire.
Gonord, 98, rue Houdan.
Veillot, 88, rue Houdan.

GÉOMÈTRE
Mascré, 116, rue Houdan.

GRAINS ET FOURRAGES
Émile Saunier, 108, rue Houdan.

HERBORISTERIE
Verdy (Marcel), 31, rue Houdan.

HORLOGERIE
Bourget, 6, rue du Docteur-Berger.
Meynot, 70, rue Houdan.

HORTICULTEURS
Gosset, rue Pasteur.
Séjourné, impasse des Aulnes.

HOTELIERS
CHAMBRES MEUBLÉES

Hotel du Parc, 23, rue Houdan.
Hotel Colbert, 13, rue de Penthièvre.

IMPRIMERIE

Charaire, 2, rue Michel-Charaire.

JARDINIERS

Beauqué (Louis), 56, rue Voltaire.
Beauqué (Théophile), 3, rue Voltaire.
Berton, 4, rue de Fontenay.
Moisand, 200, rue Houdan.
Pitiot, 94, rue Houdan.
Roux, 50, rue Voltaire.

LAITERIE — FROMAGES
BEURRE ET ŒUFS

Bidault, 45, rue Houdan.
Caron, 90, rue Houdan.
Girard, 86, rue Houdan.
Giroux, 29, rue Voltaire.
Maggi (Société), 92, rue Houdan.
Maillard, 63, rue Houdan.
Monterrat-Auxiètre, 29, rue Houdan.

MAÇONNERIE (Entrepreneurs de)

Brionnaud, 15, rue Houdan.
Deslandes, 9, rue de la Gendarmerie.

MAISON DE SANTÉ

Dr Henri Reddon, villa Penthièvre, rue de Penthièvre.

MÉDECINS

Dr Dauzats père, 5 bis, rue de Penthièvre.
Dr Édouard Dauzats, 72, rue Houdan.
Dr Herr, 157 bis, rue Houdan.
Dr Laurens, 60, rue Houdan.
Dr Meuvret, 104, rue Houdan.

MENUISERIE

Brionnaud, 55, rue Houdan.
Vigné, 73, rue Houdan.
Voru, 86, rue Houdan.

MODES

Mme Collet, 88, rue Houdan.

NOUVEAUTÉS

Amiard-Leconte, 55, rue Houdan.
Desselle, 47, rue Houdan.
Prévost, 35, rue Houdan.

OUVROIR

27, rue des Imbergères.

PAPETERIE

Dagorno, 13, rue Houdan.
Dardonville, 25, rue Houdan.

PARAPLUIES

Ferrières, 149, rue Houdan.

PATISSIERS

Béthery, 21, rue Houdan.
Lecomte, 47, rue Houdan.

PAVEUR (Maitre-

Clidière, 137, rue Houdan.

PEINTURE ET VITRERIE

Drioli, rue de la Tour.
Faguet, 23, rue Voltaire.
Foulon, 59, rue Houdan.
Planche, 12, rue des Écoles.
Requet, 13, rue de Penthièvre, et 62 Houdan.

PENSIONNATS

Institution Maintenon, pour jeunes filles, 29, rue des Imbergères,
Frémy, jeunes filles, rue de Châtenay.
Laurens, école libre de garçons, 7, rue du Docteur-Berger.

PENSIONS DE FAMILLE

Allard, rue de Fontenay.
Lefebvre, 86, rue du Lycée.
Regnard (C.), 33 ter, rue du Lycée.

PHARMACIENS ET PRODUITS PHARMACEUTIQUES

Mansy, 127, rue Houdan.
Mousnier (Jules), 34, rue Houdan.
Prévost, 45, rue Houdan.
Soulié, 106, rue Houdan

PIANOS — MUSIQUE

Berard (Urbain), 43, rue Houdan.
Despois de Folleville, 110, rue Houdan.

PLOMBERIE

Bacq, 27, rue Houdan.
Rouet, 19, rue Houdan.

POMPES FUNÈBRES

A la Mairie.

PROFESSEUR DE DANSE

Fouard, avenue du Parc.

PROFESSEURS DE MUSIQUE

Collet, 123, rue Houdan.
Marchal (Mme), 89, rue Houdan,
Thibault (Mme), 21, rue Houdan.

SAGE-FEMME

Courant (Mme), 10, rue du Four.

SERRURIERS

Bligny, 25, rue du Lycée.
Calot, 15, rue des Écoles.
Laurin, 63, rue Houdan.
Lory, 71, rue Houdan.

SOCIÉTÉ DES EAUX DU PARC

70, rue Houdan.

SOCIÉTÉ DU CLUB SCÉEN

Au Parc de Sceaux.

TABAC

Mauclerc, 67, rue Houdan.
Savier, 35, rue Houdan.

TAILLANDIERS

Créon, 65, rue Houdan.
Segala, 3, rue de Fontenay.

TAPISSIERS

Guillois, place de l'Église.
Pernot, 26, rue des Écoles.
Vinchon, avenue du Parc.

TIMBRES EN CAOUTCHOUC

Brulé-Grésely, rue des Clos-Saint-Marcel
Viguier (A.), 106, rue Houdan.

TONNELIER

Gilbert, 13, rue des Écoles.

TRANSPORTS ET MESSAGERIES

Hemmerlé, 4, rue Docteur-Berger.
Morisseau, 19, rue du Four.
Pernot, rue Aubanel.

VIDANGES A VAPEUR

Fleury, 143 et 145, rue Houdan.

VINS ET RESTAURANTS

Arrault, 102, rue Houdan.
Bourmancey, 37, rue Houdan.
Brionnaud, 33, rue des Écoles.
Danty, 23, rue Houdan.
Flandre, 147, rue Houdan.
Glatigny, 6, rue Houdan.
Guillabaud, 108, rue Houdan.
Massonneau, 71, rue Houdan.
Réta, 71, rue Houdan.
Reygnez, 29, rue Voltaire,
Voru, 1, rue des Écoles.

VOITURES (Constructeurs de)

Gobert (A.) et Reufflet (E.), 51, rue Houdan.

VOIES DE COMMUNICATION

GARES DE SCEAUX-VILLE ET DE SCEAUX-ROBINSON

Quarante trains par jour, dans chaque sens, de Paris-Luxembourg à Sceaux-Robinson et de Sceaux-Robinson à Paris-Luxembourg. Départ de Paris (place Médicis), toutes les trente minutes (aux heures et aux demi-heures). Retour de Sceaux-Robinson sur Paris, toutes les demi-heures (à l'heure 17 et à l'heure 47), sauf légères variations.

TRAMWAY ÉLECTRIQUE de Paris-Champ de Mars à Sceaux et Châtenay par Montrouge, Bagneux et Fontenay-aux-Roses. Trois départs par heure l'été, toutes les vingt minutes, et toutes les demi-heures l'hiver.

Dimanches d'été et fêtes, service doublé à partir de neuf heures du matin à dix heures du soir.

ERRATA. — *Quelques erreurs nous ont été signalées tardivement, au cours de l'impression de ce volume, nous les rectifierons dans une édition ultérieure, consacrée à l'***Annuaire illustré de la Ville de Sceaux.**

LA NATIONALE

Entreprise privée assujettie au Contrôle de l'État

SOCIÉTÉ ANONYME D'ASSURANCES SUR LA VIE

Capital Social : 15.000.000 de francs.

TOUTES COMBINAISONS D'ASSURANCES SUR LA VIE

avec ou sans participation dans les Bénéfices.

RENTES VIAGÈRES — INCENDIE

Assemblée Générale de la Nationale-Vie.

Du rapport présenté à l'assemblée générale annuelle de la Nationale-Vie (entreprise privée assujettie au contrôle de l'Etat) qui s'est tenue le 29 avril à l'hôtel de la Société, 2, rue Pillet-Will, il résulte que le chiffre des assurances réalisées en 1911 s'est élevé à 115.576.886 francs, contre 115.053.252 francs en 1910. C'est le chiffre le plus élevé atteint par une compagnie française d'assurances sur la vie.

Le montant des capitaux constitutifs de rentes viagères s'est élevé de 33.308.848 francs versés en 1910, à 35.094.468 francs en 1911.

Le total des réserves mathématiques des contrats en cours s'élève à 624.139.858 francs.

Les réserves libres, dont l'importance exceptionnelle est bien connue, ont encore été augmentées en 1911 ; elles apportent aux clients de la Nationale-Vie un supplément de garanties qu'aucune autre compagnie ne peut offrir.

Envoi gratuit de tarifs et renseignements. S'adresser à Paris, au siège social, 2, rue Pillet-Will et chez M. Bruno, agent général, 1, avenue du Parc, à Sceaux.

LA PRÉVOYANCE

Compagnie d'Assurances à Primes fixes

FONDÉE EN 1864

SOCIÉTÉ ANONYME

Contre les Accidents de toute nature

au Capital Social

de 6.000.000 de francs.

ACCIDENTS

DU TRAVAIL

(Lois des 9 avril 1898 et 12 avril 1906)

Chevaux - Voitures - Automobiles

Georges BRUNO

AGENT GÉNÉRAL

1, Avenue du Parc, à SCEAUX (Seine)

(Mardi et Vendredi, de 9 heures à 11 heures du matin).

Restaurant de l'Arbre du Vrai Robinson
Établissement de M. GUEUSQUIN, à Robinson.

Téléphone 40, à Sceaux

FONDÉ EN 1848

Salons
POUR NOCES
&
BANQUETS

Tous les Dimanches

MATINÉE DANSANTE

COMPAGNIE DU SOLEIL

Société anonyme d'Assurances
à Primes fixes contre l'Incendie

FONDÉE EN 1829

Capital social totalement versé : 6.000.000
Fonds de prévoyance entièrement réalisé : 6.000.000

SIÈGE A PARIS :
44, rue de Châteaudun.

Agent général pour le canton de Sceaux :
Georges MASCRÉ, géomètre, 116, rue Houdan,
SCEAUX (SEINE)

GRAND BAZAR FLORIAN

Maison AULET
SCEAUX = 43, rue Houdan, 43 = SCEAUX

QUINCAILLERIE ○ ○   ○ ○ ○ ÉCLAIRAGE
○ ○ ○ CHAUFFAGE   MÉNAGE ○ ○ ○ ○

GRAND CHANTIER COUVERT

Provenance directe des mines

BOIS   COKE

CHARBONS   ANTHRACITE

Maison E. GODEFROY

L. VILLAIN, Succr

76, rue Houdan, SCEAUX

VINS ET SPIRITUEUX EN GROS

ENTREPOT : 2 et 9, rue de Penthièvre

PRIX COURANT SUR DEMANDE

Téléphone **22**